btb

Sie kam aus bestem britischen Hause und widmete ihr Leben dem »Führer«. Michaela Karl erzählt die schier unglaubliche Lebensgeschichte der Unity Valkyrie Mitford: Hitler-Groupie, nordische Göttin und verwöhnte Tochter eines britischen Lords. Mitte der dreißiger Jahre zieht die 20-jährige Cousine Winston Churchills nach München, um Hitler kennenzulernen. Während Eva Braun angesichts der unerwarteten Konkurrenz einen Selbstmordversuch unternimmt, spekuliert die Presse offen über die künftige Mrs Adolf Hitler. Doch als am 3. September 1939 Großbritannien und Frankreich dem Deutschen Reich den Krieg erklären, hallen plötzlich zwei Schüsse durch den Englischen Garten …

MICHAELA KARL, geboren 1971, promovierte 2001 mit einer Arbeit über Rudi Dutschke. Sie ist Lehrbeauftragte an der Hochschule für Politik in München und Mitglied der Münchner Turmschreiber.

MICHAELA KARL BEI BTB

»Noch ein Martini und ich lieg unterm Gastgeber«
Dorothy Parker. Eine Biografie
Auch als Geschenkbuchausgabe in Leinen erhältlich.

»Wir brechen die 10 Gebote und uns denHals«
Zelda und F. Scott Fitzgerald. Eine Biografie

»Ladies and Gentlemen, das ist ein Überfall!«
Die Geschichte von Bonnie & Clyde

»Ich würde so etwas nie ohne Lippenstift lesen.«
Maeve Brennan. Eine Biografie

»Lasst uns tanzen und Champagner trinken!«
Isadora Duncan. Eine Biografie

»Ich brauche einen Liebhaber, der mich am Denken hindert.«
Katherine Mansfield. Eine Biografie

MICHAELA KARL

»Ich blätterte gerade in der Vogue, da sprach mich der Führer an.«

Unity Mitford

Eine Biographie

btb

MIX
Papier | Fördert gute Waldnutzung
FSC® C014496
www.fsc.org

Penguin Random House Verlagsgruppe FSC® N001967

4. Auflage
Genehmigte Taschenbuchausgabe August 2018,
btb Verlag in der Penguin Random House Verlagsgruppe GmbH,
Neumarkter Straße 28, 81673 München

Covergestaltung: semper smile, München
nach einem Entwurf und -illustration:
Hannah Kolling © Hoffmann und Campe
Druck und Einband: GGP Media GmbH, Pößneck
SL · Herstellung: sc
Printed in Germany
ISBN 978-3-442-71623-4

www.btb-verlag.de
www.facebook.com/penguinbuecher

Gewidmet
meiner geliebten Mutter Christl Karl
(1946–2007)
und
ihren Schwestern
Gerlinde und Hannelore

Der Winter hat uns warm gehalten, hüllte
Das Land in vergesslichen Schnee, fütterte
Ein wenig Leben durch mit eingeschrumpelten Knollen.
Der Sommer kam als Überraschung, über den Starnberger See.

T. S. Eliot, ›*Das öde Land*‹

Inhalt

»Eine Verlobung meiner Tochter mit Herrn Hitler
steht nicht und stand auch niemals zur Debatte.
Der Führer lebt einzig für sein Land.
Er hat keine Zeit, um zu heiraten.«

*David Mitford, 2. Lord Redesdale,
24. April 1938 im ›Sunday Pictorial‹*

Prolog

Mrs Adolf Hitler

Ich muss Sie warnen: Wenn Sie sich auf dieses Buch einlassen, werden Sie womöglich eine schlaflose Nacht haben.

Sie werden einer Frau begegnen, mit der Sie sich vielleicht angefreundet hätten, wären Sie Anfang des 20. Jahrhunderts in die britische Upperclass hineingeboren worden. Eine junge Engländerin – attraktiv, intelligent, sophisticated, emanzipiert, mutig, solidarisch, humorvoll –, die für das jährliche Familienfoto schon mal mit ihrer zahmen Ratte Ratular auf der Schulter posierte und bei so manchem Boxkampf im Londoner East End zum eleganten Abendkleid ihre Ringelnatter am Handgelenk trug. Ein Kumpel zum Pferdestehlen für ihre Schwestern und die perfekte Partybegleitung für ihre Freunde. Eine begeisterte Wahlmünchnerin, die im MG-Cabriolet durch die Stadt kurvte, neben sich auf dem Beifahrersitz eine Dänische Dogge. Sie liebte das Kino, sonnte sich nackt im Englischen Garten, segelte auf dem Starnberger See und erntete, wo immer sie auftauchte, bewundernde Blicke: »Niemand konnte lange mit ihr in einem Raum [...] sitzen, ohne sie zu bemerken. Ihr goldenes Haar, ihre glatte Haut und ihre blauen Augen – all das entsprach im höchsten Maße dem Ideal der nordischen Schönheit, welche die Deutschen besonders verehren.«[1] Einzig der Freundeskreis, in dem sie ab 1935 verkehrte, ließ zu wünschen übrig: Adolf Hitler, Magda und Joseph Goebbels, Henriette von Schirach, Heinrich Hoffmann und Adolf Wagner, um nur einige zu nennen. Oh, habe ich vergessen zu erwähnen, dass ich von Unity Mitford spreche, Tochter eines exzentrischen britischen Lords, eine der berühmten Mitford-Schwestern – und überzeugte Nationalsozialistin? Zu ihrer Zeit sicher eine der berüchtigtsten Frauen der Welt.

Die Titel, die der knapp eins achtzig großen Blondine verliehen wurden, sind mannigfaltig und reichen von »Hitlers blonder Göttin«[2] bis zu »eine Miniatur von Maria Stuart«[3]. Spötter hielten sie für eine Kreuzung aus »Toilettenseifenreklame und Erzengel« und erklärten, sie habe das große Ziel, »Kaiserin von Deutschland zu werden und die große Versöhnung zwischen Deutschland und England herbeizuführen«.[4] Göring sah in ihr neben seiner ersten Frau Carin die schönste nordische Frau, der er je begegnet war,[5] während der amerikanische Reuters-Korrespondent Ernest Pope in ihr »die gefährlichste Frau Münchens« vermutete, der so mancher Deutsche sein Leben verdanke – sein Leben im KZ Dachau.[6]

Leni Riefenstahl fragte Hitler einmal ganz unverblümt, ob er tatsächlich darüber nachdenke, Unity Mitford zu heiraten, und erhielt zur Antwort: »Dieses Mädchen ist sehr attraktiv, aber ich könnte nie mit einer Ausländerin, auch wenn sie noch so schön wäre, eine Beziehung haben. […] Meine Gefühle sind so national, dass ich nur ein deutsches Mädchen lieben könnte.«[7] Dennoch zeigten sich die Frauen um Hitler unverhohlen eifersüchtig: »Unity sah aus wie ein Baby«, erinnerte sich Winifred Wagner, »so unschuldig. Hitler liebte es, sich mit jungen Leuten zu umgeben. Aber irgendwie war sie furchtbar lästig. Heirat? Ziemlich unwahrscheinlich. Kann sein, dass sie darauf hoffte. Er war nett und höflich, und sie sind gut miteinander ausgekommen, aber er pflegte stets zu sagen, dass er niemals heiraten würde. Viel kann ich gar nicht über sie sagen, ich fand sie nicht interessant genug.«[8] Ernest Pope hingegen räumte ihr zumindest zeitweise gute Chancen ein, Mrs Adolf Hitler zu werden: »Bis zur Sudetenkrise 1938 hat Hitler offen für eine deutsch-englische Entente geworben, in der England die Weltmeere kontrollieren und dem Reich ›freie Hand im Osten‹ lassen sollte, ihm also de facto die Kontrolle über den Kontinent gegeben wäre. Falls Großbritannien und Deutschland sich auf eine derartige Europapolitik geeinigt hätten, wäre es durchaus möglich gewesen, dass Hitler mit Unity vor den Altar getreten wäre, um eine Verbindung zwischen einem Mitglied des britischen Adels und dem Führer der NSDAP zu begründen. Aber England entzog sich Hitlers Werben, und die Liebe des Führers zu seiner blonden Britin erkaltete.«[9] Selbst Edgar Feuchtwanger, Neffe des berühmten Schriftstellers und als kleiner Junge in unmittelbarer Nähe zu Hitler am Prinzregentenplatz zu Hause, erinnerte sich in seinen Memoiren, dass es unter den Nachbarn hieß, Hitler würde eine Beziehung mit der Engländerin Unity Mitford in Erwägung ziehen.[10] Dass Unity Mitfords Wohl und Wehe keineswegs von einer solchen Verbindung abhing, wurde dabei geflissentlich übersehen.

Unity Mitford war eine Figur, wie sie sie wohl nur die dreißiger Jahre des letzten Jahrhunderts hervorbringen konnten. Dahin waren die Goldenen Zwanziger und das *anything goes.* Die *thirties* waren Krisenjahre – das Vorspiel zum Zweiten Weltkrieg. Auf die schier endlose Party des Jazz Age folgte der Katzenjammer, und nicht wenige, die orientierungslos aus dem Rausch erwachten, suchten ihr Heil in politischen Extremen. Unity Mitford als stramme Nationalsozialistin und ihre Lieblingsschwester Jessica als ebenso überzeugte Kommunistin versinnbildlichen diese hochpolitische Dekade. Sie führten die Kämpfe der Straße sogar zu Hause im Kinderzimmer fort.

Während der Faschismus in der britischen Politik schon allein aufgrund der langen parlamentarischen Tradition keine große Rolle spielte, zeigten sich Teile der Upperclass, der Unity angehörte, zumindest faschismusaffin. Ein Phänomen, das unmittelbar mit der Lage des Landes nach dem Ersten Weltkrieg zusammenhängt. Obgleich eine der Siegermächte, geriet Großbritannien in der Zwischenkriegszeit in eine ernsthafte Identitätskrise. Von jeher eine Großmacht, war es den Briten nur mit Hilfe einer ehemaligen Kolonie gelungen, den Krieg zu gewinnen. Nun hatten die USA die Rolle der führenden Weltmacht übernommen. Das Empire war in Auflösung begriffen, die Teilung des nach Unabhängigkeit strebenden Irlands erst der Anfang. In den nächsten Jahren würden aus Kolonien Dominions werden und aus dem Empire das Commonwealth.

Die Zwischenkriegszeit war die Zeit der Entwicklung hin zur Massengesellschaft, von der sich vor allem die britische Aristokratie, gebeutelt durch eine anhaltende Agrarkrise, Steuererhöhungen und den Einflussverlust des Oberhauses, bedroht fühlte. Das von Evelyn Waugh beargwöhnte »Zeitalter des gewöhnlichen Mannes« zeichnete sich am Horizont ab. Mit der Ausweitung des Wahlrechts auf Frauen und Arbeiter geriet die seit Jahrzehnten währende Regierungsrotation von Konservativen und Liberalen ins Wanken. 1924 übernahm die Labour-Partei zum ersten Mal Regierungsverantwortung. Der Generalstreik von 1926 war Höhepunkt einer bis dato nicht gekannten Streikwelle. Bei Konservativen und Aristokraten weckten diese Manifestationen der Arbeitermacht ungute Erinnerungen an die Oktoberrevolution und ihre Folgen. Obwohl Großbritannien von einer sozialistischen Revolution meilenweit entfernt war, ging die Angst vor dem Kommunismus um. Vor allem der Adel, schon immer über nationale Grenzen hinaus bestens vernetzt, hatte mit Grausen das revolutionäre Wüten der Bolschewiki gegen die russische Aristokratie verfolgt. Seit Deutschland während der Revolution von 1918 ebenfalls kurzzeitig nach links geschwenkt war, galt die Gefahr einer Bolschewisierung Deutschlands als sehr real. Ziel der britischen Außenpolitik war es von da an, nicht nur ein sozialistisches Deutschland zu verhindern, sondern das Land auch zum Bollwerk gegen den Kommunismus zu machen. Der Nationalsozialismus mit seiner strikt antikommunistischen Ausrichtung war in dieser Hinsicht höchst willkommen.

Während Großbritannien über Jahrzehnte hinweg die bedeutendste Industrienation der Welt gewesen war, geriet das Land nach dem Krieg in eine Modernisierungskrise. Die britischen Industrieanlagen waren veraltet. Die USA und Deutschland schickten sich an, das Königreich zu übertrumpfen. Dennoch gelang es Großbritannien dank seiner politischen Stabilität besser als anderen Staaten, die 1929 einsetzende Weltwirtschaftskrise zu bewältigen. Auswirkungen auf den sozialen Frieden hatte die Rezession trotzdem. So stieg die Arbeitslosenquote 1931 auf über zwölf Prozent – auch hier gab es Suppenküchen, Hungermärsche und Menschen, die verzweifelt nach Arbeit suchten. Der klassische Liberalismus, der Englands Politik traditionell bestimmte, schien keine Lösungen für die drängenden Probleme der Moderne anzubieten und büßte an Integrationskraft ein. Kapitalismus, Kommunismus und Faschismus galten als mögliche Alternativen. Man blickte nach dem Kontinent, wo sich die verschiedenen Ideologien einen Wettbewerb lieferten. Während der Kommunismus in einer Gesellschaft, die so strikt antikommunistisch war wie die englische, kaum Chancen hatte, war das Interesse am italienischen Faschismus und am Nationalsozialismus groß. Da die britische Gesellschaft bei aller Liberalität auch von Ressentiments gegenüber Minderheiten geprägt war, sich in Teilen hochgradig antisemitisch zeigte und ein gewisses Maß an Herrenmenschentum dem britischen Imperialisten ebenfalls nicht fremd war, konnte der Faschismus hier punkten.

Vor allem die »verlorene Generation« der jugendlichen Frontkämpfer, die desillusioniert aus den Schützengräben heimgekehrt war, zeigte sich anfällig für die Heldenmythen des Faschismus. Grenzübergreifend begriff sie sich als Schicksalsgemeinschaft und als Nachkriegselite. Die arrivierten Politiker hatten es nicht verstanden, diesen schrecklichen Krieg zu verhindern, und galten als diskreditiert. Sie sollten endlich Platz machen für ein neues Denken. Die Faschisten verkörperten den Aktionismus und die Radikalität, die die Kriegsgeneration in der Alltagspolitik vermisste. Dagegen wirkten die Vertreter der etablierten Parteien farblos, starr und antiquiert. Das vermeintlich revolutionäre Moment dieser Ideologie sprach die jungen Leute an, obwohl der Faschismus – jenseits des Willens zur Systemtransformation und gewisser antikapitalistischer Elemente – zutiefst rückwärtsgewandt war. So bezeichnete der amerikanische Historiker Jeffrey Herf den Nationalsozialismus 1984 als »reaktionären Modernismus«.[11] Seine Anhänger focht diese Widersprüchlichkeit nicht an. Die Attraktivität des Faschismus lag in der Kraft der Emotionen, die er vor allem zwischen 1930 und dem Beginn des Zweiten Weltkriegs wecken konnte. Ernst Bloch zitierte 1930 in einem Aufsatz einen jungen Nationalsozialisten mit den Worten: »Man stirbt nicht für ein Programm, das man verstanden hat, man stirbt für ein Programm, das man liebt.«[12]

Viele der sogenannten Bright Young People, die sich im England der zwanziger Jahre gegen die Father-Husband-Master-Welt aufgelehnt hatten, zeigten sich fasziniert vom Elan dieser Bewegung, die eine neue gesellschaftliche Wirklichkeit erschaffen wollte. Die britische Jugend bestand schon früh auf einer Aussöhnung mit Deutschland, was die Vätergeneration, nach ihren Erfahrungen mit dem deutschen Kaiserreich, strikt ablehnte. Zwar begeisterten sich die Briten von jeher für die deutsche Kultur, liebten die Dichtung der Deutschen Klassik, die deutsche Musik und Philosophie, das politische Deutschland aber lehnten sie als bellizistisch rundweg ab. Der »hässliche Deutsche« hatte den Niedergang des preußischen Militarismus überlebt.

Interessanterweise gelang es gerade dem hochgerüsteten NS-Staat, das Deutschlandbild vieler Engländer zu verändern und sowohl die pazifistischen als auch die antibolschewistischen Strömungen auf der Insel für sich zu nutzen. Eine Allianz mit Großbritannien galt schon seit dem Erscheinen von *Mein Kampf* in den zwanziger Jahren als Hitlers Lieblingsprojekt, was den Briten durchaus schmeichelte. Mit ganzseitigen Annoncen, unter anderem in der *Times*, warben die neuen deutschen Machthaber nun um ihre potenziellen Verbündeten: »Kommen Sie und sehen Sie Deutschland mit Ihren eigenen Augen. Im persönlichen Erleben werden Sie die Wahrheit erkennen.«[13] Und die britischen Polittouristen kamen zuhauf. Was ihnen vorgeführt wurde, waren Potemkinsche Dörfer – Inszenierungen, die dazu führten, dass nicht wenige bereit waren, im Faschismus eine vitale Kraft zu sehen, die vor allem der Jugend in diesem allgemeinen Vakuum aus Ängsten und Perspektivlosigkeit neue Strukturen bot. Die Besucher begeisterten sich für die Aufbruchstimmung in diesem lange Zeit brachliegenden Land, die vermeintlichen Errungenschaften des neuen Sozialstaates und das gesunde Aussehen der deutschen Jugend, das Gesicht eines neuen Deutschlands. Wahlweise betonten die einen die Traditionsbezogenheit des Nationalsozialismus und die anderen seine Modernität.

Der Faschismus faszinierte sogar Angehörige der britischen Kulturelite wie W. B. Yeats, T. S. Eliot oder D. H. Lawrence. Nicht einmal der Pazifist und Literaturnobelpreisträger George Bernard Shaw war, wie die Sozialreformerin Beatrice Webb im Juni 1934 entgeistert in ihr Tagebuch schrieb, vor Fehleinschätzungen gefeit: »Warum in aller Welt beharrt GBS darauf, dass Mussolini, Hitler und Mosley Führer sind, denen man folgen sollte? Dass sie wie Lenin die Vision einer neuen und besseren Welt haben? Er hat absolut keine Menschenkenntnis, und die der anderen nimmt er einfach nicht wahr. […] Aber es ist völlig sinnlos, GBS zu kritisieren. Durch sein Alter und seinen Ruhm ist er sakrosankt. […] Ich habe ihn gefragt, warum er ausgerechnet Mussolini, Hitler und Mosley bewundere; sie hätten doch weder eine Philosophie noch eine Vorstellung von gesellschaftlicher Neuorganisation. Er gab mir darin recht, aber, so sagte er, sie hätten *Persönlichkeit.* […] Und die brauche es, um die Welt zu retten.«[14] Die Idee der Diktatur als probates Mittel zur Überwindung gesellschaftlicher Missstände war in jenen Jahren – anders als heute – noch nicht diskreditiert.

Dass die großartige, opferbereite, uniformierte deutsche Jugend ihrem »Führer« wohl auch bereitwillig in einen neuen Krieg folgen würde, kam offensichtlich kaum jemandem in den Sinn. Vor der Existenz der Konzentrationslager, der offenen Judenverfolgung und der Unterdrückung jeglicher politischen Opposition verschloss man die Augen. Der weltberühmte Autor des Science-Fiction-Romans *Die Zeitmaschine*, H.G. Wells, schrieb im September 1933 in einem Brief an die *Times*, dass es in Deutschland weder Gewaltszenen auf offener Straße gebe noch eine Rebellion des Pöbels gegen die Zivilisation stattfinde. Man solle herkommen, um Zeuge zu werden, wie eine Weltanschauung Realität werde. Es sei ein hochinteressantes Experiment.[15] Die Heimkehrer erzählten begeistert von diesem »sozialen Experiment« und plädierten im Namen britischer Fairness für Zurückhaltung, was die Kritik an Hitlerdeutschland betraf. Man solle abwarten und dem Ganzen eine Chance geben. Zudem heiße die Alternative zum Faschismus zweifellos Bolschewismus. Und tatsächlich berichteten britische Medien lange Zeit nur verhalten über antisemitische Übergriffe in Deutschland und die Vertreibung der kulturellen Eliten. Gewaltexzesse und Diskriminierung, die dem Nationalsozialismus immanent waren, wurden als Kinderkrankheiten abgetan, als Kollateralschäden, die man auf dem Weg zu einer neuen Zivilisation in Kauf nehmen müsse. Die wenigen warnenden Stimmen wurden von denen der Begeisterten, Wohlwollenden und Gleichgültigen übertönt. Der rege Reiseverkehr zwischen Deutschland und England kam erst nach dem »Anschluss« Österreichs und der Sudetenkrise langsam zum Erliegen.

Doch obschon es in Großbritannien bald viele enthusiastische Hitlerverehrer gab, waren die Erfolge der Inselfaschisten – der British Union of Fascists, angeführt von Oswald Mosley, Unitys

Schwager – marginal. Die englische Regierungspolitik war zu keiner Zeit bestimmt von einer inhaltlichen Annäherung an den Nationalsozialismus, sondern vor allem vom Bemühen um Friedenssicherung. Die sogenannte Appeasement-Politik, die nach einer Verständigung mit Deutschland suchte, wurde von weiten Teilen der Bevölkerung unterstützt. Niemals aber trachtete die Regierung danach, Hitler und Unity zu folgen und die Welt zwischen Großbritannien und dem Deutschen Reich aufzuteilen.

Unter ihren so zahlreich nach Deutschland pilgernden Landsleuten war es ausgerechnet die 20-jährige Unity Mitford, die direkten Zugang zum Objekt der Begierde bekam, dem »Führer und Reichskanzler Adolf Hitler«. Hitler genoss die Gesellschaft der unkonventionellen jungen Frau und überschätzte in seiner recht schlichten Vorstellung der britischen Demokratie den politischen Einfluss, den die mit Churchill verwandte Unity und ihr Vater Lord Redesdale hatten. Zwischen 1935 und 1939 trafen Hitler und Unity sich insgesamt 140 Mal, also im Durchschnitt alle zehn Tage – für einen vielbeschäftigten Diktator, der zeitgleich einen Weltkrieg vorbereitete, erstaunlich häufig. Trotzdem war Unity Mitford den allermeisten Historikern nie mehr als eine Fußnote wert. Sie war keine Entscheidungsträgerin, und selbst im britischen Faschismus, der Frauen eine gewichtigere Rolle zuwies als der Nationalsozialismus, blieb sie eine Randfigur.

Die Weiblichkeitsmythen der NS-Propaganda spiegelten sich auch in der historischen Perzeption wider. Nazifrauen wurden in die Sphäre des Privaten verwiesen, wurden als Gattinnen wie Magda Goebbels, Gefährtinnen wie Eva Braun und allenfalls noch als Künstlerinnen wie Leni Riefenstahl oder Winifred Wagner wahrgenommen. Frauen als Täterinnen blieben lange Zeit nahezu ausgeblendet. Als die US-amerikanische Historikerin Claudia Koonz 1986 Frauen im »Dritten Reich« auch als politisch Handelnde und nicht länger nur als Opfer beschrieb, löste sie damit glatt einen Historikerinnenstreit aus.[16] Dabei hätte man sich nur an Kurt Tucholsky erinnern müssen, der schon nach dem Ersten Weltkrieg mit der Mär von der friedliebenden Natur der deutschen Frau aufgeräumt hatte: »Neben den evangelischen Pastören [sic] hat es im Kriege noch eine Menschengattung gegeben, die gar nicht genug Blut saufen konnte: das war eine bestimmte Schicht, ein bestimmter Typus der deutschen Frau. [...] Der Typus, von dem hier gesprochen wird, findet sich besonders im Adel, im gehobenen Mittelstand – bei den Arbeitern ist er seltener [...]. Wir dürfen uns aussuchen, wer unangenehmer und gefährlicher ist: die mit der Erotik der Uniform leicht durchsetzte Gutsfrau [...] oder die feingebildete Demokratenfrau, die Fichte zitiert und Arndt, die das Schlachtfeld von Verdun besucht und darüber leitartikelt – und die, kommts zum Klappen, Söhne und Brüder und Gatten ›aus Disziplin‹ für das Volksganze in den Dreck hetzt, sodass sie nachher mit Armstümpfen und zerschossenen Unterkiefern und leeren Augenhöhlen nach Hause kommen. Das macht nichts. Wenn nur das Volksganze heil bleibt.«[17]

Die NS-Ideologen betrachteten die biologische Minderwertigkeit der Frau als gegeben, und der NS-Staat propagierte nicht nur eine Rassenhierarchie, sondern auch eine Geschlechterhierarchie. Das »Weib auf der Scholle und am Spinnrad«, hieß die Devise. Und doch galten Frauen als die besten Propagandistinnen der Nazis, was nicht zuletzt an Hitler selbst lag, dessen Anziehungskraft hinlänglich beschrieben worden ist. Körbeweise Liebesbriefe und Fanpost zeigen, dass David Bowie mit seiner These von Hitler als einem der ersten Rockstars der Geschichte gar nicht so falschlag.[18] Hitlers Reden über seinen Verzicht auf Ehe und privates Glück waren wohlkalkuliert, wusste er doch, dass es im Zweifelsfall die Frauen waren, die ihre Männer darin bestärkten, sich ihm anzuschließen.

Pikanterweise entsprach keine der Frauen der führenden Nazis dem NS-Ideal von der »natürlichen« Frau. Die Frauen, mit denen Unity Mitford in Deutschland verkehrte, waren selbstbewusste, elegante Damen, und so fiel es ihr nicht schwer, das antiquierte

Frauenbild der Nationalsozialisten zu ignorieren. Eher schon sagte ihr die nationalsozialistische Aufteilung der Welt in »wir« und »die anderen« zu. In ebendiesem Bewusstsein waren auch die Mitford-Kinder erzogen worden: Sie glaubten, sich stets ein wenig mehr erlauben zu können als alle anderen. In ihnen paarte sich eigenwilliger Snobismus mit überbordender Exzentrik und rabenschwarzem britischem Humor. Sie sprachen in einem übertriebenen Upperclass-Singsang, in dem immer alles »gaaaaanz toll« oder »gaaaaanz schrecklich« war. Mittelmaß war ihnen fremd. Bekannt und befreundet mit allem, was in jenen Jahren künstlerisch, intellektuell und politisch in Großbritannien Rang und Namen hatte, machten sie sich einen großen Spaß aus dem Leben, bis die Wirklichkeit sie einholte. Elitär, wie sie waren, blickten sie auf die meisten Menschen unverhohlen von oben herab. Sie waren Avantgarde, blasiert und schnell gelangweilt, aber auch unwiderstehlich charmant. Ihre politischen Verwirrungen weisen sie als typische Vertreter ihrer Klasse aus und stehen beispielhaft für die ideologischen Verwerfungen des 20. Jahrhunderts.

Die Geschwister hatten Dutzende von wechselnden Spitznamen füreinander, die auch von Freunden aufgegriffen wurden. Nancy hieß »Susan«, Pamela »Woman«, Tom »Tud« oder »Tuddemy«, Diana »Honks«, »Cord« oder »Nard«, Jessica »Decca«, »Susan«, »Hen« oder »Henderson«, und Deborah wurde »Debo«, »Nine«, »Hen« oder »Henderson« gerufen. Ihre Eltern bezeichneten die Kinder als »Farve« und »Muv«, manchmal hieß der Vater aber auch »Forge« und die Mutter »Fem«. Unity war für die meisten »Bobo«, für Jessica aber »Boud«, und genauso nannte Unity wiederum Jessica. Deborah rief Unity manchmal »Bird« oder »Birdie«, für Nancy hingegen war sie »Bowd«, später auch »Stony-Heart« oder »Head of Bone«. Alles in allem herrschte also ein ziemliches Durcheinander. Unitys Neffe Jonathan Guinness hat zu Recht darauf hingewiesen, dass wohl allein Hitler sie schlicht und einfach »Unity« nannte.

Unity Mitford war sicherlich eine der seltsamsten Figuren im

Dunstkreis der Nationalsozialisten. Dennoch ist es gerade sie – eine moderne junge Frau, die als einzige der Mitford-Schwestern unverheiratet in die Welt hinauszog –, die uns näher ist als die aus heutiger Sicht beinahe wie Karikaturen wirkenden bekannten Nazifrauen und -männer. Ihre Lebensgeschichte bietet einen neuen Zugang zum Deutschland der dreißiger Jahre und damit vielleicht die einmalige Möglichkeit, die Faszination des Nationalsozialismus zumindest ansatzweise auch für heutige Generationen verständlich zu machen. Der bedeutende britische Historiker Eric Hobsbawm weist in *Das Zeitalter der Extreme* zu Recht darauf hin, dass die Aufgabe des Historikers nicht die Beurteilung, sondern das Verstehen sei – sogar das Verstehen von etwas schier Unfassbarem: »Die Nazizeit in der deutschen Geschichte zu verstehen und sie in ihren historischen Kontext einzufügen heißt nicht, den Genozid zu vergeben. Kaum jemand jedenfalls, der in diesem außergewöhnlichen Jahrhundert gelebt hat, wird sich der Beurteilung enthalten können. Es ist das Verstehen, das uns allen schwerfällt.«[19]

Wenn Sie sich dennoch darauf einlassen möchten, dann kommen Sie mit auf eine Reise, die Anfang des 20. Jahrhunderts in einer Hütte in Kanada beginnt und in die Herrenhäuser der englischen Cotswolds führt. Werfen Sie einen Blick auf das frivole London der Roaring Twenties, mit Champagnerduschen im Savoy und Lindy Hop im Kit-Kat-Club. Genießen Sie die Schokoladentorte vom Münchner Café Luitpold, schlendern Sie durch Schwabing, besuchen Sie das Haus der Kunst und nehmen Sie Ihren *afternoon tea* im Carlton Tearoom. Dinieren Sie in der Osteria Bavaria in der Schellingstraße, Münchens erstem, noch heute existierendem Italiener und Lieblingslokal des Vegetariers Adolf Hitler. Besuchen Sie eine Furtwängler-Premiere im Festspielhaus von Bayreuth und die Passionsspiele von Oberammergau. Werden Sie Zeuge einer Geschichte, deren Titel lauten könnte: *Downton Abbey meets Reichsparteitag.*

Ihre Reise wird Sie auf die alles entscheidende Frage zurückwerfen: Was hätte ich getan? Wäre auch ich dieser diabolischen Faszination erlegen? Wann hätte ich erkannt, dass dieser Weg ins Verderben führt? Hätte ich durchschaut, was Susan Sontag einmal über den Faschismus gesagt hat: »Jeder Fanatismus, der nicht Gruppenfanatismus ist, ist genau das, was die Gesellschaft unter Wahnsinn versteht.«[20] Vergessen Sie für einen kurzen Moment, was Sie, als jemand, der die »Gnade der späten Geburt« besitzt, schon in der Schule gelernt haben: dass zeitgleich mit jedem Schritt, den Sie mit Unity tun, und jedem Vergnügen, dem Sie beiwohnen, Menschen gequält und ermordet wurden. Tauchen Sie ein in eine Zeit, in der eine nahezu unglaubliche Werteverschiebung stattfand. In der das Verbrechen zur Normalität erklärt wurde. Werden Sie Teil einer Gesellschaft, über die Hannah Arendt geschrieben hat, dass »80 Millionen Deutsche gegen die Wirklichkeit und ihre Faktizität durch genau die gleichen Mittel abgeschirmt gewesen waren, [...] durch die gleiche Verlogenheit und Dummheit und durch die gleichen Selbsttäuschungen«.[21] Seien Sie für einen Augenblick einer dieser »unbedarften« 80 Millionen und beantworten Sie am Ende für sich selbst die Frage, ob Sie wirklich nichts hätten wissen können – nichts hätten wissen müssen!

Für Unity Mitford stellte sich diese Frage übrigens nie. Bei allem Fanatismus blieb ihr Flirt mit dem Nationalsozialismus in gewisser Weise immer auch ein Spiel für sie – ein brandgefährliches Spiel, an dessen Ende 60 Millionen Menschen tot waren.

In diesem Sinne: Darf ich Sie zu einer Partie Russisch Roulette einladen?

Asthall Manor, Oxfordshire, im Sommer 2016

»Dieser glückliche Stamm von Menschen, [...]
dieser kostbare Stein, der in die silberne See
eingefasst ist, [...] dieser gesegnete Fleck,
diese Erde, dieses Königreich, dieses England.«

William Shakespeare, ›Richard II.‹

I.

»Man verbrüdert sich nicht mit Frogs, Amerikanern und den Nachbarn.«

Ein Souvenir aus Swastika

»Mein Vater war der zweite Sohn eines englischen Peers; meine Mutter war eine Schönheit. In England bekommen nachgeborene Söhne kein Geld, und so wurde ich in einem armen Londoner Slum geboren. Da mein Vater unbedingt sieben Bluthunde und ein Pony zum Reiten für mich halten wollte, herrschte ein ziemliches Gedränge. Doch während des ersten Krieges gegen die Deutschen fiel der älteste Bruder meines Vaters, und mein Vater wurde Lord Redesdale. Danach lebten wir in einem geräumigen Haus in den Cotswolds-Bergen. Ich hatte fünf Schwestern und einen Bruder. Mein Vater und meine Mutter, beide selbst ungebildet, waren gegen Bildung, und uns Mädchen wurde auch keine zuteil, wenngleich man uns Reiten und Französisch beibrachte. Mein Bruder ging nach Eton.«[22] Mit diesen Worten beschrieb die für ihren Zynismus berühmte Schriftstellerin Nancy Mitford ihre außergewöhnliche Familie, die in den dreißiger Jahren in England für mehr als nur eine Schlagzeile gut war.

Unsere Geschichte beginnt jedoch nicht in Europa, sondern

jenseits des Atlantiks in Ontario, Kanada, in der kleinen Gemeinde Swastika – Hakenkreuz. Ihren Namen entlehnt die 1908 gegründete Siedlung einer nahegelegenen Goldmine. Goldsucher hatten die Mine so benannt, weil das Kreuzsymbol mit den abgewinkelten Armen im Sanskrit als Glückssymbol galt. Erst die Nationalsozialisten machten daraus ein Symbol des Schreckens. Auf die Spitze gestellt und nach rechts abgewinkelt, wurde das Hakenkreuz zum schaurigen Ausdruck für den Rassenwahn der Nazis. Als die kanadische Regierung den Bewohnern des Örtchens mit dem zweifelhaften Namen während des Zweiten Weltkriegs eine Namensänderung vorschlug, verweigerten die sich allerdings. Und das tun sie bis heute.

Den ersten Goldsuchern waren zahlreiche Abenteurer nachgefolgt, und so wurde aus dem ehemaligen Eisenbahner-Camp rasch ein Verkehrs- und Versorgungsknoten. Die Wellblechhütten wichen einer kleinen Gemeinde mit Kirche, Schule und Geschäften. Unter denen, die hier ihr Glück suchen, ist auch David Bertram Ogilvy Freeman-Mitford, Oberhaupt einer stetig wachsenden Familie. Obwohl aus angesehenem britischem Elternhaus, sind seine finanziellen Mittel beschränkt. Aufmerksam geworden durch Berichte über sagenhafte Goldfunde in Kanada, hat er sich in Swastika an einem Claim beteiligt. 1912 betritt er zum ersten Mal kanadischen Boden. Zurück in England, begeistert er mit seinen Schilderungen der rauen Natur, des freien Lebens und der Kameradschaft unter den Männern auch seine Frau Sydney, eine äußerst unkonventionelle Person. Das Paar beschließt, die Kinder in der Obhut des Personals zu belassen und gemeinsam nach Kanada aufzubrechen. Ein waghalsiger Plan – trotz zunehmendem Reisekomfort. Erst vor wenigen Monaten ist der neueste Luxusliner der White Star Line vom Stapel gelaufen. Was für ein Spaß wäre es gewesen, auf diesem Schiff zu reisen, dessen technische Raffinesse alles bisher Dagewesene übertrifft. Doch als die RMS Titanic am 15. April 1912 sinkt, sind Mr und Mrs Mitford glücklicherweise nicht an Bord. Ihre älteste Tochter Nancy aber lässt sich vom Untergang der Titanic inspirieren: »Ich hoffte sehr, dass auch ihr Schiff [...] untergehen und dass ich dann die Zügel des Haushalts in die Hände nehmen würde, um ›die anderen‹ herumzukommandieren. Jedenfalls erinnere ich mich, dass ich die *Daily News* auf die Nachricht von einem Schiffsunglück absuchte: ›Unter den bedauernswerten Opfern sind Mr und Mrs Mitford.‹ Ich wusste, dass dieser wunderbare Traum niemals wahr werden würde, und wenn doch, wäre ich so traurig gewesen wie jede Siebenjährige.«[23]

Im Herbst 1913 landen Mr und Mrs Mitford wohlbehalten in Kanada. Sie leben in einer Holzhütte, Sydney kocht und putzt selbst. In der Rückschau erscheint beiden dieses spartanische Leben als die schönste Zeit ihrer Ehe. Die Winter in Kanada sind lang und einsam, und als sie im Frühjahr nach England zurückkehren, ist Sydney schwanger. Vier Tage nachdem Großbritannien dem Deutschen Kaiserreich den Krieg erklärt hat, wird am 8. August 1914 in London ein Mädchen geboren: »Wie üblich war meine Mutter damit beschäftigt, die Anzahl der anderen zu erhöhen, was ich extrem überflüssig fand«, quittiert Nancy die Geburt der Schwester. »Sie erhielt die Namen Unity, nach der Schauspielerin Unity Moore, die meine Mutter sehr verehrte, und Valkyrie, wie die Schildjungfern. Das war die Idee von Großvater Redesdale; er sagte, die Schildjungfern seien nicht deutsch, sondern skandinavisch: Er musste es wissen, war er doch ein großer Wagnerfreund.«[24] Auch die Freude der Eltern ist leicht getrübt – schon wieder ein Mädchen. Dabei wäre etwas mehr Dankbarkeit durchaus angebracht: Das Kind wird das Einzige sein, was die Mitfords je aus Kanada mitbringen. Während der Besitzer des Nachbarclaims mehrfacher Millionär wird, erweist sich ihre Mine als völlig wertlos.

Ihren nahezu prophetisch klingenden zweiten Vornamen Valkyrie wird Unity in späteren Jahren wie in Wagners *Ring des Nibelungen* »Walküre« schreiben und hartnäckig behaupten, ihre Eltern seien über den Ausbruch des Ersten Weltkriegs so empört gewesen, dass sie damit ihre Solidarität mit Deutschland zum Ausdruck bringen wollten. Dass ihr Vater lange Jahre ein ausgesprochener Deutschenhasser war, übersieht sie dabei geflissentlich. Stattdessen wird sie sowohl ihren Zeugungsort Swastika als auch ihren zweiten Vornamen als schicksalhaft begreifen und sich mit den auserwählten Schlacht- und Schildjungfern der nordischen Mythologie gleichsetzen.

David und Sydney Mitford hingegen sind keineswegs mythisch veranlagt, sondern waschechte Edwardians, festverankert im rationalen Denken ihrer Zeit. Während David mit jedem Zoll den britischen Gentleman verkörpert, ist Sydney ganz die junge Lady aus der Upperclass, die mit Hilfe von reichlich Personal den Haushalt führt und sich ansonsten den Wünschen ihres Mannes unterordnet. 1894 sind sich die beiden zum ersten Mal begegnet, in Batsford Park, Gloucestershire, dem großen Anwesen von Davids Vater Algernon Bertram Freeman-Mitford, 1. Baron Redesdale. Sydneys Vater, der konservative Parlamentsabgeordnete Thomas Gibson Bowles, ist als Freund des Hauses zu Besuch und hat seine 14-jährige Tochter mitgebracht. Die verliebt sich auf der Stelle in David. Eine Leidenschaft, die nach der Abreise rasch wieder abkühlt und sich anderen Objekten zuwendet.

Thomas Bowles und Lord Redesdale sind Viktorianer wie aus dem Bilderbuch: Männer voll Energie und Tatendrang, gesegnet mit unerschütterlichem Selbstbewusstsein und der gottgegebenen Überheblichkeit der britischen Imperialisten. Thomas »Tap« Bowles ist der illegitime Sohn des liberalen Parlamentsabgeordneten Thomas Milner Gibson und seiner Geliebten Susannah Bowles, einem Dienstmädchen. Mit drei Jahren kommt er ins Haus seines Vaters, dessen außergewöhnliche Gattin den kleinen Thomas nicht nur in die Familie integriert, sondern sich auch stets wie eine Löwin vor ihn stellt: »Das ist Thomas Bowles. Seien Sie nett zu ihm oder verlassen Sie mein Haus.«[25] Obwohl Thomas sich als der intelligenteste seiner Söhne entpuppt, schickt sein Vater ihn nicht nach Eton, sondern auf ein Internat nach Frankreich, um die feine britische Gesellschaft nicht noch mehr zu brüskieren. Nach seiner Rückkehr studiert der attraktive junge Mann am King's College in London, woran sich eine steile Karriere als Journalist der *Morning Post* anschließt. 1868 gründet er das Gesellschaftsmagazin *Vanity Fair* und wird zu einem der erfolgreichsten Verleger der Insel. Zusammen mit seiner geliebten Frau Jessica hat er vier Kinder. Als Jessica 1887 mit nur 35 Jahren an ihrer fünften Schwangerschaft stirbt, übernimmt er höchstpersönlich die Erziehung seiner Kinder. Während die Söhne Geoffrey und George ins Internat kommen, bleiben die Töchter Sydney und Dorothy, genannt Weenie, beim Vater. Eine ungewöhnliche Entscheidung, doch Thomas Bowles hatte sich bereits zu Lebzeiten seiner Frau um die Erziehung der Kinder gekümmert und mit seinen für viktorianische Verhältnisse seltsam anmutenden Erziehungsmethoden sämtliche Kindermädchen zur Verzweiflung gebracht. In einer Zeit, in der man kühle Nachtluft für gesundheitsgefährdend hält, verfügt er, dass die Fenster im Schlafzimmer nachts immer einen Spalt offen stehen. Er schwört auf Naturheilkunde, setzt auf drei Mahlzeiten täglich und verbietet seinen Kindern strikt, zwischen den Mahlzeiten zu essen. Statt reichhaltiger Kost empfiehlt er – im scharfen Kontrast zu den Gepflogenheiten seiner Zeit – leicht Verdauliches und viel Bewegung. Auch dass er tägliches Duschen einem wöchentlichen Vollbad vorzieht, befremdet viele Zeitgenossen.

Bowles' große Liebe gilt dem Meer. Als kleiner Junge hatte ihm sein Vater das Segeln beigebracht. Nach dem Tod seiner Frau erwirbt er einen Schoner und sticht mit seinen Töchtern in See. Die Weltmeere werden das Zuhause der Familie. Auch nachdem sie sich in London niedergelassen haben, verbringen sie die Sommermonate auf See. Sydney, die die Liebe des Vaters zum Meer teilt, erlebt die Zeit an Bord als frei und unbeschwert. Dabei bringt Thomas Bowles seinen Töchtern nur wenig Interesse entgegen. In

Ermangelung selbsterfahrener Zärtlichkeit wird Sydney als Mutter später Schwierigkeiten haben, ihren Kindern gegenüber Gefühle zu zeigen. Die Erziehung der Bowles-Kinder folgt weit mehr den Gesetzen der christlichen Seefahrt als gesellschaftlichen Normen. So tragen die Mädchen keine Kleider, sondern maßgeschneiderte Matrosenanzüge von Gieves, London, dem Ausstatter der britischen Marine. Dass sie in diesem Aufzug auch bei offiziellen Anlässen erscheinen, versetzt die feine Londoner Gesellschaft in helle Aufregung. Thomas Bowles ist das egal. Hätten wohlmeinende Freunde nicht dezent darauf hingewiesen, dass Matrosenanzüge eine eher unpassende Bekleidung für junge Frauen sind, wären seine Töchter noch im Matrosenanzug vor den Traualtar getreten. So aber trägt Sydney, hübsch, blond und mit strahlend blauen Augen, ein Kleid, als sie in die Gesellschaft eingeführt wird. Zeit ihres Lebens wird sie ein Faible für schöne Kleider haben, wenngleich sie aus Sparsamkeit längst unmodern gewordene Garderobe mit Grandezza aufträgt, bis sie auseinanderfällt. Mit nur 14 Jahren übernimmt sie den Haushalt der Familie in London. Ihre frühen Erfahrungen mit respektlosen männlichen Dienstboten führen dazu, dass es im Mitford'schen Haushalt später nur weibliches Personal gibt. Die Ausbildung der Bowles-Kinder übernimmt die Gouvernante Rita »Tello« Shell. Sie bekommt im Laufe der Jahre drei Söhne von Thomas Bowles und wird mehr als 25 Jahre Chefredakteurin einer seiner Zeitungen sein. Heiraten werden die beiden nie. Die Kinder lieben Tello sehr, auch wenn sie lange keine Ahnung von deren Beziehung zum Vater haben. Der wiederum ist von der Männerwahl seiner Töchter keineswegs begeistert. Als junge Frau ist Sydney mehrmals heftig verliebt, nach Ansicht ihres Vaters meist unter ihrem Niveau. Erst nachdem ihr der Burenkrieg die vermeintlich letzte große Liebe genommen hat, wird sie David Mitfords Frau.

David Mitford wird am 13. März 1878 in eine angesehene Familie mit insgesamt neun Kindern hineingeboren. Als drittes Kind und zweitgeborener Sohn von Lord Redesdale wächst er im Schatten seines fabelhaften Bruders Clement auf, dem Erben des Titels. In Großbritannien ist im Gegensatz zum Kontinent einzig der Träger des Titels adelig, nicht aber seine Familie. Der britische Hochadel, zu dem die Redesdales gehören, setzt sich aus Peers, auch Lords genannt, zusammen, die zwar unterschiedliche Titel tragen, aber alle einen Sitz im Oberhaus haben. Die *peerage* ist ein Auszeichnungssystem, das sich auf die Person beschränkt, selbst wenn auch die Ehefrau mit Titel angesprochen wird. Meist wird der Titel in direkter Nachfolge auf den ältesten Sohn übertragen. Gibt es nur weibliche Nachkommen, läuft man, mit einigen Ausnahmen bei älteren Adelstiteln, Gefahr, den Titel zu verlieren. Nancy Mitford, überzeugte Anhängerin der britischen Aristokratie, erklärt Fremden die Bedeutung des Peersystems folgendermaßen: »Vielleicht sieht es so aus, als stünde die englische Aristokratie kurz vor ihrem Untergang, aber sie ist die einzige echte Aristokratie, die es auf dieser Welt heute noch gibt. Durch das Oberhaus verfügt sie über reale politische Macht und durch die Königin über eine reale Position in der Gesellschaft. Eine Aristokratie in einer Republik gleicht einem Huhn, dem man den Kopf abgeschlagen hat: Vielleicht läuft es noch munter umher, aber in Wirklichkeit ist es tot. Nichts kann einen Franzosen, einen Deutschen oder einen Italiener daran hindern, sich Herzog von Carabosse zu nennen, wenn ihm danach ist, und tatsächlich gibt es auf dem Kontinent Phantasietitel in Hülle und Fülle. In England aber ist die Königin die Quelle der Ehrentitel, und wenn sie einem ihrer Untertanen die Peerswürde verleiht, verleiht sie ihm etwas Wirkliches und Unverwechselbares.«[26]

Heute verleiht die englische Krone die Peerswürde nur mehr auf Lebenszeit. Diese Peers sind den erblichen zwar gleichgestellt, können ihre Titel aber nicht vererben. Seit 1963 besteht zudem die Möglichkeit, seinen ererbten Titel abzulegen und für einen Sitz im Unterhaus zu kandidieren. 1999 wurden bei der Reform des Oberhauses die meisten der erblichen Oberhaussitze abgeschafft, sodass sich das Oberhaus heute vorwiegend aus sogenannten *life peers* zusammensetzt. Wenn alle Nachkommen des ersten Titelinhabers verstorben sind, erlischt der Titel auch bei erblichen Peers. Der Titel kann dann von der Krone neu vergeben werden. Im Fall der Redesdales war der Titel 1886 erloschen und für Algernon Bertram »Bertie« Freeman-Mitford angesichts seiner Verdienste 1902 erneuert worden. Infolgedessen wird sein erstgeborener Sohn Clement einmal Lord Redesdale werden, sein zweitgeborener Sohn David aber immer Mr Mitford bleiben.

Während Clement auf seine künftigen Aufgaben vorbereitet wird, bleibt Davids Erziehung auf der Strecke. Schon früh zeigt sich die Ambivalenz seines Charakters. Bei aller Intelligenz ist er unberechenbar und neigt schon als Kind zu unerklärlichen Wutausbrüchen. Auf der anderen Seite ist er mit seinen strahlend blauen Augen, dem dunkelblonden Haar und der sportlichen Figur außerordentlich attraktiv und bringt andere mit seinem trockenen Humor oft und gern zum Lachen. Während Clement nach Eton geht, tut es für David auch das weniger elitäre Radley College in der Nähe von Oxford. Den Drill dort erlebt er als Tortur. Es wird ihm nie gelingen, sich in die streng reglementierte Gemeinschaft einzufügen. Zudem hasst er es, seine Zeit mit Büchern zu verbringen, es drängt ihn hinaus ins Freie. Das einzige Buch, das ihn wirklich begeistert, ist ein Buch von Jack London über das Leben in und mit der Natur: »Ich habe in meinem ganzen Leben nur ein einziges Buch gelesen, und zwar *Wolfsblut.* Es ist so unheimlich gut, dass ich mich nie mit einem anderen abgegeben habe«,[27] pflegt er später seinen Kindern zu erwidern, wenn sie ihn mit seiner Unbelesenheit aufziehen. Das Zwangssystem englischer Eliteinternate verleidet David Mitford ein für alle Mal jegliche Freude an Bildung. Das zeigt sich auch an seinem beschränkten Musikgeschmack. Jahraus, jahrein wird auf dem Grammophon in seinem Arbeitszimmer das immer gleiche Werk von Puccini abgespielt. Zum Leidwesen seiner Kinder brummt David Mitford, wenn er gutgelaunt ist, dabei mit.

Sein Wunsch, in der Armee Karriere zu machen, scheitert schon an der Aufnahmeprüfung für die Militärakademie Sandhurst. Um weitere Schande von der Familie abzuwenden, wird David in die britische Kolonie Ceylon geschickt, wo er auf einer Teeplantage sein Glück versuchen soll. Während eines Heimaturlaubs in England bricht jedoch der zweite Burenkrieg aus, zwischen Großbritannien auf der einen Seite und dem Oranje-Freistaat und der Südafrikanischen Republik (Transvaal) auf der anderen. Die beiden Burenrepubliken stehen den Expansionsplänen Großbritanniens im Weg. Nachdem 1869 erste Gold- und Diamantenvorkommen auf deren Gebiet entdeckt worden waren, hatte Großbritannien die Südafrikanische Republik 1877 kurzerhand annektiert. Im ersten Burenkrieg 1880/81 hatten die Südafrikaner ihre Freiheit zurückerobert. Als jedoch 1886 in der Gegend rund um Johannesburg weitere Gold- und Diamantenfunde gemacht wurden, fielen zahlreiche Abenteurer aus den benachbarten britischen Kolonien in die Burenrepubliken ein, um dort schnelles Geld zu machen. Die Buren fühlten sich in ihrer Existenz bedroht, was Paulus Krüger, Präsident von Transvaal, dazu veranlasste, den »Uitlanders« die politische und rechtliche Gleichstellung zu verwehren. Da diese Ausländer aber bereits zwei Drittel der Bevölkerung stellten, bot er damit Großbritannien die Gelegenheit, sich zum Verteidiger seiner diskriminierten Staatsangehörigen zu stilisieren. Der vom britischen Empire favorisierte Kap-Kairo-Plan, der ein geschlossenes britisches Weltreich von Ägypten bis Südafrika vorsah, rückte nun in greifbare Nähe. Eine der treibenden Kräfte hinter diesem Plan war Cecil Rhodes, Premierminister der Kapkolonie und Namensgeber der Republik Rhodesien. Am 12. Oktober 1899 begann der zweite Burenkrieg.

David Mitford sieht in diesem Krieg die Chance, seinen Traum von einer Militärkarriere doch noch wahr werden zu lassen. In den Reihen der Royal Northumberland Fusiliers zieht er in den Krieg. Ceylon wird er nie wiedersehen. In Südafrika wird er bei Kampfhandlungen mehrmals schwer verwundet, am Ende verliert er einen

Lungenflügel. 1902 kehrt er als Kriegsinvalide nach Hause zurück. Der mit äußerster Brutalität geführte Burenkrieg endet am 31. Mai 1902 mit dem Frieden von Vereeniging. Traurige Berühmtheit genießt dieser Krieg vor allem durch die vom britischen Befehlshaber Herbert Kitchener eingerichteten *concentration camps.* Im Zuge der von Kitchener verfolgten Strategie der verbrannten Erde wurden hier vor allem Frauen und Kinder interniert. Von den ca. 120 000 Lagerhäftlingen starben mehr als 26 000 an Hunger, Entkräftung und den katastrophalen hygienischen Zuständen.

Während dieser Jahre stehen Sydney und David in losem Briefkontakt. Nachdem Sydneys Galan im Burenkrieg gefallen ist, intensiviert sich der Kontakt derart, dass die beiden am 6. Februar 1904 in der St. Margaret's Church in London vor den Traualtar treten. Sie sind ein schönes Paar und offensichtlich glücklich. Die Hochzeitsreise beginnt auf dem neuen Schiff von Thomas Bowles und schließt einen längeren Aufenthalt in Paris mit ein. Zurück in London, lassen sich Sydney und David in der Graham Street 1 nahe dem Sloane Square nieder. Bereits am 28. November 1904 wird das erste Kind geboren. David Mitford ist, ungewöhnlich genug zu Beginn des 20. Jahrhunderts, bei der Geburt anwesend. Schon von der Schwangerschaft seiner Frau war er restlos begeistert: »Ein solches Glück hätte ich mir nie träumen lassen. Ich hatte keine Ahnung, wie es sein würde – jetzt kann ich kaum an etwas anderes denken [...]. Sydney wird genauso eine Mutter sein, wie ich sie hatte, also muss ein sehr glücklicher kleiner Junge aus ihm werden.«[28] Dass der vermeintliche Junge ein Mädchen ist, tut Davids Freude keinen Abbruch: »Das Baby ist wunderbar, gute acht Pfund bei der Geburt und das niedlichste Kindchen, das Du Dir vorstellen kannst«,[29] berichtet er seiner Mutter. Die kleine Nancy wird zum Liebling des großen Haushalts, bestehend aus einem Koch, einer Hausdame, einem Hausmädchen, einer Küchenhilfe und der Kinderfrau Ninny Kersey. Nancy wird nach einem neuartigen pädagogischen Konzept erzogen, wonach es keine Verbote, keine Strafen und auch keine harten Worte gibt, sondern einzig Verständnis und Nachsicht. Sie nutzt diese Ansätze moderner antiautoritärer Erziehung weidlich aus und entwickelt sich zu einer kleinen Tyrannin.

Da die Apanagen beider Väter ein sorgenfreies Leben nicht gestatten, sieht David sich genötigt, einen Geschäftsführerposten beim Magazin *The Lady* zu übernehmen. Die von Thomas Bowles 1885 gegründete Zeitschrift ist bis heute die erste Adresse für die englische Upperclass – von der Suche nach einem Butler bis zu allgemeinen Haushaltstipps. Wie es der natur- und freiheitsliebende David in den engen Büroräumen in Covent Garden aushalten soll, weiß er noch nicht. Als Erstes macht er sich mit seinem aus Ceylon mitgebrachten Mungo auf die Jagd nach den unzähligen Ratten, die das Bürogebäude fest im Griff haben. Bis zum Beginn des Ersten Weltkriegs wird David Mitford bei *The Lady* bleiben, eingesperrt in stickigen Räumen und beschäftigt mit Dingen, die ihn nicht interessieren.

Am 25. November 1907 wird den Mitfords ein weiteres Mädchen geboren: Pamela – für die dreijährige Nancy ein schwerer Schock. Sie wird Pamela deren Geburt niemals verzeihen und die kleine Schwester nach Kräften peinigen. Unvorstellbar, dass Nancy sich die geliebte Nanny mit Pamela teilt. Also wird Ninny Kersey durch ein neues Kindermädchen ersetzt. Es beginnt das Schreckensregiment einer Person, die als »die unfreundliche Nanny« in die Familienhistorie eingeht. Von den Kindern wird sie aus tiefstem Herzen gehasst. Am 2. Januar 1909 wird endlich der ersehnte Stammhalter geboren: Thomas, von allen nur Tom genannt. Eineinhalb Jahre später, am 17. Juni 1910, erblickt Diana das Licht der Welt. Sie wird einmal als schönste Frau Englands gehandelt werden. Und schon bei ihrer Geburt entlockt sie der »unfreundlichen Nanny« den Satz: »Sie ist zu schön. Die wird's nicht lange machen.«[30] Die nun schon recht große Kleinfamilie zieht jetzt nach Kensington, in ein geräumiges Haus in der Victoria Road 49.

Bald kommt ein neues Kindermädchen ins Haus. Angeblich hat man die »unfreundliche Nanny« dabei erwischt, wie sie Nancys Kopf gegen einen Bettpfosten schlug. Laura Dicks, genannt Nanny Blor, wird 40 Jahre lang die verehrte Ersatzmutter der Kinder sein. Bei ihrem Eintritt in den Mitford'schen Haushalt ist die Tochter eines Schmieds 39 Jahre alt. Die Kinder lieben ihre stets perfekt gekleidete Mary Poppins über alles. Mit ihrem grauen Rock, dem grauen Mantel, den robusten Schuhen, den Handschuhen und einer recht pragmatischen Gottesfurcht ist sie der Inbegriff der englischen Nanny. Allen Streichen zum Trotz verliert sie niemals die Geduld, und sie erzählt wunderbare Geschichten von Trollen und Prinzessinnen. Wenn sie den Kindern vor dem Schlafengehen ein Gutenachtlied vorsingt, herrscht pure Harmonie. Von Nanny Blor gibt es niemals ein lautes Wort, keine Rüge, keine Kritik. Ihr genügen ein dezenter Hinweis und ein Räuspern: »Hm, sehr albern, Liebling.« An ihrer Seite unternehmen die Mitford-Kinder Ausflüge in die große weite Welt der Kensington Gardens, in das Victoria and Albert Museum oder das Natural History Museum. An besonders guten Tagen besuchen sie für eine Tasse Tee und ein Stück original Fullers Walnusskuchen William Bruce Fullers legendären Tearoom. Der Geschmack der mehrschichtigen Walnusstorte wird zum unvergessenen Geschmack ihrer Kindheit und findet später sogar Eingang in Nancys Roman *Liebe unter kaltem Himmel*: »Mrs Heathery, die die Kinder anbetete, hatte das Geschrei gehört, als sie hereinkamen, und brachte nun frischen Tee und eine Torte von Fuller, die weiteres Gejubel auslöste. ›Oh, Mrs Heathery, Sie sind ein Engel, ist das etwa Fullers Walnuss? Wie kannst du dir das leisten, Fanny – seit Fas letzter Finanzkrise haben wir die nicht mehr gehabt – aber es geht aufwärts, wir sind schon wieder bei Bromo-Krepp und dem guten Briefpapier. Wenn das Klopapier dicker und das Briefpapier dünner wird, ist das immer ein schlechtes Zeichen.‹«[31] Die puritanische Nanny Blor wird zur wichtigsten Bezugsperson der Kinder, die, wie in ihren Kreisen üblich, zweimal am Tag adrett gekleidet den Eltern vorgeführt werden. Ansonsten sind sie unter sich und bei Nanny Blor, die im Haus bleibt, auch als alle Kinder längst erwachsen sind. 1962 setzt Nancy ihr in der *Sunday Times* mit einem Essay ein literarisches Denkmal, das Sydney Mitford als Mutter abwertet und tief verletzt.[32]

Die Kinder sind die einzige Abwechslung im Leben des jungen Paares, das nicht zuletzt wegen der finanziell angespannten Lage zurückgezogen lebt. Von außen betrachtet, sind die Mitfords leibhaftige britische Exzentriker. Trotz seiner kaputten Lunge raucht David wie ein Schlot, ansonsten aber ist er strenger Abstinenzler und nimmt nur klares Wasser aus einem Pokal zu sich, den sein Vater einmal für seine Pferde gewonnen hat. Wann immer möglich, verlässt er London und fährt aufs Land. Er liebt das Reiten und die Jagd, auch dann noch, als er nach einem Sturz vom Pferd nicht mehr in der Lage ist, seinem Hobby nachzugehen. Ihre Leidenschaft für die Countryside verbindet David und Sydney, die vor allem die schottischen Highlands liebt. Auch sie kann hervorragend reiten und schießen, spielt begeistert Golf und Kricket. Beider Lieblingssport ist jedoch das Eislaufen.

David ist zwar immer gut gekleidet, als echter Brite aber kein Geck. Praktisch geht immer vor schick. Seine zahlreichen Vorurteile hegt und pflegt er wie zarte Pflänzchen, und nichts und niemand kann ihn von einer einmal gefassten Meinung abbringen. Die guten Manieren eines englischen Gentleman paaren sich bei ihm mit Intoleranz, Impulsivität und Ignoranz. Für David Mitford gibt es nur zwei Arten von Menschen: solche, die er mag, und solche, die er nicht mag. Seine Nachbarn verachtet er ebenso wie die Freunde seiner Kinder. Menschen, die ihm nicht zusagen, verweist er ohne weitere Erklärung des Hauses. Er be- und verurteilt im selben Augenblick, eine zweite Chance erhält niemand. Was andere von ihm denken, ist ihm gleichgültig. Sozialisiert durch das imperialistische Denken seiner Zeit, gehört die Herabwürdigung anderer Nationen, Religionen und Ethnien bei ihm schon fast zum guten Ton. Die

Briten sind eine Nation voller Sendungsbewusstsein, und David Mitford wurde in dem festen Glauben erzogen, im Besitz einer höheren Moral zu sein, die man all denjenigen bringen muss, die ihrer entbehren. Getragen von der göttlichen Mission, die britische Kultur in aller Herren Länder zu bringen, blüht der Rassismus und mit ihm die englische Variante des Chauvinismus und Hurra-Patriotismus, der Jingoismus, seit Jahrzehnten auf der Insel. Ein besonders eifriger Verfechter des Imperialismus ist der Schriftsteller und Nobelpreisträger Rudyard Kipling, heute vor allem bekannt durch den Kinderbuchklassiker *Das Dschungelbuch*. Mit seinem gleichnamigen Gedicht von 1899 prägt er die Phrase von der *Bürde des weißen Mannes*, dessen ethische Pflicht es sei, den Wilden die Zivilisation zu bringen. Als literarisches Sprachrohr des britischen Imperialismus trägt er mit seinen Texten zur Idealisierung des Empires bei, über dem die Sonne niemals untergehen möge – ein Ideal, dem sich David Mitford voll und ganz verpflichtet fühlt.

Gesegnet mit unüberwindlicher Starrköpfigkeit, geht er durchs Leben und sorgt im Alltag seiner Familie immer wieder für skurrile Situationen. 1911 mieten die Mitfords Old Mill Cottage in High Wycombe, Buckinghamshire als Landhaus für den Sommer. Schon bei der Anreise mit dem Zug gibt es Probleme, als die Mitford-Kinder – begleitet von einem halben Zoo, bestehend aus einem Mungo, mehreren Hunden, Hamstern, Mäusen, Ringelnattern und einem Zwergpony namens Brownie, das David Mitford spontan auf dem Nachhauseweg vom Büro erstanden hat und das seitdem im ersten Stock des Londoner Hauses lebt – auf dem Bahnsteig aufmarschieren. Der entgeisterte Zugbegleiter verweigert der bunten Menagerie den Zugang zur ersten Klasse, worauf David Mitford kurzerhand mitsamt seinem Zirkus in der dritten Klasse reist. Ein Umstand, der weitaus aufsehenerregender ist als der Tierpark, den die Familie mit sich schleppt, oder die Tatsache, dass Klein Pamela im Gepäcknetz verstaut wird. Das unorthodoxe Verhalten ihrer Eltern wird aus den Kindern unbeugsame Freigeister machen. Auch ihnen wird es zeit ihres Lebens völlig egal sein, was andere von ihnen denken.

Die Sommer auf dem Land sind bei Kindern wie Eltern gleichermaßen beliebt. David kann den verhassten Schreibtisch gegen Gummistiefel tauschen und über die Felder stapfen. Sydney kutschiert die jauchzende Kinderschar im Ponywagen durch die Gegend, und im großen Obstgarten kann man nach Lust und Laune herumtollen. Sogar die kritische Nancy ist ausnahmsweise zufrieden, was nicht zuletzt an ihrem Zwerghuhn Specky liegt.

Bei Ausbruch des Ersten Weltkriegs meldet sich David freiwillig, obwohl er aufgrund seiner Verletzung aus dem Burenkrieg als untauglich gilt. Unmittelbar nach Unitys Geburt am 8. August 1914, bei der David entgegen seiner Gewohnheit nicht anwesend ist, reist Sydney ihrem Mann nach Newcastle hinterher. Das Zimmer, in dem sie eine Zeitlang zu dritt leben, ist so winzig, dass Baby Unity in der Kommodenschublade schlafen muss.

Nachdem David nach Frankreich abkommandiert worden ist, verbringen Sydney und die Kinder den Sommer 1914 abwechselnd in Old Mill Cottage, bei den Großeltern väterlicherseits in Batsford Park und in Bournhill Cottage, Großvater Bowles' Haus am Meer, in dem Sydneys Schwester Weenie mit ihrer Familie lebt. Im Januar 1915 erleidet David Mitford einen gesundheitlichen Zusammenbruch und kehrt nach England zurück. Hier ereilt ihn im Mai die Nachricht vom Kriegstod seines älteren Bruders Clement. Davids tiefe Trauer über den Verlust des geliebten Bruders bleibt den Kindern lebenslang in Erinnerung. Es ist das einzige Mal, dass sie den Vater weinen sehen. Clement hinterlässt eine Tochter und seine schwangere Frau. Sollte das Baby ein Junge werden, so wird er als Nachfolger seines Vaters Erbe des Titels. Doch im Oktober 1915 wird ein Mädchen geboren, und David Mitford tritt an die Stelle seines Bruders – als Erbe des väterlichen Titels und Vermögens. Ungeachtet der neuesten Entwicklungen, kehrt er nach seiner Genesung als Nachschuboffizier an die Front zurück. Lustige Briefe sind das Einzige, was die Kinder in den nächsten Monaten von ihrem Vater haben. Zu Hause werden die Mittel langsam knapp. David Mitfords Sold reicht nicht aus, um den Lebensstandard aufrechtzuerhalten. Als die Regierung zu Kriegszwecken die Steuern erhöht, sieht sich Großvater Bowles gezwungen, Sydneys Apanage zu kürzen, um seine Zeitungen zu halten. Dafür springt nun Lord Redesdale ein, für den sich mit Clements Tod auch das Verhältnis zu David und seiner Familie verändert hat. Er betrachtet es als seine Pflicht, die Familie seines Erben zu unterstützen, und bietet den Mitfords mit Malcolm House eine Bleibe auf seinem 9000 Hektar großen Besitz Batsford Park an. Obwohl sie nicht begeistert davon ist, ein Leben unter Aufsicht der Schwiegereltern zu führen, fügt sich Sydney angesichts der prekären finanziellen Lage ins Unvermeidliche. Alles wird in Kisten verstaut, dann geht's auf nach Batsford Park. Das Haus in London wird vermietet – Rückkehr nicht ausgeschlossen.

David Mitford, dem Landedelmann, kommt der Umzug gerade recht. Endlich wieder unbekümmert durch die Natur streifen, Fuchsjagden beiwohnen und den Wechsel der Jahreszeiten erleben. Zudem ist Batsford Park sein Elternhaus. Hier kennt er jeden Busch, jeden Strauch. Auch die Kinder sind begeistert. Das große Herrenhaus, vollgestopft mit Andenken an Lord Redesdales Zeit in Asien, ist für sie ein einziger Abenteuerspielplatz. Und erst der außergewöhnliche Garten mit seinen exotischen Pflanzen und dem chinesischen Pavillon. Eine wahre Zauberwelt. Lord Redesdale hat sein komplettes Vermögen in den Ausbau von Haus und Garten gesteckt, Geld, das man nach Meinung von Architekten auch besser hätte anlegen können. Doch dem Lord gefällt's.

Seine Frau Lady Clementine Ogilvy ist die Tante von Winston Churchills Frau Clementine. Die Mitfords sind also mit dem späteren Premierminister verwandt. Um die Herkunft von Clementine Churchill wiederum ranken sich wilde Geschichten. Eine davon besagt, dass Bertie Mitford, also Lord Redesdale, ihr Vater ist. Viel mehr dürfte Berties Frau allerdings gestört haben, dass sich hartnäckig das Gerücht hält, ihr Mann habe vor und während der Ehe eine Affäre mit seiner Schwiegermutter gehabt. Tatsächlich ist Bertie Mitford eine überaus schillernde Figur. Als Mitglied des diplomatischen Korps hat er in St. Petersburg, Peking und Yokohama gelebt, wobei Japan den nachhaltigsten Eindruck auf ihn ausübte. Obwohl er sich rühmt, perfekt Japanisch zu sprechen, kursiert in der Familie eine Geschichte darüber, wie Bertie einmal in Paris mit japanischen Kindern zu kommunizieren versuchte: »Sie haben nicht ein Wort von dem verstanden, was er sagte.«[33]

Nach seiner Rückkehr nach Großbritannien wird er 1874 von Premierminister Benjamin Disraeli zum Bauleiter für die Schlösser und Gärten Londons ernannt und schließlich 1902 für seine Verdienste um die Krone zum Lord. Seine 1915 publizierten Memoiren sind ein Bestseller, schließlich hat er nicht nur die halbe Welt bereist, sondern zählt Persönlichkeiten wie König Edward VII. zu seinen engsten Freunden. Der beruft den Lord zum Berater für die Gärten von Sandringham, was George VI. Jahre später zu der Aussage verleiten wird: »Der alte Redesdale brachte meinen Großvater dazu, Knöterich auf Sandringham zu pflanzen, und wir werden das Zeug jetzt nicht mehr los.«[34] Großvater Redesdale verkehrte in seiner Jugend mit den Präraffaeliten um John Millais ebenso wie mit dem Schriftsteller William Thackeray und Premierminister Henry Palmerston. Er ist sehr beliebt und wie alle Mitfords restlos von sich überzeugt. Besonders stolz ist er auf seine enge Freundschaft mit Siegfried Wagner, Sohn des weltberühmten Komponisten. Auf dessen Schreibtisch in der Villa Wahnfried in Bayreuth steht gar ein Bild von Bertie Mitford, dem großen Wagnerverehrer.[35] Zugang zum Wagner-Clan verschaffte ihm der englische Rassentheoretiker Houston Stewart Chamberlain, der seit 1908 in zweiter Ehe mit Wagners Tochter Eva verheiratet ist. Sein Hauptwerk *Die Grundlagen des 19. Jahrhunderts* war 1899 erstmals in Deutschland erschienen. Ausgehend von der Rassenlehre Joseph Arthur de Gobineaus, entwirft Chamberlain ein Geschichtsbild, das die Historie als Kampf zwischen den Rassen interpretiert. Dabei sind die Rassen von unterschiedlicher Wertigkeit. Während die Germanen kulturschöpferisch sind, gelten ihm die Juden als minderwertige Rasse, deren Einfluss auf die christliche Kultur abgewehrt werden muss. Chamberlains Thesen verursachten großes Aufsehen und brachten ihm neben harscher Kritik auch viel Zuspruch ein. Zu seinen Bewunderern zählt der deutsche Kaiser Wilhelm II., der Chamberlain mehrfach empfangen hat. Der englischen Erstausgabe von 1911 hatte Bertie Mitford ein begeistertes Vorwort vorangestellt. Die hymnischen Besprechungen, die das Buch in Großbritannien erhielt, sahen großzügig über Chamberlains Antisemitismus hinweg. Zum einen waren antisemitische Tendenzen auch in Großbritannien weitverbreitet, zum anderen galt Chamberlains pseudowissenschaftliche Rassenlehre als sehr modern: Und so legte selbst ein Sozialist und Pazifist wie der spätere Literaturnobelpreisträger George Bernard Shaw, Mitglied der reformorientierten Fabian Society, seinen Lesern das Buch ans Herz.[36]

Chamberlains Thesen fielen auf fruchtbaren Boden in einem Land, das sich einerseits als Weltmacht begriff und mit anderen Nationen in erbittertem Wettstreit um die koloniale Aufteilung der Welt stand, sich andererseits aber bedroht fühlte durch Armutsimmigranten aus Irland und Osteuropa. Den größten Widerhall fanden Chamberlains Thesen bei denen, die gerade ihre eigene Entmachtung erlebten: der britischen Aristokratie. Nicht nur dass die Arbeiterbewegung immer stärker wurde, mit der Labour-Partei hatte sie längst auch einen höchst erfolgreichen politischen Arm. Auf die Liberalen konnten sich die Lords ohnehin nicht verlassen. 1908 hatte David Lloyd George als Schatzkanzler ein Reformpaket im Parlament eingebracht, zu dem eine Sozialversicherung für Geringverdiener mit Krankenversicherung und Arbeitslosengeld gehörte. Finanziert werden sollten diese Reformen durch höhere Steuern vor allem auf Einkommen aus Grundbesitz. Das Oberhaus lehnte die Gesetzesvorlage erwartungsgemäß rundweg ab. Die Auseinandersetzungen zwischen Regierung und Oberhaus führten zu zwei kurz aufeinanderfolgenden Neuwahlen, die ein klares Votum für die Regierungspolitik brachten. Als der König dem noch immer widerspenstigen Oberhaus schließlich mit einem Peers-Schub drohte, also damit, so viele neue Peers zu ernennen, bis der Widerstand zusammenbrechen würde, beugte sich das Oberhaus schließlich und stimmte im Parliament Act von 1911 seiner eigenen Entmachtung zu. Die Lords büßten ihr absolutes Vetorecht zugunsten eines suspensiven Vetos ein. Damit war die Macht des Oberhauses gebrochen und die Stellung des Unterhauses als wichtigste politische Institution bestätigt.

Die Lords verloren ökonomisch, politisch und gesellschaftlich sukzessive an Einfluss und wurden anfällig für die Thesen eines Houston Stewart Chamberlain, der 1916, mitten im Ersten Weltkrieg, die deutsche Staatsbürgerschaft annahm – nur folgerichtig für einen Mann, der Deutschland im Ranking der Nationen auf dem ersten Platz sah. Sein ideologischer Einfluss auf Hitlers *Mein Kampf* ist nicht von der Hand zu weisen. Im Sommer 1923 begegnen sich die beiden zum ersten Mal in Bayreuth, und kurz vor dem Novemberputsch 1923 schreibt Chamberlain an den »lieben Herrn Hitler«: »Sie sind ja gar nicht, wie Sie mir geschildert worden sind, ein Fanatiker, vielmehr möchte ich Sie als den unmittelbaren Gegensatz eines Fanatikers bezeichnen. Der Fanatiker erhitzt die Köpfe, Sie erwärmen die Herzen. Der Fanatiker will überreden, Sie wollen überzeugen, nur überzeugen. […] Ich möchte Sie ebenfalls für das Gegenteil eines Politikers – dieses Wort im landläufigen Sinne aufgefasst – erklären, denn die Asche aller Politik ist die Parteiangehörigkeit, während bei Ihnen alle Parteien verschwinden, aufgezehrt von der Glut der Vaterlandsliebe. […] Mein Glauben an das Deutschtum hat nicht einen Augenblick gewankt, jedoch hatte mein Hoffen – ich gestehe es – eine tiefe Ebbe erreicht. Sie haben den Zustand meiner Seele mit einem Schlage umgewandelt. Dass

Deutschland in der Stunde seiner höchsten Not sich einen Hitler gebiert, das bezeugt sein Lebendigsein.«[37] Es ist die Mitford-Wagner-Chamberlain-Connection ihres Großvaters, der Unity Mitford nicht nur ihren zweiten Vornamen, sondern auch den Zugang zu höchsten NS-Kreisen verdankt.

Viel Zeit bleibt den Kindern nicht, ihren Großvater väterlicherseits näher kennenzulernen. Am 17. August 1916 stirbt Bertie Mitford, 1. Baron Redesdale, der den Tod seines geliebten Sohnes Clement nie verwunden hat, wohl auch an gebrochenem Herzen. Damit ist David Mitford nun 2. Baron Redesdale. Erstes Anzeichen der neuen Herrlichkeit ist die Tatsache, dass die Familie Mitford ins Herrenhaus übersiedelt. Großmutter Redesdale zieht sich nach Redesdale Cottage in Northumberland zurück. Zum Entzücken ihrer Enkel, die oft zu Besuch kommen, hält sich die schrullige alte Dame als Haustier ein Berkshire-Schwein, von dem sie sonntags auch zum Gottesdienst begleitet wird. Nach einer weiteren Verwundung an der Front kehrt der neue Lord Redesdale endgültig nach England zurück. Bis Kriegsende wird er seinen Dienst an der Heimatfront in Oxford, eine Motorradstunde von Batsford Park entfernt, verrichten.

Was auf den ersten Blick wie ein kometenhafter Aufstieg wirkt, birgt große Probleme für die Familie des Lords. Batsford Park ist ein riesiges Anwesen, die Kosten für den Unterhalt sind immens. Wie viele Erben großer Landgüter kämpfen die Mitfords einen aussichtslosen Kampf gegen marode Dächer, schimmlige Wände, bröckelnden Putz und drohenden Bankrott. Barvermögen wird im englischen Landadel nur selten vererbt, das Geld ist gebunden in Häusern, Grund und Boden. Zwar sind die meisten Äcker an zuverlässige Landwirte verpachtet, doch die Zeiten, in denen arme Pächter sich halbtot schufteten, um ihre Pacht zu bezahlen, sind lang vorbei. Die Industrialisierung hat neue Arbeitsplätze geschaffen, viele Menschen sind in die Städte abgewandert. Die Allherrlichkeit des englischen Landadels ist dahin. Einzig mit einer niedrigen Abgabe lassen sich noch Pächter für die riesigen Ländereien finden. Zwar ist diese für viele immer noch zu hoch – um ein Anwesen wie Batsford Park zu unterhalten, reicht sie dennoch nicht aus. Ein Verkauf steht im Raum, doch solange Krieg herrscht, lässt sich kein guter Preis erzielen. Da hilft nur sparen. Die Familie zieht sich in einen Trakt des Hauses zurück, in den anderen 50 Räumen werden die Möbel abgedeckt und die Türen verschlossen. Selbst im bewohnten Teil wird nur auf Sparflamme geheizt; man gewöhnt sich daran, dick eingemummelt zu dinieren. Lady Redesdale entwickelt rege Phantasie in der Haushaltsführung. Dass sie als Erstes die Benutzung von Servietten abschafft, erwähnt sogar die Lokalzeitung und führt dazu, dass die seltenen Gäste in Batsford Park angehalten werden, nicht zu kleckern. Toilettenpapier gibt es zwar, es ist jedoch rationiert. Als ausgesprochener Zahlenmensch versucht Lady Redesdale auch ihre Kinder zur Sparsamkeit zu erziehen. Im Alter von zwölf Jahren erhält jedes Kind monatlich elf Shilling zur freien Verfügung. Davon müssen Strümpfe, Handschuhe, Süßigkeiten, Geschenke und sonstige Anschaffungen finanziert werden. Da die Ausgaben mit dem Alter steigen, wird der Betrag jährlich erhöht. Ab 16 Jahren erhält man hundert Pfund im Jahr, wovon die gesamte Garderobe sowie alle Reisen bezahlt werden müssen. Als Lady Redesdale die Mädchen später einmal bittet, einen fiktiven Haushaltsplan für ein Jahreseinkommen von fünfhundert Pfund zu erstellen, zeigt sich allerdings, dass ihre Bemühungen fruchtlos waren. Auf Nancys Plan ist zu lesen: »Blumen: 499 Pfund. Alles andere: ein Pfund.«[38] Keine der Schwestern, deren Taschengeld als Teenager dem Jahresgehalt einer Gouvernante entspricht, wird jemals Sparen lernen.

Am 11. September 1917 kommt Jessica, genannt Decca, zur Welt. Schon wieder eine Tochter. Lady Redesdale bleibt nicht viel Zeit, sich um das Baby zu kümmern, sie muss Geld verdienen. Mittlerweile hat sie Hühner angeschafft und verkauft selbstgemachten Honig, der so exzellent ist, dass sie sogar Anfragen aus London erreichen. Die Kinder, allesamt sehr tierlieb, halten ebenfalls Nutztiere wie Schafe, Schweine und Hühner. Besonders Letztere haben es der Familie so angetan, dass Nancy noch in den sechziger Jahren ihr feines Pariser Apartment mit einem Huhn teilen wird. Die Mädchen arbeiten als selbstständige Pächter. Auf dem Land, das sie vom Vater pachten, bauen sie ihr eigenes Gemüse an. Das Saatgut erwerben sie bei Lord Redesdale, die Erträge aus dem Anbau veräußern sie an Familienmitglieder und Nachbarn. Den Erlös, der nach Abzug aller Unkosten bleibt, dürfen sie behalten. Zu Irritationen kommt es, als Pamela beim alljährlichen Pächter-Dinner auf Batsford Park feststellt, dass die Kinder ihrem Vater eine weitaus höhere Pacht bezahlen als die Pächter aus dem Dorf. Harte Verhandlungen mit Lord Redesdale führen schließlich zu einer Pachtminderung.

Die ersten Jahre in Batsford Park sind so geschäftig, dass Lady Redesdale die Ausbildung der Mädchen Gouvernanten überlässt, während Tom zunächst die Privatschule Lockers Park in Hemel Hempstead, Hertfordshire besucht und anschließend nach Eton geht. Im Sommer wird für die Mädchen zusätzlich eine Mademoiselle für den Französischunterricht engagiert. Lord und Lady Redesdale sprechen beide sehr gut Französisch und erwarten das Gleiche von ihren Töchtern. Da während dieser Wochen bei Tisch nur französisch gesprochen werden darf, verlaufen die Mahlzeiten ausnahmsweise ziemlich schweigsam. Was die Ernährung ihrer Familie betrifft, vertritt Lady Redesdale überaus revolutionäre Ansichten. So verabscheut sie alles, was in Dosen oder Gläsern haltbar gemacht wird. Im Hause Mitford kommt nur Frisches auf den Tisch, nach Möglichkeit aus eigenem Anbau. Weiterverarbeitete Lebensmittel sind ihr ein Gräuel, stattdessen setzt sie auf Rohkost. Weißmehl und raffinierter Zucker haben auf dem Speiseplan der Familie nichts zu suchen. Ihr Vertrauen in die Lebensmittelindustrie ist so gering, dass sie ihr Brot selbst bäckt, um sicherzugehen, dass es keine Zusatzstoffe enthält. Die Grundsätze, die sie bei der

Ernährung ihrer Familie anwendet, sind dieselben, nach denen sie selbst erzogen wurde. Thomas Bowles war aufgrund von Beobachtungen zu der Überzeugung gelangt, dass jüdische Kinder die gesündesten von ganz London seien, was er auf die koschere Ernährung zurückführte. In der Mitford'schen Variante bedeutet dies den absoluten Verzicht auf Schweinefleisch und Schellfisch. Einzig Lord Redesdale genießt, neidisch beäugt vom Rest der Familie, zum Frühstück Ei mit Speck. Zwischen den Mahlzeiten wird nicht gegessen, dafür darf zu den Mahlzeiten jeder essen, was er will, solange die Grundregeln befolgt werden. Wer mag, isst Tag für Tag, Woche für Woche das Gleiche. Unity ernährt sich als Kind jahrelang ausschließlich von Kartoffelbrei. Rat in Ernährungsfragen holt sich Lady Redesdale bei ihrem Bruder Geoffrey, der einen Kausalnexus zwischen dem Niedergang des Empires und dem Verzehr von pasteurisierter Milch vermutet. In seinem Londoner Haus hat er die Liga zur Wiederherstellung der Freiheit begründet, mit der er gegen den Einsatz von Pestiziden in der Landwirtschaft kämpft. Sein Schlachtfeld ist die Leserbriefseite der *Times*: »Wenn man alte Dokumente vergleicht, zeigt sich, dass unsere nationale Größe mit der lebendigen Fruchtbarkeit unseres Bodens steigt und stürzt. Und heute haben viele Jahre des erschöpften und chemisch gemordeten Erdreichs unseren Körper und, schlimmer noch, unseren Nationalcharakter schlaff werden lassen. [...] Die Chemikalien haben ihren giftigen Einfluss ausgeübt. Jetzt ist die Stunde gekommen, da der Wurm Englands Mannheit wiederherstellen muss. Unsere Durchschlagskraft, unseren Charakter, unsere verlorenen Tugenden und mit ihnen die Freiheit, die Inselbewohnern natürlich ist, können wir nur wiedergewinnen, wenn wir den Untergrund unserer Äcker lockern und sie so kompostieren, dass Schimmelpilze, Bakterien und Regenwürmer wieder lebendiges Erdreich herstellen, das den englischen Körper und den englischen Geist nähren kann.«[39]

Die Voraussetzung für einen gesunden englischen Geist ist

bei Lady Redesdale genau wie bei ihrem Vater viel Bewegung an der frischen Luft. Bei Wind und Wetter sind die Mitford-Kinder draußen. Dem trägt auch ihre Kleidung Rechnung: Sie ist praktisch und vorwiegend aus Jersey, robust und klassisch. Die neueste Mode kommt aus vielerlei Gründen nicht infrage. Bestellt wird die Kleidung in London, und in Unitys Fall passt sie nur selten: »›Ach je, die gute Bobo, sie ist schon enorm groß‹, klagte Muv, wenn die halbjährlichen Kartons von Daniel Neal in London mit Kinderkleidern zur Auswahl bei uns eintrafen, anprobiert und im Falle Boud unweigerlich zurückgeschickt und gegen etwas Größeres umgetauscht wurden. Nancy gab ihr den groben Spitznamen ›Miss Scheußlich‹, aber das war sie nicht. Ihre großen, drohenden blauen Augen, die langen unbeholfenen Gliedmaßen, das völlig glatte flachsblonde Haar, manchmal in sauberen Zöpfen, meist lose herabströmend, ließen sie aussehen wie einen struppigen Wikinger oder wie Little John. Sie war der Fluch aller Gouvernanten, von denen wenige längere Zeit ihrer unerbittlichen Ungezogenheit gewachsen waren.«[40]

Sosehr Lady Redesdale auf frische Luft und gesunde Kost setzt, so gering ist ihr Vertrauen in die Schulmedizin. In dem festen Glauben erzogen, dass ein Arzt die Krankheit nur verschlimmert, kommt ihr kein Doktor ins Haus. Stärkende Mittelchen wie Lebertran und ähnliche Scheußlichkeiten, mit denen ihre Freunde gequält werden, sind zur Freude der Kinder ebenfalls tabu. Ein Körper mit guten Abwehrkräften kann eine Krankheit selbstständig überwinden. Als Pamela im Alter von drei Jahren an Kinderlähmung erkrankt, holt Lady Redesdale statt eines Schulmediziners den Osteopathen ihres Vaters, der es mithilfe von Massagen und Gymnastik tatsächlich schafft, Pamela zu heilen. Von Ärzten verschriebene Medikamente wandern bei den Mitfords postwendend in den Hausmüll. Immerhin – als Diana mit acht an einer Blinddarmentzündung erkrankt, wird die Operation von einem Arzt in einem der Gästezimmer durchgeführt, unter den strengen Augen von Lord Redesdale, wie Diana sich erinnert: »Ich erwachte aus der Narkose in einem riesigen roten Himmelbett. Vermutlich würde ein Operateur heutzutage auf eine Klinik bestehen. Ich persönlich ziehe so eine wunderschöne unhygienische Umgebung vor, das kann der Genesung nur förderlich sein.«[41]

Festtagsstimmung kommt im Hause Mitford auf, wenn sich Lady Redesdales enge Freundin Violet Hammersley, liebevoll Mrs Ham genannt, ankündigt. Ihre Anwesenheit hat viele Vorteile: »Eines Tages kam Muv ins Musikzimmer und sagte: ›Kinder, Mrs Hammersley kommt uns besuchen, sie wird heute Nacht eintreffen. Während ihres Aufenthalts wird nicht geübt.‹ – ›Warum nicht?‹ – ›Nun, weil sie sehr musikalisch ist.‹«[42] Die stets schwarzgewandete Mrs Ham ist eine außergewöhnliche Erscheinung mit Kontakten zur weltberühmten Bloomsbury Group. Als Tochter eines britischen Diplomaten ist sie in Paris aufgewachsen und hat in den Tuilerien mit Somerset Maugham gespielt, dem sie in inniger Freundschaft verbunden ist. 1912 ist ihr Mann gestorben und hat sie zu einer reichen Witwe gemacht. 1923 wird das Bankhaus, das ihr Vermögen verwaltet, allerdings bankrottgehen und sie mittellos zurücklassen. Die Mitford-Kinder lieben sie heiß und innig, auch wenn sie despektierlich nur von »der Witwe« sprechen. Mrs Ham zeigt stets großes Interesse an all ihren Aktivitäten, mögen sie noch so verrückt sein. Lebenslang werden ihr alle Schandtaten anvertraut. Hunderte von Briefen zeugen von einem innigen Verhältnis, obwohl Mrs Hams Anrede für die Kinder »Horror Child« lautet. Ein Gemälde von Philip Wilson Steer aus dem Jahre 1907 zeigt, welch schöne Frau Violet Hammersley war. Elegant und exzentrisch, ist sie eine absolute Pessimistin. Geplagt von diffusen Ängsten und depressiven Schüben, verfügt sie dennoch über eine gute Portion Selbstironie. Als sie Nancy einmal ermahnt, nicht ganz so viel Make-up aufzulegen, antwortet die verschmitzt: »Nun, Mrs Ham, für Sie mag das gelten, aber wir können ja nicht alle wie die Geliebte von El Greco herumlaufen.«[43] Auch für Unity ist Mrs Ham von großer Bedeutung. Als kleines Mädchen erfindet Unity eine unsichtbare Gefährtin namens Madam, die sie für alle Missgeschicke und Streiche verantwortlich macht. Immer hat Madam das Glas umgestoßen, das Kleid beschmutzt oder die Zeitung zerrissen. Von Mrs Ham darauf angesprochen, wie Madam denn aussehe, gibt Unity nur verhalten Auskunft: »›Sie hat schwarzes Haar und trägt ein schwarzes Kleid und einen weißen Schal‹, erklärte Unity langsam mit starrem Blick auf ihr Gegenüber. ›Oh! *Ich* bin Madam?‹, rief Mrs Hammersley. Die Antwort erübrigte sich.«[44]

Den Kindern gefällt es in Batsford Park so sehr, dass sie, wie Diana berichtet, inständig darum beten, der Krieg möge ewig währen: »Wir nutzten das ganze Haus, um Verstecken zu spielen. Alle Lichter wurden gelöscht, bis auf die in der Bibliothek, denn hier saß Muv mit den Kleinen. Wir andern tobten durch alle fünf Treppenhäuser. Wenn es dann ganz still war, bin ich vor Angst fast gestorben. Ich lauschte angestrengt, ob nicht irgendwo eine Schranktür knarrte oder sich jemand heranschlich. Dann hörte man auf einmal Schritte den Korridor entlangkommen, gefolgt von einem fernen Poltern, dann einen Schrei und schließlich Farves triumphierendes Gebrüll, wenn er einen von uns erwischt hatte.«[45]

Ende 1919 wird Batsford Park an den Tabakindustriellen Sir Gilbert Wills verkauft. Dem zehnjährigen Tom wird die ehrenvolle Aufgabe übertragen, die Bibliothek aufzulösen und zu entscheiden, welche Bücher ins neue Haus mitgenommen werden. Mit Trauermiene verlassen die Kinder Batsford Park. Wie sollen sie auch ahnen, dass sie im neuen Domizil der Familie die glücklichsten Tage ihrer Jugend verbringen werden?

»Ich bin normal.
Meine Frau ist normal.
Aber meine Töchter sind
allesamt vollkommen verrückt.«

David Mitford, 2. Lord Redesdale

II.

»Wir sehnten uns danach, Vollwaisen zu werden.«

Eine Kindheit in den Cotswolds

Asthall Manor ist ein verwunschenes Anwesen in Asthall, einem Dörfchen inmitten der malerischen Cotswolds. Gleich neben der kleinen Kirche gelegen, reicht der große Garten bis an die Ufer des Flüsschens Windrush. Noch heute herrscht hier eine wohlige Beschaulichkeit, die darüber hinwegtäuscht, dass die kleinen Cottages längst zu Spitzenpreisen an stressgeplagte Londoner verkauft werden. Für die Familie Mitford soll Asthall nur eine Zwischenstation sein. Lord Redesdale hat große Pläne. Genau wie sein Vater ist auch er ein begeisterter Bauherr. Oben auf den Hügeln über dem nahegelegenen Örtchen Swinbrook soll nach seinen architektonischen Vorstellungen ein neues Herrenhaus entstehen – ein Vorhaben, das ihn die nächsten Jahre voll und ganz in Anspruch nehmen wird. Um ungestört daran arbeiten zu können, führt in Asthall Manor eine kindersichere Tür zu seinem Arbeitszimmer – nicht zum Schutz der Kinder, sondern zum Schutz *vor* ihnen. Die nehmen das gelassen. Je mehr Lord Redesdale in seine Baupläne verstrickt ist, umso weniger stört er. Dank ihres exzellenten Geschmacks macht Lady Redesdale im Handumdrehen ein behagliches Zuhause aus dem Anwesen, während Lord Redesdales Technikbegeisterung den Bewohnern Elektrizität aus Wasserkraft verschafft.

Für die Kinder ist Asthall Manor aber aus einem ganz anderen Grund bald der schönste Platz auf Erden. Die Eltern richten ihnen in der gemauerten Scheune ein eigenes Kinderhaus ein, ein Refugium, in dem sie frei und unbeaufsichtigt sind. Neben vier Schlafzimmern ist dort auch die große Bibliothek untergebracht, in der Toms Klavier steht. Ein romantischer Kreuzgang verbindet den Anbau mit dem Haupthaus, sodass man trockenen Fußes von einem Haus ins andere huschen kann. Nancy, Pamela, Tom und Diana beziehen die vier Schlafzimmer, während Unity und die kleine Jessica bei den Eltern bleiben müssen. Glühend beneidet von den jüngeren Geschwistern, verbringen die vier Großen die meiste Zeit in dicken Sesseln lümmelnd mit einem Buch vor dem Kamin ihres neuen Zuhauses. So bekommen sie kaum etwas von der schlechten Stimmung mit, die im Haupthaus seit der Geburt von Deborah, genannt Debo, am 31. März 1920 herrscht. Lord Redesdale ist über die Geburt eines weiteren Mädchens so schockiert, dass kein Familienmitglied die Kleine zunächst auch nur anzuschauen wagt. Nancy tröstet die Mutter auf ihre Weise: »Wie abscheulich von dem armen kleinen Schatz, ein Mädchen zu sein.«[46] Das ungewollte Mädchen wird allerdings bereits nach kurzer Zeit der absolute Liebling des Lords.

Asthall bietet nur wenig Abwechslung. Auch das benachbarte Swinbrook mit seinen 150 Einwohnern hat außer ein paar Farmen, einer Kirche, einem Laden samt Poststelle und dem noch heute existierenden The Swan Inn nicht viel zu bieten. Spielgefährten sind Mangelware, entsprechen die Dorfkinder doch nicht ganz dem, was sich Lord und Lady Redesdale als Gesellschaft für ihre Kinder vorstellen. So beschäftigen sich die Geschwister meist miteinander. Sie tun sich ihrem Alter entsprechend zusammen, wobei

Nancy als Älteste eine Sonderrolle spielt. Bei Deborahs Geburt bereits sechzehn Jahre alt, ist sie drauf und dran, das Elternhaus zu verlassen. Auf ihre Geschwister wirkt sie immer ein wenig einschüchternd. Dabei ist sie sehr unterhaltsam – wo Nancy auftaucht, wird es amüsant. Aber das ist nur eine Seite ihres Charakters: »Wenn jemand je rätselhaft war, dann Nancy«, erinnert sich Deborah. »Sie war alles auf einmal und das Gegenteil davon: loyal und treulos, großzügig und geizig, gütig und grausam, verlässlich und heimtückisch, fleißig und faul, tolerant und intolerant. [...] Das Einzige, worauf man sich verlassen konnte, war das pure Vergnügen, das man in ihrer Anwesenheit empfand. Wie sich das Niveau hob, wenn sie den Raum betrat, ihre Gabe, eine ernste Lage in etwas Absurdes zu verwandeln und Menschen und Situationen auf eine Art und Weise wahrzunehmen, wie nur sie es vermochte. Alles an ihr funkelte, nicht nur die Augen, sie war der Star jeder Gesellschaft.«[47] Nancy hat ihren beißenden, oftmals verletzenden Spott später dem Schock zugeschrieben, den sie als verwöhntes Einzelkind durch Pamelas Geburt erlitten habe. Pamela, die ihr intellektuell hoffnungslos unterlegen ist, wird zur bevorzugten Zielscheibe. Ärgerlicherweise ruht Pamela aber viel zu sehr in sich, als dass sie sich groß darüber aufregen würde. So überträgt sich Nancys Eifersucht bald auf die schöne Diana, die für Nancy zur größten Konkurrenz im eigenen Hause wird. Dabei ist Nancy mit ihren dunklen Haaren, den graugrünen Augen und der schlanken Figur eine äußerst attraktive Erscheinung und, soweit es das Budget gestattet, schon als Teenager elegant und schick gekleidet. Dennoch ärgert sie die Kleinen mit Aussagen wie: »Dich wird nie einer heiraten«, und denkt sich Geschichten aus, mit denen sie die anderen, allen voran die sensible Deborah, zum Weinen bringen kann. Deborah wird bis zu ihrer Heirat von Nancy ohnehin nur »Neun« genannt, in Anspielung auf ihr geistiges Alter. Unity, Jessica und Deborah traktiert Nancy mit Bemerkungen wie: »Ist euch dreien eigentlich schon aufgefallen, wie scheußlich die mittleren

Silben eurer Namen klingen – Nit, Sic und Bor?«[48] Da »nit« im Englischen Schwachkopf bedeutet, »sick« so viel wie Kotze heißt und mit »bore« ein übler Langweiler bezeichnet wird, ist das Geschrei jedes Mal riesengroß. Sticheln scheint Nancys Lieblingsbeschäftigung zu sein. Sie macht sich einen Spaß daraus, in allerlei kuriosen Verkleidungen Familie, Freunde und Nachbarn zu schockieren, nur um sich anschließend halb totzulachen: »Nancy war zu scharfzüngig und sarkastisch, als dass sie über längere Zeit die Lieblingsschwester von einem von uns hätte sein können«, erinnert sich Jessica. »Ganz plötzlich konnte sie einen aus ihren durchdringenden smaragdgrünen Augen ansehen und sagen: ›Ab mit dir ins Schulzimmer, wir alle haben jetzt wirklich genug von dir.‹ Und wenn man sich besonders viel Mühe mit den Ringellöckchen gegeben hatte, brachte sie es fertig zu sagen: ›Du siehst heute aus wie die älteste und hässlichste der Brontë-Schwestern.‹«[49] Als Pamela sich einmal verliebt und Nancy herausfindet, um wen es sich handelt, tischt sie der jüngeren Schwester auf, sie habe den jungen Mann mit einer anderen gesehen.

Pamela ist die unauffälligste der Schwestern. Infolge seiner Polioerkrankung hinkt das hübsche Kind mit den großen blauen Augen und dem wundervollen blonden Haar ein wenig. Von allen Kindern ist sie den Eltern am ähnlichsten. Mit dem Vater teilt sie die Liebe zum Landleben und zu Pferden, mit der Mutter das Interesse an gesundem Essen aus eigenem Anbau. Sie ist gern für sich und kümmert sich um die zahlreichen Tiere, die Asthall Manor bevölkern. Als Einzige scheint sie sich niemals zu langweilen. Die Geschwister, die ihr den Spitznamen »Woman« verpassen, stellen sie gerne als Freak dar, dabei ist sie offensichtlich die einzig Solide in all dem Chaos. Schon als Kind gilt sie als hervorragende Köchin. Als junge Frau unternimmt sie, abenteuerlustig wie alle Mitfords, mit dem eigenen Auto mehrere kulinarische Reisen durch Europa, immer auf der Suche nach guten Rezepten. Wie Nancy bildet sie mit keinem ihrer Geschwister ein unzertrennliches Doppel.

Ganz anders Diana und Tom, die wie ein Zwillingspaar wirken. Beim Sonntagsgottesdienst spielt die musikalische Diana regelmäßig die Orgel. Ihrer Ansicht nach ist der Schlager *Tea for Two*, in schönem Legato gespielt, perfekt für die Messe. Wenn sie sich etwas in den Kopf gesetzt hat, kann niemand sie aufhalten. Ihre Freunde beschreiben sie als großzügig, hilfsbereit, empathisch und von überbordendem Charme. Offen, tolerant, liberal und sehr belesen, wird ausgerechnet Diana dem Faschismus verfallen und bis zu ihrem Tod an die Überlegenheit der weißen Rasse glauben.

Ihr Alter Ego Tom bleibt der einzige Bruder unter sechs Schwestern – und hat damit keinen ganz leichten Stand. Als Deborah einmal nach ihrer Familie gefragt wird, erklärt sie, diese bestehe aus drei Riesen (Nancy, Diana und Unity), drei Zwergen (Pamela, Jessica und Deborah) und einem Vieh (Tom). Doch auch wenn die Schwestern Tom oft heftig zusetzen, in Wahrheit lieben sie ihn sehr. Als einziges Familienmitglied bleibt er jeglichen politischen Verwirrungen zum Trotz mit allen Mitfords in Kontakt. Der ernsthafte und nachdenkliche Junge spielt ausgezeichnet Klavier, ist sehr intellektuell und wie Diana mit großem Charme gesegnet. Zahllose gebrochene Herzen – von Frauen wie von Männern – werden seinen kurzen Lebensweg pflastern. In ihren Memoiren schildert die Klatschkolumnistin Sheilah Graham, berühmt geworden als F. Scott Fitzgeralds letzte Liebe, eine Begegnung mit Tom im Skiurlaub in St. Moritz: »Tom Mitford [war] eine jugendliche Ausgabe seines Vaters und [...] einer der hübschesten jungen Männer, die mir je begegnet waren. [...] Wie musste er sich vorkommen, als einziger Sohn neben sechs Schwestern?«[50] Zum allgemeinen Kummer kämpft Tom schon als Junge mit schweren Depressionen. Als Sohn und Titelerbe erhält er als Einziger eine ordentliche Schulausbildung. Von 1922 an besucht er das Eliteinternat Eton. Einschneidende Erlebnisse sind hier der Genuss von Eiern mit Speck zum Frühstück, im Hause Mitford dem Familienoberhaupt vorbehalten, und die in der Upperclass nicht unüblichen homoerotischen Begegnungen. Zwar ist Homosexualität in Großbritannien verboten und der Skandal um Oscar Wilde noch sehr präsent, doch die intimen Freundschaften junger Männer in Eton und Oxbridge sind ein offenes Geheimnis und fallen unter die Rubrik »Jugendsünde«. Zu Toms engsten Schulfreunden zählt James Lees-Milne, der sich später nicht nur als Schriftsteller, sondern vor allem als Denkmalschützer im Rahmen des National Trust im Vereinigten Königreich einen Namen macht. Lees-Milne, der Tom nach dessen Tod als seine große Liebe bezeichnet, wird ein enger Freund der Mitfords. Sosehr man Tom innerhalb der Familie und unter Freunden schätzt, gibt es auch Leute, die ihn für einen unerträglichen Snob halten.

Während für Nancy die Provinz nicht viel zu bieten hat, genießen die Jüngeren das Leben in Asthall Manor in vollen Zügen. Lord Redesdale lässt im Fluss hinter dem Haus einen Bereich abzäunen, damit die Kinder gefahrlos schwimmen lernen können. Täglich finden Ausritte statt, die aus allen Mitfords hervorragende Reiter machen. Während Nancy, Diana und Deborah die Jagdleidenschaft ihres Vaters teilen, zeigen Tom, Unity und Jessica daran keinerlei Interesse. Sie bevorzugen Tennis und Kricket. Bei Wind und Wetter ist die Familie im Freien, und auch wenn sich die Schwestern als Erwachsene über diese Bilderbuchkindheit lustig machen, ist sie doch in erster Linie ein großes Abenteuer. Einmal im Monat fahren die Geschwister mit Nanny Blor nach Stratford upon Avon zu einer Vorstellung der Royal Shakespeare Company. Als Lord Redesdale sie einmal begleitet, kommt es zu einer interessanten Diskussion über *Romeo und Julia*. Deborah erinnert sich: »›Schuld war dieser verdammte Mönch‹, schimpfte er auf dem Heimweg, während er sich noch immer die Augen wischte. ›Dieser Bursche – wie hieß er doch gleich? –, Romeo, hätte wissen müssen, dass so ein verfluchter Papist alles versauen würde. Und dann diese blöde alte Amme, ich wette, die war auch katholisch, das grässliche Miststück.‹«[51]

Im Winter geht's zum Eislaufen oder nach Oxford in Blackwell's

Bookshop. Sonntags marschiert die Familie geschlossen nach Swinbrook zum Gottesdienst in St. Mary's. Der dortige Pfarrer untersteht nach geltendem Gesetz Lord Redesdale, der nicht nur ein großzügiger Spender, sondern während des Gottesdienstes auch für die Kollekte verantwortlich ist. Er hat Anweisung gegeben, die Predigt auf zehn Minuten zu beschränken. Nach acht Minuten gibt er dem Pfarrer ein unauffälliges Zeichen. Die Kinder machen sich einen Spaß daraus, das ausliegende Gästebuch mit illustren Namen wie »Greta Garbo« oder »Maurice Chevalier« zu füllen. Auch wenn die Mitfords nicht sehr religiös sind, gehören die anglikanischen Gottesdienste doch fest zu ihrem Leben als Landadlige.

Am Weihnachtsabend laden Lord und Lady Redesdale zu einer historischen Kostümparty. Während Pamela Jahr für Jahr Lady Rowena aus *Ivanhoe* gibt, beschränkt sich die Verkleidung Lord Redesdales auf die immer gleiche rote Perücke. Als begabter Amateurzauberer und Mitglied des Magischen Zirkels unterhält er seine Gäste prächtig. Das beste Kostüm trägt stets Nancy, die es immer wieder schafft, die anderen an der Nase herumzuführen und unerkannt zu bleiben. Für die Kinder aus dem Dorf organisiert Lady Redesdale am Nachmittag des Heiligen Abends eine Teeparty. Der Weihnachtsmann, hinter dessen Rauschebart unschwer der Vikar auszumachen ist, überreicht jedem Kind eine Orange und ein kleinen Präsent.

Wie bei Damen der Gesellschaft üblich, beschränken sich Lady Redesdales außerfamiliäre Aktivitäten auf Charity. Viel Zeit hat sie dafür allerdings nicht, denn die prekäre finanzielle Lage der Familie stellt Lady Redesdale auch in Asthall Manor vor organisatorische Herausforderungen. Wobei die ewigen Klagelieder die tatsächliche Situation nur verzerrt wiedergeben. Lady Redesdale erbt beim Tod ihres Vaters knapp 60 000 Pfund sowie Anteile an *The Lady*. Bis zum Beginn der Weltwirtschaftskrise 1929 ist die Familie niemals ohne Chauffeur. Erst danach wird aus dem Mercedes ein Morris, und Lord Redesdale klemmt sich selbst hinters Steuer, was ihm allerdings höchstes Vergnügen bereitet. Absoluter Horror ist für ihn eine Neuerung, die sich seiner Ansicht nach auf Dauer nicht durchsetzen wird: Frauen hinterm Steuer.

Mit viel Geschick gelingt es Lady Redesdale jahrelang, die schon sprichwörtliche Geschäftsuntüchtigkeit ihres Mannes finanziell auszugleichen. Weniger Geschick zeigt sie hingegen im Verhalten ihren Kindern gegenüber. Nancy schreibt in späteren Jahren in einem Brief an Jessica: »Ich hatte den größtmöglichen Respekt vor ihr. Ich war auch gern mit ihr zusammen, aber ich liebte sie nicht, und zwar ganz einfach deshalb, weil sie mich nicht liebte. Als ich klein war, hat sie mich nie umarmt oder geküsst – ehrlich gesagt, habe ich sie auch nur sehr selten zu Gesicht bekommen. [...] Sie war mir gegenüber immer abweisend und sarkastisch. Ich mache ihr das keineswegs zum Vorwurf. Eltern haben durchaus das Recht, ihre Kinder nicht zu mögen.«[52] Dass die stets etwas abwesend wirkende Lady Redesdale gerecht ist und keines ihrer Kinder bevorzugt, werten die Älteren als Zeichen dafür, dass sie all ihren Kindern das gleiche Desinteresse entgegenbringt. Dabei wäre es ein Fehler, sie zu unterschätzen. Ähnlich sarkastisch wie Nancy, kann »Muv« ihre Mitmenschen mit ein paar gezielten Anmerkungen ganz schön zum Schwitzen bringen: »Der Name ›Muv‹, schwarz auf weiß niedergeschrieben, mag übrigens das Bild einer zierlichen, zärtlichen Mutti beschwören, umgeben von Kindern, die sie als ›meine Küken‹ bezeichnet. Ebenso lässt ›Farve‹ vielleicht an einen jovial-gemütlichen Daddy denken. Für mich bestimmt nicht. In meinen Erinnerungen sind Muv und Farve himmelhoch groß und breit wie der Marble Arch und mächtiger als König und Parlament zusammen«, schreibt Jessica in ihren Erinnerungen.[53]

Dass ihr Vater, ganz im Widerspruch zum Zeitgeist, oft und gern mit seinen Kindern spielte, erwähnt sie nicht. Deutlicher sind offensichtlich die Dinge in Erinnerung geblieben, die verboten waren. Und dazu gehörte vor allem anderen: Unpünktlichkeit und Kleckern bei Tisch. Das abendliche Dinner wird zum täglichen

Wagnis. Die Kinder sind jedes Mal heilfroh, wenn sie den Esstisch verlassen können, denn die Wutausbrüche des Lords sind legendär. Nancy, die den Vater in ihrem Roman *Englische Liebschaften* als Onkel Matthew porträtiert, schreibt in typischer Mitford'scher Übertreibung: »Manchmal, ohne ersichtlichen Grund, fiel Onkel Matthew schon über sie her, wenn sie die Grenze kaum überschritten hatten. Wären sie Kinder armer Leute gewesen, dann hätte man sie wahrscheinlich von ihrem wütenden, brüllenden, prügelnden Papa weggebracht und in ein Heim geholt, oder man hätte ihn selbst weggebracht und ins Gefängnis gesteckt, weil er sich weigerte, seine Kinder zu erziehen.«[54]

Nancy und Jessica rechnen in ihren Büchern schonungslos mit den exzentrischen Eltern ab. James Lees-Milne hingegen, der als Junge häufig in Asthall zu Gast ist, beneidet die Mädchen glühend: »Die Leser von Nancy und Jessica Mitfords Büchern sind wahrscheinlich zu dem Schluss gekommen, dass ihr Zuhause eine Art Unterwelt war, regiert von ihren Eltern Lord und Lady Redesdale in Gestalt von Hades und seiner Frau Persephone, der Königin der Unterwelt, gierig harkend in den Seelen der Toten und nur durch Stierblut gnädig zu stimmen. Diese Einschätzung teile ich keineswegs. Im Gegenteil, für mich war Asthall Manor das Paradies. Lady Redesdale führte mit unerschütterlicher Sanftmut, Heiterkeit und keinerlei Verwirrung den Vorsitz, so muss man es nennen, über ihre schöne und exzentrische Brut. Lord Redesdale war zugegebenermaßen eine ambivalente Persönlichkeit. Dennoch leuchtet mir nicht ein, warum sich seine Kinder über ihn beschweren sollten. Ihnen gegenüber war er Dr. Jekyll, gutmütig, fast unterwürfig. Obwohl selbst kein gebildeter Mann, tolerierte er ihre intellektuellen Bestrebungen und gestattete ihnen zu sagen und zu tun, was immer sie wollten. Er fügte sich sanft ihren unaufhörlichen Sticheleien. Gegenüber Außenstehenden und besonders gegenüber den Freunden seiner Kinder konnte Lord Redesdale hingegen ein wütender Mr Hyde sein. Ich hatte, ehrlich gesagt, ziemliche Angst vor ihm. [...] Die goldene Regel war, dass man in seiner Gegenwart die eigene Meinung am besten für sich behielt. Das war jedoch ziemlich schwierig in einem Haushalt, in dem die Kinder ihre gesamte Zeit damit verbrachten, absolut jedes Thema unter der Sonne, von Religion bis Sex, auszudiskutieren.«[55]

Mit den Jahren verschwimmen die Grenzen zwischen Fiktion und Realität so sehr, dass ganz Großbritannien in Onkel Matthew aus Nancys Roman Lord Redesdale zu erkennen glaubt, der diese Zuschreibungen mit stoischer Gelassenheit erträgt. Einige der von Nancy geschilderten Vorgänge stoßen allerdings beim Leser auf blankes Entsetzen: »Mein Onkel Matthew hatte vier prächtige Bluthunde, mit denen er von Zeit zu Zeit auf seine Kinder Jagd zu machen pflegte. Zwei von uns zogen mit einem ordentlichen Vorsprung los, um die Fährte zu legen, während Onkel Matthew und die Übrigen zu Pferd mit den Hunden folgten. [...] Im Ort kam es deshalb zu einem gewaltigen Aufruhr. Die Wochenendgäste aus Kent, die auf dem Weg in die Kirche waren, versetzte der Anblick von vier großen Hunden, die mit wildem Gebell hinter zwei kleinen Mädchen herjagten, in helles Entsetzen. Mein Onkel erschien ihnen wie ein böser Lord aus einem Roman.«[56] Und wirklich vergnügen sich Lord Redesdale und seine Kinder mit einem Spiel, bei dem der Vater seine Kinder mit Hunden jagt.

Nancys boshafte Schilderungen zeigen einen jähzornigen und gewalttätigen Mann. Doch während der Jähzorn des Lords verbürgt ist, bestreiten die Töchter jegliche Gewaltausbrüche. Deborah erinnert sich an seinen Humor, seine Geduld und wie er sie stundenlang auf seinen Schultern durchs Haus trug, und Diana stellt in ihrer Autobiographie klar: »Nachdem zahlreiche Legenden über Farves Unberechenbarkeit im Umlauf sind, scheint es mir geboten, darauf hinzuweisen, dass er uns nicht nur mit seinen wundervollen Späßen stets zum Lachen brachte, sondern auch sehr liebevoll sein konnte. Sicher, er hatte ein hitziges Temperament und hat sich oft aufgeregt, aber wir wurden niemals geschlagen. Das Schlimmste, was einem passieren konnte, war, dass man früh zu Bett geschickt wurde.«[57] Und auch Nancy hat zu ihrem »schrecklichen Vater« ein prima Verhältnis. Sie hat seinen spontanen Witz geerbt, und wenn beide in Form sind, unterhalten sie mit ihren scharfzüngigen Bemerkungen eine ganze Abendgesellschaft. Gleichwohl ängstigen sich die Kinder vor den Wutausbrüchen des Vaters. Erst als Teenager machen sie sich einen Spaß daraus, ihn so lange zu reizen, bis er explodiert. Die ungekrönte Königin in dieser Disziplin ist Unity. Dass der unberechenbare Vater für alle seine Töchter zum *role model* bei der Männerwahl wird, ist ein interessantes psychologisches Phänomen, das auch in Nancys Roman auftaucht: »Sosehr wir ihn fürchteten, sosehr wir ihn verurteilten und so leidenschaftlich wir ihn zuweilen hassten – Onkel Matthew blieb für uns eine Art Maßstab englischer Männlichkeit; und bei den Männern, die völlig anders waren als er, schien irgendetwas nicht zu stimmen.«[58]

Sehnt dieses Prachtexemplar eines englischen Lords sich nach Ruhe, so fährt der Baron, begleitet von seinen großen Labradorhunden, nach London in seinen Club, den Marlborough Club in Pall Mall. Hier genießt er es, einmal ganz unter Männern zu sein. Von jedem seiner Aufenthalte in London bringt er ein kleines Geschenk für Lady Redesdale mit. Beim Kauf setzt er den Verkäufer allerdings vorsichtshalber von einer unumstößlichen Tatsache in Kenntnis: »Nächste Woche wird eine Lady hier auftauchen und das umtauschen.« So ist es – jedes Mal. Manchmal nimmt er auch seinen Sitz im Londoner Oberhaus wahr, allerdings nur, wenn es um Entscheidungen von nationaler Reichweite geht. So war er während des Krieges damit beschäftigt, das Frauenwahlrecht zu verhindern, für das die britischen Suffragetten um Emmeline Pankhurst einen wahren Guerillakampf gegen die Regierung entfacht hatten. Dass 1918 das Wahlrecht für Frauen über dreißig eingeführt wurde, begriff er als schmerzliche Niederlage in seinem Engagement für den Erhalt des Empires.

So wenig Lord Redesdale vom Frauenwahlrecht hält, so wenig

hält er von Mädchenbildung. Nancys Flehen, sie auf eine richtige Schule zu schicken, verhallt ungehört. Der Lord betrachtet Schulbildung für Mädchen nicht nur als überflüssig, sondern gar als gefährlich: Sie würde die Chancen seiner Töchter auf dem Heiratsmarkt beträchtlich schmälern. Sechs ledige Töchter durchzufüttern übersteigt seine Leidensfähigkeit. Immerhin gestattet er der 16-jährigen Nancy den Besuch der von Lady Cadogan auf ihrem Landsitz geleiteten Hatherop Castle School in der Nähe von Asthall, einem privaten Internat für höhere Töchter, das Cadogans eigenen Kindern und zwanzig weiteren Mädchen die Chance auf ein wenig Bildung bietet. Hier wird nach den Prinzipien der PNEU (Parents' National Educational Union) unterrichtet, die noch heute in zahlreichen englischen Schulen zum Tragen kommen. Auch die amerikanische Homeschooling-Bewegung empfiehlt ihren Mitgliedern diese Methode, die Ende des 19. Jahrhunderts von der britischen Bildungsphilosophin Charlotte Mason eingeführt wurde. Masons pädagogisches Konzept basiert auf drei Säulen: Zum einen ist die Umgebung wichtig, in der ein Kind aufwächst und unterrichtet wird. Des Weiteren sollen Herzensbildung, Charakterbildung und Benehmen vermittelt werden. Mason legt großen Wert darauf, dass ein Kind nicht nur mit trockenen Fakten konfrontiert wird. Bewegung an der frischen Luft und Lernen aus und mit der Natur sind stattdessen ihr Credo. Dem freien Spiel zur Entfaltung von Kreativität und Persönlichkeit wird enorme Bedeutung beigemessen. Geschichte, Geographie und Gesellschaftskunde lernen die Schülerinnen aus Romanen, Dramen und Gedichten, nicht aus verstaubten Schulbüchern. Grundlage des Lernens ist das Nacherzählen mit eigenen Worten und die Beschäftigung mit anspruchsvoller Musik und Literatur, nicht mit abgespeckten Kinderversionen von Kunst. Masons Ideen erlangen in Großbritannien einigen Einfluss und schlagen sich in der Gründung der Pfadfinderbewegung nieder. Auch Nancy kommt in Hatherop in Kontakt mit den Pfadfindern. In den Ferien gründet sie deshalb in Asthall ihre eigene Truppe.

Diana erinnert sich: »Als Nancy (16) aus Hatherop Castle zurückkehrte, brachte sie Muv dazu, einem teuflischen Plan zuzustimmen, der für mich zur Quälerei wurde, Nancys Bedürfnis nach Macht über andere befriedigte und auch noch von Onkeln, Tanten und unseren Eltern gepriesen wurde. Sie gab das Projekt eines Tages beim Tee bekannt: ›Ich werde eine Pfadfinderabteilung gründen und der Captain sein. Du und Pamela, ihr könnt Patrol Leaders werden und müsst mich mit Captain anreden.‹ [...] Ich war den Tränen nahe [...], aber es half alles nichts. [...] Wir wurden mit steifen blauen Drillichkleidern, schwarzen Strümpfen und Schuhen sowie runden Filzhüten ausgestattet. [...] Wir mussten im Garten herummarschieren und uns darin üben, feuchtes Holz mit höchstens drei Streichhölzern zu entzünden oder hundert Yards in zwanzig Sekunden zu laufen. Nancy wollte uns zwingen, sie militärisch zu grüßen, was wir aber ablehnten. Daraufhin studierte sie das *Girls Guide Magazine*, um dort weitere Demütigungen zu finden, die sie uns antun konnte.«[59] Während Nancy das Internatsleben liebt, ist es für Diana eine Horrorvorstellung, nach Hatherop zu gehen. Nancy macht sich einen Spaß daraus, Diana weiszumachen, die Eltern wollten sie dort anmelden. Die will aber genau wie die anderen Schwestern nur zur wöchentlichen Tanzstunde hingehen. Heute ist Hatherop Castle eine bekannte Vor- und Grundschule für Kinder von zwei bis dreizehn Jahren.

Nach einem Jahr kehrt Nancy in den Schoß der Familie zurück. Zum Abschluss ihrer Ausbildung darf sie 1922 zusammen mit vier anderen Mädchen und einer Privatlehrerin eine ausgedehnte Bildungsreise nach Paris, Florenz und Venedig unternehmen. Für Nancy ist es der Beginn einer lebenslangen Leidenschaft für die französische Hauptstadt: »Liebste Muv ... es ist so schön hier, wir haben Telefon und heißes und kaltes Wasser auf den Zimmern. Ich habe die ganze Zeit telefoniert und mir Bäder bestellt usw. Die Geschäfte sind himmlisch, und die Place de la Concorde im Lichterglanz sieht einfach *ganz* schön aus ... Oh, was für ein Spaß!«[60]

Zu Nancys 18. Geburtstag veranstalten die Eltern in Asthall Manor einen Debütantinnenball, für den – in Ermangelung geeigneter Kandidaten aus der Nachbarschaft – alles herangekarrt wird, was auf zwei Beinen stehen kann, ganz so wie sie es später in ihrem Roman *Englische Liebschaften* beschreibt: »Das Telefon lief heiß, und Telegramme flogen in alle Himmelsrichtungen. Tante Sadie ließ all ihren Stolz fahren, tat nicht mehr so, als sei alles in Ordnung, als würde jeder nur um seiner selbst willen eingeladen, und schickte eine Reihe verzweifelter Appelle hinaus. [...] Ältere Vettern und Onkels, die jahrelang nur ein Schattendasein in der Erinnerung geführt hatten, wurden aus der Vergessenheit heraufbeschworen und bedrängt zu erscheinen.«[61] Es ist trotz allem ein schönes Fest. Die Bibliothek wird zum Ballsaal umgebaut. Großartige Blumenarrangements, perlender Champagner und ein Orchester tun ihr Übriges, um den Abend zum Erlebnis zu machen. Lord Redesdale lässt im Kreuzgang Kanonenöfen aufstellen, damit die Gäste nicht frieren müssen, wenn sie zwischen Haupthaus und Ballsaal hin- und herlaufen.

1923 wird Nancys erste Londoner Saison, deren Höhepunkt ihre Vorstellung vor dem Königspaar in Buckingham Palace ist. Während Nancy London unsicher macht, bleiben die anderen Mädchen in der Obhut der Eltern. Lady Redesdale ist vom PNEU-Prinzip inzwischen so überzeugt, dass sie eine Lehrerin aus Hatherop als Gouvernante für Pamela und Diana engagiert. Unity und Jessica unterrichtet Lady Redesdale höchstpersönlich. Dabei fördert allein schon die Betrachtung der Weltkarte in Geographie einige ungewöhnliche Erkenntnisse zutage: »Seht ihr, England und alle unsere Besitzungen im Empires sind auf der Karte ein wunderschönes Rosa. [...] Deutschland ist von einem hässlichen schlammfarbenen Braun.«[62] Weitere bahnbrechende Einsichten der Mutter schildert Jessica in ihrer Autobiographie: »Die heroischen Erbauer des Empires, wie sie tapfer die schwarzen Horden Afrikas niederzwangen, zum Ruhme Englands ... die bösen

Inder und das Schwarze Loch von Kalkutta ... die Amerikaner, die aus dem Empire hinausgeworfen worden waren, weil sie dauernd Unruhe stifteten und auf der Weltkarte ihr Anrecht auf das schöne Rosa verwirkt hatten ... die dreckigen Hunnen, die im Krieg Onkel Clem umgebracht hatten ... die russischen Bolschewisten, die eiskalt die Hunde des Zaren erschossen hatten (tatsächlich auch den kleinen Zarewitsch und die Zarewnas, nur schien deren Schicksal nicht ganz so traurig wie das der unschuldigen Hunde) ... die Guten, die so unglaublich gut waren, die Bösen, die so unglaublich böse waren. Die Geschichte, wie Muv sie lehrte, war mir, alles in allem, sehr klar.«[63] Unity ist von den Unterrichtsmethoden ihrer Mutter nicht ganz so überzeugt. Einmal soll sie mit eigenen Worten nacherzählen, was Lady Redesdale gerade vorgelesen hat: »Aus irgendeinem Grund schaltete Unity auf stur und weigerte sich. ›Jetzt mach schon, Liebling, an irgendetwas wirst du dich doch erinnern können‹, sagte Muv. Unity schüttelte den Kopf. ›An kein einziges Wort?‹, bohrte Muv nach. ›Also gut dann‹, sagte Unity und starrte wütend vor sich hin: ›*The.*‹«[64] In ihren unveröffentlichten Memoiren über Unity wird Lady Redesdale sich später fragen, ob ihr Unterricht womöglich zur politischen Verwirrung ihrer Kinder beigetragen hat: »Aber damals kam mir der Gedanke natürlich überhaupt nicht.«[65]

Im Alter von neun Jahren ziehen die Mädchen ins Schulzimmer um, wo sie von wechselnden Gouvernanten unterrichtet werden. Wer sich langweilt, guckt aus dem Fenster und zählt die Gräber auf dem Friedhof, an spannenden Tagen kann man auch mal eine Beerdigung beobachten. Als Jessica und Deborah einmal vor Neugier hinunterlaufen und in ein frischgeschaufeltes Grab purzeln, prophezeit Nancy ihnen lebenslanges Unglück. Unity entwickelt sich schon früh zur wahren Meisterin im Gouvernanten-Vergraulen. Miss Whitney, deren Schlangenphobie allseits bekannt ist, findet eines Tages Unitys Ringelnatter Enid fein säuberlich um die Ziehkette ihres Spülklosetts gewickelt. Nur mit Hilfe einer Brechstange kann die ohnmächtige Frau aus der Toilette befreit werden. Die kleine rundliche Miss Bunting wird von Unity kurzerhand hochgehoben und mal eben aufs Klavier gesetzt. Dabei lehrt Miss Bunting die Kinder viele nützliche Dinge wie zum Beispiel den Vollzug des perfekten Ladendiebstahls. Das macht sie beliebt, anders als jene andere Gouvernante, zu der Unity schon bei Dienstantritt sagt: »Sie sind die Zwölfte; mal sehen, wie lange Sie durchhalten.«[66] Für Lady Redesdale ist das ungebührliche Betragen ihrer Töchter ein stetes Ärgernis, finanziert sie deren Ausbildung doch mühsam durch den Eierverkauf, der inzwischen 120 Pfund pro Jahr abwirft, das Jahresgehalt einer Gouvernante.

Während die Familie zu ihren Nachbarn kaum Kontakt pflegt, gibt es regen Austausch mit Tanten und Onkeln, Cousins und Cousinen. Unter den zahllosen Verwandten sind die Baileys, die Farrers und die Churchills am beliebtesten. Die Sommerferien bei Tante Weenie, Lady Redesdales Schwester, und Colonel Bailey in Stow-on-the-Wold sind ein alljährliches Highlight. Cousin Tim hat die gemeinsame Zeit in lebhafter Erinnerung: »Jeden Sommer im August waren Bailey-Wochen [...]. Wir machten all das, was man damals halt so machte: Wir spielten Tennis und Kricket, und samstags gab es einen Ball. Mein ältester Bruder Dick und Tom Mitford waren zusammen in Eton, genau wie James Lees-Milne, der aus Broadway herüberkam.«[67] Die Gegenbesuche in Asthall Manor sind spektakulär, wofür vor allem Unity sorgt: »Vom Alter her passte sie exakt zu meinem Bruder Chris, die beiden waren unzertrennlich. Bei einem unserer Aufenthalte in Asthall mopsten Bobo und Chris noch vor dem Frühstück alle Erdbeeren aus dem Gewächshaus. Die beiden waren aus Prinzip ungezogen, und in der Geschichte der Prügelstrafe ist wahrscheinlich niemand mehr verhauen worden als die beiden.«[68] Aber das ist nur eine Seite von Unitys Charakter. Sie gilt auch als äußerst scheu und sensibel. Wenn man sie beim Dinner verärgert, schlüpft sie unter den Tisch und bleibt dort so lange, bis sie sich wieder beruhigt hat. Einmal an

Unitys Abtauchen gewöhnt, werden Gespräche in diesen Momenten einfach weitergeführt.

Zur Jagdsaison finden sich alle Geschwister des Lords samt ihren Familien bei Major Denis Farrer und Tante Joan in Brayfield ein. Deren gleichnamige Tochter erinnert sich vor allem an die Winterurlaube in Asthall und Unitys Leidenschaft fürs Eislaufen: »Auf die Frage: Was sollen wir machen?, kam fast immer die Antwort: Lasst uns Eislaufen gehen. Unity gewann darin einmal sogar eine Bronzemedaille. [...] Sie war eine starke Persönlichkeit, wenn auch etwas rücksichtslos.«[69] Die Leidenschaft fürs Eislaufen verbindet Unity mit ihrem Vater, der Vorsitzender des Schlittschuhclubs von Oxford ist. Während der Rest der Familie im Winter in der Schweiz auf Skiern die Hänge hinabwedelt, dreht Lord Redesdale auch in St. Moritz lieber seine Runden auf dem Eis.

Durch seine Mutter ist Lord Redesdale ein Vetter ersten Grades von Winston Churchills Ehefrau Clementine. Der schillernde Politiker gilt innerhalb der Familie allerdings als unsicherer Kantonist. Lord Redesdale hält ihn für einen Blender. Außerdem habe er mit seinem 1904 vollzogenen Wechsel von den Konservativen zu den Liberalen die Werte seiner Väter verraten. Lässt man die Politik außer Acht, ist er jedoch ein guter Gastgeber. Die Mitfords sind häufig bei den Churchills in Chartwell, Kent. Churchill findet vor allem Gefallen an Diana, der er den Spitznamen »Diana Dynamite« verpasst. Dass er während des Zweiten Weltkriegs als Premierminister ihre Internierung anordnen muss, wird ihm gar nicht gefallen. Noch 1937 bezeichnet er die skandalösen Mitford-Schwestern als »köstlich«.[70] Während Diana und Tom sich mit Churchills Kindern Randolph und Diana anfreunden, fühlt sich Unity der zweiten Churchill-Tochter Sarah verbunden: »Die Älteren haben uns immer herumkommandiert«, erinnert sich Sarah. »Sie dachten sich eine spezielle Schikane für uns Jüngere aus und sperrten uns in einen Wandschrank [...]. Randolph war ihr Anführer. Die Bedrohung war allgegenwärtig, und so taten Bobo und ich uns zusammen und beschlossen, freiwillig in den Wandschrank zu steigen, und dann haben sie uns eingesperrt.«[71] Bei ihrer kleinen Schwester Mary ist vor allem ein Besuch bei den Mitfords in London haftengeblieben: »Ich war vollkommen überfordert angesichts der schieren Anzahl von Mitfords jeglichen Alters. Und alle schienen gleichzeitig zu quasseln.«[72] Die Großmutter der Churchill-Kinder, Aunt Natty, ist die Lieblingsgroßtante der Mitfords. Die unkonventionelle alte Dame schreibt keine Briefe, sondern verschickt täglich Telegramme, die trotz aller Bemühungen nicht einmal das Telegraphenamt entziffern kann. Ist sie zu Besuch in Asthall, kleidet sie sich niemals vor dem Lunch an, sondern marschiert im Nachthemd mit einem Cape über den Schultern durchs Dorf, um ihre Erledigungen zu machen. Dass sie dabei barfuß läuft und sich keinen Pfifferling um die Meinung anderer schert, macht sie zu einem bestens integrierten Familienmitglied.

1926 endet die schöne Zeit in Asthall Manor mit dem Verkauf des Hauses samt zugehörigem Poltergeist. Für die Kinder ist vor allem der Verlust des Kinderhauses schmerzhaft. Da Swinbrook House noch nicht bezugsfertig ist, geht Lady Redesdale mit den Mädchen für drei Monate nach Paris. Während die Kleinen sich die Zeit mit Museumsbesuchen und Bummeln vertreiben, lässt sich Nancy gegen den ausdrücklichen Wunsch ihres Vaters einen Bubikopf schneiden: »Tom, wenn Du meine kurzen Haare siehst, dann musst Du sagen – und zwar vor den Eltern –, dass Du sie einfach anbetungswürdig findest usw., auch wenn Du sie in Wahrheit scheußlich findest. Sie waren wirklich abscheulich zu mir und sagten, während ich vorher eher unscheinbar war, sähe ich nun ausgesprochen hässlich aus.«[73] Deborah und Jessica, die nie zuvor ein Bidet gesehen haben, setzen Goldfische in das seltsame Aquarium. Zurück in England, wartet das neue Zuhause, ein dreigeschossiges Haus, zwei Meilen außerhalb von Swinbrook: groß, grau und, wie Jessica sich erinnert, wenig einladend: »Es hat eher das utilitaristische Aussehen einer Institution und könnte eine kleine

Kaserne sein, ein Mädcheninternat, eine private Irrenanstalt (oder in Amerika ein Country Club). Alle diese Funktionen haben sich in seiner kurzen Geschichte durchaus angedeutet.«[74] Die Familie wird in dem abgelegenen Herrenhaus mit seinen 18 Schlafzimmern nicht glücklich werden – daran ändern auch die Squashhalle und der Tennisplatz nichts. Am wohlsten fühlen sich die Kinder in der Wäschekammer: »Hier saßen wir auf den Lattenregalen eng zusammengedrängt und unterhielten uns stundenlang über Leben und Tod«,[75] schreibt Nancy. Ansonsten hält sie das Haus für »wirklich unbeschreiblich hässlich«.[76]

Wie einsam das Leben hier ist, schildert Jessica in ihrer Autobiographie: »Swinbrook hatte viele Züge einer Festung oder Zitadelle aus dem Mittelalter. Vom Standpunkt der Insassen aus betrachtet, war das Haus autonom – in dem Sinne, dass es weder notwendig noch (im Allgemeinen) möglich war, das Gebäude zum Zweck irgendwelcher Aktivitäten des menschlichen Lebens zu verlassen. [...] Von draußen betrachtet, war der Zutritt – in dem recht unwahrscheinlichen Fall, dass jemand ihn versucht hätte – für Außenseiter unmöglich. Zu den Außenseitern zählte mein Vater nicht nur Hunnen, Froschfresser, Amerikaner, Schwarze und sämtliche Ausländer, sondern auch Kinder anderer Leute, die Mehrheit der Bekannten meiner älteren Schwestern, nahezu sämtliche jungen Männer – tatsächlich die ganze wimmelnde Bevölkerung des Planeten, ausgenommen ein paar (gewiss nicht alle) unserer Verwandten und einige wenige rotgesichtige, in Tweed gekleidete Nachbarn, die mein Vater aus irgendeinem Grund schätzte.«[77]

Die Kinder machen dem stolzen Bauherrn unmissverständlich klar, was sie von Swinbrook halten: »Ich glaube, er merkte, dass wir unser neues Haus wahrlich hassten, wir gaben uns auch keine Mühe, es zu verbergen.«[78] Im Nachhinein war sich Lady Redesdale immer sicher, dass alles Unglück, das über die Familie hereinbrach, einzig und allein dem Umzug nach Swinbrook House geschuldet war. Nur Deborah, die viel zu klein ist, um den Verlust von Asthall zu empfinden, liebt das Haus von Anfang an, was Vater und Tochter noch mehr zusammenschweißt.

Um seine Familie für die Abgeschiedenheit von Swinbrook House zu entschädigen, erwirbt der Lord mit Rutland Gate 26 ein elegantes Stadthaus in London-Knightsbridge, in unmittelbarer Nähe des Hyde Park. Im Ballsaal des Hauses werden in den nächsten Jahren die Debütantinnenempfänge für die Mädchen gegeben. Dass die Lebensmittel telefonisch bei Harrods bestellt werden können, gefällt den Schwestern ebenso wie der Personenaufzug, den der technikbegeisterte Lord einbauen lässt. Um diesen feudalen Lebensstil zu gewährleisten, wird allerdings in Swinbrook House darauf verzichtet, zu heizen, und manchmal muss das Stadthaus auch vermietet werden. Dann zieht die ganze Familie mit Sack und Pack ins Hinterhaus, in eine Wohnung über den ehemaligen Stallungen, die jetzt als Garage genutzt werden. Dafür behält man das Personal, das mittlerweile eine Hauslehrerin, Nanny Blor, ein zusätzliches Kindermädchen sowie eine Näherin, drei Hausmädchen, zwei Zimmermädchen, eine Köchin und zwei Küchenmädchen umfasst. Eingedenk Lady Redesdales schlechter Erfahrungen mit männlichem Personal gibt es im Hause Mitford statt eines Butlers eine Hausdame. Die einzigen männlichen Angestellten, der Chauffeur und der Oberverwalter, sind dem Lord unterstellt.

Der zieht sich aus lauter Enttäuschung darüber, dass seine Familie Swinbrook House ablehnt, immer mehr zurück. Oft ist er in seinem Londoner Club anzutreffen, in den Sommermonaten flüchtet er nach Schottland. Ist er zu Hause, ist seine Laune meist schlecht. Er entwickelt die Marotte, eines seiner Kinder zum Sündenbock zu machen und gleichzeitig ein anderes offen zu bevorzugen. Die Kinder nennen das »die Rattenwoche«: »Der Rest von uns schwebte in einer Art Übergangszustand zwischen den Extremen. Der Wechsel kam immer mit dramatischer Plötzlichkeit und ohne erkennbaren Grund. Man war natürlich wachsam, aber selbst nach jahrelanger Erfahrung konnte niemand voraussagen, wann und in welche Richtung der Umschlag erfolgen würde«, schildert Nancy die Situation.[79]

Am häufigsten trifft der Zorn des Vaters die pubertierende Unity, die bei Besuchen in der Nachbarschaft gerne mal Rizinusöl in den Salat kippt oder Reißzwecken auf den Polstern verteilt. Als Teenager durchläuft sie eine Phase der Unsicherheit, die sie mit starrköpfigem Verhalten kompensiert, weshalb sie als das ungehorsamste der Mitford-Mädchen gilt. Im Gegensatz zu ihren sprachgewaltigen Schwestern setzt sie eine Zeit lang ganz auf die Macht des Schweigens. So kann sie Lord Redesdale so lange anstarren, bis der die Geduld verliert. An der Zuneigung des Vaters ändert das allerdings nichts, wie sich Unitys Cousine Rudbin Farrer erinnert, die nicht Deborah, sondern Unity für das Lieblingskind des Vaters hält: »Unity war die strahlende Hoffnungsträgerin und diejenige, die am meisten geliebt wurde. [...] Onkel David war sehr zufrieden, so brillante und kluge Töchter zu haben, aber nach Unity war er ganz verrückt.«[80]

Als Sandwichkind, eingekeilt zwischen den älteren Geschwistern, die sich unendlich erwachsen fühlen, und den jüngeren, die ihr dann doch zu kindisch sind, beschäftigt sich Unity gern alleine. Gesegnet mit Kreativität und Phantasie, erschafft sie sich eine imaginäre Welt, in die sie sich flüchtet, wenn ihr das Tohuwabohu des Mitford'schen Haushalts zu viel wird. Jede Menge Zeit verbringt Unity auch mit Büchern und den Werken ihrer Lieblingsmaler. Dazu gehören der niederländische Renaissancemaler Hieronymus Bosch, der Schweizer Symbolist Arnold Böcklin und Henri Rousseau, der als Wegbereiter des Surrealismus gilt. Vor allem Rousseaus Antikriegsbild *Der Krieg* von 1894 beeindruckt Unity. Es zeigt eine fratzenschneidende römische Kriegsgöttin, die auf einem monströs verzerrten Pferd säbel- und fackelschwingend über tote Leiber hinwegreitet. Ein zutiefst hoffungsloses Bild, das schonungslos das Grauen des Krieges zeigt – eine ungewöhnliche

Wahl für ein kleines Mädchen. Doch Unity ist kein gewöhnliches Mädchen, sondern sensibel und mit einer enormen Beobachtungsgabe ausgestattet. Wie begabt sie ist, zeigt sich, als sie im Alter von acht Jahren einen männlichen Akt zeichnet, der mit Turban auf dem Kopf und einer Tasche um die Hüften Samen auf einem Feld ausbringt. Sie nennt es nach Lukas, Kapitel I, Vers 55 *Abraham und seine Kinder in Ewigkeit.*[81] Auch die Botanik hat es ihr angetan. Sie kennt fast alle Pflanzen beim Namen und liebt es, Blumen zu einem Potpourri zu arrangieren und in Stillleben festzuhalten. Ihr Skizzenbuch ist voll mit Vorarbeiten für neue Gemälde; von Unity kunstvoll mit Blumen und Efeuranken verzierte Möbel finden sich im ganzen Haus. Auch im Umgang mit Nadel und Faden beweist sie viel Geschick und Kreativität. Wie alle Kinder erhält die hochmusikalische Unity Klavierstunden. Laut Jessicas Erinnerungen pfeift Unity den ganzen Tag vor sich hin, manchmal auch gänzlich unpassend während des gemeinsamen Abendessens.

Eine Gouvernante erinnert sich vor allem an die unglaubliche Phantasie ihres Schützlings: »Unity war ein gesundes, hübsches Mädchen; auch wenn irgendwas an ihr anders war – ich bin gut mit ihr zurechtgekommen. Beim Mittagessen saß sie immer neben ihrer Mutter, die ein Auge auf sie hatte. Unity hatte eine wundervolle Haut, nahezu durchsichtig, sie sah aus wie eine kleine Johanna von Orléans. [...] Sie war geistreich und bezaubernd und hatte alle möglichen Hobbys. [...] Sie malte im Stil von Blake. Was für eine Vorstellungskraft. [...] Was auch immer sie anfing, sie war gut darin.«[82]

Schwärmerisch, wie sie ist, gilt Unitys literarische Liebe der englischen Romantik. Das mystische Geschichtsbild von William Blake, Percy Bysshe Shelley, Lord Byron oder John Keats spricht sie an. Spontaneität und Imagination sind Unity näher als Rationalität und Logik. Das Unterbewusste und das Übernatürliche faszinieren sie schon als Kind. Ihre eigenen Gedichte, die sie in Anlehnung an die von ihr verehrten Dichter verfasst, sind nur selten jugendfrei und reichen nicht an Nancys Schriften heran. Wenn sie ihren lärmenden Geschwistern entfliehen will, vergräbt sie sich in die Romane der Brontë-Schwestern oder die Geschichten Edgar Allan Poes. Schon als Kind entwickelt sie jene Begeisterungsfähigkeit, die sie für Ideologien, noch dazu für eine derart mystisch aufgeladene Ideologie wie den Nationalsozialismus, anfällig macht. Während sie später dieser einen Idee alles unterordnen wird, ist sie als Kind experimentierfreudig und aufgeschlossen. Einer ihrer absoluten Lieblingsromane ist Aldous Huxleys *Eine Gesellschaft auf dem Lande.* Huxleys beißende Kritik an der englischen Upperclass, die eine ganze Generation prägt, gefällt Unity ganz besonders.

Kein Wunder, dass die Schwester, der sich Unity am nächsten fühlt, ebenfalls eine Leseratte ist. Auch Jessicas Kopf steckt sehr oft zwischen zwei Buchdeckeln. Sie ist eine Meisterin des Wortes, originell, großzügig und witzig. Jessicas Hauptinteresse gilt ihren Mitmenschen, während ihr die Vergnügungen des Landadels ebenso gleichgültig sind wie ihr Aussehen. Tiere sind ihre große Liebe, und wenn sie durchs Dorf radelt, fliegt über ihr eine Ringeltaube, neben ihr läuft ein schwarzer Cockerspaniel, und ein verwaistes Lamm namens Miranda, das sie mit der Flasche aufzieht, blökt hinterdrein. Von allen Schwestern fehlt ihr die Gesellschaft anderer Kinder am meisten. Als die Neunjährige einen wöchentlichen Tanzkurs besuchen darf, klärt sie die anderen Teilnehmerinnen in den Pausen darüber auf, woher die Babys kommen: »Und – sogar der König und die Königin machen das!«[83] Das Donnerwetter, das sich nach Bekanntwerden der Aufklärungsstunde über ihr entlädt, führt nicht nur dazu, dass man sie aus dem Tanzkurs entfernt, sondern auch dazu, dass es jungen Männern der Umgebung noch Jahre später verboten ist, sich mit Jessica Mitford zu treffen. Jessicas Lieblingsbeschäftigung besteht darin, mit ihrem Vater sogenannte »Tatterichübungen« zu machen, um ihn auf sein zukünftiges Leben als Greis vorzubereiten. Dabei schüttelt sie den Vater am Handgelenk, während er versucht, seinen Tee zu trinken. Zusammen mit

Unity entwickelt Jessica eine eigene Sprache. Wenn sie »Boudledidge« sprechen, können sie sich ungestört von Eltern und Geschwistern miteinander unterhalten und ungestraft unanständige Lieder singen. Mit Deborah hingegen verständigt sich Jessica auf »Honnisch«, einer Art Englisch mit amerikanischen und nordenglischen Einflüssen. Deborah, das Nesthäkchen, verbringt ihre Tage am liebsten im Hühnerhaus, wo sie mit großem Eifer daran arbeitet, den Gesichtsausdruck von Hühnern beim Eierlegen zu imitieren. Morgens liest sie als Erstes die Familiennachrichten in der *Times* und trägt alle Totgeburten in ein Büchlein ein. Sie und Jessica sind die einzigen Mitglieder der Society of Hons und befinden sich in einem dauerhaften Abwehrkampf gegenüber allen Nichthonnen. »Tod den abstoßenden Antihonnen!«, lautet ihr martialischer Schlachtruf. Die honnischen Schwestern entwickeln das Spiel *Hure, Hare, Hure*, bei dem diejenige gewinnt, die es am längsten aushält, gezwickt zu werden. Es ist die Weiterentwicklung des Spiels *Langsam daran arbeiten*, bei dem die Hand eines lesenden Menschen so lange an ein und derselben Hautstelle geritzt wird, bis sie blutet. Jessica und Deborah sind von *Hure, Hare, Hure* so begeistert, dass sie ernsthaft darüber nachdenken, das Spiel patentieren zu lassen.

Die schwesterlichen Koalitionen sind äußerst instabil. Mal tun sich Deborah und Jessica zusammen, um die anderen zu ärgern, mal bilden Unity und Jessica eine Einheit gegen die kleine Deborah. Dann versuchen die beiden Älteren, das sensible Kind ganz gezielt zum Weinen zu bringen, was den Lord sehr erbost. So erfindet Unity die Geschichte des kleinen Pekinesen, dessen Frauchen im Sterben liegt. Ihrem letzten Wunsch zufolge sollen sich die Verwandten künftig um den Hund kümmern. Doch in all der Aufregung wird der Pekinese vergessen und Tage später verhungert am Grab seines Frauchens aufgefunden. Unity beginnt ihre Geschichte immer mit den Worten: »Das Telefon klingelte.« Bald reicht es vollkommen, diese drei Wörter in den Raum zu stellen, um bei Deborah einen Heulkrampf auszulösen. Eine andere von Unitys

Gruselgeschichten handelt von einem jungen Medizinstudenten, der seiner Freundin einen erfrorenen Arm ins Schlafzimmer hängt. Nachdem sie ihn nachts aus Versehen berührt hat, verfällt sie dem Wahnsinn. Als man sie findet, ist sie gerade dabei, den Arm aufzuessen.

Leider ist das Leben in Swinbrook nicht ganz so spannend wie diese Geschichten. Da der ersehnte Prinz auf dem Pferd, der sie aus ihrer Langeweile retten soll, sich offenkundig Zeit lässt, plant Jessica bereits generalstabsmäßig ihre Flucht: »Ich beschloss, von zu Hause fortzulaufen. Noch nicht gleich – ich wusste, dass eine Zwölfjährige kaum eine Chance hatte, lange zu überleben, ehe man sie entdeckte und wieder ihrer Familie zustellte. Aber eines Tages, wenn ich einen vollkommen zufriedenstellenden Plan ausgearbeitet und genügend Geld gespart hätte, um mich eine Zeitlang durchzubringen. Ich schrieb sofort an Drummond's Bank; nach ein paar Tagen hatte ich die Antwort. ›Sehr geehrte gnädige Frau, wir erlauben uns, den Eingang von zehn Shilling zur Eröffnung Ihres Weglaufkontos zu bestätigen. Sparbuch Nr. Soundsoviel in der Anlage. Stets zu Diensten, verbleiben wir hochachtungsvoll …‹«[84]

Wie Nancy würde auch Jessica gerne zur Schule gehen. Nach der Lektüre eines Buches von James Jeans beschließt sie, Astronomie zu studieren, und will eine öffentliche Schule besuchen. Für Lady Redesdale kommt das nicht infrage: ihre Tochter eine Wissenschaftlerin – was für eine lächerliche Idee. Dies ist einer jener Momente, in denen die Eltern nicht mehr Muv und Farve sind, sondern zu TPOF (The Poor Old Female) und TPOM (The Poor Old Male) mutieren. Dass Lord und Lady Redesdale sich mit Händen und Füßen gegen eine konventionelle Schulausbildung ihrer Töchter wehren, bringt ihnen später den Vorwurf der Rückständigkeit ein. Dass die Kinder jedoch, durch die große Freiheit, die sie genießen, eine besondere Kreativität und Intellektualität entwickeln konnten, dafür sind gerade die größten Kritiker ihrer Eltern, Nancy und Jessica, die besten Beispiele. Es ist in diesen Kreisen vollkommen normal, Mädchen zu Hause unterrichten zu lassen – unüblich ist dagegen, dass der Unterricht auf reformpädagogischen Prinzipien wie denen der PNEU basiert. Lady Redesdales Erziehungskonzept steht den Strukturen des elitären britischen Schulsystems diametral entgegen und sorgt dafür, dass die Mädchen nicht mit gebrochenem Willen, sondern als Freigeister in die Welt hinausziehen. Und das tun sie im wahrsten Sinne des Wortes. Alle Kinder beschließen ihre Erziehung mit einem Jahr in Europa.

Im Hause Mitford gibt es weder Zensur noch einen Lesekanon: Jeder darf jedes Buch in der Bibliothek lesen, solange es anschließend wieder an seinen Platz zurückgestellt wird. Die Mitford-Mädchen sind bereits im Alter von sechs Jahren in der Lage, den Leitartikel der *Times* zu lesen.[85] Lady Redesdales Beharren auf gesunder Kost, frischer Luft, Bewegung und Homöopathie würde heute niemand mehr als rückständig und exzentrisch bezeichnen. Die Eltern sind keineswegs so hinterwäldlerisch, wie ihre Töchter später glauben machen wollen. Auch wenn die Mitfords keine aufgeklärten Intellektuellen, sondern typische Vertreter des englischen Landadels sind, also gerne unter ihresgleichen bleiben, die Torys unterstützen und die sukzessive Aufhebung der Klassenschranken verschlafen haben – das Leben ihrer Kinder ist keineswegs so freudlos wie gerne kolportiert. Eigentlich ist es – wie Constancia Arnold, eine Freundin der Familie, erzählt – das genaue Gegenteil: »Ganz gleich, was sie behaupten: Sie waren sehr glücklich, weder geschunden noch unterdrückt noch traurig.«[86]

»›Weißt du eigentlich, was wir da tun?‹ – ›Nein.‹
›Soll ich es dir verraten?‹ – ›Ja.‹
›Wir verschwenden unsere Jugend.‹«

Anthony Powell, ›Afternoon Man‹

III.

»Let's misbehave!«

Die Champagner-Rebellen vom Kit-Kat-Club

Nancy ist die Erste, die der angeblichen Langeweile des englischen Landlebens entkommt. Das Leben in London ist wunderbar, auch wenn die Eltern strenge Regeln aufgestellt haben. Es ist Nancy strikt untersagt, Make-up aufzulegen, und auch die neueste Mode lässt Lord und Lady Redesdale völlig kalt. Zwischen all den flippigen Londonerinnen fühlt Nancy sich wie eine piefige Landpomeranze. Tom gegenüber klagt sie: »Ich müsste eine Unmenge an Einkäufen erledigen und habe, wie üblich, kein Geld dazu. Immerzu bitte ich alle um Geld, ohne Erfolg. Bobo hat Iain Hay [ein Freund der Familie] einen Geburtstags- und Weihnachtswunschzettel übergeben, auf dem ganz oben stand: zwei Pfund.«[87]

Sich von den ach so altmodischen Eltern diktieren zu lassen, was sich für eine englische Lady schickt, hat Nancy bald satt, und so stellen ihre Heimatbesuche nicht nur die Waschküche (ob der Unmengen schmutziger Wäsche, die sie im Gepäck hat) auf eine harte Probe, sondern auch die Geduld der Eltern: »Selbst ich erinnerte mich noch an die düstere Stille, die über dem Hause hing, in dem die Mahlzeiten Tag um Tag in tränenreichem Schweigen gegessen wurden, als Nancy sich mit zwanzig eine Pagenfrisur hatte schneiden lassen. Nancy, die Lippenstift gebrauchte, Nancy, die auf der modisch gewordenen Ukulele spielte, Nancy in Hosen, Nancy mit Zigarette – sie hatte für uns alle die Pionierarbeit geleistet, aber um den hohen Preis fürchterlicher Szenen, gefolgt von Tränen und verstocktem Schweigen«, heißt es in Jessicas Erinnerungen.[88]

Noch weniger als Nancys respektloses Verhalten schätzt Lord Redesdale die jungen Männer, die sie über Jahre hinweg aus dem nahegelegenen Oxford anschleppt. Zum Kummer des Lords ist Oxford nicht länger ein Hort gepflegten Traditionalismus. Aus der Eliteuniversität ist, wie Evelyn Waugh in seinem Schlüsselroman *Wiedersehen mit Brideshead* ganz richtig beobachtet, eine Art champagnergetränkter Kindergarten geworden. Nancys neue Freunde gehören einer neuen Generation von Studenten an, für die die Werte ihrer Vorfahren bedeutungslos sind. Es sind Männer wie der spätere Filmproduzent John Sutro und Robert Byron, der einmal zu den großartigsten Reiseschriftstellern des 20. Jahrhunderts gehören wird. 1938 wird er zusammen mit Unity den Reichsparteitag in Nürnberg besuchen. Drei Jahre später kommt er mit nur 36 Jahren ums Leben, als das Schiff, auf dem er im Auftrag des britischen Geheimdiensts unterwegs ist, von einem deutschen Torpedo getroffen wird. In Oxford macht er vor allem als unerträglicher Flegel von sich reden. Der Schriftsteller Harold Acton, der zusammen mit George Orwell, Anthony Powell und Ian Fleming in Eton war, sowie Mark Ogilvie-Grant, Botaniker und späterer Honorarkonsul von Kairo, gehören ebenso zu diesem illustren Kreis wie der spätere Kanzler der Universität Dublin, Lawrence Michael Harvey Parsons, 6. Earl of Rosse, und Henry Yorke, der unter dem Namen Henry Green einer der erfolgreichsten englischen Schriftsteller des 20. Jahrhunderts wird. Noch sind sie unbekannte Studenten aus bestem Hause; einzig Brian Howard, der später ebenfalls zu Unitys Gästen in München gehört, hat es dank diverser Eskapaden bereits zu einem gewissen Ruhm gebracht. Er dient Evelyn Waugh als Vorbild für die Figur des Anthony Blanche in *Wiedersehen mit Brideshead*: »Von dem Augenblick, in dem er kam, beherrschte er das Gespräch; er sprach mit einem üppigen, angelernten Stammeln; er zog alle Menschen auf; parodierte die Lunchgäste, von denen er kam; erzählte schlüpfrige Anekdoten aus Paris und Berlin; er war mehr als unterhaltend; er verwandelte die ganze Gesellschaft; tauchte jeden der Anwesenden in ein grelles, unechtes Licht der Exzentrizität. [...] Dies war, wie wohl nicht besonders gesagt werden braucht, der junge Anthony Blanche, der Ästhet par excellence, das Laster schlechthin für alles zwischen Cherwell Edge und Somerville.«[89] Howard ist Mitorganisator der Bath-and-Bottle-Party, dem berühmtesten Fest im London der zwanziger Jahre. Die legendäre Party, zu der die Gäste in Badekleidung und mit einer Flasche Champagner erscheinen müssen, findet am Freitag, dem 13. Juli 1928 im St.-George-Schwimmbad statt und löst einen ungeheuren Skandal aus. Das liegt weniger an dem knallbunten Blumenteppich, der auf dem Wasser schwimmt, oder dem Jazzorchester als an der spärlichen Bekleidung der Gäste und ihrem ungebührlichen Verhalten. Brian Howard wird weniger als exzentrischer Dichter in Erinnerung bleiben als vielmehr all der Bücher wegen, die er *nicht* geschrieben hat. Dem Alkohol verfallen, nimmt er sich 1958 im Alter von 53 Jahren das Leben. Unsterblich aber ist sein fälschlicherweise Margaret Thatcher zugeschriebenes Bonmot: »Wer nach seinem dreißigsten Geburtstag noch in einem Bus gesichtet wird, ist ein Versager.«[90]

Nancys neue Freunde gehören dem Kreis der Ästheten an, die mit ihrer Oscar-Wilde-Attitüde einen ganz neuen Männertyp verkörpern. Diese blasierten, exaltierten Jünglinge pfeifen auf die bürgerliche Gesellschaft und deren Moralvorstellungen, stattdessen frönen sie einem neuartigen Dandytum und scheren sich nicht weiter um die Sportideologie, die bisher die englischen Eliteuniversitäten bestimmt hat. Für ihre Kritiker sind sie ein Haufen Weicheier, die zum Frühstück eine Beruhigungstablette und mittags ein Glas

Orangensaft zu sich nehmen. Im schlimmsten Fall sind sie auch noch Sozialisten. Ihr Auftreten ist durch und durch dekadent und provokativ. Sie sind auffällig bunt gekleidet, tragen Regenschirme spazieren und trinken lieber eine Tasse Kaffee als Bier. Ganz offen spielen sie mit ihren homoerotischen Neigungen und gelten allen Traditionalisten als Bedrohung der britischen Männlichkeit. Dass Nancy nicht Mitglieder der diversen Oxforder Sportclubs mit nach Hause bringt, will dem Lord nicht in den Kopf. Kräftige, sportliche Jungs, patriotisch, konservativ, englisch, vielleicht mit wenig Grips, dafür aber mit umso mehr Muskeln ausgestattet – eben Männer wie Seine Lordschaft selbst. Der Kampf der Ästheten gegen die Athleten hält in den zwanziger Jahren ganz Oxford auf Trab. Die Universitätszeitungen kennen kaum ein anderes Thema.[91] Dass diese seltsamen Männer an den Wochenenden in Swinbrook einfallen, stellt die Geduld Lord Redesdales auf eine harte Probe. Meist dauert es nicht allzu lange, bis ihm bei Tisch herausrutscht: »Haben diese Leute eigentlich kein Zuhause?«[92] Immer wieder kommt es vor, dass ein junger Herr barsch des Hauses verwiesen wird, begleitet vom mehrstimmigen Gesang der Mitford-Schwestern: »Wir wollen dich nicht verlieren, doch, glaub uns, du musst ziehen.«[93] Die Zeilen stammen aus einem der populärsten Rekrutierungslieder des Ersten Weltkriegs: *Your King and Country Want You.* Nach einem solchen Vorfall schreibt Nancy an Tom: »Also wirklich, es ist absolut unmöglich, hier eine Party zu geben. Die Wahrheit ist, dass der arme alte Mann, seit er nichts mehr zu bauen hat, nur noch miesgelaunt ist.«[94] Eine Einsicht, die sie allerdings nicht dazu veranlasst, die Nerven des Vaters künftig zu schonen. Als sie Ende der zwanziger Jahre eine Kopie von Stanley Spencers *Die Auferstehung* mit nach Hause bringt, bekommt Lord Redesdale einen Wutanfall. Moderne Kunst ist ihm ein Graus, und das weiß Nancy ganz genau.

Dennoch gestattet er Nancy 1926 den Besuch der Slade School of Fine Art in London, einer der renommiertesten britischen Kunstschulen. Hier haben bedeutende Künstler wie Augustus John,

Dorothy Brett und Eileen Gray studiert, und Nancy hat sich in den Kopf gesetzt, ihnen nachzueifern. Sie darf ein möbliertes Zimmer in einer Pension am Queen's Gate beziehen. Nach nicht mal vier Wochen kehrt sie in den Schoß der Familie zurück. Jessica, die seit Jahren ihre Flucht plant, ist konsterniert, doch Nancy erklärt ihr: »Ach Darling, du hättest es sehen sollen. Nach etwa einer Woche stand ich knietief in meiner Unterwäsche. Ich musste förmlich hindurchwaten. Niemand da, der aufgeräumt hätte.«[95] Tatsächlich wird Nancy lebenslang immer ein Hausmädchen haben, ganz gleich, wie knapp sie gerade bei Kasse ist. Auch der Besuch der Slade School endet bereits nach kurzer Zeit, mangels Talent. Einer ihrer Lehrer findet deutliche Worte: »Was für eine überaus deprimierende Zeichnung, ich frage mich, wie es Ihnen gelingt, so schlecht zu zeichnen. Haben Sie denn noch nie einen Bleistift in der Hand gehalten?«[96]

Ihr Scheitern macht Nancy schwer zu schaffen, auch wenn sie mit dem für sie typischen Zynismus darüber hinweggeht. In ihr schwelt ein heiliger Zorn gegen die Eltern, die ihr durch die konsequente Verweigerung einer ordentlichen Schulausbildung jegliche Berufstätigkeit erschwert haben. Dass die Eltern sie, dem Zeitgeist entsprechend, auf ein Leben als Ehefrau und Mutter vorbereitet haben, wird für Nancy, die lange unverheiratet bleibt, zum finanziellen Problem. Die Apanage, die der Lord ihr gewährt, ist großen Schwankungen unterworfen. Auch aus Mangel an Alternativen beginnt Nancy schließlich zu schreiben, zunächst nur kleine Artikel für Zeitschriften, von denen sie mehr schlecht als recht leben kann. Erst 1930 erhält sie eine wöchentliche Kolumne in *The Lady*, der Zeitschrift ihres Großvaters.

Dass sie Talent hat, beweisen allein die Briefe, die sie ihren Geschwistern schreibt. Lieblingsadressat ist in jenen Jahren Bruder Tom. Der hat Eton 1927 verlassen und befindet sich auf einer Reise durch Europa. Längere Zeit verbringt er in Österreich, zunächst in Wien, dann auf Schloss Bernstein im Burgenland bei seinem neuen

Freund Janos Almásy, Bruder des berühmten »englischen Patienten« Fliegerass László Almásy. Der glühende Hitlerverehrer wird einer seiner engsten Freunde und auch in Unitys Leben einmal eine sehr wichtige Rolle spielen. Tom ist der deutschen Sprache ebenso zugetan wie der Musik deutsch-österreichischer Komponisten. Noch ist er nicht bereit, sich dem für ihn geplanten Jurastudium zu widmen, und spielt mit dem Gedanken, Musik zu studieren. Dabei ist er ein sprachgewaltiger Redner. Schon als Junge diskutiert er mit solcher Begeisterung, dass er Freunden einen Shilling zahlt, wenn sie sich auf ein Streitgespräch mit ihm einlassen. 1929 kehrt er schließlich doch nach England zurück und nimmt ein Studium der Rechtswissenschaften auf – allerdings nicht wie bei seinesgleichen üblich in Oxbridge, sondern in London. Hier gründet er zusammen mit einer Gruppe kulturbegeisterter junger Männer den Worst Play Club. Sie bewerten Theateraufführungen in London, reisen aber auch nach Wien und Bayreuth. Genau wie sein Großvater ist Tom ein begeisterter Wagnerianer.

Zu seinem illustren Freundeskreis gehört unter anderem der Politiker und Kunstsammler Philip Sassoon, der als der beste Gastgeber Englands gilt. Seine Feste sind legendär, und bei einer Wochenendgesellschaft auf seinem Landsitz in Kent trifft Tom nach langer Zeit nicht nur Winston Churchill wieder, sondern lernt auch T. E. Lawrence kennen, besser bekannt als Lawrence von Arabien, der sich nach seinem Abenteuer in Arabien hierher zurückgezogen hat: »Er wirkt wie ein stinknormaler Soldat der Luftwaffe, ist ziemlich klein, und seine fünfjährige Dienstzeit hat ihn ziemlich verhärtet. Er sieht kein bisschen so aus wie auf dem Gemälde, das in seinem Buch abgedruckt ist. Es ist schon komisch, dass er mit so einem Leben zufrieden ist, so ganz ohne Verantwortung, wo er doch einmal beinahe König von Arabien war. Manche sagen, es sei verletzte Eitelkeit: Er hätte die Krone angenommen, aber nachdem man sie ihm nicht angetragen hat, hat er es vorgezogen, sich zurückzuziehen.«[97] Tom bleibt es ein Rätsel, warum Churchill

Lawrence derart bewundert, dass er ihm im Falle seiner Wahl zum Premier den Posten des Vizekönigs von Indien in Aussicht stellt. Doch um lange darüber nachzudenken ist keine Zeit. Zum Amüsement seiner Gäste hat Sassoon sieben Privatflugzeuge gechartert, mit denen die ganze Gesellschaft am nächsten Morgen im Formationsflug zum Haus von Freunden fliegt. Die Landung vor deren Haustür löst bei den Nachbarn einiges Kopfschütteln aus.

1928 verliebt sich die 24-jährige Nancy in den vier Jahre jüngeren Hamish St. Clair Erskine, den schönsten, charmantesten und lasterhaftesten all ihrer Oxford-Freunde: »Er ist wirklich der unterhaltsamste Mensch, den ich kenne, es ist zwar eine Menge Getue dabei, aber *au fond* ist er sehr, sehr nett. Ich glaube, am unterhaltsamsten ist er in der Rolle ›Ich bin ein so liebes kleines Kind, streichelt mir das Haar und erzählt mir eine Geschichte, oder wollen wir Menschenfresser spielen?‹. Er ist unterhaltsam, aber wahrscheinlich weniger, wenn er erst erwachsen und über vierzig sein wird«, schreibt sie an Tom.[98] Während seiner Zeit in Eton war Hamish in den größten Skandal verwickelt, den das Eliteinternat je erlebt hat. Die amerikanische Schauspielerin Tallulah Bankhead hatte nach Erkenntnissen des britischen Geheimdiensts im Hotel de Paris in Bray mit fünf Eton-Zöglingen, unter ihnen Hamish, eine Orgie gefeiert. Von »unschicklichen und widernatürlichen Praktiken« ist in den lange verborgen gebliebenen Dokumenten die Rede. Die Agenten empfahlen dringend die Ausweisung Tallulah Bankheads aus Großbritannien, da sie eine ernsthafte Gefahr für die öffentliche Moral darstelle.[99] Durch Bankhead, eine der populärsten Schauspielerinnen ihrer Zeit, wird Hamish Teil der schillernden Kultur- und Partyszene Londons und alsbald deren absoluter Liebling. Doch so anziehend Hamish ist, so unvorstellbar eitel ist er auch: »Ich bin so sehr in mich verliebt, dass ich mich am liebsten selber heiraten würde, wenn ich nicht im Bett mit mir selbst so schlecht wäre.«[100] Aber er ist auch ein vor Einfällen und blitzenden Formulierungen nur so sprühender Gesprächspartner: »Ich bin klug genug, um jeden zu amüsieren.«[101] Frauen wie Männer liegen ihm zu Füßen, doch ernst meint er es mit niemandem – außer mit sich selbst. Tom, der in Eton eine Liebesaffäre mit Hamish hatte, warnt seine Schwester eindringlich, doch Nancy schlägt alle Warnungen in den Wind. Jahrelang bemuttert und verwöhnt sie den charmanten Taugenichts, der dies weidlich ausnutzt. Nicht einmal als Hamishs Vater ihr erklärt, sie müsse schon tausend Pfund im Jahr verdienen, um sich seinen notorisch faulen Sohn leisten zu können, lässt sie von ihm ab. Sie ist überzeugt davon, dass eine Heirat alles zum Guten wenden würde – auch seine Homosexualität. Zum Entsetzen ihrer Eltern verloben sich die beiden inoffiziell, obwohl nicht einmal gute Freunde an ein Happy End glauben. Evelyn Waugh rät ihr, das Geld, das sie durchs Schreiben verdient, keinesfalls zu sparen, sondern dafür auszugeben, sich besser zu kleiden und sich einen besseren Mann zu suchen.[102] Fünf durchtanzte Jahre lang folgen zahlreiche Ver- und Entlobungen, Zerwürfnisse und dramatische Trennungen sowie hochromantische Versöhnungen – aber keine Hochzeit: »Der Himmel allein weiß, wie all das enden wird, im Moment scheint er damit beschäftigt, sich zu Tode zu trinken. [...] Wir haben überhaupt keinen Kontakt mehr. Ich schätze, es wird darauf hinauslaufen, den Kopf in den Gasofen zu stecken. Man kann einfach nur ein bestimmtes Quantum Unglück ertragen«, schreibt Nancy resigniert an ihren guten Freund Mark Ogilvie-Grant.[103] Als der Fotograf Cecil Beaton sie bei einem Fotoshooting fragt, wie man so zierlich sein und dennoch so rote Wangen haben könne, ist sie versucht zu sagen: »Man braucht nur Unglück in der Liebe und ein bisschen Ahnung von Kosmetik.«[104]

Nicht nur Nancys Liebeschaos hält die Mitfords Ende der zwanziger Jahre auf Trab. Auch Diana sorgt für Schlagzeilen. Um Swinbrook zu entkommen, hält sie sich verstärkt in Chartwell auf, dem Landsitz der Churchills in Kent. Winston Churchill, 1924 in den Schoß der Konservativen Partei zurückgekehrt, ist nun Schatzkanzler der Regierung Baldwin. Folgerichtig wird in Chartwell viel politisiert. Churchills Gäste zählen zu den interessantesten Menschen ihrer Zeit. So lernt Diana hier unter anderem den deutschstämmigen Frederick Lindemann kennen, von allen nur »The Prof« genannt. Dem Physiker aus Oxford war es gelungen, durch die mathematische Theorie der Trudelbewegung die Abstürze von Jagdbombern während des Ersten Weltkriegs in den Griff zu bekommen. Im Zweiten Weltkrieg wird er als Berater Churchills in Wissenschaftsfragen einer der mächtigsten Männer Großbritanniens sein. Er ist es, der Churchill die Bombardierung deutscher Städte empfiehlt, um den Widerstand der Deutschen zu brechen. Von der hübschen und klugen Diana ist er geradezu entzückt. Als sie ihm von der Langeweile berichtet, die in Swinbrook herrscht, empfiehlt er ihr, Deutsch zu lernen, um Schopenhauer im Original zu lesen. Obwohl ihr Lindemanns Antisemitismus missfällt, ist Diana vom Prof angetan. Seine Ausfälle gegen Brian Howard, von dem er fälschlicherweise annimmt, er sei Jude, bleiben ihr dennoch unvergessen. Aus der Idee, Deutsch zu lernen, wird im Übrigen nichts. Lord Redesdale lehnt dies strikt ab. Dianas Einwand, Tom dürfe das doch auch, wird mit dem üblichen Argument, dass Tom ja auch ein Junge sei, abgeschmettert. Das Interesse für deutsche Kultur ist in Diana dennoch geweckt, ebenso wie ihr Interesse für Politik im Allgemeinen. Eine Zeit lang teilt sie gar die Bewunderung Churchills für David Lloyd George.

Wann immer sie in London ist und Rutland Gate wieder einmal vermietet, nächtigt sie in Downing Street 11, dem Amtssitz des Schatzkanzlers. London übt auch auf Diana eine unwiderstehliche Faszination aus. Zu ihrem Leidwesen muss sie dennoch immer wieder nach Swinbrook zurückkehren. Wie sehr sie sich hier langweilt, ist den Briefen an James Lees-Milne zu entnehmen, der sich nach Tom nun in Diana verliebt hat. Diese Briefe atmen einmal mehr den Mitford'schen Hang zur Übertreibung. Wie Unity ist auch Diana empfänglich für Pathos und sehnt sich nach der großen Liebe.

1928 verlobt sich die 18-Jährige gegen den Willen ihrer Eltern mit dem Strafverteidiger Bryan Guinness. Dessen Vater, Walter Guinness, 1. Lord Moyne, ist Landwirtschaftsminister in der konservativen Regierung und Mitglied der weltberühmten Brauereidynastie. Auf seiner majestätischen Segelyacht schippert er mit Vorliebe in der Südsee, wohl auch, um dem häuslichen Tohuwabohu zu entkommen, das dem der Mitfords nicht unähnlich ist. Seine Frau Lady Evelyn hat ein Faible fürs Mittelalter und dekoriert sämtliche Familiensitze entsprechend. Bei den Guinness tragen die Dienstboten Baumwollkleider statt schwarzer Uniformen. Beim ersten Treffen versucht Diana ihre künftige Schwiegermutter mit der sensationellen, wenn auch unwahren Neuigkeit zu beeindrucken, sie könne kochen: »Also, so was habe ich ja noch nie gehört, das ist ja mehr als tüchtig«, lautet Lady Evelyns knappe Antwort.[105] Dennoch schaffen es Diana und Bryan, Lady Evelyn auf ihre Seite zu ziehen, im Gegensatz zu Lord und Lady Redesdale.

Jessica berichtet von der Stimmung im Hause Mitford: »Sich zu verloben, das war die kühnste, aufrührerischste Tat, die je eines von uns Kindern begangen hatte, eine, die unweigerlich ein Ruf zu den Waffen war. Es war ein ehernes Gesetz, dass meinem Vater sämtliche jungen Männer missfielen. [...] Boud, Debo und ich blieben wie üblich von dem drunten tobenden Streit ausgeschlossen. Doch es gelang uns, aus zweiter Hand vieles über diese Verlobung zu erfahren, und wir fügten unsere eigenen Spekulationen hinzu. Bryan schien viele gute Eigenschaften zu besitzen. Er war jung, ein paar Jahre älter als Diana, sah gut aus, war einigermaßen intellektuell, [...] ritt gerne, war offensichtlich wahnsinnig in Diana verliebt ... Trotzdem reihten sich die erwachsenen Verwandten einmütig hinter Farve in die Abwehrphalanx gegen diese Heirat ein. [...] Wir bekamen mit, dass sich Muvs hauptsächlicher Einwand auf die Tatsache bezog, dass Bryan ›so fürchterlich reich‹ war.«[106] Tatsächlich finden Lord und Lady Redesdale Bryan schon fast unmoralisch reich. So viel Geld verderbe den Charakter, noch dazu einen nicht gefestigten. Außerdem sei Diana viel zu jung, um eigene Wege zu gehen. Zuerst sollen Nancy und Pamela heiraten. Die Eltern bestehen auf einer Wartezeit von zwei Jahren. Doch sie haben nicht mit Dianas Starrköpfigkeit gerechnet. Sie ist verliebt, und, was fast noch wichtiger ist, Bryan und sein Vermögen sind die Fahrkarte raus aus Swinbrook. Jessica erinnert sich: »Dianas Methode, ihr Ziel zu erreichen – vielleicht die einzige außer einer glatten Entführung durch den Verlobten, die Erfolg versprach –, bestand darin, den ganzen Winter lang zu trotzen. Sie blieb die meiste Zeit auf ihrem Zimmer und wahrte, wenn sie ins Wohnzimmer herabkam, ein störrisches Schweigen, während sie mit leerem Blick aus dem Fenster schaute.«[107] Und so gibt Lord Redesdale, dem die Leidensmiene der Tochter bald gewaltig auf die Nerven geht, schließlich seine Einwilligung.

Für die Hochzeitsplanung siedelt die komplette Familie nach London über. Da Rutland Gate mal wieder anderweitig vermietet ist, müssen die Mitfords mit der kleinen Wohnung über der Garage vorliebnehmen. Jessica hat überhaupt keine Lust, mitzukommen. Wollen ihr die Eltern doch keinesfalls erlauben, Schäfchen Miranda mitzunehmen – dabei war Miranda noch nie in London. Während Damenschneider, Floristen und Coiffeure sich die Klinke in die Hand geben, wähnen sich Unity, Jessica und Deborah in ständiger Gefahr durch Mädchenhändler, von denen es, laut ihrer Gouvernante, in London nur so wimmelt. Ein freundlich grüßender junger Mann erregt ihr Misstrauen, und sie sind ziemlich enttäuscht, als sich herausstellt, dass es sich nur um einen von Nancys vielen Freunden handelt, der nun für den Rest seines Lebens den Spitznamen »Mädchenhändler« ertragen muss.

Am 30. Januar 1929 heiratet Diana Bryan Guinness unter großer öffentlicher Anteilnahme in der St. Margaret's Church in Westminster. Unter den zwölf Brautjungfern fehlen Deborah und Jessica, die mit Scharlach im Bett liegen. Nach der Hochzeit steht Diana fassungslos vor den vielen hundert Hochzeitsgeschenken:

»Fünfzehn völlig identische Lampen, vierzig Tabletts, über hundert riesige Glasvasen. […] Nachdem die Geschenke alle aufgebaut worden waren, warf Lady Evelyn einen prüfenden Blick darauf. ›Am einfachsten lässt sich das Glas loswerden‹, sagte sie. ›Da genügt ein kräftiger Stoß.‹ Mit dem Silber hingegen werde es schwieriger, meinte sie. ›Walter und ich hatten damals ja das große Glück, dass unseres während der Flitterwochen gestohlen wurde.‹«[108] Am nächsten Morgen reist das junge Paar mit dem Zug nach Paris, Bryans Sekretärin bringt die Zeitungsberichte über die Hochzeit aus *Daily Mail*, *Times* und *Daily Mirror* zum Bahnsteig. Im Pariser Apartment der Familie Guinness in der Rue de Poitiers beginnt Dianas neues Leben. Der Koch erwartet sie bereits, und Diana, entschlossen, alles nachzuholen, was ihr zu Hause verwehrt wurde, ernährt sich zu Beginn ihrer Ehe ausschließlich von Austern und Hummer.

Zurück in London, beziehen Diana und Bryan in der Buckingham Street 10 in Covent Garden ein Haus mit einem pinken Schlafzimmer für die Hausherrin. Unzählige Angestellte lesen Diana jeden Wunsch von den Augen ab, während sie vor allem damit beschäftigt ist, ihre Tweed-Garderobe gegen Haute Couture einzutauschen. Sie kann sich jetzt leisten, was immer sie möchte – die Guinness gehört zu den reichsten Familien Großbritanniens. Dabei wäre Bryan am allerliebsten so wie alle anderen, eine Vorstellung, die für Diana, gelinde gesagt, ein Albtraum ist. Es ist ihr Verdienst, dass die beiden rasch Anschluss an eine Szene finden, die die Presse die »Bright Young People« nennt und in deren Fahrwasser Nancy schon eine Weile schwimmt. Junge Leute, die in der Zwischenkriegszeit gegen die Generation ihrer Eltern rebellieren, gibt es rund um den Globus. Sie bevölkern die Straßen Berlins ebenso wie die Cafés von Paris und die Hotellobbys in New York. In den USA sind es die »Flapper Girls«, die mit Bubikopf, Make-up und kurzen Kleidern ein Skandälchen nach dem anderen auslösen. In Berlin ist es die berufstätige »Neue Frau«, die selbstbestimmt ihr Leben gestaltet und lange weite Hosen trägt. In Paris sind es die amerikanischen »Expatriates«, welche die von Gertrude Stein so bezeichnete *lost generation* verkörpern, und in London die wilden Tänzerinnen und Tänzer vom Kit-Kat-Club, wo der Champagner in Strömen fließt. Sie alle eint die Ablehnung der Werte ihrer Vorfahren, ein den Entbehrungen der Kriegszeit geschuldeter Lebenshunger und ein mit zunehmendem Werteverfall einhergehender Hedonismus. Die zwanziger Jahre sind das Jahrzehnt der Jugend, jene Jazz-Ära, der F. Scott Fitzgerald ihren Namen gibt. Alles scheint möglich, der Bruch mit der Vergangenheit endgültig. Eltern, Lehrer und andere Autoritäten haben ebenso an Einfluss verloren wie Religion und Politik. Alles, woran die jungen Leute glauben, ist das Leben im Hier und Jetzt. Die Bright Young People sind ein kulturelles Phänomen, Trendsetter einer Oxbridge-Elite, die vor allem eines hervorbringen: einen neuen Stil. Dass sich neben den Absolventen der berühmten britischen Universitäten so viele Frauen unter den Bright Young People befinden, liegt daran, dass die zwanziger Jahre viele neue Freiheiten für Frauen bringen und sie mit neugewonnenem Selbstbewusstsein verstärkt an die Öffentlichkeit treten. 1928 dürfen in Großbritannien zum ersten Mal alle Frauen über 21 Jahren wählen.

Die meisten Bright Young People sind reich oder talentiert, im Idealfall beides. Berühmtheit erlangen sie vor allem durch ihre Streiche und ihre wilden Kostümpartys. Für die Gesellschaftsseiten der Zeitungen sind sie ein Gottesgeschenk. Der neugierige Bürger ergötzt sich an Berichten über Südsee- oder Indianerfeste, Babypartys, bei denen die Gäste in Strampelanzügen oder im Kinderwagen auftauchen, und Literaturpartys, bei denen die Gäste Buchtitel darstellen: »Tageslicht bekamen wir nur selten zu sehen, außer vielleicht wenn der Morgen graute«, erinnert sich Nancy. »Jede Nacht gab es irgendwo einen Kostümball ... die Tür zu meinem winzigen Apartment ging bald nicht mehr auf, weil so viele Kostüme am Boden lagen. Ich hatte einfach nicht die Kraft, sie aufzuheben.«[109]

Bilder von Diana und Nancy in ausgefallenen Kostümen füllen die Klatschspalten, auch wenn die Mädchen sich selbst nicht als Teil der Bright Young People betrachten. So weit wie viele von denen würden Diana und Nancy nun doch nicht gehen. Sie sind ohnehin auf dem besten Wege, als *Mitford Girls* eine eigene, unverwechselbare Marke zu werden.

Zum Freundeskreis der Schwestern gehören der Schriftsteller Evelyn Waugh, den Bryan aus Oxford kennt, und seine Frau Evelyn Gardner, eine langjährige Freundin Nancys. Zur besseren Unterscheidung werden die beiden Waughs »He-Evelyn« und »She-Evelyn« gerufen. Allerdings verbittet es sich Waugh energisch, zu den Bright Young People gerechnet zu werden. Er sei ein Mann mit weitaus mehr als bloß Talent. Die Freundschaft mit Diana vertieft sich, als She-Evelyn ihren Mann nach kurzer, aber stürmischer Ehe für den irischen Journalisten John Heygate verlässt. Evelyn Waugh wird einmal als bedeutendster englischer Romancier seiner Zeit gelten, die Brillanz seiner Dialoge ist unvergleichlich. Politisch steht er weit rechts außen und verehrt Mussolini und Franco, obgleich er, der später zum Katholizismus konvertiert, viele Homosexuelle und Kommunisten zu seinen Freunden zählt. Wichtiger als die politische Einstellung eines Menschen ist ihm, dass man sich mit ihm nicht langweilt. Die intensive Freundschaft mit Diana hält nur ein knappes Jahr, das aber eines der wichtigsten Jahre in Waughs literarischem Schaffen sein wird, ist es doch die Entstehungsphase seines berühmten Romans *Lust und Laster.* Waugh verfasst das Buch größtenteils bei Diana und Bryan in der Buckingham Street. Seine beißende Satire auf die Bright Young People wird 2003 von Stephen Fry verfilmt. Dem Roman ist eine Widmung vorangestellt: »In Liebe für Bryan und Diana Guinness.«[110] Eine freundliche Geste von einem Mann, den die meisten seiner Zeitgenossen für einen unerträglichen Snob, einen schrecklichen Säufer und mit zunehmendem Alter für einen bösartigen Zyniker halten. Waugh, der allem technischen Fortschritt und jeglichen Veränderungen einer aristokratisch geprägten Welt, ja jeder Vorstellung von Gleichheit ablehnend gegenübersteht, ist ein Menschenfeind, Diana jedoch liebt er. Ihr gegenüber ist sein Verhalten tadellos: »Was heißt hier unangenehm? Niemals gab es einen angenehmeren Zeitgenossen als ihn. Er hatte ein sonores Lachen, ungefähr eine Oktave tiefer als seine Sprechstimme, und wir lachten die ganze Zeit.«[111]

Zum Inner Circle der Guinness gehören auch der Schriftsteller Lytton Strachey und die Malerin Dora Carrington, Mitglieder der weltberühmten Bloomsbury Group um Virginia und Leonard Woolf. Strachey und Carrington leben mit Doras Ehemann Ralph Partridge, der eigentlich Lytton Strachey liebt, und seiner Geliebten Frances Marshall zusammen. Eine Ménage à quatre, die Diana ebenso fasziniert wie die zahlreichen Affären der vier mit Vertretern beiderlei Geschlechts. Lytton Strachey wird einer ihrer engsten Freunde: »Er verkörperte alles, was ich an Menschen liebe; er war ungeheuer klug und konnte stundenlang plaudern. Er schien niemals in Eile zu sein oder dringend irgendwohin zu müssen.«[112] Ihre Begeisterung schließt auch die kluge, charismatische Carrington mit ein, der ohnehin die ganze Welt zu Füßen liegt. Aldous Huxley war einst so heftig in sie verliebt, dass er sie als Mary Bracegirdle in Unitys Lieblingsbuch *Eine Gesellschaft auf dem Lande* verewigte.

Theater, Kunst, Literatur, Dinner- und Cocktailpartys – Diana und Bryans Leben kreist um nichts anderes mehr. Ihre Freunde und Bekannten sind die Crème de la Crème der Londoner Kulturszene. Bei der exzentrischen Dichterin Edith Sitwell nehmen sie ihren Tee, Schriftsteller Harold Acton geht bis zu seinem Weggang nach China in der Buckingham Street ein und aus, und auch Winston Churchill sieht immer wieder mal nach seinem Liebling. Und wenn doch einmal Langeweile aufkommt, zaubern Diana und Bryan rasch ein Kaninchen aus dem Hut. Im Juli 1929 eröffnen sie in ihrem Haus eine Ausstellung des Malers Bruno Hat. Dessen Werke erregen höchste Aufmerksamkeit, die Vernissage wird von Kunstkritikern aller Zeitungen besucht. Der Künstler selbst, ein im Rollstuhl sitzender Deutschpole, ist zwar anwesend, kann aber wegen mangelnder Englischkenntnisse nicht zu seinen Bildern befragt werden. Dies tut den hymnischen Kritiken keinen Abbruch. Da lassen Diana und ihre Freunde die Bombe platzen: Die Bilder, ein irrer Stilmix aus Miró und Picasso, hat niemand anderer als Brian Howard gemalt. Die ganze Ausstellung war ein einziger Witz, inklusive des Vorworts, das Evelyn Waugh für den Katalog verfasst hat. Lytton Strachey hat zum Schein sogar eines der Kunstwerke erworben. Der Mann im Rollstuhl war Tom Mitford. Die Kunstwelt ist blamiert, ganz London den Guinness auf den Leim gegangen. Bruno Hat allerdings wird nie wieder völlig aus der Kunstszene verschwinden: 2009 wird eines seiner Werke für sage und schreibe 18 000 Pfund bei einer Auktion verkauft.

Im März 1930 bekommt Diana ihr erstes Kind. Es erhält in Anlehnung an Jonathan Swift, über den Evelyn Waugh ein Buch plant, den Namen Jonathan. Waugh und Randolph Churchill sind die Taufpaten. Leider kühlt die Freundschaft zwischen Waugh und Diana im Folgenden ab. Einen Monat vor seinem Tod im April 1966 wird er ihr in einem Brief gestehen, er habe es nicht ertragen, dass nach der Geburt des Babys der Freundeskreis größer wurde und er ihre Gunst Stück für Stück verloren habe. Dafür habe er sie zu sehr geliebt.[113]

Im Herbst 1930 erwirbt Bryan den Landsitz Biddesden bei Andover. Das Anwesen liegt nur zwölf Meilen von Ham Spray entfernt, dem Landsitz von Lytton Strachey, Dora Carrington, Ralph Partridge und Frances Marshall. Diana lernt nun auch die übrigen Bloomsburys kennen: Clive und Vanessa Bell, Virginia und Leonard Woolf, David Garnett, Boris Anrep und all die anderen, mit denen sie sich prächtig versteht, auch wenn ihre eigene Gruppe um Evelyn Waugh, John Betjeman, Robert Byron, William Acton, Cecil Beaton, Brian Howard und James Lees-Milne unabhängig davon weiter besteht. Carrington und Strachey lernen nun ihrerseits die übrigen Mitfords kennen. Vor allem von Unity ist Dora

Carrington angetan: »Die kleinen Schwestern waren bildschön, und die 16-Jährige war ganz bezaubernd und hatte ein klassisch griechisches Profil.«[114]

Biddesden lohnt von Swinbrook aus einen Tagesausflug, sodass sich die Geschwister nun wieder öfter sehen. Die hübsche Pamela, die sich gerade von einer großen Enttäuschung erholt, zieht sogar ganz nach Biddesden, worum sie von Unity, die Dianas neue Freunde höchst spannend findet, glühend beneidet wird. Pamela hatte sich 1928 mit Oliver Vernon Watney, genannt Togo, verlobt, einem Brauereierben aus der Nachbarschaft. Zur Verlobung hatte er ihr eine exakte Nachbildung des King-Alfred-Juwels, eine der größten Kostbarkeiten des Ashmolean Museums in Oxford, überreicht. Nancy findet das Schmuckstück so schauderhaft, dass sie später in ihrem Roman *Englische Liebschaften* schreibt, es sehe aus »wie Hühnerdreck. Gleiche Form, gleiche Größe, gleiche Farbe.«[115] Die Planungen für die Hochzeit waren in vollem Gange, das Brautkleid in Auftrag gegeben, im Wohnzimmer türmten sich bereits die Geschenke, als Togo die Verlobung löste. Die Hochzeit musste abgesagt werden, alle Geschenke wurden wieder eingepackt, und Tom bekam die unangenehme Aufgabe übertragen, sie in seinem Sportwagen den Absendern zurückzubringen. Auch wenn es keineswegs die große Liebe war, ist es doch ein harter Schlag für Pamela. Jahre später anwortet sie auf die Frage, was aus dem Juwel geworden sei: »›Ich habe es Unity gegeben.‹ – ›Und was hat Unity damit gemacht?‹ – ›Oh, sie hat es Hitler geschenkt.‹«[116] Um auf andere Gedanken zu kommen, übernimmt Pamela die Leitung der zu Biddesden gehörenden Farm. Obwohl die Landwirtschaft augenblicklich in einer schweren Krise steckt, gelingt es ihr, die Farm rentabel zu bewirtschaften. Sie zieht in ein kleines Cottage auf dem Gelände und fühlt sich zum ersten Mal frei und unabhängig. Tatsächlich ist sie die erste der Schwestern, die offiziell berufstätig ist. Manchmal schaut sie auch im Herrenhaus vorbei. Weniger sprachgewandt als ihre Schwestern, beschränkt sie sich in Dianas formidablem Kreis auf die Rolle der Beobachterin. Da reist sie doch lieber mit ihren Freunden im Automobil kreuz und quer durch Europa, auf der Suche nach außergewöhnlichen Delikatessen und kulinarischen Highlights. Ist sie in Biddesden, kommt John Betjeman, einer von Nancys Oxford-Freunden, oft zu Besuch. Er hat sich hoffnungslos in Dianas ältere Schwester verliebt. Zwei Jahre lang macht er Pamela den Hof. Doch auch wenn sie oft gemeinsam zur Kirche radeln und viele schöne Ausflüge in die Umgebung machen, weist Pamela seinen Antrag gleich zwei Mal zurück. Betjeman glaubt, es liege daran, dass sie sich in Toms Freund Janos Almásy verliebt hat. Doch Pamela sagt, es liege einfach am mangelnden Gefühl. Betjeman, der heute als einer der populärsten Dichter Großbritanniens gilt, ist übrigens der Erste, der den Ausdruck *Mitford Girls* offiziell verwendet. Er verfasst ein Gedicht über die außergewöhnlichen Schwestern: »The Mitford Girls! The Mitford Girls / I love them for their sins / The young ones all like ›Cavalcade‹ / The old like ›Maskelyns‹.«[117] Es ist der Beginn eines unsterblichen Mythos.

Im September 1931 berichten die Zeitungen von der Geburt eines zweiten Sohnes für die Familie Guinness: Desmond. Zur Feier des Tages gestaltet Dora Carrington ein Glasfenster in Biddesden. Sogar Lytton Strachey, dessen Abscheu vor Babys geradezu legendär ist, bequemt sich zu einem Besuch am Wochenbett. Die vierköpfige Familie zieht von Covent Garden nach Chelsea um. Ihr neues Domizil, Cheyne Walk 96, hat einst der Maler James McNeill Whistler bewohnt; Lord Redesdales Elternhaus steht nur zwei Häuser weiter. Bryan, der bereits mehrfach als Literat in Erscheinung getreten ist, hängt seinen Beruf als Strafverteidiger an den Nagel. Wegen seines großen Vermögens hat ihm das Gericht nur wenige Mandate zukommen lassen. Die drei Guineen sollen andere verdienen.

Diana, die Bryan klargemacht hat, dass zwei Kinder fürs Erste genug sind, entschließt sich, Tom in Berlin zu besuchen, der dort seit einiger Zeit Jura studiert. Zahlreiche Engländer zieht es in den zwanziger Jahren in die deutsche Hauptstadt, berühmtberüchtigt für ihren freizügigen Lebensstil und ihre lebendige Schwulenszene. »Berlin ist der Tagtraum des Homosexuellen«, schreibt W. H. Auden.[118] Und ähnlich sieht es wohl auch Audens enger Freund Christopher Isherwood zunächst. Sein berühmter Roman *Leb wohl, Berlin* (Vorlage für das Musical *Cabaret*) zeigt allerdings eine dekadente Gesellschaft, die sich um den Verstand tanzt, während im Hintergrund der Szenerie bereits die Nazis aufmarschieren. Es sind die letzten Tage der Weimarer Republik. Anders als Isherwood ist Tom Mitford begeistert von der aufgeheizten politischen Stimmung im Berlin der frühen dreißiger Jahre. Diana, die hier zum allerersten Mal das Wort »Nazi« hört, fragt ihren Bruder: »›Auf wessen Seite stehst du?‹ – ›Auf keiner. Das ist Sache der Deutschen. Aber wenn ich Deutscher wäre, dann wäre ich vermutlich ein Nazi. [...] Ja, gar keine Frage. Man kann nur Nazi oder Kommunist sein.‹«[119]

Unmittelbar nach ihrer Rückkehr trifft Diana ein schwerer Schlag: Am 21. Januar 1932 stirbt Lytton Strachey nach kurzer schwerer Krebserkrankung. Als er ins Koma fällt, versucht Dora Carrington sich umzubringen. Sie wird gerettet und ist am Boden zerstört. Diana und Bryan tun ihr Bestes, sie abzulenken, doch Dora Carrington notiert in ihr Tagebuch, dass ihr alles, was sie einst liebte, ohne Strachey belanglos erscheint. Kurz darauf leiht sie sich Bryans Jagdgewehr, um auf Hasenjagd zu gehen. Am 10. März 1932 bekommt sie Besuch von Leonard und Virgina Woolf, auf die sie sehr deprimiert wirkt. Am nächsten Morgen erschießt sich Dora Carrington mit Bryans Waffe. Diana ist starr vor Entsetzen. Eine wichtige Stütze in dieser schweren Zeit ist ihr der Bildhauer Stephen »Tommy« Tomlin, Gatte von Lytton Stracheys Schwester Julia. Diana hält Tomlin für den brillantesten der Bloomsburys und hört ihm stets aufmerksam zu, wenn er über Politik spricht: Diesen Hitler scheint er zu hassen.

Vom aufregenden Leben der großen Schwestern bekommen Unity, Jessica und Deborah in Swinbrook House kaum etwas mit.

Auf ihre Bitte hin erhält Unity einen der oberen Räume zur alleinigen Verfügung. Der Raum geht als WZA, »Wohnzimmer außerhalb«, in die Familiengeschichte ein. Unity richtet sich hier ein Atelier ein, in dem sie ungestört malen und ihren Gedanken nachhängen kann. Unendlich kostbar ist dieses bisschen Privatsphäre in einem derart turbulenten Haushalt. Ärgerlich nur, dass Jessica darauf keine Rücksicht nimmt und bald ebenfalls einen Platz im WZA für sich beansprucht.

Mit fortschreitender Pubertät nehmen Unitys Schwierigkeiten im Umgang mit Menschen zu. Tiere werden nun zu ihren liebsten Gefährten. Die meisten stammen aus der Haustierabteilung von Harrods. Da wären neben ihrer Ziege die Ringelnatter Enid, die zahme Ratte Ratular und Sally, der Salamander zu nennen. Zu Unitys Kummer erlauben die Eltern ihr keinen eigenen Hund. Umso größer ist ihre Begeisterung für Pams Wolfshunde, mit denen sie in Biddesden ausgedehnte Spaziergänge unternimmt.

Während die kleine Deborah nicht nur die Ruhe, sondern auch das Landleben in vollen Zügen und vor allem auf dem Rücken ihres Pferdes genießt, ist Jessica das Leben in Swinbrook unerträglich. Dabei sind die Mädchen keineswegs so isoliert, wie Jessica es später ihren Lesern weismachen will. Auf Skiurlaube in St. Moritz folgen Bildungsreisen nach Schweden oder Belgien und Sommerferien an der englischen Küste. Doch selbst bei diesen gemeinsamen Unternehmungen fühlt Jessica sich eingeengt. Denn obwohl die Mitfords verhältnismäßig entspannt sind, ist es den Mädchen strikt untersagt, mit Fremden zu sprechen, ein Lichtspielhaus darf nur nach Rücksprache mit den Eltern besucht werden, und ohne Begleitung das Haus zu verlassen ist verboten.

Die Mädchen unterliegen Anstandsregeln, die überall in Europa bis weit in die fünfziger Jahre hinein absolut gängig und keineswegs der besonderen Strenge der Redesdales geschuldet sind. Dennoch rebellieren sie. Vor allem Unity entwickelt sich zu einer wahren Landplage. Ihr schlechtes Benehmen ist bald sprichwörtlich und keineswegs auf Swinbrook begrenzt. Auch auf Reisen und bei Besuchen ist sie konsequent ungezogen und dauerhaft schlechter Laune. Ist es für Heranwachsende generell schwer, ihren Platz in der Welt zu finden, so ist es für die Schwester so fabelhafter Mädchen wie Nancy und Diana ungleich komplizierter. Diana: die Schönste, Nancy: die Brillanteste, Pamela: die Unabhängigste – doch wofür steht Unity? An den jüngeren Geschwistern will sie sich nicht orientieren. Der Platz, der noch frei ist, ist der der Provokateurin. Mal sehen, wohin das führt.

Auch Jessica sucht ihre Rolle. Die pubertierende 13-Jährige trägt das Leid der Welt auf ihren Schultern und ist den großen Schwestern in Sachen Dramatik absolut ebenbürtig. In ihrer Phantasie ist sie abwechselnd Romanheldin oder tragische Schriftstellerin: mal Jane Eyre, mal Emily Brontë, mal Elizabeth Barrett Browning. An guten Tagen hält sie sich gar für die göttliche Greta Garbo, doch ein Blick in den Spiegel genügt, um sie eines Besseren zu belehren. Empfindsam und aufrührerisch, entdeckt sie das Elend auf Englands Straßen für sich und beschließt umgehend, es abzuschaffen. Sie engagiert sich in der Organisation Sonnenstrahlen, in der reiche Kinder Brieffreundschaften mit weniger privilegierten Altersgenossen pflegen, denen sie ab und an altes Spielzeug und abgelegte Kleidung schicken. Jessicas Brieffreundin ist Rose aus London: »Ich stellte mir vor, wie meine Briefe – die einen stark romantisch überhöhten Bericht über mein Leben in Swinbrook enthielten – viel Freude in ihr ansonsten ödes Leben brachten. Ich schilderte mich als eine Art Kreuzung aus Little Lord Fauntleroy und Sarah in *The Little Princess.*«[120] Als sie Rose großmütig eine Stellung im Hause Mitford verschafft, ist diese schon nach zwei Tagen krank vor Heimweh und verlässt Swinbrook fluchtartig.

Der Börsenkrach vom Oktober 1929 und die Weltwirtschaftskrise treffen die Mitfords hart. Die britische Landwirtschaft befindet sich seit Kriegsende im Niedergang: Die Getreidepreise sinken beständig, während die Steuern kontinuierlich steigen. Nun muss auch Swinbrook vermietet werden. Hier zieht der Bankier Sir Charles Hambro ein, während Rutland Gate von einer reichen Amerikanerin angemietet wird, die Lady Redesdale schier zur Weißglut treibt, als sie alle Räume grün streichen lässt. Die Mitfords ziehen sich einmal mehr in die Wohnung über der Garage zurück. Als Landhaus bleibt ihnen immerhin noch Old Mill Cottage in High Wycombe.

Nun erfüllt sich Jessicas größter Wunsch. Sie erhält die Erlaubnis, während ihres Aufenthaltes in Old Mill Cottage eine private Tagesschule für Mädchen zu besuchen. Während Deborah alle Hebel in Bewegung setzt, damit ihr dieses Schicksal erspart bleibt, ist Jessica selig. Endlich gemeinsam mit anderen Kindern lernen, essen, spielen. Zum ersten Mal im Leben hat sie eine Freundin, mit der sie nicht über fünf Ecken verwandt ist. Lord und Lady Redesdale sind von dieser Freundschaft nicht ganz so begeistert. Das Mädchen entstammt der wohlhabenden Mittelschicht – und mit Leuten aus diesen Kreisen sollen die Mitford-Kinder eigentlich nicht verkehren. Zum Glück dauert der Ausflug in die öffentliche Schulwelt nicht lange.

Auch für Unity zeichnet sich eine vermeintliche Lösung ab. Ab September 1929 besucht sie die anglikanische Mädchenschule St. Margaret's in Bushey, Hertfordshire. Zwar ist Lady Redesdale nach wie vor der Ansicht, dass das gemeinsame Lernen mit Kindern, die nicht der Aristokratie angehören, einer widerlichen Gleichmacherei Vorschub leiste, doch da Unitys Cousinen dieselbe Schule besuchen, lässt sich die Lady schließlich doch darauf ein, und so ist Unity die einzige der Schwestern, die die Möglichkeit einer ordentlichen Schulausbildung erhält. Sie ist froh über die neugewonnene Unabhängigkeit, auch wenn St. Margaret's keineswegs regelfrei ist. Alle Mädchen tragen eine blaue Schuluniform, um sechs Uhr morgens wird gefrühstückt. Zweimal täglich wird gebetet, und einzig am Sonntag darf man durch die weitläufige Gartenanlage spazieren. Das außerschulische Angebot umfasst Reit- und Tanzstunden, und dass der Stundenplan schwerpunktmäßig auf Shakespeare und die englische Literatur setzt, ist ganz in Unitys Sinn. Weniger gefällt ihr die religiöse Ausrichtung der Schule. Die Direktorin erwartet von ihren Schülerinnen ein schriftliches Glaubensbekenntnis, das in einer feierlichen Zeremonie verbrannt wird. Unity verweigert sich aus ehrlicher Überzeugung. Bald geht das Gerücht um, sie habe zusammen mit anderen Schülerinnen die atheistische Vereinigung Sinful Six gegründet. Unity ist ein schlauer Kopf und durch ihre Erziehung davor gefeit, Autoritäten fraglos zu akzeptieren. So erkundigt sie sich nach der Sonntagsmesse beim Priester, woher er eigentlich die Gewissheit nehme, dass Gott wirklich existiert und die Bibel die Wahrheit verkündet. Die Antwort des Priesters, er wisse das durch seinen Glauben, erscheint Unity derart paradox, dass sie nur erwidern kann, dass selbst wenn sie glaube, er sei ein Elefant, ihn das noch lange nicht zu einem machen würde.[121]

Glauben allein reicht Unity längst nicht mehr. Zu Hause hatte niemand Antworten auf ihre vielen Fragen gegeben. Und sie ist zutiefst enttäuscht, als sie erkennt, dass es ihr in der Schule nicht anders ergeht. Einmal wird im Unterricht darüber gesprochen, dass ein Mensch, der seinen Bruder als Dummkopf beschimpft, Gefahr läuft, im Fegefeuer zu enden. Daraufhin meldet sich Unity und fragt entgeistert: »Und was, wenn dieser Bruder wirklich ein Dummkopf ist?« Die einzige Reaktion der Lehrerin darauf: Unity solle sofort die Hand herunternehmen.[122] Wie schon zu Hause in Swinbrook fühlt sich auch hier niemand bemüßigt, Unity ernst zu nehmen. Kein Wunder, dass ihre anfängliche Begeisterung für die neue Schule rasch verfliegt. Dazu kommt, dass die Mädchen kaum Privatsphäre haben: 16 Mädchen wohnen in einem Schlafsaal. Unity vermisst ihr »Wohnzimmer außerhalb« schrecklich. Ihre Unzufriedenheit schlägt sich in schlechtem Betragen nieder. Obwohl es strikt verboten ist, auf den Fluren zu rennen, gebärdet sie sich wie eine Wilde. Ihre Streiche sind legendär. Mit der Biologielehrerin kommt sie ebenso wenig zurecht wie mit der Französischlehrerin.

Einzig Miss Pendleton, die Musiklehrerin, wegen ihrer Frisur von den Mädchen nur »Der Dutt« genannt, wird von Unity geradezu angebetet. Unity liebt Musik, vor allem Kirchenchoräle, und Miss Pendleton singt mit den Mädchen einen Choral nach Arthur Hugh Cloughs Gedicht *Say not the struggle naught availeth.* Unitys Begeisterung für dieses Lied ist so groß, dass Lady Redesdale die Anfangszeilen später in Unitys Grabstein meißeln lässt.

Die Lehrer zeigen keinerlei Verständnis für das kreative Mädchen. Als Unity im Kunstunterricht Adam und Eva als praktizierendes Liebespaar zeichnet, droht man ihr damit, ihr Zeichenbuch zu zerstören – obwohl ihre Begabung offensichtlich ist. Sie weiß, dass sie mit ihren Zeichnungen provoziert, aber sie lässt sich in kein Korsett zwängen. Je mehr man in sie dringt, umso heftiger rebelliert sie. Ihr Respekt vor Autoritäten schwindet in St. Margaret's endgültig. Dem gähnenden Kaplan schleudert sie empört entgegen: »Nicht *Sie*, *wir* sollten gähnen.«[123] Ihre Mitschülerinnen schwanken zwischen heimlicher Bewunderung und Furcht; eine echte Freundin findet Unity nicht. Das unangepasste Mädchen wird zu einem solchen Störfaktor, dass man Lady Redesdale schließlich nahelegt, ihre Tochter von der Schule zu nehmen: »Ich stattete der Direktorin einen Besuch ab, und sie erklärte mir, dass viele Mädchen im Alter von 16 Jahren die Schule verließen und Unity doch sehr gut eine von ihnen sein könnte.«[124] Die Familie kommt einem Schulverweis zuvor. Unity trägt schwer an ihrer Relegation, selbst der Kommentar ihres Vaters der Schulleiterin gegenüber tröstet sie kaum: »Madam, Ihre Figur weist auf ein Maß an Zügellosigkeit hin, das in keinerlei Einklang zu der religiösen Stellung steht, die Sie vorgeben, hier einzunehmen.«[125]

Auch wenn Unity an ihrer Schule viel zu kritisieren hatte: Sie war angetreten, die dort herrschenden Zustände zu verändern, und nicht, sich sang- und klanglos geschlagen zu geben. Der erste Versuch, sich von ihrer Familie zu lösen, ist grandios gescheitert. Gleichwohl behält sie eine gewisse Anhänglichkeit an St. Margaret's bei. Noch Jahre nach ihrem Quasirauswurf besucht sie die Schule zu Schulfesten und anderen Gelegenheiten. 1938 wird sie beim Weihnachtsmarkt stolz die Hakenkreuzbrosche mit Hitlers faksimilierter Unterschrift am Revers tragen. Dass die verstörte Schulleiterin sie eindringlich bittet, das Schmuckstück abzunehmen, kümmert Unity nicht weiter. Die Brosche ist zu dieser Zeit längst keine Provokation mehr, sondern ein Glaubensbekenntnis.

Im April 1931 hat sich die finanzielle Lage des Lords so weit beruhigt, dass die Familie nach Swinbrook zurückkehren kann. Um den Eltern zu entkommen, sucht Unity Anschluss an die vier Jahre ältere Diana. Sie ist oft in Biddesden und lernt nach und nach Dianas exzentrische Freunde kennen. Unter all diesen Selbstdarstellern tritt sie selbst eher zurückhaltend auf. Nur wenn John Betjeman einen Choral anstimmt, singt sie lauthals und mit glühenden Wangen mit. Betjeman erinnert sich: »Als ich Unity etwas näher kennenlernte, hatte sie gerade die Schule verlassen. Ich nannte sie immer bei ihren beiden Vornamen: Unity Valkyrie. Sie war eine charmante Version von Miss Pam, und sie sprach genau wie ihre Schwestern, benutzte sogar deren Phrasen. Unity Valkyrie war lustig, und sie hatte eine Menge Humor, was in all den Geschichten, die über sie kursieren, gar nicht zum Vorschein kommt.«[126] In dieser Zeit entwickelt sich ihre lebenslange Leidenschaft für das Kino. Betjeman, der eine Zeitlang als Filmkritiker arbeitet, findet in Unity eine stets interessierte Begleiterin.

Nachdem Diana und Nancy in den letzten Jahren alles getan haben, damit man von ihnen spricht, beschließt Nancy, sich auch um den künftigen Ruhm der Familie zu kümmern. Im März 1931 erscheint ihr erster Roman. *Highland Fling* erzählt von einer Gesellschaftsjagd in den schottischen Highlands, bei der Jung und Alt gehörig aneinandergeraten. Vieles darin ist autobiographisch geprägt, ebenso viel entspringt Nancys blühender Phantasie und erfüllt alle Klischeevorstellungen, die der brave Bürger von den Bright Young People hat. Die biographischen Parallelen sind so offenkundig, dass

Lady Redesdale ihre Tochter bittet, das Buch unter einem Pseudonym zu veröffentlichen. Das lehnt Nancy strikt ab. Im Gegenteil, sie setzt noch eins drauf und widmet das Buch ihrem Geliebten Hamish St. Clair Erskine, der daraufhin in den Zeitungen hochoffiziell als ihr Verlobter tituliert wird. Das Donnerwetter, das sich zu Hause über ihr entlädt, schildert Nancy in einem Brief an Diana: »Oh, ich durchlebe eine schreckliche Zeit. […] Muv und Fav haben den ganzen Morgen damit zugebracht, mir zu erklären, dass meine Freunde allesamt Trunkenbolde sind und ich meine Gesundheit und meinen Charakter ruiniere, weil ich verschwiegen habe, dass ich ab und an auch einen Drink nehme. Ich weiß nicht, was ich tun soll. Sie sagen, wenn ich in diesem Sommer nach London zurückkehre, dann wird das mein Ende sein.«[127]

Ihr Oxford-Freund Mark Ogilvie-Grant gestaltet das Cover des Buches, das nach wenigen Wochen bereits in die zweite Auflage geht. So unglücklich ihre Eltern über diesen Roman sind, so begeistert ist die Leserschaft. Dass Nancys Sarkasmus ein Mittel ist, die erlebten Kränkungen durch Familie, Freunde und Liebhaber zu verarbeiten, tut der Wirkung keinen Abbruch, sondern gilt als typisch britisch. Ihr Humor entspricht dem Zeitgeist: Man hat die vornehme Zurückhaltung der viktorianischen und edwardianischen Ära abgelegt und gibt sich exaltiert. Nancy wird eine der besten Chronistinnen, was die Auseinandersetzungen der Bright Young People mit ihren Eltern betrifft.

Dabei sind deren Sorgen zweifellos berechtigt: Als mit der Weltwirtschaftskrise die Party langsam, aber sicher zu Ende geht, bricht die Gruppe der haltlosen Partygänger auseinander. In ihrer verzweifelten Suche nach Orientierung landen nicht wenige beim Alkohol, in der Religion oder bei einer der vielen Ideologien, die sich in den frühen dreißiger Jahren einen Wettstreit um die Weltherrschaft liefern. Die Werte der Väter haben abgewirtschaftet, doch neue sind noch nicht gefunden. Ob die jungen Leute ihr Heil in der Politik, im Glauben oder im Alkohol suchen, ob sie Katholiken,

Kommunisten oder Faschisten werden – in einem bleiben sie sich treu: im Extremismus. Es ist eine seltsame Generation, antiautoritär und freiheitsliebend, und doch so anfällig für reine Lehren und charismatische Heilsbringer. Evelyn Waughs Prophezeiung vom Beginn der zwanziger Jahre erfüllt sich für viele: »Sie werden keine glückliche Generation sein.«[128]

»Es ist einfach absurd, Menschen in gute und schlechte einzuteilen. Sie sind entweder amüsant oder langweilig.«

Oscar Wilde, ›Lady Windermeres Fächer‹

IV.

»Die Faschisten sind doch viel eleganter als die Kommunisten.«

Der Rudolph Valentino des Faschismus

Unmittelbar nach *Highland Fling* beginnt Nancy mit einem zweiten Roman: *Christmas Pudding.* Wieder einmal sind Freunde und Familienmitglieder Vorbilder für die Figuren. Ihren geliebten Hamish porträtiert sie in der Figur des exaltierten Eton-Zöglings Roderick »Bobby« Bobbin so lebensnah, dass sie bei Erscheinen des Buches im November 1932 doch ein wenig Bammel vor seiner Reaktion hat. Aber der eitle Beau fühlt sich geschmeichelt – Aufmunterung kann er ohnehin gut gebrauchen. Oxford hat ihn wegen permanenten Fehlverhaltens endgültig relegiert, und seine Eltern haben ihn im Februar 1931 in die USA geschickt, in der Hoffnung, er werde in der Fremde zur Vernunft kommen: »Hamishs Familie hat ihn in der ihr eigenen Schuftigkeit für immer nach Amerika verbannt. Ich habe die Verlobung gelöst. So ist die augenblickliche Lage«, informiert Nancy ihre Freunde.[129] Sie ist so geknickt, dass sie ernsthaft darüber nachdenkt, sich das Leben zu nehmen. Einen Selbstmordversuch bricht sie jedoch aus Rücksicht auf ihre schwangere Mitbewohnerin ab: »Ich habe versucht, mir mit Gas das Leben zu nehmen, ein durchaus angenehmes Gefühl, als ob man Betäubungsmittel verabreicht bekommt. Von nun an werden mir all die Lehrerinnen, die sich auf diese Weise umbringen, nicht mehr leidtun. Mittendrin fiel mir jedoch ein, dass Romie, bei der ich zu der Zeit wohnte, womöglich eine Fehlgeburt erleiden würde, was doch eine große Enttäuschung für sie gewesen wäre. Also bin ich wieder ins Bett gekrochen und habe mich übergeben. [...] Ich bin wirklich sehr unglücklich, vor allem weil niemand da ist, dem man die komischen Dinge erzählen kann, die einem so widerfahren, und das ist doch der halbe Spaß.«[130]

Als Hamish schließlich aus Amerika zurückkehrt, beginnt das Spiel von neuem, auch wenn es sich zunächst anders anhört: »Mit Hamish bin ich endgültig fertig, immerhin hat er die Güte, ganz furchtbar auszusehen und auf Partys deprimiert herumzusitzen und traurig in die Luft zu starren (so hat man es mir zumindest berichtet). Ich habe zwischenzeitlich beschlossen, eine alte Jungfer zu werden. Es ist so schade, wir haben wirklich perfekt zueinandergepasst.«[131] Sie stürzt sich Hals über Kopf ins Nachtleben, um zu vergessen: »Es geht mir ganz wunderbar, es ist wirklich viel lustiger, nicht verlobt zu sein. [...] Wirklich eine perfekte Saison. [...] Inzwischen habe ich alle Rekorde gebrochen; seit drei Wochen bin ich jeden Abend lange aufgeblieben, und nun liege ich hier im Bett mit einem pochierten Ei und will mich mal richtig ausschlafen.«[132] Den Antrag von Sir Hugh Smiley, einem gutsituierten Offizier aus dem königlichen Leibregiment, weist sie zurück, allerdings erst nachdem sie sich ein wenig hat verwöhnen lassen: »Es ist ziemlich schlimm«, gesteht sie Mark Ogilvie-Grant. »Ich habe mich nicht aus den üblichen weiblichen Motiven darauf eingelassen, also nicht weil mir die Ausflüge in seinem Wagen gefielen usw., sondern, glaub mir, aus reiner Schwäche. Aber es geht schon, ich werde mich irgendwie herauswinden. [...] Abgesehen davon, ist der alte Knabe auf seine Weise ja auch ganz nett. Aber stell Dir bloß vor, wie es wäre, dumme blonde Kinder zu haben. Andererseits könnte man sich sehr schön kleiden und sich Liebhaber nehmen. […] Aber es ist besser, in ehrbarer Armut die Selbstachtung zu bewahren, nicht wahr? Mein Leben ist so langweilig, ich wünschte, ich wäre tot.«[133] All ihre Überlegungen, ihr Leben in geordnete Bahnen zu lenken, sind schlagartig vergessen, als sie Hamish wiedersieht.

Für Lord und Lady Redesdale würde das Verhalten ihrer ältesten Tochter vermutlich Anlass zu großer Sorge geben, stellten nicht Dianas Eskapaden alles Dagewesene in den Schatten. Die eigenwillige 22-Jährige verlässt Bryan Guinness und bekennt sich öffentlich zu ihrer neuen Liebe, dem Faschistenführer und notorischen Frauenhelden Sir Oswald Mosley, genannt Tom, seinerseits verheiratet und Vater von drei Kindern. Auch wenn keine Rede davon sein kann, dass Mosley sich von seiner Gattin scheiden lässt, ist Diana wildentschlossen, ihre Liebe zu leben. Zum ersten Mal begegnen sich die beiden im Februar 1932 bei der Geburtstagsfeier von Barbara St. John Hutchinson. Da sie in denselben Kreisen verkehren, treffen sie bei Festen und öffentlichen Veranstaltungen immer wieder aufeinander, und aus einem kleinen Flirt wird bald die große Liebe, die für Diana nicht nur eine private, sondern auch eine weltanschauliche Wende bedeutet. In den Augen seiner Anhänger, zu denen bald auch Diana gehört, ist Oswald Mosley nämlich zum Retter des Empires auserkoren. Eine Überzeugung, die er fraglos teilt. Für Diana ist Mosley der Mann ihres Lebens. Dass sie an seiner Seite von der meistbewunderten zur meistgehassten Frau Englands wird, ist ihr vollkommen egal. Ihre Loyalität Mosley gegenüber ist grenzenlos. Die Begegnung der beiden wird im Übrigen auch für Unity schicksalhaft sein und ihr Leben für immer verändern.

Vierzehn Jahre älter als Diana, ist Mosley einer der bekanntesten Politiker der Insel. Geboren wird er am 16. November 1896 als ältester Sohn des fünften Baronets Sir Oswald Mosley aus Staffordshire. Schon als Kind schätzt er körperbetonte Sportarten wie Fechten und Boxen. Nach dem Besuch des englischen Eliteinternats Winchester, wo er eine lebenslange Abscheu gegenüber intellektueller Bildung entwickelt, tritt er in die Militärakademie Sandhurst ein. Zusammen mit einer Gruppe Gleichgesinnter, die wegen ihres überzogenen Selbstbewusstseins die »Freibeuter von Sandhurst« genannt werden, fällt er hier vor allem durch Unerschrockenheit und militärische Disziplin einerseits sowie den ausschweifenden Lebensstil eines Playboys andererseits auf. Im Ersten Weltkrieg meldet er sich freiwillig zum neu geschaffenen Royal Flying Corps, dessen Mitglieder als besonders tollkühn gelten. Als er bei einem Absturz verletzt wird, beordert man ihn zurück nach Hause. Noch an der Front hat Mosley beschlossen, sich politisch zu engagieren. Der Aufbau der Nachkriegsgesellschaft muss in seinen Augen jenseits aller parteipolitischen Interessen erfolgen. Da die Politiker der Vorkriegsgeneration allesamt versagt hätten und durch den Ausbruch des Krieges diskreditiert seien, komme der Kriegsgeneration eine entscheidende Rolle zu.

Nach der Parlamentswahl vom Dezember 1918 zieht der 22-Jährige als jüngster Abgeordneter für die Konservativen ins Unterhaus ein. Sein Hauptaugenmerk liegt auf einer friedenssichernden Außenpolitik, die an innenpolitische Reformen gekoppelt sein soll. 1920 heiratet Mosley Lady Cynthia Curzon, genannt Cimmie, Tochter des ehemaligen Vizekönigs von Indien, Lord George Curzon. Während der Regierungszeit des überzeugten Imperialisten waren Millionen Inder einer verheerenden Hungersnot zum Opfer gefallen. Der konservative Politiker, der seit 1919 britischer Außenminister ist, gilt als entschiedener Gegner des Frauenstimmrechts und war dereinst führendes Mitglied der National League for Opposing Woman Suffrage. Nach ihm ist die Curzon-Linie benannt, die nach dem Ersten Weltkrieg als polnisch-russische Demarkationslinie angedacht war. Obwohl Curzon über exzellente politische Verbindungen verfügt, die Mosley von Nutzen sein können, gilt seine Heirat mit der klugen, schönen Cimmie als Liebesheirat. An den Hochzeitsfeierlichkeiten nehmen neben zahlreichen Kabinettsmitgliedern auch König George V. und Königin

Mary sowie das belgische Königspaar teil. Etwa zur selben Zeit gerät Mosley in Konflikt mit seiner Partei. Sein offensives Werben für den Völkerbund bei gleichzeitigem Abbau von militärischem Engagement in den Kolonien zugunsten von sozialen Reformen im Inland gefällt nicht jedem. In der Irlandfrage spitzen sich die Auseinandersetzungen schließlich zu. Mosley spricht sich für die volle irische Souveränität aus und gegen die Entsendung der paramilitärischen Einheit »Black and Tans« zur Unterdrückung der irischen Unabhängigkeitsbewegung. Seine deutliche Kritik an der für ihre Grausamkeiten berüchtigten Truppe bringt ihm aber auch Sympathien ein. Nachdem sein Versuch gescheitert ist, eine Sammlungsbewegung zu gründen, die verschiedene politische und gesellschaftliche Gruppierungen vereint, verteidigt er bei den Wahlen 1922 als unabhängiger Kandidat seinen Parlamentssitz. Mosleys großes politisches Talent ist unverkennbar. Die englische Sozialreformerin Beatrice Webb, Mitglied der weltberühmten Fabian Society, notiert nach einer Begegnung mit ihm am 8. Juni 1923 in ihr Tagebuch: »Wir haben die Bekanntschaft des brillantesten Abgeordneten im Unterhaus gemacht – Oswald Mosley. ›Das ist der perfekte Politiker und zudem der perfekte Gentleman‹, sagte ich zu mir selbst, als er den Raum betrat. […] ›Dieser junge Mann wird es weit bringen.‹«[134]

Mit seiner Kritik an der konservativen Außenpolitik und seinen Überlegungen, die bisher die britische Wirtschaftspolitik prägende Laissez-faire-Haltung zugunsten einer begrenzten staatlichen Investitionspolitik aufzugeben, weckt er das Interesse der Labour-Partei. Als Ramsay MacDonald 1924 als erster Labour-Politiker Premierminister wird, schließt sich Mosley, der MacDonald für einen der größten Hoffnungsträger der britischen Politik hält, der neuen Regierungspartei an. Mosley gehört innerhalb der Labour-Partei dem linken Flügel an, der Independent Labour Party (ILP). Doch nicht alle Genossen begegnen dem neuen Mitglied mit Wohlwollen. Das Misstrauen gegenüber dem reichen Aristokraten ist groß. Fotos, die Mosley im Bentley, beim Polospielen oder beim Wellenreiten in Biarritz zeigen, passen nicht recht ins Bild. Und doch schafft es dieser elegante Mann – eine Kreuzung aus Rudolph Valentino, Clark Gable und Errol Flynn –, die Anhänger der Arbeiterpartei für sich einzunehmen. Beim Generalstreik 1926 solidarisieren sich Mosley und Cimmie mit den gegen Lohnkürzungen protestierenden Bergarbeitern und werden dafür stürmisch gefeiert.

Seine Bemühungen um einen ökonomischen Strukturwandel versucht Mosley nun innerhalb der Labour-Partei umzusetzen. Im Mai 1925 fordert er zusammen mit den ILP-Genossen John Strachey und Allan Young in der Denkschrift *Revolution by Reason* wirtschaftspolitische Initiativen der Regierung. In Anlehnung an John Maynard Keynes, der die Regierung bereits 1923 zu Arbeitsbeschaffungsmaßnahmen aufgefordert hat, wollen Mosley und seine Mitstreiter durch eine Stärkung der Kaufkraft die Nachfrage nach Konsumgütern im Inland erhöhen und die Arbeitslosigkeit verringern. Seine Ideen machen Mosley zu einem der einflussreichsten Mitglieder der Labour-Partei. Im Herbst 1928 begleitet das Ehepaar Mosley Premierminister MacDonald auf einer Reise nach Berlin, Wien und Prag. Dass sich seine Frau Cimmie als großes politisches Talent entpuppt, ist für Mosleys Karriere nur förderlich. Nicht allein dass sie als Rednerin für ihn einspringen kann, im Mai 1929 zieht sie selbst für Labour ins Unterhaus ein. In der neuen Regierung unter MacDonald wird ihr Mann Chancellor of the Duchy of Lancaster, eine Art Minister ohne Geschäftsbereich.

Mit dem Börsenkrach vom Oktober 1929 und dem Beginn der Weltwirtschaftskrise steigen die Arbeitslosenzahlen in Großbritannien sprunghaft an. Zu Mosleys großer Enttäuschung kann sich die Labour-Regierung dennoch nicht zu einer aktiveren Wirtschaftspolitik durchringen, sondern folgt dem attentistischen Ansatz von Schatzkanzler Philip Snowden. Nachdem Mosleys Reformvorschläge ein ums andere Mal zurückgewiesen worden sind, entwirft er ein 15-seitiges Positionspapier, in dem er seine Vorschläge zur

Bekämpfung der Arbeitslosigkeit und zur politisch-institutionellen Reform des Landes vorlegt. Im sogenannten *Mosley Memorandum* plädiert er für eine Stärkung der Exekutive. Das neue Regierungsgremium soll sich aus den wichtigsten Ministern zusammensetzen, die in enger Abstimmung mit Ökonomen kurz- und mittelfristige Maßnahmen zum Abbau der Arbeitslosigkeit initiieren. Dazu gehört fürs Erste auch ein über Kredite finanziertes staatliches Arbeitsbeschaffungsprogramm. Langfristig könne die Beschäftigtenzahl allerdings nur durch einen von der Außenwirtschaft weitgehend autark funktionierenden Binnenmarkt sichergestellt werden, der durch die Stärkung der Kaufkraft für Konsumgüter entstehen soll. Staatliche Interventionen auf dem Finanzmarkt sowie eine am Prinzip antizyklischer Konjunktursteuerung orientierte Ausweitung staatlicher Ausgaben sollen diese Maßnahmen ergänzen.[135]

Die von Mosley angeregte nachfrageorientierte Wirtschaftspolitik steht der bisher vertretenen Laissez-faire-Konzeption so sehr entgegen, dass ihre Ablehnung durch das Kabinett nur folgerichtig scheint. Am 20. Mai 1930 tritt Mosley von seinem Ministerposten zurück. Und als seine Vorschläge im Oktober 1930 beim Parteitag im walisischen Llandudno keine Mehrheit finden, kehrt er Labour endgültig den Rücken. Zu früh, wie der spätere konservative Premierminister Harold Macmillan meint. Die historische Entwicklung hätte Mosley in die Hände gespielt. Hätte er nur ein wenig mehr Geduld aufgebracht, wäre er in absehbarer Zeit Parteichef geworden: »In Mosley hätte die Partei den perfekten Anführer gehabt: einen Mann mit Ideen, einen Mann mit Mut, der sich ganz alleine den Realitäten gestellt und versucht hatte, konkrete und konstruktive Lösungsvorschläge für das drängende Problem der Arbeitslosigkeit einzubringen.«[136]

Doch Mosley hat längst andere Pläne. Gemeinsam mit einigen abtrünnigen Labour-Abgeordneten, die sein Memorandum unterstützt haben, gründet er im Frühjahr 1931 die New Party. An seiner Seite sind auch Ehefrau Cimmie und sein alter Freund Harold

Nicolson, Diplomat, Autor und Gatte der Schriftstellerin Vita Sackville-West. Politiker unterschiedlichster Couleur und Intellektuelle wie George Bernard Shaw unterstützen Mosley. Der Automobilindustrielle William Morris stellt 50 000 Pfund zur Verfügung. Dennoch landet die Partei bei den Wahlen im Oktober auf einem der hinteren Plätze. Die Auflage der Parteizeitung *Action* unter Chefredakteur Harold Nicolson sinkt innerhalb weniger Monate von 160 000 auf 16 000 Stück. Daran ändert auch nichts, dass die Beiträge von renommierten Autoren wie Osbert Sitwell oder dem in Berlin lebenden Christopher Isherwood stammen. Der beschreibt 1931 in *Action* die Entwicklung der deutschen Jugendbewegung von den Wandervögeln bis zu den Jugendorganisationen von KPD und NSDAP und feiert – noch – den Sieg der Jugend über die saturierte Bürgerlichkeit: »Aus den deutschen Jungen und Mädchen werden echte Männer und Frauen werden, ganz gleich, welcher Partei sie sich zuwenden. [...] Sie werden wackere und würdige Bürger ihres Landes sein. Man kann nur hoffen, dass wir Ähnliches einmal auch über unsere eigene Jugend sagen können.«[137]

Als es zu politischen Unruhen kommt und das Pfund Sterling immer mehr an Wert verliert, tritt die Labour-Regierung unter MacDonald im August 1931 zurück. Angesichts der großen Herausforderungen, vor denen das Land steht, bildet sich eine für das Inselreich ungewöhnliche Koalition aus Konservativen, Labour und Liberalen. Im Oktober 1931 wird diese Regierung durch Neuwahlen bestätigt. In diese Zeit fällt Mosleys endgültige Abkehr vom Parlamentarismus. Sein ausgeprägtes Krisenbewusstsein drängt ihn ohnehin zur Aktion. Dass nach dem Niedergang der liberalen Partei eigentlich nur mehr aus zwei Parteien bestehende parlamentarische System muss durch eine schlagkräftige außerparlamentarische Opposition zunächst ergänzt und schließlich ersetzt werden. Vorbild ist ihm das faschistische Italien unter Benito Mussolini. Dianas Jugendfreund James Lees-Milne, der für Mosley im Oktober 1931 in Stoke-on-Trent Wahlkampf gemacht hat, beobachtet diese

Entwicklung mit Unbehagen: »Mir wurde in diesen Tagen klar, dass Mosley ein maßloses Geltungsbedürfnis hatte. Er kannte die Bedeutung des Wortes Bescheidenheit gar nicht. Er duldete keinerlei Widerspruch, akzeptierte keinen Rat. Er war überheblich und absolut von sich überzeugt. Das ist der Stoff, aus dem Fanatiker gemacht sind.«[138]

Im Januar 1932 reist Mosley zum ersten Mal zu Mussolini nach Italien. Harold Nicolson begleitet den Freund, trotz aller Skepsis: »Er glaubte fest an den Faschismus. Ich nicht. Ich war dem eher abgeneigt.«[139] Mosley jedoch nimmt den Faschismus als neue politische Kraft wahr, die vor allem die Jugend anspreche und mit deren simplen Lösungsvorschlägen die Wirtschaftskrise bewältigt werden könne. Mit seiner Begeisterung ist Mosley in Großbritannien nicht allein. Der seit zehn Jahren regierende Duce hat auf der Insel viele Bewunderer. Selbst Winston Churchill zählt eine Zeitlang dazu, auch wenn der britische Aristokrat stets ein wenig von oben auf den »italienischen Proleten« herabblickt. Nach einem Besuch bei Mussolini im Januar 1927 ließ Churchill die Presse wissen: »Wie so viele andere konnte auch ich nicht umhin, davon bezaubert zu sein, wie ruhig und einfach er sich gab und welch gelassene, unaufgeregte Haltung er trotz der vielen Belastungen und Gefahren an den Tag legte. Außerdem konnte jeder sehen, dass er an nichts anderes denkt als an das dauerhafte Wohl, wie er es versteht, des italienischen Volkes und dass kein geringeres Interesse die mindeste Bedeutung für ihn hat. [...] Angesichts eines solchen mit größter Bereitwilligkeit angenommenen Systems wäre die Behauptung absurd, die italienische Regierung stehe nicht auf einer breiten Basis oder könne sich nicht auf die aktive Zustimmung der großen Masse stützen.«[140] Obwohl sich Churchill später nie mehr so offen positiv über Mussolini äußert, verstummen, auch wegen anderer Aussagen, die zumindest Zweifel an seinem Demokratieverständnis zulassen, die Vorwürfe nie wieder, er sei in den zwanziger Jahren ein verkappter Faschist gewesen.[141] Für Churchill ist Mussolini in erster

Linie der Mann, der sein Land vor dem Kommunismus bewahrt hat. Für die Engländer hat Mussolini in Italien längst überfällige Reformen umgesetzt, die Mafia in die Schranken gewiesen, ja selbst dafür gesorgt, dass die Züge plötzlich pünktlich fahren. Während das brachiale Auftreten der Nationalsozialisten die meisten Engländer verstört, können sie den theatralischen Inszenierungen des Duce einiges abgewinnen. Mosley berichtet nach seiner Rückkehr begeistert in der *Daily Mail* über die maskuline Tatkraft des Duce und die ach so moderne italienische Staatsführung.[142]

Im April 1932 löst Mosley die New Party auf. Hinter den Kulissen ist er längst um einen Zusammenschluss aller faschistischen Gruppierungen Großbritanniens bemüht. Deren Schlagkraft ist wegen zahlreicher Divergenzen bisher nur von geringer Reichweite. Ungeachtet seiner politischen Winkelzüge, bieten ihm in diesen Monaten sowohl die Konservativen als auch die Labour-Partei wichtige Posten an. Mosley jedoch weist alle Offerten zurück und ruft stattdessen am 1. Oktober 1932 die British Union of Fascists, kurz BUF, ins Leben. Die neue Partei vertritt eine rigoros antikommunistische und protektionistische Politik. Sie fordert die Errichtung eines korporativen Staats ohne Klassenschranken und Parteidifferenzen. Nach dem Zusammenbruch der parlamentarischen Demokratie werde sich ein faschistisches Regime etablieren, das seine Regierung durch Volksabstimmungen bestätigen oder absetzen lassen werde. Alle Partikularinteressen sind den nationalen Zielen unterzuordnen. »Faschismus [ist] Diktatur im modernen Sinne des Wortes [...], was bedeutet, dass die Regierung vom Volk mit Macht ausgestattet wird, um die Probleme zu lösen, die das Volk überwinden will«, schreibt Mosley im Parteiprogramm *The Greater Britain.*[143]

Die Tatsache, dass sich die BUF offiziell zumindest (noch) nicht antisemitisch gibt, bringt Arnold Leese von der konkurrierenden Imperial Fascist League dazu, Mosleys Faschismus als »koscheren Faschismus«[144] zu verspotten. Doch wer zwischen den Zeilen lesen kann, der erkennt die antisemitischen Tendenzen, auf die der

Jewish Chronicle im November 1933 hinweist.[145] Die BUF ist streng hierarchisch organisiert, mit Mosley als unumstrittenem »Leader« an der Spitze und diversen Untergruppierungen, die ihrerseits dem Führerprinzip unterliegen. Ihre Zentrale errichtet die neue Partei in der King's Road in London-Chelsea im sogenannten Black House. Was Mosley aus der New Party hinüberrettet, sind die Biff Boys, eine Truppe aus Oxbridge-Studenten, die zum Saalschutz gegründet worden war. Aus ihnen geht der paramilitärische Kampfverband Defence Force hervor, eine der deutschen SA nicht unähnliche Schlägertruppe, die nicht nur Mosleys öffentliche Auftritte sichert, sondern sich wahre Straßenschlachten mit politischen Gegnern liefert. Das schwarze Hemd, das Mosley seinen Anhängern verordnet, erinnert an Mussolini und seine *camicie nere.* Bald schon gehören die Blackshirts zum Straßenbild Londons. Auch die Parteizeitung trägt den Namen *Blackshirt.* Sie erscheint vom Februar 1933 bis Mai 1939. Wie sein Vorbild Mussolini setzt auch Mosley auf faschistische Symbolik. Emblem der neuen Partei ist das Liktorenbündel des kaiserlichen Rom, das sich auch die italienischen Faschisten auf ihre Fahnen geschrieben haben. Der Gruß der BUF lautet schlicht und einfach: »Hail Mosley!«, die Anrede des Parteichefs: »Leader«. Als Hymne wählt die BUF eine britische Version des Horst-Wessel-Liedes.

Die neue Partei verfügt über exzellente Kontakte zur Presse. Vor allem kann sie sich auf die finanzielle und mediale Unterstützung des britischen Medienmoguls Lord Rothermere verlassen, der Hitler und Mussolini große Sympathien entgegenbringt. Am 15. Januar 1934 titelt seine Zeitung, die *Daily Mail*: »Es leben die Blackshirts!« Durch das rechtskonservative Boulevardblatt, eine der auflagenstärksten Zeitungen der Insel, hat Lord Rothermere bereits in der Vergangenheit versucht, Einfluss auf die britische Politik zu nehmen. 1924 veröffentlichte die *Daily Mail* einen Brief des sowjetischen Politikers Grigori Sinowjew, der die britischen Kommunisten zum Sturz der Regierung aufforderte. Die wenige Tage später stattfindenden Wahlen bescherten der Labour-Regierung herbe Verluste. Kurz darauf wurde der Brief als Fälschung entlarvt.[146] Neben Spenden aus Wirtschaft und Aristokratie erhält Mosley in den ersten Jahren auch finanzielle Zuwendungen von Mussolini selbst, was der »Leader« jedoch bis zu seinem Tod leugnet.[147]

Die Mitgliederstruktur der BUF ist sozial äußerst heterogen. Besonders junge gebildete Männer schließen sich ihr an. Viele aus den Reihen der Ästheten und der Bright Young People begreifen sich als Avantgarde einer neuen Zivilisation und fühlen sich angesprochen von den chiliastischen Heilsversprechungen. Aber auch bei Frauen kommt die BUF erstaunlich gut an. Etwa zwanzig Prozent ihrer Mitglieder sind weiblich. Interessanterweise treten der Partei zahlreiche Suffragetten der Women's Social and Political Union (WSPU) bei, die vor dem Ersten Weltkrieg unter Führung von Emmeline Pankhurst für die Einführung des Frauenstimmrechts gekämpft hatten. Mary Richardson hatte damals, aus Protest gegen die Behandlung der inhaftierten Suffragetten, in der National Gallery Velázquez' *Venus vor dem Spiegel* mit einer Axt traktiert, was ihr den Beinamen »Slasher Mary« einbrachte. Nun reiht sie sich bei den Faschisten ein und wehrt sich gegen die Kritik von ehemaligen Mitstreiterinnen wie Sylvia Pankhurst: »Ich fühlte mich sofort von den Blackshirts angezogen, weil ich bei ihnen den Mut, die Tatkraft, die Loyalität, die Hingabe und die Bereitschaft, einen Beitrag zu leisten, wiederfand, die ich aus der Suffragettenbewegung kannte.«[148] Zu ihr gesellen sich in teils führender Position die einstigen WSPU-Mitglieder Mary Allen, Mercedes Barrington und Norah Elam, mit der Unity bis zu ihrem Tod in Kontakt bleibt. Die Mitgliederfluktuation der neuen Partei ist relativ hoch. Am besten aufgestellt ist sie im Sommer 1934 mit rund 50 000 Mitgliedern – eine Stärke, die sie nie wieder erreicht.

Führende Köpfe der BUF sind der Cousin des Schriftstellers G. K. Chesterton, A. K. Chesterton, Journalist und notorischer Antisemit, sowie der irisch-amerikanische Journalist William Joyce.

Er wird als Propagandaredner für die britischen Faschisten eine Art Dr. Goebbels, ehe er sich 1937 mit Mosley überwirft. Bei Kriegsbeginn entzieht sich Joyce der drohenden Internierung durch Flucht nach Deutschland. Hier wird er nicht nur deutscher Staatsbürger, sondern auch Mitarbeiter im Propagandaministerium und erlangt als Sprecher der englischsprachigen Radiosendung *Germany Calling*, die bis zu sechs Millionen britische Hörer erreicht, traurige Berühmtheit. Unermüdlich versucht er bis 30. April 1945 als »Lord Haw-Haw« die Briten zur Kapitulation zu überreden. Nach dem Krieg wird Joyce an der deutsch-dänischen Grenze verhaftet und 1946 in England wegen Hochverrats exekutiert. Der schottische Politiker Alexander Raven Thomson übernimmt als eine Art britischer Alfred Rosenberg die Rolle des Chefideologen in der BUF. Raven Thomson hat in Heidelberg studiert und ist der Schwiegersohn von Wilhelm Conrad Röntgen. Der Spezialist für Oswald Spengler war, ehe er sich dem Korporatismus zuwandte, Mitglied der Kommunistischen Partei Großbritanniens. Im Auftrag Mosleys reist er mehrfach nach Deutschland.

Als Diana Oswald Mosley kennenlernt, ist er im Begriff, den Weg in den organisierten Faschismus einzuschlagen. Eine Entscheidung, die ihn in seiner Heimat einmal zum Staatsfeind Nr. 1 machen wird. Noch aber ist er ein geschätzter Politiker, den Parteien aller Couleur gerne in ihren Reihen sähen. Man hat ihm sogar die Mitgliedschaft im Other Club angeboten, jener von Winston Churchill und Lord Birkenhead gegründeten Tischgesellschaft, die noch heute die wichtigsten Persönlichkeiten der britischen Politik vereint. Neben ihrer politischen Bedeutung ist die Verbindung auch für ihre skurrilen Sitten berühmt. So gibt es eine große schwarze Holzkatze, die als vierzehnter Tischgast das Menü samt Portwein und einem Glas Wasser vorgesetzt bekommt, falls nur dreizehn Gäste anwesend sind.[149] Mosleys Idealismus und sein politisches Talent beeindrucken hartgesottene Politiker, wie sollte Diana ihm da widerstehen? Er ist charismatisch und von schier atemberaubender Präsenz. Groß, sportlich und durchtrainiert, wirkt Mosley so vital wie seine Ideen. Er will die Welt verbessern, Armut und Arbeitslosigkeit abschaffen und Kriege für immer verhindern. Geschichte sei machbar, man müsse nur endlich anpacken. Seine Ideen fallen bei Diana, die sich seit ihren Besuchen im Hause Churchill zunehmend für gesellschaftspolitische Fragen interessiert, auf fruchtbaren Boden. Obgleich sie selbst auf der Sonnenseite des Lebens steht, hat sie die Not in den Straßen Londons ebenso wahrgenommen wie die Hilflosigkeit der etablierten Parteien im Umgang mit der grassierenden Arbeitslosigkeit: »1932 machten sich alle, die auch nur einen Funken Verstand hatten, Gedanken um Politik. Wir waren der festen Überzeugung, dass die Generation unserer Eltern den Krieg verschuldet hatte und dass, mit ein bisschen gutem Willen und Klugheit, die katastrophalen Folgen, die er uns beschert hatte, rückgängig gemacht werden könnten und die Welt verändert.«[150]

Als Diana Mosley begegnet, erscheint ihr die Lösung der Krise plötzlich greifbar. Zu ihrer Begeisterung für den Mann kommt die Begeisterung für den Politiker. Endlich jemand, der bereit ist, die Ärmel hochzukrempeln. Der Faschismus scheint ihr die langersehnte Alternative zu allen bisher bekannten Ideologien zu sein. Denn obwohl Diana den Kapitalismus für ungeeignet hält, die drängenden Probleme der Zeit zu bewältigen, ist der Kommunismus für sie keine Option, angesichts der Gräuelnachrichten, die in Adelskreisen über die Sowjetunion kursieren. Dass die proletarischen Massen, die sich in den letzten Jahren vehement zu Wort gemeldet haben, die Macht übernehmen könnten, macht der britischen Upperclass eine Heidenangst. Da kommt der britische Faschismus, der sich ideologisch eher an Italien als an Deutschland orientiert, wie gerufen. Ohne blutige Revolution ist es den italienischen Faschisten offenkundig gelungen, ihr Land zu verändern. Die Wirtschaft wurde angekurbelt, und Millionen Menschen stehen wieder in Lohn und Brot. Schon allein deshalb scheint die Sache einen Versuch wert.

Dianas Entscheidung, ihren Mann zu verlassen, fällt am 7. Juli 1932. Am Abend geben Diana und Bryan einen Ball in ihrem neuen Zuhause Cheyne Walk 96 in London. Mit dem Fest wird Unitys erste Londoner Saison gefeiert. 300 Gäste tanzen in dem über und über mit Rosen geschmückten Ballsaal. Diana erscheint diese Nacht später wie ein Traum: »Wir luden alle ein, die wir kannten, Jung und Alt, Arm und Reich, Klug und Dumm. Es war ein lauer Abend, und der Garten sah gleich zweimal so groß aus, weil wir die Bäume von unten beleuchten ließen. Einige Momentaufnahmen [...] sind mir im Gedächtnis geblieben: meine Versuche, Augustus John, der ziemlich lädiert aussah, in ein Taxi zu bugsieren; Winston Churchill, der über ein Gemälde von Stanley Spencer im Treppenhaus schimpfte, auf dem das Kriegerdenkmal von Cookham zu sehen war; und Eddie Marsh, der es gegen seine eigene Überzeugung verteidigte. Ich trug ein hellgraues Chiffonkleid und alle Diamanten, derer ich habhaft werden konnte. Wir tanzten bis zum Morgengrauen, als ein pink- und orangefarbener Sonnenaufgang den Fluss vergoldete.«[151] Es ist eine rauschende Ballnacht und Unitys erste Begegnung mit Mosley. Böse Zungen behaupten später, Unity habe in dieser Nacht ihre Unschuld an Oswald Mosley verloren – auf einem Billardtisch.[152] Dabei ist es dieser Abend, an dem Diana Guinness und Oswald Mosley in Anwesenheit ihrer Ehepartner allen Anwesenden vor Augen führen, wie es um sie steht. Wer die beiden tanzen sieht, hat keine Fragen mehr. Bryan erkennt, dass er auf verlorenem Posten kämpft. Ohne Rücksicht auf Ehemann, Kinder und Familie bekennt sich Diana zu ihrer neuen Liebe, und Cimmie Mosley sieht ihre Ehe zum ersten Mal ernstlich bedroht. Nach dem Ball bittet sie Mosley unter Tränen, die Affäre mit Diana zu beenden. Doch auch um Mosley ist es längst geschehen, er kann Cimmie nur versprechen, sie niemals zu verlassen, Diana aufzugeben ist er nicht bereit. Die trennt sich Ende November 1932 endgültig von Bryan und gibt damit alles auf, was ihr bisher so wichtig war: Reichtum, ein schönes Zuhause, ihre gesellschaftliche Stellung, einen hingebungsvollen Ehemann. Der Schritt der 22-Jährigen löst einen ungeheuren Skandal aus. Während heimliche Affären stillschweigend geduldet werden, begeht Diana öffentlich gesellschaftlichen Selbstmord. Sie bekennt sich zu einem Mann, der ihr klipp und klar erklärt hat, dass er sie niemals heiraten wird. Doch das ist ihr egal. Mit ihren Söhnen, einem Koch, der Nanny und zwei Dienstmädchen bezieht sie ein kleines Haus am Eaton Square 2, nur wenige Gehminuten von Mosleys Wohnung entfernt. Dass ihr Schwiegervater Lord Moyne sie rund um die Uhr beschatten lässt, um belastendes Material für die Scheidung zu sammeln, nimmt sie mit Humor: »Diese Privatdetektive sind exakt so, wie man sie sich vorstellt. Es ist einfach himmlisch, dass sie hier sind – Taschendiebe etc. haben jetzt keine Chance mehr. Das Ganze ist schon extrem amüsant. Ich meine, so viele Detektive … was das Lord Moyne alles kostet (möge er in der Hölle schmoren).«[153]

Lord Redesdales und Lord Moynes Versuche, Mosley ins Gewissen zu reden, scheitern, und auch Diana bleibt stur. Die hochromantisch veranlagten Schwestern sind voll und ganz auf Dianas Seite, dabei können sie Bryan gut leiden. Tom hingegen, der seit April in London als Barrister tätig ist, zeigt deutlich sein Missfallen, obwohl er selbst gerade der Londoner Damenwelt den Kopf verdreht und nicht alle seine Freundinnen unverheiratet sind. Dabei ist gerade seine Meinung Diana wichtig. Mosleys politische Ansichten spielen interessanterweise bei alldem keine Rolle – es geht einzig und allein um Dianas gesellschaftliche Stellung. Bei der Scheidung im Juni 1933 nimmt Bryan als vollendeter Gentleman alle Schuld auf sich. Um Dianas Ruf zu retten, legt er Unterlagen vor, die belegen sollen, dass er im März 1933 eine Nacht mit einer Prostituierten verbracht hat. Aber auch Diana zeigt Anstand. Sie gibt Bryan den Familienschmuck zurück und verzichtet auf die hohen Unterhaltszahlungen, die ihr zustehen würden. Die beiden einigen sich auf eine jährliche Zahlung von 2500 Pfund. Bryan stellt diese lebenslang in Aussicht, ganz gleich, ob Diana sich wieder verheiratet. Obwohl Diana nun kaum mehr als gesellschaftsfähig gilt, halten viele ihrer Freunde an ihr fest, sicher auch bedingt durch Bryans faires Verhalten. Der Kontakt zwischen Bryan und Diana bleibt freundschaftlich, und Diana wird sich ehrlich freuen, als Bryan sich einige Jahre später neu vermählt.

Den jüngeren Mitford-Mädchen wird strikt untersagt, Diana in ihrer neuen Bleibe zu besuchen. Nancy jedoch ist häufig dort zu Gast, vor allem nachdem Hamish St. Clair Erskine seine Verlobung mit der Bankierstochter Kit Dunn bekanntgegeben hat. Gebrochenen Herzens zieht sie endlich einen Schlussstrich: »Verstehst Du, ich wusste, dass Du nicht in mich verliebt warst, aber Du verliebst Dich so oft und immer nur kurz. Ich dachte, tief in Deinem Innern würdest Du mich lieben, und am Ende würden wir Kinder haben und im Alter dann auf ein gemeinsames Leben zurückblicken. Ich habe geglaubt, unsere Beziehung sei Dir wertvoll, und wenn Du sie je aufgeben würdest, dann nur, um sie durch etwas ebenso Wertvolles zu ersetzen. Aber so ist es nicht gekommen, und das finde ich unerträglich. [...] Gott segne Dich und sorge dafür, dass sie gut zu Dir ist; ich werde immer für Dein Glück beten.«[154]

Auch Unity ist von 1932 an Dauergast in der sogenannten Eatorny. Nachdem sie St. Margaret's verlassen hatte, war sie einige Zeit lang Schülerin im Londoner Queen's College. Doch auch hier legte man ihr bald nahe, ihren Abschied zu nehmen. Eine Klassenkameradin behauptet später steif und fest, es habe daran gelegen, dass »sie ihre Augenbrauen gezupft habe«. Deborah hingegen sieht die starke Persönlichkeit ihrer Schwester als deren größtes Problem. Die Lehrer hätten einfach nicht damit umgehen können.[155] Im Mai 1932 wird Unity als Debütantin im Buckingham Palace dem Königspaar vorgestellt. Sie nutzt die Gelegenheit, einen Stapel königlichen Briefpapiers mitgehen zu lassen, auf dem sie von nun an ihre Korrespondenz erledigt. Am nächsten Morgen erzählt sie Diana: »Als ich vorgestellt wurde, war ich einem Herzinfarkt nahe und fast zu aufgeregt, um zu knicksen. Am Ende habe ich es aber doch geschafft. *Alle* haben mein Kleid bewundert, es ist ja auch *zu schön.* Wie soll ich Dir je dafür danken, ich werde niemals mehr ein anderes Kleid zum Ball tragen. Du hast mich ja von Kopf bis Fuß ausstaffiert: Kleid, Handtasche, Pelzmantel und ein Armband. [...] Der Abend wäre *nicht halb* so schön gewesen, hätte ich nicht ein so schönes Kleid getragen.«[156] Keine Rede von der oft kolportierten Flitteraufmachung, mit der Unity zu schockieren versucht. Die junge Frau, die in späteren Berichten von Familie und Historikern so gern als übergroßer Trampel geschildert wird, ist auch aufgrund ihres Gardemaßes von knapp eins achtzig eine der auffallendsten Erscheinungen der Saison, wie der Gesellschaftskolumnist des *Daily Express* in »The Talk of London« schreibt: »Das hübscheste Mädchen beim Pferderennen in Epsom war meiner Ansicht nach Hon. Unity Mitford.«[157] In ihrem ersten Jahr in der Gesellschaft ist Unity ein Liebling der Presse. Alles, was sie tut, scheint interessant zu sein: »Miss Unity Mitford, eine der Debütantinnen in dieser Saison, trägt den ungewöhnlichen Zweitnamen Valkyrie. Sie sieht wunderbar natürlich aus und ist sehr attraktiv. Zweifellos wird ihre ältere Schwester Nancy ihr, falls nötig, dabei behilflich sein, die Saison gut zu überstehen.«[158]

Unity stürzt sich mit Begeisterung ins Londoner Nachtleben, und der Umstand, dass sie so manchen Ball dadurch belebt, dass sie ihre zahme Ratte Ratular auf die Gäste loslässt, darf als Reminiszenz an die wilden Jahre der Bright Young People verstanden werden. Einzig dass die Party jetzt, da Unity endlich mitfeiern darf, vorbei ist, lässt ihr Verhalten ungewöhnlich erscheinen. Unity, die ihre Ringelnatter Enid auch als Armband trägt, ist auf den Spuren ihrer Vorbilder, die jedoch mehr und mehr aus dem Stadtbild verschwinden.

Blättert man ihre Einladungen aus dem Jahr 1932 durch, zeigt sich, dass sie bei allen wichtigen gesellschaftlichen Ereignissen zugegen war. Am 6. Juli 1932 ist sie zusammen mit Noël Coward und den Sitwells zu Gast bei Mrs Somerset Maugham in der King's Road, und nur eine Woche zuvor hat sie auf dem Debütball ihrer Freundin Nica Rothschild getanzt: »Der Ball war ganz fabelhaft, die großen Räume mit Blattgold und Kronleuchtern, goldenen Plüschsesseln und riesigen Spiegeln, Ströme von Champagner und Menschen, die die Treppe von der Empfangshalle nach oben stiegen, angetan mit Juwelen und in Abendgarderobe.«[159] Nica ist gerade vom Kunststudium aus München zurückgekehrt. »Das war während Hitlers Aufstieg, aber wir bekamen nicht mit, was da vor sich ging, bis uns schließlich klar wurde, dass die Leute, die sich uns gegenüber ungehobelt aufführten, wussten, dass wir Jüdinnen waren«, erzählt sie Jahre später dem Magazin *Esquire*.[160] Die Rothschild-Kinder sind ähnlich exzentrisch wie die Mitfords und schon allein deshalb perfekte Freunde. Nicas Bruder Victor pflegt in einem Morgenmantel von Elsa Schiaparelli Wasserski zu laufen und gilt als begeisterter Nudist. Er heiratet später Barbara St. John Hutchinson, bei deren Geburtstagsfeier sich Diana und Oswald Mosley zum ersten Mal begegnet sind. Man kennt sich eben. Gleichwohl werden Mosleys Blackshirts den Rothschilds bald vorwerfen, »sie ließen die Öffentlichkeit um ihrer Profite willen bluten und schwitzen«.[161] Noch tanzen Unity und Nica fröhlich miteinander, und antisemitisches Gedankengut ist Unity völlig fremd. In absehbarer Zeit aber werden sich ihre Wege trennen. Nica wird unter Charles de Gaulle gegen die Nazis kämpfen und nach dem Krieg in New York als Mäzenin berühmter Jazzer so bekannt werden, dass Clint Eastwood ihr in seinem Charlie-Parker-Film *Bird* ein Denkmal setzt.

Unitys beste Freundin in jenen Tagen ist Mary Ormsby-Gore, Tochter des konservativen Politikers William Ormsby-Gore. Der unterstützt die Forderung nach einem jüdischen Staat in Palästina und ist ein entschiedener Gegner der Nazis. Die beiden Mädchen stecken den ganzen Tag zusammen. Ihr Treffpunkt ist die große Uhr im Kaufhaus Selfridges. Unity ist immer pünktlich und Mary immer zu spät. Oft verabreden sie sich fürs Kino. Unitys Leidenschaft dafür ist inzwischen so groß, dass sie manchmal den ganzen Tag im Empire-Kino am Leicester Square verbringt.

Ein Freund, mit dem sie die Nacht zum Tag macht, ist Michael »Micky« Burn. Der Journalist wird wie Unity ein begeisterter Hitler-Anhänger werden und dank Unity Hitler auch persönlich kennenlernen. 1936 lässt er sich vom Reichskanzler eine Ausgabe von *Mein Kampf* signieren. Erst als ihm Hitlers Expansionspläne klar werden, fällt er vom Glauben ab und wandelt sich zum glühenden Antifaschisten. Am 28. März 1942 wird er an der Operation Chariot teilnehmen, dem britischen Angriff auf den von der Wehrmacht besetzten Normandie-Hafen von Saint-Nazaire. Mit der Zerstörung der Trockendocks soll der Einsatz der Tirpitz, des größten Schlachtschiffes der deutschen Kriegsmarine, im Atlantik verhindert werden. Obwohl die Briten hohe Verluste erleiden, werden die Docks so beschädigt, dass sie für die Dauer des Kriegs unbrauchbar sind. Der Angriff gilt als eine der kühnsten Aktionen der Militärgeschichte. Micky Burn wird nach der Operation gefangengenommen und in Colditz bei Leipzig im Lager für alliierte Offiziere interniert. Nach dem Krieg macht er eine steile Karriere als Auslandskorrespondent bei der *Times.* Anfang der dreißiger Jahre aber macht er mit Unity London unsicher. Die lädt ihre zahlreichen Bekannten manchmal übers Wochenende nach Swinbrook ein. Lady Redesdale nennt sie die »Saturday Afternooners«, denn bereits am Samstagnachmittag langweilen die Gäste Unity meist so sehr, dass die Mutter sich um sie kümmern muss. Viele kommen nur ein einziges Mal. Andere hingegen, wie Elizabeth Powell, die Unity auf einem Ball kennenlernt, sind von der Atmosphäre in Swinbrook mehr als angetan: »Ich war sehr beeindruckt von der Art und Weise, wie die Mitfords mit ihren Eltern sprachen. Bobo war so *sophisticated* und frei.«[162]

1933 belegt die 19-jährige Unity Kunstkurse an der Westminster School of Art am Vincent Square. Hier haben unter anderem Aubrey Beardsley, Duncan Grant und Ethel Walker studiert. In dieser

Zeit fertigt sie aus verschiedenen Materialien eine Collage, die Hannibal beim Überqueren der Alpen zeigt. Sie schenkt das Bild ihrem Bruder Tom, der es im Wohnzimmer seines neuen Apartments in Chelsea aufhängt. Im Krieg wird es durch einen Bombenabwurf zerstört. Unity fertigt noch vier weitere Variationen zum Hannibal-Thema an. Eine davon wird sie später Adolf Hitler zum Geburtstag verehren.

Auf dem Nachhauseweg von der Akademie schaut sie oft bei Diana vorbei. Immer wieder begegnet sie dort auch Oswald Mosley, der sich lange und ernsthaft mit ihr unterhält und den Grundstein für ihre Affinität zum Faschismus legt. Mosley ist der erste Mensch, mit dem Unity politisiert, der erste Erwachsene, der auf ihre Fragen eingeht und sie ernst nimmt. Unter seinem Einfluss beginnt sie sich mit der faschistischen Ideologie auseinanderzusetzen. Bald ist sie von seinen Ideen ebenso fasziniert wie Diana, und wie die Schwester himmelt auch Unity den vor Esprit sprühenden Mosley an. Die beiden Schwestern werden nicht zuletzt wegen der geteilten Bewunderung für Mosley dicke Freundinnen. Zweimal die Woche besuchen sie gemeinsam die Women's League of Health and Beauty. Hier werden Frauen, ähnlich wie später in der NS-Organisation Glaube und Schönheit, zu sportlicher Aktivität, Hygiene und Gesundheitspflege angehalten, die letztlich vor allem der »Gesundhaltung der Rasse« dienen sollen. Bei ihrem Englandbesuch im März 1939 wird die deutsche Reichsfrauenführerin Gertrud Scholtz-Klink der Vereinigung, der 200 000 Frauen angehören, einen Besuch abstatten.

Die meisten ihrer Freunde verfolgen die Wandlung der intellektuellen und liberalen Diana mit einigem Kopfschütteln. Sie huldigt nun einer Ideologie, die ihrem früheren Denken ferner nicht sein könnte. Doch allzu große Bedenken hat niemand. Auch dann nicht, als Unity ihre Schwester rechts überholt. Sich politisch zu engagieren scheint Unity allemal interessanter, als sich auf dem Heiratsmarkt umzusehen. Wie man verschiedenen Ausgaben der

Times entnehmen kann, trifft man sie zwar weiterhin regelmäßig bei gesellschaftlichen Anlässen, doch wie bei ihren älteren Schwestern steht auch bei Unity am Ende ihrer ersten Saison keine Verlobung ins Haus.

Am 14. Juni 1933 wird Unity Valkyrie Mitford Mitglied der BUF. Mosley höchstpersönlich überreicht ihr den Anstecker mit dem faschistischen Emblem. Sie platzt fast vor Stolz. Endlich wird ihr Eifer nicht mehr infrage gestellt, sondern begrüßt. Wie sich ihre Bekannte Elizabeth Powell erinnert, hält Unity die Mitgliedschaft vor den Eltern zunächst geheim: »1933 war Unity oft bei uns am Hyde Park zu Gast. Gleich nach ihrer Ankunft zog sie ihr Schwarzhemd an und verschwand Richtung East End, um dort mit den Jungs Tischtennis zu spielen. Ihre Eltern hatten das strikt verboten, deshalb kam sie zu uns. [...] Sie war anders als die anderen, vor allem wegen ihres außergewöhnlichen Benehmens, weniger wegen ihres Charakters.«[163]

Allem politischen Engagement zum Trotz lässt Unity auch in ihrer zweiten Saison keinen Ball aus. Sie feiert mit Nancy Astor, Somerset Maugham und Hamish St. Clair Erskine. Wenn sie nach Hause kommt, dämmert es meist schon. Aus so manchem Flirt wird eine Liebelei, doch nie etwas Ernstes. Sie ist fasziniert vom Körperkult der Faschisten und entwickelt eine Leidenschaft für das Boxen, einen Sport, der in der Upperclass viele Anhänger hat. Und so kann man sie gemeinsam mit Freunden vor so manchem Ball im Abendkleid beim Boxkampf in Blackfriars antreffen.

Derweil überschlagen sich die Ereignisse. Am 16. Mai 1933 stirbt Mosleys Frau Cimmie völlig überraschend. Für ihre Tochter Vivian steht die Schuldige am frühen Tod der Mutter fest: »Diana hat meine Mutter kaputt gemacht. [...] Sie ist an einer Bauchfellentzündung gestorben, aber es war Dianas Schuld, dass sie nicht mehr leben wollte.«[164] Bis in den Tod war Cimmie ihrem Mann privat und politisch ergeben. Sogar auf seinem Weg in den Faschismus war sie ihm gefolgt. Die beiden ergänzten einander in jeder Hinsicht, und Mosley war Cimmie sehr zugetan, was ihn nicht davon abhielt, sie nach Strich und Faden zu betrügen. Unter seinen rund drei Dutzend Affären waren auch Liebschaften mit Cimmies Schwester und ihrer Stiefmutter. »Natürlich habe ich mit Tom [Oswald Mosley] geschlafen. Das haben wir alle gemacht, und hinterher haben wir uns alle dafür geschämt«, bekennt Georgia Sitwell.[165] Trotzdem war Cimmie niemals von ihrem Mann abgefallen. Genau wie auf Diana konnte sich Mosley zu einhundert Prozent auf Cimmie verlassen. Ihr Tod trifft ihn schwer, und Diana fürchtet nicht zu Unrecht, dies könnte das Ende ihrer Beziehung sein. Niemals hat sie an Mosleys Liebe zu seiner Frau gezweifelt. Lord und Lady Redesdale vermeiden in Swinbrook jede Erwähnung des Skandals. Die Jüngsten sind dennoch bestens informiert, stellen Dianas Eskapaden doch die einzige Abwechslung hier draußen dar.

1933 findet auch Jessicas Politisierung statt. Die Zeitungen berichten von pazifistischen Strömungen unter den Studenten, und sie hört die Eltern sagen, dass den jungen Männern eine gründliche Abreibung mit der Reitpeitsche guttun würde. Durch die Lektüre von Beverley Nichols' Antikriegsbuch *Cry Havoc!*, das bei der Jugend Großbritanniens zum Bestseller avanciert, wird sie auf linke Periodika aufmerksam, für die sie sogar ihr Weglaufkonto angreift. Wie Unity und Diana ist sie fasziniert von der Vorstellung, die Welt zu verändern. Doch Jessicas Weg führt in die entgegengesetzte Richtung: Sie will ihr Leben der Befreiung des Proletariats widmen. Als sie ihre Mutter als Feindin der Arbeitsklasse beschimpft, erwidert diese entsetzt: »Ich bin keine Feindin der Arbeiterklasse! Viele davon sind meiner Meinung nach richtig nett.«[166]

Je mehr sich Jessica mit dem Kommunismus identifiziert, umso mehr lehnt sie den Weg ihrer Schwestern ab. »›Willst du nicht auch, Decca, es ist ein *solcher* Spaß‹, bettelte sie [Unity] und schwenkte ihr nagelneues Schwarzhemd. ›Kommt nicht infrage. Ich hasse die blöden Faschisten. Wenn du Faschistin wirst, dann werde ich Kommunistin, sollst schon sehen.‹«[167] In ihrem neu erwachten politischen Eifer teilen Unity und Jessica das »Wohnzimmer außerhalb« auf und verwandeln es in ein ideologisches Schlachtfeld: »Boud dekorierte ihre Seite mit allen möglichen faschistischen Insignien – den italienischen Fasces (ein Bündel Stöcke, mit einem Seil zusammengebunden), Fotografien von Mussolini in Passepartoutrahmen, Fotografien, auf denen Mosley versuchte, wie Mussolini auszusehen, dem neuen deutschen Hakenkreuz, einer Schallplattensammlung mit Liedern der Nazis und der Italienischen Jugend. Auf meiner Seite befand sich die kommunistische Bibliothek, eine kleine Leninbüste, für einen Shilling in einem Trödelladen erworben, ein Stapel von Ausgaben des *Daily Worker.* Manchmal errichteten wir Barrikaden und inszenierten Kämpfe, bei denen wir Bücher und Platten warfen, bis Nanny kam und sagte, wir sollten endlich aufhören mit dem Lärm.«[168] Dass die Eltern diesen Zirkus dulden, spricht für ihre Langmütigkeit. Allzu ernst scheinen sie die Ideen ihrer Töchter jedenfalls nicht genommen zu haben.

Manchmal bilden die Schwestern eine recht ungewöhnliche Volksfront gegen die Eltern. So stehlen sie der Mutter beim Sommerfest der Konservativen Partei je 5 Pfund aus der Kasse ihres Verkaufsstandes, um ihre jeweilige Partei zu unterstützen. Die Überweisungen tragen den Vermerk: »Beitrag zum Fonds (5 Pfund) vom Sommerfest der Konservativen Partei in Oxfordshire.«[169]

Während in den Cotswolds die Schlachten der Zukunft geschlagen werden, überrascht Nancy Familie und Freunde im Juli 1933 mit der Bekanntgabe ihrer Verlobung im *Daily Telegraph.* Ihr Verlobter ist der gleichaltrige Peter Rodd, Sohn des allseits geschätzten Diplomaten Sir Rennell Rodd. Aufgewachsen in Europa, spricht Peter mehrere Sprachen und ist von unsäglicher Arroganz. Aus Oxford hat man ihn hinausgeworfen, weil er ungeniert Frauen mit auf sein Zimmer genommen hatte. Er war der festen Meinung, für einen Kosmopoliten wie ihn gälten derart provinzielle Regeln nicht. Trotz seiner Intelligenz ist er bisher weit hinter den in ihn gesetzten

Erwartungen zurückgeblieben. Sein einzig nennenswerter Erfolg ist die Teilnahme an einer Sahara-Expedition, von der er mit stolzgeschwellter Brust berichtet. Als Freund von Nancys Ex Hamish St. Clair Erskine hat er in London die Nächte durchgefeiert. Einer seiner Partywitze bestand darin, hübschen Mädchen einen Heiratsantrag zu machen. Keins der Mädchen hat das je ernst genommen – bis auf Nancy. Zu seinem größten Erstaunen sagt sie ja. Da Peter blendend aussieht, unterhaltsam, selbstbewusst und umfassend gebildet ist, erscheint er Nancy als adäquater Kandidat.

Hinter vorgehaltener Hand hält man ihn allerdings für einen schrecklichen Besserwisser, was seine Freunde nur bestätigen können: »Egal welches Thema gerade zur Debatte steht, er ist Experte darin und weiß mehr darüber als jeder andere in der Runde. Die Zeit, die er angeblich in den Erwerb von Fachwissen gesteckt hat, würde in der Summe mehrere Leben benötigen. Um ihn einmal zu zitieren: ›Ich weiß, ich weiß, ich bin Krankenschwester. [...] Ich bin Flüchtling / Maler / Journalist / Mäzen / Dichter / italienischer Zuhälter.‹«[170] Die Mitford-Schwestern schwören Stein und Bein, er habe einmal sogar behauptet, er sei der Papst. Nancy ist, wie ein Brief an Mark Ogilvie-Grant zeigt, begeistert von ihrer neuen Liebe: »Mein Gott, ich bin ja so glücklich. Du *musst* heiraten, Darling, jeder sollte es auf der Stelle tun, es ist das beste Rezept für die absolute Glückseligkeit. Natürlich weiß ich, dass nicht allzu viele Peters rumlaufen, aber ich denke, jeder kann seinen Peter finden (selbst wenn er nur Watson heißt). Also such Dir einen, mein Lieber, je eher, desto besser.«[171] Lord Redesdale, der Peter für einen grandiosen Langweiler hält, ist weniger begeistert: »Er redet wie ein Frettchen, dem man das Maul zugenäht hat.«[172] Evelyn Waugh hingegen versichert Nancy schriftlich seiner Zustimmung: »Also, ich denke, die Sache mit Ihnen und Rodd ist wunderbar, und ich sehe ein wildes, kräftig bewegtes Leben vor Ihnen liegen. [...] Ich hoffe, [...] dass Mr Erskine jetzt aus Ihren Romanen verschwindet. Aber bitte, ich möchte nicht, dass Sie nun

Bücher über Rodd schreiben, ich könnte das nicht verkraften.«[173] Das macht Waugh lieber selbst und nimmt den charmanten, aber nichtsnutzigen Peter zum Vorbild für die Figur des Basil Seal, Held seiner Kurzgeschichten *Schwarzes Unheil* (1932), *Mit Glanz und Gloria* (1942) und *Rückfällig* (1962).[174]

Am 4. Dezember 1933 heiraten Nancy und Peter in St. John's am Smith Square. 200 Gäste drängen sich beim anschließenden Empfang in Rutland Gate. Auch wenn die Hochzeitsgeschenke üppig ausfallen, noch ist unklar, wovon die beiden leben wollen. Weder Lord Redesdale noch Peters Familie sind gewillt, das junge Paar langfristig zu unterstützen. Wer kein Geld hat, soll nicht heiraten. Die Flitterwochen verbringen die Rodds in Rom. Anschließend lassen sie sich in einem kleinen Haus in Strand-on-the-Green, Chiswick mit Blick auf die Themse nieder. Um das schmale Budget nicht zu sprengen, ersteigert Nancy das Mobiliar auf Auktionen. Mit viel Geschick macht sie aus Rose Cottage ein elegantes Zuhause, in das noch zwei französische Bulldoggen namens Millie und Lottie mit einziehen. Voller Begeisterung stürzt sie sich in ihr neues Leben als schreibende Ehefrau mit Dienstmädchen. Alles könnte so schön sein, wäre der in finanziellen Dingen so furchtbar leichtsinnige Peter nicht schon bald nach der Hochzeit stellungslos. Seine vollmundigen Ankündigungen, er habe wegen eines besseren Angebots gekündigt, werden zur Routine. Die meiste Zeit müssen die jungen Eheleute mit den 500 Pfund auskommen, die sich aus den väterlichen Apanagen und dem Honorar, das Nancy durchs Schreiben verdient, zusammensetzen. Außer einem kleinen Wagen sind keine Extravaganzen drin. Immer wenn der Gerichtsvollzieher droht, steckt Peters Vater Nancy Geld zu – heimlich, damit seine sparsame Frau nichts bemerkt. Leiden kann Nancy ihren Schwiegervater dennoch ebenso wenig wie ihre Schwiegermutter. Sie findet die distinguierten Rodds schlichtweg zum Gähnen. Das einzig Positive an den beiden ist ihre wundervolle Villa mit Blick über die Bucht von Neapel.

In den ersten Monaten ihrer Ehe flirten auch die Rodds mit dem Faschismus. Im Schwarzhemd besuchen sie Versammlungen der BUF und jubeln, wie Diana bestätigt, dem »Leader« zu: »Ich rede nicht gerne darüber, weil es nicht sehr fair ist. Schließlich war sie [Nancy] später so sehr Antifaschistin. [...] Aber, ja, sie waren Blackshirts.«[175] Am 3. November 1933 findet in der Townhall in Oxford eine der bis dato größten Parteiveranstaltungen der BUF statt. Mit dabei sind auch Nancy und Unity. Dass die Blackshirts bei dieser Gelegenheit auf ihre politischen Gegner mit Fäusten eindreschen, amüsiert Nancy, wie sie an Diana schreibt: »T.P.O.L.s [The Poor Old Leader, i.e. Oswald Mosley] Versammlung war faszinierend. Für ihn war sie allerdings grauenhaft, denn der Saal war voller Konservativer aus Oxford und Umgebung, die in eisigem Schweigen vor ihm hockten. Du kennst sie ja. Ich finde, er ist ein ganz *wundervoller* Redner, und zweifellos ist er noch viel, viel besser, wenn er zu einer interessierten Zuhörerschaft spricht. Es gab einige spannende Auseinandersetzungen, denn er hatte ein paar Neandertaler dabei, die mit Zähnen und Klauen (im übertragenen Sinn) auf jeden einschlugen, der es wagte, seinen Stuhl zu verrücken oder zu husten. Ein Mann hat sich später beschwert, die Faschisten hätten ihm mit ihren Fingernägeln den Schädel durchbohrt. Bobo war ganz wundervoll und hat immerzu gerufen: ›Wir Glücklichen, wir Glücklichen.‹«[176]

Für Unity ist all das im Gegensatz zu Nancy kein amüsanter Zeitvertreib mehr. Eine Reise im Sommer 1933 hat ihrem Leben eine neue Richtung gegeben.

»Du wirst nicht siegen, Schicklgruber, und
wenn du dir die Seele aus dem Leibe brüllst.
Du willst Deutschland beherrschen?
Diktator willst du sein – mit der Nase?«

Klaus Mann, ›Der Wendepunkt‹

V.

»Fünfzehn Millionen Deutsche *können* sich irren.«

Hitlers Hofnarren oder Führer-Watching in München

Im August 1933 fahren Diana und Unity auf Einladung von Ernst Hanfstaengl nach Deutschland. Diana hatte den Auslandspressechef der NSDAP bei einer Abendgesellschaft im Haus von Bryans Cousine kennengelernt. Hanfstaengl, genannt Putzi, ist eine der schillerndsten Figuren im Umfeld des neuen Reichskanzlers. Seit den frühen zwanziger Jahren finanzieller Förderer Hitlers, betont er stets seine enge persönliche Verbindung zum »Führer«. 1887 als Sohn des Münchner Verlegers und Kunsthändlers Edgar Hanfstaengl und dessen amerikanischer Frau Katharina geboren, stammt Putzi aus einer der angesehensten Familien Bayerns. Seine amerikanischen Ahnen stehen dem in nichts nach. Nach der gescheiterten Revolution 1848 war sein Großvater Wilhelm Heine in die USA geflohen und hatte es dort zu solchem Ansehen gebracht, dass ihm die Ehre zuteilwurde, einer der Sargträger Abraham Lincolns zu sein.

Putzi Hanfstaengl wächst zusammen mit Bruder Edgar und Schwester Erna wohlbehütet in München auf. Vom Kinderzimmer der riesigen Villa Hanfstaengl aus blickt er geradewegs auf das

Maximilianeum. Britische Nannys kümmern sich um eine zweisprachige Erziehung der Kinder. Unter den illustren Gästen der Familie sind Persönlichkeiten wie Mark Twain, Fridtjof Nansen und Richard Strauss. Nach dem Abitur am Wilhelmsgymnasium, dem ältesten Gymnasium Oberbayerns, an dem zu dieser Zeit Heinrich Himmlers Vater unterrichtet, geht Putzi 1905 zum Studium an die amerikanische Eliteuniversität Harvard. Hier fällt er weniger durch gute Noten als durch seine Feierwut auf. Er spielt gut, wenn auch etwas zu laut Klavier und bringt Schwung in so manches Fest. Einmal karren Mitstudenten den auf der Ladefläche eines Lastwagens klavierspielenden Putzi durch Boston. Einer seiner Kommilitonen ist der Sohn des US-Präsidenten Theodore Roosevelt. Er lädt Putzi ins Weiße Haus ein, wo er zum Vergnügen der Präsidentenfamilie ein Konzert auf dem Flügel gibt. 1908 feiert Putzi gar im Weißen Haus Weihnachten. 1911 übernimmt er die Filiale des Hanfstaengl Kunstsalons in New York. Zu den Kunden des Ladengeschäfts in der Fifth Avenue gehören William Randolph Hearst, Henry Ford, Arturo Toscanini und Enrico Caruso. Die Liste seiner Freunde und Bekannten liest sich wie das Who is who der kulturellen und politischen Szene Amerikas: T. S. Eliot, Walter Lippmann, Robert Benchley und John Reed gehören dazu. Im Harvard Club in der 44. Straße verkehrt Putzi mit Jack London, Harold Laski und dem künftigen US-Präsidenten Franklin Delano Roosevelt. Die Frau an Putzis Seite ist Djuna Barnes, eine der bedeutendsten Schriftstellerinnen der Moderne. Sie sorgt in den zwanziger Jahren in Paris als eine der intellektuellen lesbischen Frauen von der Left Bank für Furore.

Mit Beginn des Ersten Weltkriegs wird es für Deutsche in den USA ungemütlich. Nachdem die Vermögenswerte des Hanfstaengl Kunstsalons als Feindesvermögen beschlagnahmt worden sind und ein neues Geschäft gleich gegenüber der Carnegie Hall schließen musste, kehrt Putzi Hanfstaengl im Juli 1921 nach Deutschland zurück. Er reist in Begleitung der Deutschamerikanerin Helene Niemeyer, die er im Februar 1920 auf Long Island geheiratet hat, und des gemeinsamen Söhnchens Egon. Doch München ist nicht mehr der leuchtende Ort seiner Kindheit, sondern eine durch Krieg und Misswirtschaft daniederliegende Stadt. Nicht einmal im Luxushotel Vier Jahreszeiten, wo die Familie absteigt, ist es möglich, extra Milch für das Baby zu bekommen. Putzi behilft sich, indem er zig Tassen Kaffee bestellt, die je mit einem Kännchen Sahne serviert werden.[177] Wie so viele seiner Landsleute führt auch Putzi die desolate wirtschaftliche Lage auf den Versailler Vertrag zurück. Da sich Bruder Edgar jegliche Einmischung in die Familiengeschäfte verbittet, beginnt Putzi ein Geschichtsstudium, das er 1928 mit der Promotion zum Dr. phil. abschließen wird.

Ein Jahr nach seiner Rückkehr nimmt der bis dato völlig unpolitische Hanfstaengl mehr oder weniger unfreiwillig an einer Versammlung der NSDAP teil. Weil die amerikanische Regierung sich über die politische Situation in Bayern informieren will, beordert sie den stellvertretenden Militärattaché Captain Truman Smith von Berlin nach München. Warren Robbins, Botschaftsrat der Amerikanischen Botschaft in Berlin, bittet ausgerechnet seinen ehemaligen Harvard-Kommilitonen Hanfstaengl, der absolut keine Ahnung von den politischen Vorgängen in München hat, Smith behilflich zu sein. Der ist nach intensiver Recherche zu der Überzeugung gelangt, dass die politischen Kräfte in Bayern allesamt vollkommen uninteressant sind – bis auf eine Gruppierung um einen gewissen Adolf Hitler. Hanfstaengl soll eine Versammlung der NSDAP im Kindl-Keller in der Rosenheimer Straße besuchen und Smith seine Eindrücke schildern. Nur widerstrebend lässt sich Hanfstaengl darauf ein. Sein erster Eindruck von Hitler und seinen Anhängern ist niederschmetternd, doch als Hitler zu sprechen beginnt, ist Putzi Hanfstaengl wie elektrisiert. Am Ende der zweistündigen Rede wird er Hitler mit Haut und Haaren verfallen sein: »Von den zahlreichen redebegabten Politikern, die ich im Verlauf meines Lebens gehört habe – drei meisterhafte Virtuosen dieser Art waren beispielsweise Theodore Roosevelt, der blinde Senator Thomas Gore von Oklahoma und Woodrow Wilson, der Mann ›mit der Silberzunge‹ –, erreichte keiner die Wirkung, die Hitler zu unserem und seinem Verhängnis in Vollendung zu Gebote stand. […] Tatsache ist jedenfalls, dass ich ihm nach Beendigung seiner Rede ebenso begeistert und rückhaltlos Beifall zollte wie die dem Podium zudrängende Menge im Saal. Spontan stand ich auf und ging zum Vorstandstisch hinüber, wo Hitler jetzt, in Schweiß gebadet, die Glückwünsche seiner Anhänger entgegennahm. Mit einem selbstbewussten Lächeln, doch ohne jede Überheblichkeit quittierte er auch meinen Glückwunsch.«[178]

Der weltgewandte Hanfstaengl glaubt in seiner Hybris, dass er Hitler nicht nur beibringen kann, was ihm an Manieren fehlt, sondern ihn auch politisch in geordnete Bahnen lenken und die offenkundig vorhandene Radikalität mildern kann. Zudem scheint es Hanfstaengl dringend geboten, Hitlers Horizont im Hinblick auf die angloamerikanische Staatenwelt zu erweitern. Nur wenige Wochen nach der Veranstaltung im Kindl-Keller stellt Hanfstaengl Hitler im Kronebau des Circus Krone seine Frau Helene vor. Der künftige »Führer« ist von Helene so angetan, dass er sie in den nächsten Jahren wie ein Schulbub umschwärmen wird. Hitler ist nun häufig zu Besuch bei den Hanfstaengls in der Gentzstraße, deren Wohnung er kurzerhand »Café Gentz« tauft. Hanfstaengls Sohn Egon wird Hitlers Patenkind und nennt ihn bald vertraulich »Onkel Dolf«. Nach dem Krieg erinnert sich Egon daran, wie Adolf Hitler, auf allen vieren eine Dampflok imitierend, durch die Wohnung robbte. Hitler macht die Hanfstaengls mit Hermann und Carin Göring bekannt und gewährt seinem neuen Freund Zugang zum Montagabendstammtisch der Parteigenossen der ersten Stunde im Café Neumayr am Viktualienmarkt. Doch die Freundschaft zwischen dem kleinbürgerlichen Hitler und dem Kosmopoliten Hanfstaengl stößt innerhalb der NSDAP auch auf Widerstand. Parteiideologe Alfred Rosenberg schätzt den bei politischen Versammlungen gern im Smoking erscheinenden Hanfstaengl keineswegs. Der wiederum hält Rosenberg für einen brandgefährlichen Fanatiker, der einen schlechten Einfluss auf Hitler ausübt.

Es scheint schier unglaublich, dass ein so weitgereister und gebildeter Mann wie Hanfstaengl der Faszination des Gefreiten aus Braunau erliegt. Doch Hanfstaengl ist beileibe kein Einzelfall: Neben der Münchner Hautevolee, die dem österreichischen Emporkömmling alle Türen öffnet und seine abstrusen politischen Pläne über Jahre hinweg großzügig finanziert, weiß Hitler auch mächtige Industrielle an seiner Seite. Dem völkischen Schriftsteller Dietrich Eckhart, Chefredakteur des *Völkischen Beobachters*, verdankt er nicht nur die Bekanntschaft mit dem Berliner Lokomotivenhersteller Ernst Borsig, sondern auch die mit dem Europa-Repräsentanten des Ford-Konzerns. Henry Ford, bekennender Antisemit, gehört wie Borsig schon sehr früh zu Hitlers Geldgebern. Fords 1920 veröffentlichtes Pamphlet *Der internationale Jude. Ein Weltproblem* wird Hitler dereinst als Inspiration bezeichnen. 1938 wird Ford an seinem 75. Geburtstag als erster US-Amerikaner mit der höchsten Auszeichnung des nationalsozialistischen Deutschlands für Ausländer geehrt, dem bereits in der Weimarer Republik verliehenen Adlerschild des Deutschen Reiches. Ford ist nicht der einzige Amerikaner, dem solch zweifelhafte Ehre zuteilwird. Im selben Jahr erhält der amerikanische Fliegerheld Charles Lindbergh, dem 1927 die erste Alleinüberquerung des Atlantiks gelungen war, aus den Händen Görings das Großkreuz des Deutschen Adlerordens. Auch Lindbergh ist ein Bewunderer des »Dritten Reiches«.

Zu den Förderern der ersten Stunde gehören außerdem zahlreiche Mitglieder der Münchner Gesellschaft wie der völkische Verleger Hugo Bruckmann, in dessen Verlag Houston Stewart Chamberlains Rassenschriften erscheinen. Bruckmanns Frau Elsa hat vor dem Ersten Weltkrieg einen bedeutenden Salon im ehemaligen Prinz-Georg-Palais am Karolinenplatz unterhalten. Hier trafen sich Rainer Maria Rilke und Hugo von Hofmannsthal, Mitglieder der Kosmiker um

Stefan George, Anhänger der Psychoanalyse und natürlich auch Houston Stewart Chamberlain. Propheten jeglicher Couleur sind im Hause Bruckmann sehr willkommen, und in Hitler hat Elsa Bruckmann, antisemitisch und deutschnational gesinnt, ihren Messias gefunden.[179] Auch die Klavierfabrikanten Edwin und Helene Bechstein unterstützen Hitler ab 1921 mit horrenden Summen. In ihrer Berliner Villa ist Hitler ein ebenso gerngesehener Gast wie in ihrer Suite im Bayerischen Hof in München. Helene Bechsteins Begeisterung für Hitler geht so weit, dass sie ihn am liebsten mit ihrer Tochter Liselotte verheiraten würde, die daran jedoch nicht das geringste Interesse hat. Helene Bechstein unterstützt Hitler weit über ihre Verhältnisse hinaus. Als ihre Mittel nicht mehr ausreichen, überschüttet sie ihn mit Juwelen und Kunstwerken. Auch nach dem Krieg ist sie ihm noch treu ergeben und trägt weiterhin ihr goldenes Parteiabzeichen – nur kaschiert durch eine Münze.[180]

Durch die Bechsteins lernt Hitler nach seiner Rede zum Deutschen Tag im September 1923 in Bayreuth Winifred Wagner kennen und gewinnt eine weitere Gönnerin: »Ich muss gestehen, dass ich sofort einen sehr großen und tiefen Eindruck von dem Mann hatte als Persönlichkeit. Das Auge war vor allen Dingen ungeheuer anziehend, ganz blau und ein großes ausdrucksvolles Auge«, erinnert sich Winifred 1975.[181] In Bayreuth rennt Hitler offene Türen ein. Auf dem grünen Hügel herrscht offener Antisemitismus. Schon unter Cosima Wagner war es ehernes Gesetz, Juden nur dann zu besetzen, wenn kein Nichtjude zur Verfügung stand.[182] Hitler wird ein enger Freund des Hauses. 1925 besucht er als Gast der Bechsteins zum ersten Mal die Festspiele. Da die Kritik an diesem Besuch jedoch so immens ist, bleibt Hitler bis 1933 den Festspielen fern, um seine Gönnerin nicht in Verlegenheit zu bringen. Mit der Machtübernahme fließen hohe Subventionszahlungen an die maroden Wagnerfestspiele. Im Gegenzug macht Winifred Wagner aus dem grünen Hügel eine der zentralen NS-Kultstätten. Bis zu ihrem Tod 1980 bleibt sie eine glühende Anhängerin des geliebten

»Wolfs«. 1975 bekundet sie in einem aufsehenerregenden Filminterview: »Wenn Hitler zum Beispiel auch heute hier zur Tür reinkäme, ich wäre genauso fröhlich und genauso glücklich – also ihn hier zu sehen und zu haben, wie immer. Und alles, was ins Dunkle geht bei ihm, ich weiß, dass es existiert, aber für mich existiert es nicht.«[183]

Während Winifred Wagner in Hitler wohl vor allem den Mann sieht, nehmen sich die älteren Damen der Münchner High Society des heruntergekommenen ehemaligen Anstreichers wie eines Sohnes an. Die Unterstützung der feinen Gesellschaft verleiht Hitler eine gewisse Seriosität und macht die Nazis trotz ihres Rabaukentums salonfähig. Hannah Arendt, die sich in ihren Totalitarismusstudien auch mit der Faszination von Eliten für totalitäre Bewegungen beschäftigt, merkt an: »Dass die Salons sich um die Ehre rissen, die Helden des Pöbels zu empfangen, erschien wie ein Akt ausgleichender Gerechtigkeit im Gewande der Komödie.«[184] Sie hätten dabei nur eines übersehen: So wichtig sie am Anfang auch waren, ihr Einfluss auf die Bewegung ist gering bis nicht vorhanden. Wie Putzi Hanfstaengl werden viele von ihnen zunächst gebraucht, dann ruhiggestellt und schließlich sogar selbst verfolgt.

In der ungewöhnlichen Freundschaft zwischen Hitler und Hanfstaengl ist die Musik Richard Wagners ein verbindendes Element. Hitler ist hingerissen von Hanfstaengls Pianokünsten, die musikalische Ohren eher als Lärm empfinden. Wann immer Hitler seiner bedarf, spielt Hanfstaengl ihm die Ouvertüre zu *Rienzi* vor – Hitlers Lieblingsoper –, das *Meistersinger*-Vorspiel und immer und immer wieder den »Liebestod« aus *Tristan und Isolde*. Oft erreicht ihn mitten in der Nacht ein Anruf des schlaflosen Hitlers.

Beim sogenannten Hitlerputsch am 9. November 1923 in München ist auch Hanfstaengl mit von der Partie. Nachdem der Versuch der NSDAP, durch einen Staatsstreich die Macht zu übernehmen, gescheitert ist, setzt er sich ins österreichische Kufstein ab. Hitler selbst versteckt sich nach der von der *Chicago Daily Tribune* spöttisch als »Monarchistische Revolte in der Version

Komische Oper«[185] bezeichneten Aktion im Landhaus der Hanfstaengls in Uffing am Staffelsee. Hanfstaengl berichtet in seinen Erinnerungen, dass es seiner Frau Helene in allerletzter Sekunde mit einem Jiu-Jitsu-Griff gelungen sei, Hitler die Pistole zu entreißen, mit der er Selbstmord begehen wollte.[186] Während Hitlers äußerst komfortabler Festungshaft in Landsberg am Lech tun seine reichen Gönner alles, um ihrem Idol den Aufenthalt so angenehm wie möglich zu gestalten. Rudolf Heß, der zusammen mit Hitler einsitzt, schreibt an seine spätere Frau Ilse: »Und heut kam von Bechsteins ein Grammophon, ein weiches gedämpftes. Militärmärsche, dass es einen reißt! Walzer, die durch u. durch gehen. Eine herrliche Stimme singt Schuberts *Du bist die Ruh* und Richard Wagners *Schmerzen.* Wenn man die Augen schließt, kann man für ein paar Minuten vergessen, wo man wirklich ist.«[187] Im Juli 1924 beginnt Hitler mit der Niederschrift von *Mein Kampf.* Das Papier ist ein Geschenk Winifred Wagners. Putzi Hanfstaengl ernennt sich in seinen Erinnerungen posthum zum Lektor, und Helene Bechstein erklärt, Hitler habe ihr aus Dankbarkeit für ihre Unterstützung das Originalmanuskript verehrt.

Mit Hitlers Haftentlassung beginnt die Neuorganisation der verbotenen NSDAP. Putzi Hanfstaengl begleitet Hitler bei seinen Auftritten quer durch die Republik, auch wenn ihm der einsetzende Personenkult lächerlich erscheint. Immer öfter ist vom »Führer« die Rede, der Hitlergruß wird 1926 offizielle Grußformel der Partei. Obwohl das neue Domizil der Hanfstaengls, die Villa Tiefland, einer der Treffpunkte der Parteiprominenz ist, wächst die Distanz zwischen Hanfstaengl und Hitler. Neue Figuren wie Joseph Goebbels, der 1925 zur NSDAP stößt, gewinnen an Einfluss. Bald schon steht man sich in feindseliger Konkurrenz um Hitlers Gunst gegenüber. Nachdem die NSDAP bei den Wahlen vom 14. September 1930 zweitstärkste Kraft hinter der SPD geworden ist, wird Hanfstaengl zum Auslandspressechef der Partei ernannt. Mit Hilfe seiner internationalen Kontakte sollen Hitlers politische Überlegungen dem Ausland schmackhaft gemacht werden. Hanfstaengls Bekanntschaft mit dem US-amerikanischen Pressemogul William Randolph Hearst, Vorbild für Orson Welles' *Citizen Kane*, führt dazu, dass Hitler bereits zwei Wochen nach der Wahl einen Artikel über seine politischen Pläne in einer amerikanischen Zeitung veröffentlichen kann. Anfang 1931 bezieht Hanfstaengl sein Büro im dritten Stock des Braunen Hauses, dem neuen Hauptquartier der Partei im Palais Barlow in der Brienner Straße 45. Er organisiert Pressekonferenzen, verschafft Auslandskorrespondenten Interviews mit Hitler und gibt selbst zahlreiche Interviews. Am 1. November 1931 tritt er mit Mitgliedsnummer 668 027 der NSDAP bei.

Hanfstaengl ist von seiner neuen Aufgabe begeistert, wenngleich Hitler es ihm nicht immer leicht macht. Im Frühjahr 1932 sagt er ein Dinner mit Winston Churchill ab. Churchill ist zusammen mit seiner Frau und seinem Sohn Randolph, einem Freund Hanfstaengls, in Deutschland, um für sein neues Buch über den Duke of Marlborough und die Schlacht von Blindheim zu recherchieren. In München will er die Gelegenheit nutzen, Hitler kennenzulernen. Doch der hält Churchill, der augenblicklich nur einfaches Parlamentsmitglied ist, für politisch zu unbedeutend.[188] Eine Episode, die sich auch in Churchills Memoiren wiederfindet, allerdings in etwas anderer Form. Danach sei Hanfstaengl auf Churchill zugekommen und habe ihm erklärt, Hitler habe Interesse an einem Treffen. Dies sei aber nicht zuletzt wegen Churchills Kritik am Antisemitismus der Nationalsozialisten nicht zustande gekommen.[189]

Zu den vielen Journalisten, die Hitler als den kommenden starken Mann in Deutschland interviewen, gehört die amerikanische Journalistin Dorothy Thompson. Sie trifft ihn in Berlin: »Als ich schließlich Adolf Hitlers Salon im Hotel Kaiserhof betrat, war ich überzeugt, dem zukünftigen Diktator von Deutschland zu begegnen. Nach nicht einmal fünfzig Sekunden war ich ganz sicher, dass dem nicht so war. Mehr Zeit brauchte es nicht, um die verblüffende Bedeutungslosigkeit dieses Mannes, der die Welt in Spannung versetzt hatte, zu ermessen. Er ist formlos, beinahe gesichtslos, ein Mann, dessen Antlitz eine Karikatur ist, ein Mann, dessen Körperbau […] ohne Knochen zu bestehen scheint. Er redet zusammenhangslos, hat eine schlechte Haltung, ist unsicher. Er ist der Inbegriff des kleinen Mannes.«[190] Thompsons Interview erlangt Weltruhm. Sie selbst gehört zu den ersten Journalisten, die nach der »Machtergreifung« ausgewiesen werden.

Wenige Monate nachdem Dorothy Thompson Entwarnung gegeben hat, ist Hitler Reichskanzler. Als am 30. Januar 1933 25 000 Uniformierte in einem Fackelzug durchs Brandenburger Tor ziehen, erklingt im Hintergrund der Marsch *Junge Helden* aus der Feder Putzi Hanfstaengls. Der verlagert seine Pressearbeit nach Berlin. Hier erlebt er am 27. Februar den Reichstagsbrand und sieht ungerührt zu, wie sich der Reichstag in der Krolloper am 23. März durch seine Zustimmung zum Ermächtigungsgesetz selbst entmachtet. 26 Reichstagsabgeordnete der SPD sind zu dieser Zeit entweder in Haft oder geflohen. Die 81 Abgeordneten der KPD sind verhaftet oder untergetaucht. Die letzten freien Worte im Reichstag spricht der SPD-Vorsitzende Otto Wels: »Freiheit und Leben kann man uns nehmen, die Ehre nicht.«[191] Der aufrechte Rest der SPD-Fraktion stemmt sich mit seinen 94 Stimmen erfolglos gegen das Gesetz. Während die »Gleichschaltung« in Deutschland in vollem Gange ist, bestellt Hanfstaengl bei seinem Londoner Schneider feinstes Tuch, um sich daraus eine Phantasieuniform schneidern zu lassen. Die braune Uniform der Nationalsozialisten ist ihm zu popelig, Hitlers negativer Kommentar hingegen völlig egal.

Um die Ziele der neuen Regierung im Ausland zu präsentieren, begibt sich Hanfstaengl häufig auf Reisen. Bei einem Aufenthalt in England macht er 1933 die Bekanntschaft einer äußerst bemerkenswerten Frau – Diana Mitford, geschiedene Guinness – und kommt sofort mit ihr ins Gespräch. Dass Hanfstaengl ein ausgesprochener Narzisst ist, der auf Partys gern als Letzter erscheint, um im Mittelpunkt zu stehen, stört Diana nicht weiter. Er sprüht vor Charme und Selbstbewusstsein, ist mit seinen eins neunzig eine imposante Erscheinung und im Grunde der erste Salon-Nazi, dem sie begegnet. Sie stellt viele Fragen, die Hanfstaengl bereitwillig beantwortet. Einzig ihre Frage nach dem Umgang mit den Juden wischt er ärgerlich beiseite und erklärt ihr, es sei einfach unmöglich, dass es immer nur um das eine Prozent Juden und nie um die 99 Prozent Deutschen gehe. Im Übrigen könnten die Juden Deutschland gern verlassen, wenn es ihnen dort nicht mehr gefalle. Er lädt Diana nach Deutschland ein, damit sie sich selbst ein Bild machen kann. Als enger Freund des Führers könne er sie mit Hitler persönlich bekannt machen. Sosehr Diana auch an den britischen Faschismus glaubt, der Nationalsozialismus ist ihr suspekt: »Der Leader ist so klug und in seiner Art so zivilisiert und englisch, dass man seine Bewegung gar nicht mit der in Deutschland vergleichen kann.«[192]

Trotzdem nimmt sie im Sommer 1933 Hanfstaengls Einladung an. Was wohl auch daran liegt, dass Mosley gerade mit seiner Schwägerin Alexandra, Ehefrau von Fruity Metcalfe, dem persönlichen Adjutanten des Prince of Wales, eine Liebesreise durch Frankreich unternimmt. Cimmies Familie ist jedes Mittel recht, um »the Horror«, wie sie Diana nennen, aus Mosleys Leben zu verdrängen. Diana hält es in England nicht länger aus und überredet Unity, mit ihr nach Deutschland zu kommen. Die will eigentlich lieber nach Frankreich, doch nachdem Diana ihr den Sommer in München mit seinen wunderbaren Museen, der berühmten Architektur und den erstklassigen Konzerten schmackhaft gemacht hat, willigt sie ein. Zudem besteht ja die Möglichkeit, Adolf Hitler kennenzulernen – und das verspricht ein Abenteuer. Für Unity ist es die erste Reise nach Deutschland, das in diesen Jahren jede Menge *political travellers*[193] vor allem aus England empfängt. Zusammen mit zwei alten Eton-Freunden ihres Bruders, dem Rechtsanwalt Nigel Birch und dem glühenden Imperialisten Lord Hinchingbrooke – beide werden später für die Konservative Partei ins Parlament einziehen –, fahren Unity und Diana nach München. In der Tasche haben sie ein Empfehlungsschreiben von Otto Fürst von Bismarck, der an der Deutschen Botschaft in London tätig ist. Von den Kunstschätzen Bayerns, Schloss Neuschwanstein und dem Starnberger See zeigen sich die Schwestern mehr beeindruckt als von der Tatsache, dass bereits am 22. März 1933 in Dachau, unmittelbar vor den Toren Münchens, das erste Konzentrationslager errichtet worden ist, in dem Andersdenkende aufs Grausamste misshandelt werden. Dass nur wenige Monate zuvor in ganz Deutschland unliebsame Literatur aus den Bibliotheken geholt und auf offener Straße verbrannt wurde, entlockt ihnen nicht einmal ein Schulterzucken. Und auch dass jüdische Wissenschaftler, Künstler, Lehrer und Ärzte ihre Arbeit verlieren und die ersten Menschen ins Exil getrieben werden, ist ihnen egal.

Dabei ist schon am 1. August 1933 das *Braunbuch über Reichstagsbrand und Hitlerterror* erschienen. Unter der Herausgeberschaft von Willi Münzenberg, der als Kommunist und oppositioneller Verleger nach dem Reichstagsbrand aus Deutschland fliehen musste, werden darin die Verbrechen der Nazis in den ersten sechs Monaten ihrer Regierungszeit detailliert aufgelistet. Darunter die Inhaftierung von Carl von Ossietzky und Erich Mühsam im Konzentrationslager Sonnenburg bei Küstrin. Heute ist Sonnenburg vor allem deshalb bekannt, weil die SS hier, zwei Tage vor Befreiung des Lagers durch die Rote Armee am 2. Februar 1945, ein furchtbares Massaker anrichtete. SS-Hauptsturmführer Wilhelm Nickel, der die Exekution von 891 Häftlingen leitete, wird 1970 von einem bundesrepublikanischen Gericht freigesprochen. Das Vorwort zu jenem ersten *Braunbuch*, das in 17 Sprachen übersetzt wird und eine Millionenauflage erreicht, verfasst mit Lord Marley ein hochrangiger Labour-Politiker, was zu einer hitzigen Debatte in England führt. Die Einzige in der Familie Mitford, die das Buch wahrnimmt, ist Jessica. Lord und Lady Redesdale halten das Ganze für kommunistische Propaganda und Diana und Unity die darin geschilderten Gräuel für ein notwendiges Übel. Die englischen Touristen sehen in München nur die neuen Häuser und Straßen, hören vom Abbau der Arbeitslosigkeit und sind geradezu hingerissen von den blonden Müttern mit ihren blauäugigen Wonneproppen. Unity sendet den Eltern voller Begeisterung Grüße auf einer Hitler-Postkarte.[194]

Einzig das heißersehnte Treffen mit dem neuen Reichskanzler scheint ebenso fraglich wie Hanfstaengls direkter Zugang zu ihm. Die Schwestern wollen schon aufgeben, da erreicht sie Hanfstaengls Einladung zum »Reichsparteitag des Sieges«, der vom 30. August bis zum 3. September in Nürnberg stattfindet. Sie sollen zwischen den ausländischen Delegationen von Sympathisanten auf der Tribüne Platz nehmen. Dabei werde sich auch die Gelegenheit ergeben, Hitler zu sprechen. Allerdings gebe es da ein Problem. Hanfstaengl erinnert sich: »Sie waren sehr hübsch, aber bis über die Augenbrauen derart zurechtgemacht, dass sie zu den neuerdings verkündeten Idealen deutschen Frauentums in krassem Widerspruch standen. Sie hatten die feste Absicht, bis zu Hitler vorzudringen. Auf dem Weg zum Hotel Deutscher Hof, wo er abgestiegen war, gab es so viele Kommentare von Vorübergehenden, dass ich mit den beiden Schwestern hinter einer Wurstbude in Deckung ging. Ich zog mein großes Taschentuch heraus und sagte: ›Meine Lieben, so geht es auf keinen Fall. Sie haben nicht die geringste Aussicht, ihn zu sprechen, wenn Sie sich nicht das Zeug vom Gesicht wischen.‹ Das taten sie dann auch.«[195] Dem widerspricht Diana in ihren Erinnerungen. Bei aller Liebe – ungeschminkt dem »Führer« gegenüberzutreten kommt für die Mitford-Schwestern nicht infrage.[196] Zudem sind sie nicht dem strengen Regiment des Vaters entkommen, um jetzt in Deutschland auf Make-up zu verzichten. Unity hat sogar ihr Führerporträt mit Lippenstift verschönert. Die beiden eleganten Engländerinnen finden das nahezu bäuerliche Auftreten der deutschen Frauen unmöglich. Hanfstaengl erntet harsche Kritik für seine Begleitung: »Hinterher taten Göring und Goebbels so, als wenn sie entsetzt gewesen wären, dass ich zwei so bemalte Frauenzimmer Hitler vorzustellen gedachte. […] Als die Schwestern später wieder nach Nürnberg kamen und der Streicher-Rosenberg-Clique ihre Aufwartung machten, wurden sie von Streicher als ›Muster nordischer Schönheiten‹ willkommen geheißen.«[197] Dass die beiden hochgewachsenen blonden Frauen dem NS-Frauenbild voll und ganz entsprechen, ist offensichtlich. Vor allem Unity mit ihren strahlend blauen Augen, dem ernsten Blick, der schlanken Figur und dem klassischen Profil ist das Inbild des von den Nationalsozialisten favorisierten Frauentyps. Auch Hanfstaengl ist so begeistert von ihr, dass bald von einer Liebelei gemunkelt wird. Später allerdings wird er sein Urteil deutlich revidieren: »Ich empfand sie als eine schöne, blonde Kuh mit einem deutlichen Quantum Bösartigkeit, also eine Kuh, der man ein Brett zwischen die Hörner hängt, um sie daran zu hindern, andere Kühe zu stoßen. Das war eigentlich mein Eindruck von der Unity Mitford.«[198]

Zu einem privaten Treffen mit Hitler kommt es nicht, obwohl die beiden Frauen tagelang in der Lobby seines Hotels, des Deutschen Hofs, ausharren. Aber auch so hinterlässt der Aufenthalt in Nürnberg einen bleibenden Eindruck bei Diana und Unity. Fast 400 000 Parteimitglieder sind angereist, die ganze Stadt ist auf den Beinen. Die Straßen sind bevölkert von jungen Leuten in Uniformen, an allen Gebäuden wehen Flaggen. Es herrscht eine Aufbruchsstimmung, wie Unity und Diana sie noch nie zuvor erlebt haben. Sie werden Teil der allgemeinen Massenhysterie, auch wenn sie von Hitlers Rede kein einziges Wort verstehen. Obwohl Choreographie und Präsentation noch nicht die Perfektion künftiger Parteitage haben, brennt sich dieser erste Parteitag in Dianas Gedächtnis: »Ich habe in späteren Jahren noch oft den Reichsparteitag in Nürnberg besucht, aber die Atmosphäre war nicht vergleichbar mit der, die bei diesem ersten Parteitag nach Hitlers Machtübernahme herrschte. Das Gefühl eines gewaltigen Triumphs lag in der Luft, und als Hitler erschien, war es, als ob man die Menge unter

Strom gesetzt hätte. [...] Durch einen glücklichen Zufall wurden Unity und ich Zeugen dieser Demonstration der Hoffnung einer Nation, die kollektive Verzweiflung kennengelernt hatte.«[199] Die offizielle Parteibroschüre zum Reichsparteitag zeigt ein Foto der englischen Besucher mit einer schier hypnotisierten Unity beim Hitlergruß. Es ist eine der wenigen Aufnahmen, auf denen sie eine Gefühlsregung zeigt. Dass sie auf Fotos oft geistesabwesend wirkt, bringt ihr später den Vorwurf ein, sie sei nicht ganz normal gewesen. Dabei gab es dafür einen ganz banalen Grund: »Normalerweise kicherte sie die ganze Zeit«, berichtet ihre Freundin Mary. »Aber auf Fotos sieht sie deshalb so ernst aus, weil Diana ihr eingeredet hatte, dass Lachen Falten mache. Und so hat sie immer ihr Fotografengesicht aufgesetzt.«[200]

In der Nähe der Schwestern sind als offizielle Abgesandte der BUF William Joyce, Alexander Raven Thomson und Captain Vincent. Leni Riefenstahl dreht auf Anweisung des Propagandaministeriums den Film *Sieg des Glaubens*, den ersten Teil ihrer Parteitagstrilogie. Nach fünf Tagen endet das Spektakel mit einem gewaltigen Feuerwerk.

Noch vor dem Verklingen der 70000 Explosionen ist Unity für den Humanismus und die Vernunft auf ewig verloren. Während Diana im Faschismus eine Möglichkeit sieht, die Weltwirtschaftskrise zu bewältigen, wird die Begegnung mit dem Nationalsozialismus für Unity zur religiösen Erfahrung. Sie schreibt an ihre Mutter, dass der Parteitag 1933 »die faszinierendste Sache war, die ich in meinem ganzen bisherigen Leben erfahren habe. Und das Alleraufregendste war, dass ich den Führer zum ersten Mal sah.«[201] Deborah meint dazu: »Für Unity war die Begegnung mit dem Nationalsozialismus quasi eine Berufung. In der Jugend hatte ihr komplizierter Charakter auf ein Ventil gewartet, und jetzt, da sie es gefunden hatte, verschrieb sie sich alldem mit nahezu religiösem Eifer. Sie sah in Hitler den Retter eines Landes, das durch eine Niederlage gedemütigt worden war, dessen Wirtschaft am Boden lag und dessen Menschen vollkommen demoralisiert waren. Deutschland wurde zum Inhalt ihres ganzen Daseins.«[202] Tatsächlich wurden die Parteitage verschiedentlich als pseudoreligiöse Veranstaltungen beschrieben. Hier gedachte man der »Märtyrer« der ersten Stunde und zelebrierte die »Wiederauferstehung einer Nation«. Es gab Prozessionen und Predigten, einen Heilsbringer – und Tausende von fanatischen Jüngern, zu denen sich nun auch Unity Mitford gesellte. Der Philosoph Ernst Bloch hatte schon vor der »Machtergreifung« gewarnt: »Nicht die ›Theorie‹ der Nationalsozialisten, wohl aber ihre Energie ist ernst, der fanatisch-religiöse Einschlag, der nicht nur aus Verzweiflung und Dummheit stammt, die seltsam aufgewühlte Glaubenskraft.«[203]

Das Mitgefühl, das Unity mit den Deutschen empfindet, ist in ihrer Generation selbst bei denjenigen, die keine faschistischen Neigungen haben, weitverbreitet. Nicht wenige junge Briten sehen im Versailler Vertrag nicht nur eine grobe Ungerechtigkeit gegenüber dem besiegten Deutschland, sondern auch eine potenzielle Kriegsgefahr. Durch die Bedingungen des Vertrages werde Deutschland ein neuer Krieg geradezu aufgezwungen. Die Elterngeneration hingegen hält, nicht zuletzt wegen der Weltkriegserfahrung, ein gezähmtes Deutschland für den besten Friedensgaranten und die Bestrafung der deutschen Kriegstreiber für absolut gerechtfertigt. Die Jugend Großbritanniens hat sich politisch von ihren Vätern weit entfernt. Die Studenten der Oxford Union haben vor einiger Zeit gar eine Resolution verabschiedet, in der sie kundtun, nie wieder für König und Vaterland ins Feld zu ziehen.

Neben Diana und Unity geben sich auch Nancy und ihre Oxford-Freunde ausgesprochen deutschfreundlich. Da der Deutschenhass Lord Redesdales geradezu sprichwörtlich ist, kommt es im Hause Mitford immer wieder zu erbitterten Auseinandersetzungen. Als Nancy in den zwanziger Jahren einmal einen deutschen Wissenschaftler aus Oxford zum Dinner mitbringt, wirft ihr Vater den Mann hinaus. Und James Lees-Milne beschreibt in seinen Memoiren, wie Lord Redesdale ihn des Tisches verwiesen habe, nachdem er dafür plädiert hatte, sämtliche Ressentiments gegenüber Deutschland endlich ad acta zu legen. Anlass der Auseinandersetzung war ein Film über die britische Krankenschwester Edith Cavell. Die Deutschen hatten Cavell während des Ersten Weltkriegs als angebliche Spionin hinrichten lassen, was zu internationalen Protesten führte. Cavell gilt in England heute als eine der herausragenden Frauengestalten des 20. Jahrhunderts: »›Das ist ein antideutscher Film‹, sagte ich. ›Es wird höchst Zeit, diese Anti-Deutschland-Propaganda zu beenden, der Krieg ist seit acht Jahren vorbei. Stattdessen sollten wir endlich mit Deutschland Freundschaft schließen.‹ [...] Die Wirkung meiner Worte war gewaltig. Das Lächeln auf Lord Redesdales Gesicht verschwand augenblicklich. Tiefes Rot überzog seine stolzen und bemerkenswert attraktiven Gesichtszüge. Über den Tisch hinweg blickte er mich erbost an. ›Sie elender junger Schnösel!‹, brüllte er und schlug dabei auf den Tisch, dass Gläser und Teller wie Zimbeln klirrten. ›Wie können Sie es wagen? Sie haben nicht die geringste Ahnung von den verfluchten Hunnen. Die sind schlimmer als alle Teufel der Hölle zusammen. Und Sie sitzen hier und haben die Frechheit ...‹ [...] Er warf seine Serviette auf den Tisch, sprang auf und stürmte aus dem Esszimmer.«[204]

Und so ist es auch kein Wunder, dass Lord und Lady Redesdale außer sich sind, als sie vom Ausflug der Schwestern erfahren. Unity erinnert sich: »Meine Mutter war so wütend darüber, dass ich beim Reichsparteitag gewesen war, dass sie damit drohte, mich niemals wieder ins Ausland fahren zu lassen.«[205] Diana erhält einen Brief des aufgebrachten Vaters: »Ich brauche Dir wahrscheinlich nicht zu sagen, wie absolut entsetzt Deine Mutter und ich darüber sind, dass Du gemeinsam mit Boud die Gastfreundschaft von Leuten akzeptierst, die wir als eine mörderische Bande von Ungeziefer betrachten. Dass Du Dich mit denen zusammentust, ist für uns beide eine Quelle tiefsten Kummers, aber natürlich können wir nichts dagegen tun, außer Dir sagen, was Du schon weißt. Was wir tun können oder jedenfalls versuchen wollen: Boud sollte mit diesen Leuten nichts zu tun haben, sie sollte da herausgehalten werden.«[206]

Doch dafür ist es längst zu spät. Zurück in Swinbrook, ist Unity wildentschlossen, Hitler bald persönlich kennenzulernen. Auf die Eltern wirkt sie zunächst nicht allzu verändert. Sie widmet sich weiterhin der Malerei und liest viel. Manchmal jedoch stiehlt sie sich davon, um im Büro der BUF in Oxford zu helfen. Und auch in London findet sie neben all den Partys und Empfängen immer wieder Zeit, um im Schwarzhemd an Parteiversammlungen und Demonstrationen der BUF teilzunehmen. Unity verschreibt sich mit Haut und Haaren dem Faschismus. Sie, die immer voller Zweifel war, stellt mit einem Mal keine Fragen mehr, akzeptiert alles, was die neuen Idole ihr vorgeben. Besonders die Nationalsozialisten haben sie in ihren Bann gezogen: die Musik, die Uniformen, die Fackeln, die Volksgemeinschaft. Sie verfällt voll und ganz der deutschen Massenhysterie. Um an der Verwirklichung ihrer neuen Ideale teilzuhaben, muss sie nach Deutschland. Nur dort wird der Faschismus konsequent umgesetzt. Dort wird eine neue Welt entstehen, an deren Aufbau sie mitarbeiten will, etwas Großartiges, etwas Einzigartiges – das ist die Aufgabe, die das Schicksal für Unity Valkyrie Mitford vorgesehen hat.

Von Weihnachten 1933 an bietet Unity all ihre Überredungskünste auf, damit die Eltern sie nach Deutschland gehen lassen. Wie ihre Schwestern will auch sie ihre Ausbildung im Ausland abschließen – um Deutsch zu lernen, wie sie sagt. Lord und Lady Redesdale, froh darüber, dass ihre schwierige Tochter die pubertäre Widerborstigkeit abgelegt hat, stimmen schließlich zu. Sie sehen keinen Grund, Unitys neuerwachtes Interesse für Deutschland zu bremsen – auch weil sie ihre wahren Motive nicht durchschauen: Unitys Interesse an der deutschen Sprache verdankt sich allein der Tatsache, dass Hitler keine Fremdsprache spricht. Mag sein, dass die Eltern durch Dianas Scheidung, die am 15. Januar 1934 rechtskräftig wird, abgelenkt sind, jedenfalls wird beschlossen, Unity im Institut von Baronesse Laroche, einer verarmten Adeligen, in der Königinstraße 121 in München unterzubringen.

Im Mai 1934 reist die 19-jährige Unity Valkyrie Mitford in Begleitung ihrer Mutter nach München, um Weltgeschichte zu schreiben. Nur ein paar Wochen später, am 7. Juni, kommt es bei einer Großveranstaltung der britischen Faschisten in der Londoner Olympia Hall zu einer Massenschlägerei. Angehörige der paramilitärischen Defence Force verprügeln protestierende Antifaschisten, darunter Jessicas späteren Ehemann Esmond Romilly, einen der populärsten jungen Rebellen der Insel. Mehr als sechzig Personen landen im Krankenhaus. Ein Vorfall, der die anwesende Nancy Mitford an ihren faschistischen Neigungen zweifeln lässt. Trotzdem verfasst sie im Juli für den *Vanguard* eine Eloge auf die BUF: »Wir britischen Faschisten glauben, dass unser Führer Sir Oswald Mosley genügend Charakter, Intelligenz, Mut und Entschlossenheit besitzt, um unser Land aus dem Sumpf der Niedergeschlagenheit zu ziehen, in welchem es sich zu lange gewälzt hat. Bald werden die Straßen von den Schritten der schwarzen Bataillone widerhallen, bald werden wir der Welt zeigen, dass der Geist unserer Vorfahren noch in uns lebendig ist, bald werden wir, in heiligem Glauben vereint, wie ein Mann für die Größe Britanniens kämpfen.«[207] Für Edgell Rickword, den Gründer der *Left Review*, ein »ausgeprägter Fall von Führerkult«.[208] 1935 wird Nancy ihre Lobeshymne der faschistischen Heldin des Romans *Landpartie mit drei Damen*, die ihrer Schwester Unity nachempfunden ist, nahezu wortgleich in den Mund legen. Die Schlacht von Olympia ist für die BUF in vielerlei Hinsicht ein Desaster. Ein Großteil der 50 000 Mitglieder verlässt die Partei. Die Sorgen ihrer Kritiker haben sich bestätigt: Einmal an der Macht, werden die Faschisten jegliche freie Meinungsäußerung gewaltsam unterdrücken. Der Aufstieg des Fanatikers William Joyce zum Propagandabeauftragten gilt als sichtbares Zeichen, dass die BUF den Weg in die Diktatur geht.

Daily-Mail-Verleger Lord Rothermere stellt die finanzielle und publizistische Unterstützung ein und schreibt an Mosley: »Ich habe niemals geglaubt, dass die politische Situation bei uns irgendeine Ähnlichkeit mit der in Italien oder Deutschland hat. In diesen Ländern hat der Parlamentarismus keine Tradition, während hier in England das Parlament schon seit den Zeiten von Königin Elizabeth entscheidenden Einfluss hat. [...] Meine Unterstützung für Sie beruhte auf der Hoffnung, dass Sie sich mit den Konservativen zusammentun würden, um bei den nächsten Wahlen den Sozialismus zu besiegen.«[209] Hinter vorgehaltener Hand heißt es jedoch, der Verleger scheue den Boykott jüdischer Anzeigenkunden. Sein Rückzug von der BUF bedeutet keineswegs eine Abkehr vom Faschismus. Was er am 10. Juli 1933 in der *Daily Mail* geschrieben hat, gilt auch jetzt noch: »Alte Weiber beiderlei Geschlechts jammern über die sogenannten Gräuel im jetzigen Deutschland. [...] Kleine Übergriffe einzelner Nationalsozialisten sind von keinerlei Bedeutung gegenüber den Segnungen, die das neue Regime Deutschland gebracht hat.«[210] Die berühmte Journalistin Bella Fromm schrieb damals in ihr Tagebuch: »Wie schade, dass der edle Lord keine Gelegenheit gehabt hat, diese Segnungen in einem der Konzentrationslager kennenzulernen.«[211]

Im Dezember 1934 werden Lord Rothermere und sein Sohn in Berlin von Hitler empfangen, der Lord revanchiert sich mit einem Dinner im Hotel Adlon. Auch Lord Rothermeres private Unterhändlerin Stephanie von Hohenlohe, die als Nachrichtenvermittlerin zwischen ihm und Hitler fungiert, arbeitet emsig weiter und sorgt dafür, dass die Verbindung des Lords zum »Führer« nicht abreißt.[212] Unity findet die Ereignisse, die sie nur aus der Ferne miterlebt, prima. An Diana, die wegen Krankheit nicht an der Veranstaltung teilnehmen konnte, schreibt sie: »Wirklich zu schade, dass Du das verpasst hast. Es klingt himmlisch. Und was für ein Aufschrei im Blätterwald!«[213] In einem Brief an ihre Mutter äußert sie sich zum ersten Mal offen antisemitisch: »Die englischen Zeitungen sind doch wirklich widerlich. All diese absurden und verlogenen Anschuldigungen wegen der ›Brutalität‹ bei Olympia zeigen doch nur, wie notwendig es ist, diesen unsäglichen jüdischen Einfluss auf alle Bereiche des englischen Lebens endlich loszuwerden.«[214] Sie muss keine Angst vor der Reaktion ihrer Mutter haben. Antisemitismus ist nicht erst seit den Ressentiments gegen die Armutseinwanderer aus dem Osten zu Beginn des Jahrhunderts in Großbritannien durchaus salonfähig.

Einen Tag nach dem Meeting in Olympia verweigert Oswald Mosley vor den Kameras der BBC eine Entschuldigung für die Brutalität seiner Leute. Für die Presse ist er damit erledigt. Über dreißig Jahre werden vergehen, bis er wieder im britischen Fernsehen auftreten darf. Der Inlandsgeheimdienst MI5 schreibt im September 1934 in einem Bericht, dass Mosleys Bewegung nach diesem Prestigeverlust keine ernsthafte Bedrohung mehr für den Parlamentarismus in Großbritannien darstelle.[215] Einzig die Nationalsozialisten schenken Mosley nach Olympia plötzlich ihre Aufmerksamkeit.

Unity sind die Probleme der BUF augenblicklich ziemlich egal. Es ist ihr gelungen, einen Blick auf ihr Idol zu werfen. Der englische Porträtist Derek Hill, ein Freund Pamelas, studiert in München Bühnenbild, und Pam hat ihn gebeten, Unity unter seine Fittiche zu nehmen. Gemeinsam erkunden sie München, fahren zum Baden an den Starnberger See, sitzen im Biergarten der Klosterschenke von Weltenburg und bestaunen die weltberühmte Wieskirche in Steingaden. In München trifft man die beiden oft im Café Heck am Hofgarten – jeder ein großes Stück Schokoladenkuchen mit Schlagsahne vor sich. Als Hill Besuch von seiner Mutter und seiner Tante bekommt, mieten sie einen Wagen, um die Walhalla hoch über der Donau bei Regensburg zu besichtigen. »Ich werde fahren, weil ich die Einzige bin, die das kann. Da ich aber keinen internationalen Führerschein besitze, ist mir ganz schön mulmig zumute. Wenn Du das nächste Mal von mir hörst, werde ich vermutlich schon im Gefängnis dahinvegetieren«, schreibt Unity ihrer Mutter.[216]

Obwohl Hill Unity mit ihrer Schwärmerei für Hitler aufzieht, verschafft er ihr die erste Begegnung mit ihrem Idol – im Carlton Tearoom in der Brienner Straße, einem von Hitlers Lieblingsplätzen in München. Am 11. Juni 1934 sitzt Hill mit Mutter und Tante gerade beim Tee, als Hitler in Begleitung von Goebbels, Heß und einigen weiteren Getreuen erscheint. Hill ruft Unity an, die später an Diana schreiben wird: »Gestern ist etwas wahnsinnig Aufregendes passiert. Ich habe Hitler gesehen. So gegen sechs Uhr hat mich Derek aus dem Carlton Tearoom angerufen und mir gesagt, ER sei da. Natürlich bin ich sofort ins nächste Taxi gesprungen, wo ich dann vor lauter Aufregung meine Kamera liegen lassen habe. Ich bin also dort hin und habe mich zu den anderen gesetzt, und der Führer saß genau gegenüber. […] Er blieb etwa eineinhalb Stunden. Es war so unglaublich aufregend, ich konnte es kaum fassen. […] Als er ging, verabschiedete er sich ganz persönlich von mir mit dem Führergruß.«[217] Sie ist so aufgeregt, dass Hill ihr die Tasse mit der heißen Schokolade abnimmt, ehe noch ein Unglück geschieht. Hill berichtet später, sogar seine Mutter und seine Tante, zwei durch und durch pragmatische Schottinnen, seien von Hitlers Anwesenheit so überwältigt gewesen, dass sie beim Verlassen des Teesalons den Arm zum Führergruß gehoben hätten.[218]

Nicht nur dank Hill lebt sich Unity rasch in München ein. Baronesse Laroche lässt den Mädchen viel Freiraum. Mit ihren Mitschülerinnen verbringt Unity so manchen Sommernachmittag schwatzend und träumend im Englischen Garten. Nach der Oper sitzen die Mädchen oft bis spätnachts in einem der Schwabinger Straßencafés. Tagsüber gibt es Deutschstunden bei Fräulein Baum, genannt Bäumchen, Malkurse und Klavierunterricht. Ihren Eltern schreibt sie, dass sie morgens meist durch singende Nazis, die an ihrem Fenster vorbeimarschierten, geweckt werde: »Das ist natürlich sehr schön, denn so wird mir schon beim Aufwachen klar, dass ich in Deutschland bin, und dann bin ich verständlicherweise sofort überglücklich.«[219]

Um im Deutschen schneller Fortschritte zu machen, nimmt Unity zusätzlich Sprachunterricht bei einer Privatlehrerin in der Bismarckstraße. Wenn sie dem »Führer« begegnet, muss sie perfekt Deutsch sprechen. Immer wieder trifft sie sich mit Putzi Hanfstaengl, in den sie sich auf dem Reichsparteitag fast ein wenig verliebt hat: »Er hat mir bei seiner Ehre versprochen, und das ist kein Scherz, dass er mich, wenn ich [...] gut genug Deutsch spreche, dem Führer vorstellen wird.«[220] Sie schließt Freundschaft mit Hanfstaengls Schwester Erna, der sie den Spitznamen »the good girl« verpasst. Der attraktiven, kultivierten Erna hatte man 1923 eine Affäre, ja gar eine Verlobung mit Hitler unterstellt, was sie in Unitys Augen noch interessanter macht.[221] Tatsächlich aber ist Erna seit langem mit dem Chirurgen Ferdinand Sauerbruch liiert, der im Uffinger Domizil der Hanfstaengls Hitlers beim Putsch verletzte linke Schulter behandelt hat.[222] Erna könnte glatt selbst eine Mitford sein – extravagant, wie sie ist. Im Januar 1935 schreibt Unity nach einem längeren Aufenthalt im Hause Hanfstaengl nach Hause: »Das *good girl* ist mal wieder aus der Reihe getanzt. Stell Dir vor, sie hat ihre Morgengymnastik gänzlich nackt absolviert, obwohl ich im Zimmer war.«[223] Unity verbringt viel Zeit mit Erna und wird in späteren Jahren sogar bei ihr wohnen.

Obwohl sie nicht über Langeweile klagen kann, verliert Unity ihr eigentliches Ziel, Hitlers Bekanntschaft zu machen, nicht aus den Augen. Zusammen mit ihrer Deutschlehrerin Fräulein Baum, einer strammen Nationalsozialistin, schmiedet sie Pläne, wie dem gemeinsamen Idol am besten nahezukommen sei. Nicht einmal der »Röhm-Putsch« kann Unitys Begeisterung dämpfen. In der »Nacht der langen Messer« vom 30. Juni auf den 1. Juli 1934 lässt Hitler seinen alten Weggefährten SA-Führer Ernst Röhm und weitere circa neunzig Männer ermorden, darunter die gesamte Führungsriege der SA sowie einige andere ihm nicht genehme Politiker wie den ehemaligen Reichskanzler Kurt von Schleicher. Statt Entsetzen empfindet Unity Mitleid mit Hitler, der seinen langjährigen Weggefährten eliminieren musste: »Die Aufregung über die Affäre Röhm ist riesig, jedermann ist entsetzt. [...] Ich bin zum Braunen Haus gelaufen, aber die SS hatte die Straße abgeriegelt, sodass ich nicht näher herankam. Ich habe dann mit vielen anderen auf einem Platz in der Nähe fast zwei Stunden darauf gewartet, Hitler und Goebbels zu sehen. [...] Es war alles wahnsinnig aufregend. [...] Mir tut der Führer so schrecklich leid – Du weißt, Röhm war sein ältester Kamerad und Freund, der Einzige, der ihn in aller Öffentlichkeit duzen durfte. [...] Es muss absolut schrecklich für Hitler gewesen sein, Röhm höchstpersönlich zu verhaften und ihm seine Orden herunterzureißen. Als Hitler dann Heines [SA-Führer Edmund Heines] verhaften wollte, hat er ihn zusammen mit einem jungen Mann im Bett vorgefunden. Berichten die englischen Zeitungen so etwas überhaupt? Ach, der *arme* Hitler«, schreibt sie an Diana.[224] Auf das Foto, das sie von Röhm in ihr Tagebuch geklebt hat, malt sie ein schwarzes Kreuz und schreibt darüber: »Schwein«.[225]

Im Juli 1934 kommen Lady Redesdale und Jessica zu Besuch. Unity hat die beiden vorgewarnt: »Ich fürchte, es wird keine Naziversammlungen geben, auf die wir gehen könnten, weil alle Funktionäre und die gesamte SA und SS im Juli im Urlaub sind. Das ist sehr schade, denn ich hätte Euch gern eine der großen Versammlungen gezeigt, sie sind wirklich spannend.«[226] Nun, Jessica wird es verschmerzen können. Gemeinsam fahren sie zu den Passionsfestspielen in Oberammergau, die Unity entsetzlich langatmig findet. Doch da Hitler höchstpersönlich zum Gedenken an die erste Aufführung vor 300 Jahren die Festspiele besucht, muss sie da wohl durch. Dass Unity, die, wie Hanfstaengl süffisant bemerkt, an »Grüßeritis« leide, ihre Mutter dazu nötigt, vor dem Ehrenmal an der Feldherrnhalle für die 1923 gefallenen NSDAP-Getreuen den Hitlergruß zu zeigen, nimmt Lady Redesdale mit Humor: »Ich sah überhaupt keine Veranlassung, das zu tun, ich bin Engländerin ... Es endete damit, dass ich die Straßenseite wechselte und wir uns auf der anderen Straßenseite unter großem Gelächter wiedertrafen.«[227] Wie alle Münchner, die nicht die Hand heben wollen, geht Lady Redesdale viel lieber durch das sogenannte »Drückebergergasserl«. Unitys kleine Rache besteht darin, die Mutter einmal mitten im Getümmel zu verlieren. Lady Redesdale – ortsfremd und des Deutschen nicht mächtig – muss zusehen, wie sie alleine zur Pension zurückfindet.

Kurz bevor sie zu einem Heimatbesuch aufbricht, schreibt Unity an Nancy: »Du musst unbedingt nach Swinbrook kommen, wenn ich wieder da bin. Ich bin mir sicher, Du brennst darauf, meine 304 Führerpostkarten zu sehen. Armer süßer Führer, er macht gerade so eine *fürchterliche* Zeit durch. [...] Heil Hitler! Love Bobo.«[228] Jessica erlebt eine fanatisierte Schwester: »Sie verehrte sie [die Nazis] ohne jede Einschränkung. Den Deutschen Gruß – ›Heil Hitler!‹ mit erhobener Hand – verwandte sie allen Leuten gegenüber, der Familie, den Freunden, dem verblüfften Postfräulein im Dorf. Ihre Sammlung von Nazitrophäen sprengte nun unser kleines Zimmer.«[229] Trotz ihres Nazifimmels scheint sie immer noch ein gerngesehener Gast bei gesellschaftlichen Anlässen zu sein. Die *Times* berichtet in diesem Sommer von ihrer Anwesenheit bei der Hochzeit von Peter George Evelyn und Patricia McCalmont sowie bei der Vermählung ihres einstigen Reisekameraden Lord Hinchingbrooke mit Rosemary Peto.[230] Als ein Brief von Tom eintrifft, der berichtet, er habe in Bayreuth mit Hitler und Göring gespeist, platzt Unity fast vor Neid. Groß ist die Erleichterung, als sich das Ganze als Scherz herausstellt. Lange kann sie Tom nicht böse sein; Gleiches gilt für John Betjeman, der ihr zu Ehren seinen berühmten Teddybären Archie, Vorbild für Sebastian Flytes Aloysius in *Wiedersehen mit Brideshead*, kurzerhand zum Nationalsozialisten erklärt. Beim alljährlichen Familienfoto trägt Unity stolz ihr Schwarzhemd samt faschistischem Abzeichen. Als Reminiszenz an die alte Unity lugt ihr die zahme Ratte Ratular über die Schulter.[231]

Im September 1934 kehrt Unity mit Ratular nach München zurück. Mit Freude dürfte sie das Interview aufgenommen haben, das G. Ward Price mit Hitler für die *Daily Mail* vom 5. August 1934 geführt hat. Darin schließt Hitler einen Krieg mit Großbritannien kategorisch aus. Auch an einen »Anschluss« Österreichs denke er nicht im Traum.[232] Weniger Freude dürfte den Mitreisenden im Zug bereitet haben, dass Unity ihrer Ratte auf der Fahrt immer mal wieder Auslauf gewährt.

Hitler hat nach dem Tod des greisen Reichspräsidenten Paul von Hindenburg am 2. August auch das Amt des Reichspräsidenten übernommen und nennt sich jetzt »Führer und Reichskanzler«. Reichswehr und Beamte werden nicht länger auf die Verfassung, sondern auf Hitler vereidigt. Kurz vor dem Reichsparteitag in Nürnberg vom 5. bis 10. September kommt Diana nach München. Doch diesmal gibt es keine Karten von Putzi Hanfstaengl – die leidige Geschichte mit dem Make-up. Aufhalten lassen sich die Schwestern dadurch nicht. Sie fahren auf eigene Faust nach Nürnberg und lernen hier einen Parteigenossen der ersten Stunde mit der beeindruckenden Mitgliedsnummer 100 kennen. Der besorgt ihnen nicht nur eine Unterkunft, sondern auch Karten für die Ehrentribüne. Die Inszenierung unter der Regie von Hitlers Architekt Albert Speer ist um einiges professioneller als im Vorjahr. Alles ist minutiös geplant, Musik, Ton- und Lichteffekte tun ein Übriges, um auf den Punkt genau eine Massenhysterie aufkommen zu lassen. Leni Riefenstahls berühmter Parteitagsfilm *Triumph des Willens* vermittelt noch heute ein schauriges Bild der allgemeinen Erregung. Der amerikanische Journalist William L. Shirer beschreibt in seinem Tagebuch die ungeheure Wirkung, die Hitler auf die Zuschauer hatte: »Eine ganze Septemberwoche lang konnte ich [...] aus erster Hand einen Eindruck von diesem seltsamen Menschen gewinnen, den so viele Deutsche als Genie und ihren Retter bejubelten. Ich konnte zusehen, wie er Tag für Tag die Massen der Deutschen behexte, und ich begann, die Gründe für das zu begreifen, was mir eigentlich unverständlich war: wie dieser ordinäre, ungebildete und fanatisch eifernde und geifernde Österreicher, der aus der Gosse aufgestiegen war, ein bedeutendes Volk hatte in seinen Bann schlagen können, das im Laufe der Jahrhunderte einen beträchtlichen Beitrag zur westlichen Kultur geleistet hatte.«[233]

Dank Unitys hervorragender Deutschkenntnisse erfassen die Schwestern diesmal auch den Inhalt der Reden. Diana ist von Deutschland so begeistert, dass sie in Absprache mit Mosley beschließt, eine Weile in München zu bleiben und ebenfalls Deutsch zu lernen. Sie bezieht ein Apartment in der Ludwigstraße, natürlich mit Koch und Dienstmädchen, und schreibt sich an der Universität für einen Deutschkurs ein: »Ich liebte München. Im Winter ist es bitterkalt, aber die Häuser haben Doppelfenster und Zentralheizung. Die kalte Luft draußen hat einen ganz besonderen Geruch, und wenn man jemanden mit verbundenen Augen hier absetzen würde, wüsste er sofort, dass er in München ist. Vielleicht entsteht dieser Geruch ja durch das Bierbrauen und die kleinen Zigarren, die die Männer hier rauchen.«[234] Unity verlässt Baronesse Laroches Institut und zieht zu ihrer Schwester. In der Ludwigstraße empfangen die beiden neue Freunde, von denen viele bei der SS sind. Eine ehemalige Mitschülerin erinnert sich: »Ich war häufig dort zu Gast, genau wie diese drei SS-Männer. Einer hieß Max, so ein blondgelockter SSler, den wir aus dem Braunen Haus kannten. [...] Sie hatten Schallplatten mit dem *Horst-Wessel-Lied*. Unity sang das die ganze Zeit, ebenso wie die *Wacht am Rhein* und *Unsere Fahne*.«[235] Zu den bis heute kursierenden Gerüchten gehören Geschichten über wahre Sexorgien, die sich in der Wohnung zugetragen haben sollen. Zwei alleinlebende selbstbewusste junge Frauen bieten allerlei Projektionsfläche.

Im November kehrt Diana nach England zurück, und Unity bezieht ein Zimmer im Marie-Antonie-Haus in der Kaulbachstraße 49 in Schwabing, dem ältesten Studentenwohnheim der Stadt, zwischen Universität und Englischem Garten. Eine Mitbewohnerin erzählt: »Das Studentenwohnheim war billig, sechzig Mark im Monat. In der Cafeteria gab es für eine Mark ein Tagesgericht mit Fleisch und für sechzig Pfennig eins ohne Fleisch. Ich hatte von meinen Eltern ein bisschen Geld bekommen, und Unity verfügte über eine jährliche Apanage von hundert Pfund. [...] Sie war die erste wirklich intelligente Person, die ich hier traf, und man konnte viel Spaß mit ihr haben. Wir wollten vor allem unsere Eltern schockieren, *épater la bourgeoisie.*«[236] In einem Brief jammert Unity über die geringe Unterhaltszahlung der Eltern und schildert ihre neue Bleibe: »Mein Zimmer ist himmlisch, auch wenn es für meine Kleider nur dann genug Platz gibt, wenn ich einen Koffer damit fülle und auf den Schrank packe. Ich habe einige meiner Hitlerfotografien aufgehängt.«[237] Zum ersten Mal erlebt sie am 9. November die Gedenkzeremonie für die Toten des Hitlerputsches von 1923 – und ist hingerissen.

Weihnachten verbringt sie zu Hause, Lord Redesdale begleitet sie zurück nach Deutschland. Von München aus reisen sie nach Berlin. Der Lord macht sich Sorgen um Unity. Zu Recht, meint die Gattin des britischen Botschafters, Sir Eric Phipps: »Ich kann mich nicht mehr erinnern, ob wir Unity vorher schon einmal bei uns zu Gast hatten. Diese kleinen englischen Schlampen, die immer irgendwelche Affären mit diesen schrecklichen SS-Männern hatten ... Und Eric konnte sich dann darum kümmern, dass sie da wieder heil rauskamen. Wenn du richtig versnobt bist, wendest du dich in so einem Fall ja gleich an den Botschafter. Wie auch immer, Unity, die einen auf deutsches Mädel machte, kam die Treppe herauf in den Salon und hob die Hand zum Hitlergruß. Eric, der ein kleiner Mann war, musste sich auf die Zehenspitzen stellen, um ihr in dieser Situation die Hand zu schütteln. Es sah ziemlich lächerlich aus. [...] Die Redesdales waren sehr besorgt.«[238] Der britische Botschafter kann Unity nicht dazu bewegen, nach England zurückzukehren. Alles Zureden ist vergebens. Die Situation wäre wohl eine andere, wenn Lord Redesdale die großzügige väterliche

Apanage streichen würde. So aber kann Unity in Deutschland bleiben, dem Land, dem sie sich mehr und mehr verbunden fühlt. Als am 13. Januar 1935 das Saarland – seit der deutschen Niederlage im Ersten Weltkrieg Mandatsgebiet des Völkerbundes – mit 90,5 Prozent für seine Zugehörigkeit zu Deutschland stimmt, ist Unity so begeistert, dass sie ein Päckchen mit Saar-Erde an Diana schickt: »Ich sende Dir mit diesem Brief ein Säckchen Saar-Erde. Das wird heute in den Straßen verkauft. Verstreu sie in Deinem Garten – sie ist ein Teil Deutschlands.«[239] Am 1. März 1935 wird der neu geschaffene Gau Saarland unter dem Jubel der Bevölkerung »heim ins Reich« finden.

Im Fasching tanzt Unity mit Brian Howard, Nancys altem Oxford-Freund, durch die Münchner Ballnächte, die Lion Feuchtwanger in *Erfolg* so treffend beschreibt: »Das neue Jahr war da, mit ihm der Fasching. [...] München tanzte. München, bei der lärmvollen Musik der Française, hob die Frauen auf die verschränkten Arme, schubste sie hoch unter nicht abreißendem Jauchzen und Gegröl. München, um diesen fetten Fasching mitzumachen, versetzte Leib- und Bettwäsche. München, im grauenden Morgen, versammelte sich nach durchjubelter Nacht in primitiven Kneipen. Chauffeure, Marktweiber, befrackte Herren und flittermaskierte Damen, Straßenreiniger, Huren durcheinander, um Bier zu trinken und Weißwürste zu schlingen. München schrie losgebunden seine Seligkeit und seinen Wahlspruch hinaus: Solang die grüne Isar, und: Ein Prosit der Gemütlichkeit.«[240] Howard ist Deutschlandkorrespondent des *New Statesman* und ein scharfer Kritiker der Nazis, was der Freundschaft mit Unity jedoch genauso wenig Abbruch tut wie seiner Liebe zu München. Bereits 1929 hatte er zusammen mit seinen Freunden Erika und Klaus Mann eine Versammlung der NSDAP auf der Theresienwiese besucht und die begeisterten Zuhörer bei Hitlers Rede gefragt, ob sie eigentlich völlig verrückt seien. Als er schließlich einer jungen Frau in ihrer Ekstase riet: »Sie sollten einen guten Psychiater zurate ziehen, meine Dame«, wurde es Klaus Mann mulmig: »Es ist gar nicht ungefährlich. Jeden Augenblick kann einer der Braunhemden das anstößige Gemurmel hören und Rache üben. Brian schert sich nicht drum. Mutig bis zur Verwegenheit, bei übrigens zarter körperlicher Konstitution, würde er sich wohl einer ganzen Armee von Rowdies zum Kampfe stellen. Aber so weit wollen wir's doch nicht kommen lassen. ›Wir können ebenso gut gehen‹, schlage ich mit gedämpfter Stimme vor. ›Er ist ein öder Schwätzer, weiter nichts. Es nimmt ihn sowieso niemand ernst.‹«[241] Brian Howard schon, wie Erika Mann sich erinnert: »Wie jeder anständige Mensch war er natürlich Antifaschist. Aber er war höchstwahrscheinlich der erste Engländer, der die Gefahr, die von den Nazis ausging, in vollem Umfang erfasste und schaudernd vor Entsetzen sah, was auf uns zukam.«[242]

Im August 1932 hatte Howard nach einem Interview mit Putzi Hanfstaengl an seine Mutter geschrieben: »Er lebt in einer Art Marmorhaus im Stil eines türkischen Bades, die Decken mit plastischen Hakenkreuzen verziert, und umgeben ist er von schrecklich jungen Athleten in Phantasieuniformen, die die Hacken zusammenschlugen, als ich eintrat, und ›Heil‹ röhrten, die Arme hochreißend. Ich hielt es für diplomatisch, es ihnen gleichzutun, und ließ meinen Schirm fallen.«[243] In diesem Interview hatte Howard Hanfstaengl gefragt, welches moderne literarische Werk seiner Ansicht nach das Nazi-Ideal am besten darstelle. Putzi Hanfstaengl erwiderte, dass sei eindeutig *Peer Gynt*: »Er ist blond.« Die Juden hätten niemals etwas Brauchbares hervorgebracht: »Außerdem sind sie nicht blond.«[244] Wäre Unity so simpel gestrickt und dumpf gewesen, wie nach dem Krieg oft kolportiert, ein so scharfsinniger Beobachter wie Brian Howard hätte kaum ihre Nähe gesucht. Unity wiederum scheint, anders als ihre homophoben Äußerungen zum Röhm-Putsch vermuten lassen, Howards Homosexualität überhaupt nicht gestört zu haben. Ein Foto in ihrem Album zeigt die beiden, kurz bevor sie sich zu einem Faschingsball aufmachen: Howard im Smoking und Unity im schwarzen Catsuit mit Hotpants und goldener Krone. An ihre Mutter schreibt sie: »Der Fasching wird jetzt bald absolut verrückt werden. [...] Überall in den Straßen werden Bands spielen. Du kannst dann in irgendeinem Kostüm auf der Straße oder im Restaurant tanzen, und alle sagen »Du« zueinander, sogar die, die sich noch nie zuvor gesehen haben. Weißt Du, normalerweise würden die Deutschen einen Fremden niemals duzen, außer er oder sie ist ein Kind, das wäre sonst wirklich unhöflich. Alle Restaurants und Nachtclubs sind aufwendig und ganz wunderbar dekoriert, es wird ein Heidengeld für Dekoration ausgegeben. Der Manager vom Regina-Palast-Hotel hat mir verraten, dass sie 300 Pfund dafür ausgeben. Ach, ich kann gar nicht verstehen, warum nicht die ganze Welt im Fasching nach München kommt.«[245]

Brian Howard macht während seines Aufenthalts in München Bekanntschaft mit ein paar Nazilümmeln, die ihn und einen kommunistischen Freund »zu Brei schlagen« wollen.[246] Die Britische Botschaft rät Howard, Deutschland künftig zu meiden. Tatsächlich denunziert Unitys Lehrerin Fräulein Baum in diesen Tagen nicht nur Unity als mannstoll, sondern auch Howard als jüdischen Kommunisten. Am 8. Februar 1935 schreibt Unity an Diana: »Ich habe entdeckt, was für eine miese Schlange die Baum ist.«[247] Auch über Dianas Verhältnis zu Mosley soll sich Fräulein Baum ausgelassen haben. Offenbar hat sie Brian Howard wirklich in große Gefahr gebracht. Die Schriftstellerin Sybille Bedford, die eng mit Brian Howard befreundet war und nach dessen Selbstmord seinen Nachlass gesichtet hat, weiß zu berichten, dass Unity ihren Freund in letzter Sekunde in Frauenkleidern über die Grenze schmuggelte, um ihn vor der Verhaftung durch die Gestapo zu bewahren.[248]

Am meisten ärgert sich Unity darüber, dass Fräulein Baum der Gestapo erzählt, Unity sei kein Umgang für ihren neuen Freund, den SS-Mann Erich Widmann. Sie hat den Fotografen im Fasching kennengelernt. In den nächsten Jahren wird er immer wieder an ihrer Seite auftauchen. Micky Burn schildert ihn als ruhig und gutmütig: »Ich saß mit ihm im Café Luitpold, und da bin ich wegen irgendetwas wütend auf die Nazis geworden. Ich habe ein Tablett nach ihm geworfen und bin rausgerannt. Sein ganzer Kommentar lautete: ›Bei euch Engländern ist alles möglich.‹ Er war meist in zivil, soweit ich mich erinnere. Mir kam er eher wie ein Beschützer vor, weniger wie ein Liebhaber. [...] Ehrlich gesagt war er ziemlich nichtssagend.«[249]

Noch während die Münchner Fasching feiern, erfüllt sich Unitys Herzenswunsch: Sie lernt Adolf Hitler kennen. Seit Monaten sitzt sie Tag für Tag in der Osteria Bavaria in der Schellingstraße 62 in Schwabing. Münchens erster Italiener ist das Lieblingslokal ihres Idols. Akribisch hat Unity in den letzten Monaten Hitlers Vorlieben studiert, Menschen aus seinem Umfeld befragt und die Zeitungen nach Hinweisen auf seine Aufenthaltsorte durchforstet. Sie hat mit den Wachposten vor seiner Wohnung am Prinzregentenplatz 16 in Bogenhausen geflirtet – böse Zungen behaupten, für eine brauchbare Information sei sie auch gerne ein Stück weiter gegangen. In der Tat gelingt es ihr, ein ziemlich genaues Bewegungsprofil Hitlers zu erstellen. München erweist sich dabei als Standortvorteil. In Berlin ist Hitler Politiker, in München Privatmann. Hier sieht man ihn oft mit kleinem Gefolge durch die Straßen laufen. Die Sicherheitsvorkehrungen sind weniger restriktiv als in Berlin; und doch wundert man sich später in Hitlers nächster Umgebung, wie es dieser Engländerin gelingen konnte, Hitler so nahe zu kommen. Wer ihr den Tipp mit der Osteria Bavaria gegeben hat, ist unklar. Mitschülerinnen halten das fanatisierte Fräulein Baum für die Quelle. Henriette von Schirach, Tochter von Hitlers Leibfotograf Heinrich Hoffmann, tippt auf Unitys Bogenhausener Friseur. In jedem Fall erweist sich der Hinweis als goldrichtig. In schöner Regelmäßigkeit betritt Hitler gegen 14.30 Uhr die Osteria Bavaria. Im Schlepptau hat er meist Heinrich Hoffmann, Otto Dietrich, Martin Bormann, den Stabsleiter von Rudolf Heß, und den Münchner Gauleiter Adolf Wagner. Die Männer entsteigen zwei schwarzen Mercedes-Limousinen und setzen sich immer an denselben Tisch in der Ecke. Bei gutem Wetter speist man im weinumrankten Innenhof. Wochenlang harrt Unity an einem Tisch in Sichtweite aus. Ihr Budget erlaubt nur eine kleine Mahlzeit und eine Tasse Kaffee. Bewaffnet mit einem Buch und ihrer Deutschgrammatik, vertreibt sie sich die Zeit mit Lesen und freundet sich mit den beiden Bedienungen Ella und Rosa an. Diana, die sie ein paar Mal begleitet, berichtet: »Nichts hätte Unity dazu bewegen können, aufzustehen, bevor er das Lokal verließ. Bereitwillig wartete sie, wenn nötig auch anderthalb Stunden, auf das Vergnügen, ihn auf seinem Weg nach draußen an ihrem Tisch vorbeigehen zu sehen. Natürlich ist sie ihm aufgefallen; sie war das, was die Deutschen auffallend nennen: groß und sehr hübsch.«[250] Die schicke Unity ist wirklich nicht zu übersehen. Schon durch ihre Aufmachung unterscheidet sie sich fundamental von all den anderen Frauen, die hier sitzen und ebenfalls auf ein Zeichen Hitlers warten. Henriette von Schirach erinnert sich, dass Unity in ihrem eleganten hellblauen Pullover und dem weißen Faltenrock immer ein bisschen unnahbar wirkte, und widerspricht damit den Schilderungen Jessicas, die vermutet, Unity habe Hitler so lange unverblümt angestarrt, bis der gar nicht anders konnte, als sie zu bemerken.[251] Als eine der Kellnerinnen Unity verrät, Hitler habe sich nach ihr erkundigt, ist sie selig. Seither grüßt man sich.

Am 9. Februar 1935, einem Samstagnachmittag, lässt Hitler Unity schließlich an seinen Tisch bitten. Noch völlig unter dem Bann der Ereignisse, schreibt Unity am nächsten Morgen an Diana: »Gestern war der wundervollste und schönste Tag in meinem Leben. Obwohl ich kaum schreiben kann, werde ich versuchen, ihn Dir zu schildern. Ich ging allein zum Lunch in die Osteria und saß an dem kleinen Tisch, an dem wir letztens gemeinsam saßen, vor dem Kamin. Gegen drei Uhr, ich war schon mit dem Essen fertig, kam der Führer in seinem süßen Trenchcoat herein und setzte sich mit zwei anderen Männern an seinen Stammtisch. Ich blätterte gerade in der *Vogue*. […] Zehn Minuten nach seiner Ankunft ließ er den

Gastwirt kommen, der dann zu mir herüberkam und sagte: ›Der Führer möchte mit Ihnen sprechen.‹«[252]

Als sie an seinen Tisch herangetreten sei, habe Hitler sich erhoben und ihr zum Gruß die Hand gereicht. Dann habe er ihr seine Begleiter vorgestellt und sie gebeten, neben ihm Platz zu nehmen. Sie hätten über Richard Wagner und den Film *Cavalcade*, nach dem gleichnamigen Bühnenstück von Noël Coward, geplaudert, den er für den besten Film hielt, den er je gesehen hatte. Vermutlich hat sie ihn damit beeindruckt, dass sie die Hauptdarstellerin Diana Wynyard persönlich kannte.[253] Sie hätten über London geredet, das Hitler, obwohl er noch niemals dort war, durch seine architektonischen Studien sehr vertraut sei. Er habe auch über den Ersten Weltkrieg gesprochen und darüber, dass die »nordische Rasse« sich nie mehr durch die Juden spalten lassen dürfe: »Ich bin so glücklich, dass ich am liebsten sterben möchte. Ich glaube, ich bin das glücklichste Mädchen der Welt. Ich habe nichts getan, um eine solche Auszeichnung zu verdienen.«[254] Zum Schluss habe sie die Kellnerin noch um eine Postkarte gebeten, auf der Hitler ihr ein Autogramm gegeben habe: »Frl. Unity Mitford. Zur freundlichen Erinnerung an Deutschland und Adolf Hitler.«[255] Nachdem Hitler das Lokal verlassen hat, gratulieren Josef Deutelmoser, der die Osteria Bavaria 1890 gegründet hat, und sämtliche Gäste ihr von Herzen zu der außergewöhnlichen Gunstbezeugung. Nie zuvor habe Hitler jemanden an seinen Tisch gebeten.

Nur wenige Tage darauf begegnet Unity ihrem Idol im Carlton Tearoom. Erneut lädt Hitler sie an seinen Tisch ein und übernimmt sogar ihre Rechnung. Der Neid aller Führergroupies, die Kellner bestechen, um in Hitlers Nähe zu sitzen, ist ihr gewiss. Zwei Wochen später speisen Unity und eine Freundin gemeinsam mit Hitler im Carlton Tearoom. Kurz darauf erlebt der britische Journalist Micky Burn am selben Ort, wie rasch man als Unitys Freund abgemeldet sein kann: »Hitler ging an unserem Tisch vorbei und sprach mit ihr. Dann ging er zu seinem Tisch im Garten. Kurz darauf kehrte einer seiner Adjutanten zurück und bat Unity an Hitlers Tisch. Sie stürzte ihm sofort nach. Es war, als ob ich gar nicht existierte.«[256]

Am 2. März 1935 macht Hitler Unity in der Osteria Bavaria mit Joseph Goebbels bekannt. Am 11. März stellt Unity Hitler ihrerseits Diana vor, die sofort nach dem ersten Treffen Unitys mit Hitler nach München geeilt ist.[257] Diana ist schlichtweg hingerissen. Jahre später gesteht sie sich jedoch ein: »Die Begegnung mit Hitler hat mein Leben zerstört – und das meines Mannes.«[258] Eineinhalb Stunden nimmt sich Hitler für die Mitford-Schwestern Zeit. Diana schildert ihn später als charmanten Plauderer und guten Zuhörer, der auch über sich selbst lachen konnte. Unity findet ohnehin alles »süß«, was Hitler tut oder sagt. Albert Speer wird nach dem Krieg über sie sagen: »Man konnte leicht erkennen, dass sie in Hitler total verliebt war. Sie strahlte ihn an, hemmungslos und ununterbrochen. Heldenverehrung. Absolut phänomenal. Und wahrscheinlich liebte es Hitler, von einer jungen Frau bewundert zu werden, denn sie war ziemlich attraktiv.«[259]

Hitler scheint laut vielen Zeugenaussagen nicht allein von Unitys Aussehen und ihrer Hingabe angetan zu sein, sondern offenkundig auch von ihrer Intelligenz. Bei der ersten Begegnung in der Osteria Bavaria war auch Jakob Werlin zugegen, österreichischer Hitlervertrauter, SS-Mann und Vorstand bei Daimler Benz. Zu Besuch in London im Frühjahr 1935 schwärmt er beim Tee mit Tom und den Eltern Redesdale von Unity. Tom schreibt an seine Schwester: »Er verriet mir, was für eine hohe Meinung Hitler von Dir hat und für wie außergewöhnlich intelligent er Dich hält.«[260] Hitler ist von der hübschen Blonden so bezaubert, dass er sie am 10. April 1935 zur prunkvollen Hochzeit von Hermann Göring und der Schauspielerin Emmy Sonnemann nach Berlin mitnimmt. Zu seinem Geburtstag am 20. April überreicht Unity Hitler eine ihrer Collagen, die Hannibal bei der Überquerung der Alpen zeigen.[261] Anschließend reist sie für die Osterfeiertage nach England.

Ende April ist sie wieder in München und mit ihr Lady Redesdale. Hitler signalisiert Unity bei einem Essen in der Osteria Bavaria, dass er durchaus Interesse habe, ihre Mutter zu treffen: »Der Führer war so süß und blieb ganz lange sitzen. [...] Er sagte, er würde Muv liebend gern kennenlernen.«[262] Als es schließlich dazu kommt, fungiert Unity als Dolmetscherin: »Natürlich war die Sache mit Muv total peinlich, sie spricht ja kein Deutsch, und damit allein ist sie ja schon ein Stimmungstöter. Wann immer ich etwas [...] übersetzt habe, klang es irgendwie dämlich. [...] Ich fürchte, das Ganze war vergebene Liebesmüh. Muv ist genau dieselbe wie zuvor. Sie hat so wenig Einfühlungsvermögen, dass sie seine Güte und Größe nicht in dem Maße wahrnehmen kann wie wir beide«, schreibt sie noch in der Nacht an Diana.[263] Doch sie irrt: Lady Redesdale ist längst ein großer Fan des Landes und bald auch von Hitler: »Ich habe Deutschland als sehr schön und sehr freundlich wahrgenommen.«[264]

Kurz nach Lady Redesdales Abreise trifft Oswald Mosley in München ein, um nachzuholen, was seiner Geliebten und deren kleiner Schwester bereits gelungen ist: den deutschen Reichskanzler kennenzulernen. Dass die BUF seit einigen Monaten ihre antisemitischen Tendenzen immer offener zeigt, macht Mosley zum interessanten Gesprächspartner für die Nazis. Wohlwollende Historiker haben den Antisemitismus der BUF als strategisches Manöver Mosleys gewertet, der nach der zunehmenden Distanzierung Mussolinis auf der Suche nach neuen Geldgebern gewesen sei. Mosley selbst betonte stets, dass er seinen Antisemitismus niemals rassisch oder religiös begründet habe, seine Ablehnung sei allein dadurch entstanden, dass die antifaschistischen Demonstrationen gegen die BUF überproportional von Juden besucht worden seien.[265] Seine Kapitalismuskritik verengt sich jetzt auf das Stereotyp des jüdischen Wucherers, der durch die Beherrschung des Finanzmarktes für die Verelendung der Massen verantwortlich sei. Auch wenn dem britischen Antisemitismus nicht in dem selben Maße völkische und sozialdarwinistische Elemente innewohnen wie dem deutschen, so sind die Weltverschwörungsphantasien der BUF, wie Arnd Bauerkämper in seiner Studie zur radikalen Rechten in Großbritannien deutlich zeigt, doch auch rassistisch motiviert.[266] Mosleys antisemitische Rede am 14. April 1935 in Leicester vor fünftausend Zuschauern gefällt Julius Streicher so gut, dass der Herausgeber des antisemitischen Hetzblattes *Der Stürmer* dem »Leader« ein Glückwunschtelegramm übersendet.

Zwei Wochen später trifft Mosley Hitler zu einem Abendessen in dessen Münchner Wohnung. Neben Joachim von Ribbentrop und dem Ehepaar Goebbels sind drei Engländerinnen zugegen: Viktoria Luise von Preußen, Winifred Wagner und Unity Mitford, die an diesem Abend zum ersten Mal Hitlers Privaträume betritt. Mosley schreibt in seinen Memoiren: »Hitler hatte mich bei dem Essen im April 1935 Unity Mitford feierlich vorgestellt, da er ja keine Ahnung hatte, dass wir uns kannten. [...] Zur Zeit des Essens bei Hitler war sie ein Mädchen von zwanzig, jung, geistreich, voller Enthusiasmus und irgendwie hingerissen von dem Glanz und dem Auftreten der nationalsozialistischen Bewegung und der Massenbewunderung für Hitler. Es ist gänzlich unzutreffend, dass sie irgendeine Liebesaffäre mit ihm gehabt hat.«[267] Winifred Wagner sieht Unitys Schwärmerei naturgemäß eher kritisch: Das Einzige, was für sie spricht, ist ihr Großvater Bertie, der dem Hause Wagner sehr verbunden gewesen war.[268]

Dass Hitler keine Kenntnis über die Verbindung zwischen Mosley und Unity gehabt haben soll, erscheint im Rückblick zweifelhaft. Was ist mit den Aussagen von Fräulein Baum über Diana und Mosley? Schwer vorstellbar, dass in einem totalitären System eine Ausländerin in die Privaträume des Diktators gelangt, ohne dass sie vorher überprüft wird. Nach dem Treffen notiert Joseph Goebbels in sein Tagebuch: »Beim Führer. [...] Sir Oswald Mosley da. Der engl. Faschistenführer. Er macht einen guten Eindruck – etwas [Weich]heit, die er durch forcierte Forschheit zu decken sucht. Sonst aber annehmbar. Er muss sich ja noch bewähren. Der

Führer hat ihn bearbeitet. Ob er in absehbarer Zeit an die Macht kommt?«[269] Letztlich kommen die Nationalsozialisten zu einem ähnlichen Urteil über Mosley wie Mussolini. Trotz des von Mussolini propagierten faschistischen Universalismus, der eine enge Zusammenarbeit der faschistischen Parteien West- und Südosteuropas vorsieht, hat der Duce Zweifel an Mosleys Fähigkeiten und deshalb seine finanzielle Unterstützung der BUF eingestellt. Er lehnt Mosleys Weltverschwörungstheorien ab und betrachtet den offenen Antisemitismus der BUF als Hinwendung zum Deutschen Reich, dem großen Rivalen um die faschistische Weltherrschaft. Während Mosley jetzt auf den deutschen Reichskanzler setzt, glaubt der nicht daran, den kommenden starken Mann Großbritanniens vor sich zu haben. In Hitlers Umgebung hält man eine Verständigung mit Mosley recht bald für verlorene Liebesmüh, lieber will man mit den Entscheidungsträgern der Insel sprechen. Unity gegenüber scheint Hitler keinen Hehl aus seiner Kritik an Mosley gemacht zu haben. Sie schreibt an ihre Schwester Diana, Hitler halte es für einen kapitalen Fehler, dass Mosley den italienischen Faschismus mitsamt seinen Schwarzhemden einfach so nach England importiert hat. Das alles habe in Großbritannien keinerlei Tradition. Mosley wäre besser beraten gewesen, an die Revolution um Oliver Cromwell anzuknüpfen und seine Männer »Ironsides« zu nennen.[270]

Während in Unitys Leben alles nach Plan läuft, ist spätestens im April 1935 die finanzielle Situation ihrer Eltern so schlecht, dass Swinbrook vermietet werden muss. Drei Jahre später wird das Anwesen verkauft. Für Lord Redesdale, der all seine Energie in die Errichtung des Hauses gesteckt hat, geht ein Traum zu Ende, und Unity schreibt aus München: »Armer alter Forge, es tut mir sehr leid, dass Du Swinbrook verlassen musst. Ich habe zwar nicht gern dort gelebt, aber es war immer schön, dorthin zurückzukehren. Und ich weiß, für Dich muss es schrecklich sein.«[271] Von nun an pendelt die Familie zwischen den Räumen über der Garage im Hinterhaus in London und Old Mill Cottage in High Wycombe.

Unitys Bekanntschaft mit Adolf Hitler macht sie in ihrer Heimat zu einer kleinen Berühmtheit. Nancy schreibt an ihre Schwester: »Ich war drüben bei Penelope Betjeman, und ihre deutschen Dienstmädchen waren ganz aufgeregt, die Schwester von jemandem zu treffen, der Hitler kennt, und sie haben mich alles Mögliche über ihn gefragt. Ich habe ihnen erzählt, wie wunderbar er ist und alles über Hannibal, und sie haben ihm eine Glückwunschkarte zum Geburtstag geschickt. [...] Ich habe ihnen gesagt, Du würdest versuchen, eine Locke von ihm für sie zu besorgen.«[272]

Am 7. Mai speisen Diana und Unity zusammen mit Hitler in der Osteria Bavaria. Mit am Tisch sitzen die britischen Faschisten Baroness Ella van Heemstra und Joseph Hepburn-Ruston, Eltern der Filmschauspielerin Audrey Hepburn. Zwei Tage später sind Diana und Unity in Begleitung von Robert Gordon-Canning, Mosleys rechter Hand, in Hitlers Wohnung am Prinzregentenplatz zum Mittagessen geladen.[273] Die ungewöhnliche Freundschaft zwischen dem deutschen Reichskanzler und der jungen Engländerin führt im selben Monat den Korrespondenten des *Daily Express*, Sefton Delmer, in Unitys Studentenwohnheim: »Sie ist wahrscheinlich die einzige Ausländerin, die sich Hitlers Freundschaft erfreut. Zwanzig Jahre alt, hübsch, mit strahlend blauen Augen und blondem Haar. Als ich sie in München traf, schien sie Hitlers Ideal der nordischen Frau zu verkörpern.«[274] Sefton Delmer ist der erste britische Journalist, dem Hitler ein Interview gewährt. Dass er Unity aufsucht, zeigt, welche Bedeutung er ihr beimisst. Delmer war mit Ernst Röhm befreundet und ist es noch mit Putzi Hanfstaengl. 1932 hat er Hitler im Wahlkampf begleitet, 1933 ist er mit ihm durch die Ruinen des abgebrannten Reichstages gestapft. Den Briten gilt er als NS-Sympathisant. Auf seine Fragen hin weiß Unity nur Gutes über Hitler zu berichten: »In seiner Gesellschaft habe ich die eindrucksvollsten Stunden meines Lebens verbracht. Die ganze deutsche Nation ist glücklich, weil an ihrer Spitze eine solche Persönlichkeit steht. Ich würde gerne für immer in Deutschland bleiben, weil ich die Deutschen sehr mag, aber das werden meine Eltern wahrscheinlich nicht erlauben.«[275] Während Unity an Hitler festhält, wird Sefton Delmer im Zweiten Weltkrieg eine wichtige Rolle bei der sogenannten »schwarzen Propaganda« spielen, einer speziellen Form der psychologischen Kriegsführung. Im Auftrag des Foreign Office wird er den bekanntesten Feindsender, den britischen Propagandasender »Gustav Siegfried eins«, betreiben.[276] Das Interview mit Sefton Delmer ist Unitys erstes Interview. Es erscheint zusammen mit einem großen Foto unter dem Titel: »Sie bewundert Hitler. Tochter eines britischen Peers«.

Noch jemand hat im Übrigen die Anwesenheit von Unity in Hitlers Nähe registriert. Am 10. Mai 1935 schreibt die 23-jährige Eva Braun in ihr Tagebuch: »Wie mir Frau Hoffmann liebevoll und ebenso taktlos mitteilte, hat er jetzt einen Ersatz für mich. Sie heißt Walküre und sieht so aus, die Beine mit eingeschlossen. Aber diese Dimensionen hat er ja gerne. D. h., wenn das stimmt, wird er sie bald ganz mager geärgert haben. [...] Schließlich könnte er mich doch so weit kennen, dass ich ihm nie etwas in den Weg legen würde, wenn er plötzlich sein Herz für eine andere entdeckt.«[277]

In der Nacht vom 28. auf den 29. Mai 1935 wird Eva Braun versuchen, sich mit Tabletten das Leben zu nehmen.

»Heil Hitler! Viva il Duce!
Und Fräulein – Fräulein,
bitte noch ein Bier für mich.«

Nancy Mitford, ›Landpartie mit drei Damen‹

VI.

»Merry Christmas, Adolf Hitler!«

Eine Cocktailparty für die Legion Condor

Um die Jahresmitte 1935 erreichen die deutsch-britischen Beziehungen einen neuen Höhepunkt. Am 21. Mai hält Hitler im Reichstag seine zweite »Friedensrede«: »Deutschland braucht den Frieden, und es will den Frieden.«[278] Explizit wendet er sich darin an die Briten: »Die deutsche Reichsregierung erkennt von sich aus die überragende Lebenswichtigkeit und damit die Berechtigung eines dominierenden Schutzes des britischen Weltreiches zur See an, genauso wie wir umgekehrt entschlossen sind, alles Notwendige zum Schutze unserer eigenen kontinentalen Existenz und Freiheit zu tun.«[279] In der *Times* ist anschließend zu lesen: »Wie man sieht, ist die Rede maßvoll, aufrichtig und umfassend. Wer sie unvoreingenommen liest, kann nicht bezweifeln, dass die von Mr Hitler umrissene Politik sehr wohl die Grundlage für eine vollständige Verständigung mit Deutschland bilden könnte – mit einem freien, gleichberechtigten Deutschland anstelle des gedemütigten Volkes, dem vor sechzehn Jahren der Friedensvertrag aufgezwungen wurde.«[280]

Die BUF preist Hitlers Rede als Handreichung Deutschlands zum Schulterschluss gegen den Bolschewismus.[281] Unity empfindet tiefe Genugtuung, sieht sie doch bestätigt, was sie Familie, Freunden und Journalisten unermüdlich predigt: Eine deutsch-britische Allianz sei Hitlers größter Wunsch. Schon in *Mein Kampf* hat Hitler Großbritannien neben dem faschistischen Italien als Bündnispartner ins Spiel gebracht. Um Raum für das deutsche Volk zu schaffen, gebe es nur zwei Möglichkeiten: Bodenpolitik oder Kolonialpolitik. Hitlers geopolitische Überlegungen richten sich bereits in den zwanziger Jahren kontinental-territorial gen Osten. Da eine Expansion nach Osten zwangsläufig zu einer kriegerischen Auseinandersetzung mit der UdSSR führen werde, sei man auf die Unterstützung der einzigen europäischen Macht angewiesen, die keine kontinentaleuropäischen Interessen verfolge: Großbritannien. Die kolonial-maritime Expansion, die Wilhelm II. parallel zur Bodengewinnung im Osten betrieben hatte, führte zu einem militärischen Konflikt mit der See- und Kolonialmacht Großbritannien und trieb Deutschland in einen Zweifrontenkrieg. Der Hauptfehler der kaiserlichen Außenpolitik sei gewesen, sich nicht für eins von beidem entschieden zu haben: Boden- *oder* Kolonialpolitik. In Abwägung der politischen Interessen Italiens und Englands, die einen Aufstieg Frankreichs zur Weltmacht ebenso verhindern wollten wie Deutschland, kam Hitler in *Mein Kampf* zu dem Schluss: »Bei nüchternster und kältester Überlegung sind es heute in erster Linie diese beiden Staaten England und Italien, deren natürlichste eigene Interessen den Existenzvoraussetzungen der deutschen Nation wenigstens im Allerwesentlichsten nicht entgegenstehen, ja in einem bestimmten Maße sich mit ihnen identifizieren.«[282]

Bereits am 25. März 1935 empfängt Hitler Lordsiegelbewahrer Anthony Eden und den britischen Außenminister Sir John Simon in der Reichskanzlei. Beide Politiker nehmen wegen der unruhigen Lage in Fernost, der Angst vor dem Bolschewismus und den auf Übersee gerichteten Interessen des Empires eine eher deutschfreundliche Haltung ein. Am 4. Juni 1935 beginnt Hitlers

Sonderbotschafter Joachim von Ribbentrop in London mit Verhandlungen über ein deutsch-britisches Flottenabkommen. Der ehemalige Sektvertreter Ribbentrop ist der Schwiegersohn des Sektfabrikanten Otto Henkell, das »von« im Namen hat er sich durch Adoption erkauft. 1932 ist er der NSDAP beigetreten, 1933 der SS. Aus Gründen, die vielen, auch den Mitfords, schleierhaft sind, steht er hoch in der Gunst des »Führers«. So mancher hält den »reisenden Weinhändler«, der im August 1936 zum Botschafter in London ernannt wird, für eitel und arrogant und außerdem für eine absolute Fehlbesetzung in diplomatischen Belangen. Die Einzigen allerdings, die dies Hitler gegenüber offen äußern, sind Unity und Diana.[283] Als Ribbentrop König Edward VIII. bei seinem Antrittsbesuch mit einem zackigen »Heil Hitler« begrüßt, ist es endgültig um seinen Ruf geschehen. Von nun an heißt er in britischen Zeitungen nur noch »Botschafter Brickendrop«, nach englisch »to brick a drop«, »sich danebenbenehmen«. Mit dreister Erpressung gelingt es Ribbentrop am 18. Juni 1935, das Flottenabkommen mit England abzuschließen. Die Briten gestehen den Deutschen zu, ihre Flotte über See auszubauen – bei einem Rüstungsverhältnis 35:100, gemessen an der Gesamtflottenstärke des Commonwealth. Bei der Untersee-Tonnage wird sogar Parität vereinbart. Damit hat Hitler seine Seeaufrüstung international abgesichert und zugleich die Engländer durch die Begrenzung der deutschen Seerüstung in Europa beruhigt. Dass diese Aufrüstung eindeutig dem Versailler Vertrag widerspricht, scheint niemanden zu kümmern. Deutschland, das bereits am 19. Oktober 1933 aus dem Völkerbund ausgetreten ist, fühlt sich längst nicht mehr an die Rüstungsbestimmungen des Vertrags gebunden. Am 1. März 1935 hat Göring verkündet, dass Deutschland eine eigene Luftwaffe aufgebaut habe. Am 16. März ist die Wiedereinführung der allgemeinen Wehrpflicht und der Aufbau eines 500 000 Mann starken Heeres beschlossen worden. Für Hitler bedeutet das Flottenabkommen einen großen diplomatischen Erfolg: Das im Versailler

Vertrag besiegelte Sicherheitssystem der Alliierten ist aufgeweicht und Deutschlands außenpolitische Isolation beendet. Kein Wunder, dass er den 18. Juni 1935 später als den glücklichsten Tag seines Lebens bezeichnet.[284] Nachdem England und Frankreich 1939 eine Garantieerklärung für Polen abgegeben haben, kündigt Hitler den Vertrag auf und macht mit ebenjener Flotte zu Beginn des Zweiten Weltkriegs den Briten schwer zu schaffen.

Nach Abschluss des Abkommens nimmt die Zahl der britischen Entscheidungsträger, die nach Deutschland reisen, weiter zu. Neben Topmanagern von ICI, Unilever, Shell und Dunlop erweisen auch zahlreiche Politiker dem »Friedenskanzler« die Ehre. Der liberale Expremier David Lloyd George besucht Hitler 1936 auf dem Obersalzberg und diktiert der staunenden Presse anschließend ins Mikrophon: »Auch ich sage jetzt ›Heil Hitler‹.«[285] Der Mehrheitsführer im Oberhaus Lord Londonderry empfängt Ribbentrop auf seinem Landsitz und reist 1936 ganze vier Mal mit seiner Frau nach Deutschland. Im Frühjahr 1936 sagt er in einer Rede, es würde einen Mangel an »Staatskunst in diesem Lande« offenbaren, sollte Großbritannien »im Fall eines Krieges nicht an Deutschlands Seite stehen«.[286] Lady Londonderry geht noch ein Stück weiter und zeigt in einem Dankesbrief an Hitler, dass blinde Schwärmerei kein Vorrecht der Jugend ist: »Zu sagen, dass ich tief beeindruckt war, trifft die Sache nicht. Ich bin erstaunt. Sie und Deutschland erinnern mich an die Schöpfungsgeschichte in der Bibel.«[287] Neben Lord Rothermere und seiner *Daily Mail* kann sich Hitler in diesen Jahren auch auf den Chefredakteur der *Times*, Geoffrey Dawson, einen Befürworter der Appeasement-Politik, verlassen. Unter Dawsons Ägide erscheint in der *Times* kein einziger kritischer Artikel über den deutschen Antisemitismus. Im September 1935 wird Dawson Mitglied der neugegründeten Anglo-German Fellowship, deren Ziel die Intensivierung der deutsch-britischen Beziehungen ist und der vor allem konservative Parlamentsabgeordnete, Unternehmer und Bankiers angehören. Die Vereinigung wurde nach einer Rede des Prince of Wales, der zum Zwecke der Friedenssicherung um mehr Verständnis für Deutschland warb, von Lord Mount Temple, einem Freund Ribbentrops, ins Leben gerufen. Ihre deutsche Schwesterorganisation ist die Deutsch-Englische Gesellschaft in Berlin. Ein Mitglied der von 1935 bis 1939 existierenden Anglo-German Fellowship heißt Lord Redesdale und ist Unitys Vater.[288]

Die findet ihr Leben in München herrlich. Wie viel Spaß man hier haben kann. Vom Fenster ihres Wohnheims aus wirft sie mit Freundinnen Knallerbsen auf die Kaulbachstraße. Einmal explodiert eine ganze Tasche voller Knallerbsen in der Osteria Bavaria. Panisch greifen Hitlers Bewacher nach ihren Waffen. Dass die Münchnerinnen Unity und ihre englischen Freundinnen auf den Tod nicht leiden können, erhöht den Spaßfaktor. Bemüht, dem offiziellen NS-Ideal der »natürlichen Schönheit« zu entsprechen, müssen die einheimischen Frauen hilflos mit ansehen, wie die herausgeputzten Engländerinnen ihnen bei den Männern den Rang ablaufen. Unity kann im Gegensatz zu ihrer Freundin Mary Woodisse über die offenen Anfeindungen nur lachen: »Die Meinung der anderen war ihr völlig egal. Die Hitlermädels haben uns auf der Straße immer nachgerufen: ›Schöne rote Lippen‹, oder: ›Schön gemaltes Bild.‹ Ich habe versucht, ihnen aus dem Weg zu gehen, aber für Unity kam das nicht infrage.«[289] Micky Burn wird im Sommer 1935 in der Osteria Bavaria Zeuge einer solchen Eifersuchtsszene: »Unity sah unglaublich arisch aus. Nach einer Weile öffnete sich die Tür, und Hitlers Chefadjutant Wilhelm Brückner, Hitler und Ernst Hanfstaengl kamen herein. Und ein deutsches Mädchen am gegenüberliegenden Tisch wurde ganz ekstatisch und war entsetzt, als Hitler an unserem Tisch stehen blieb und mit Unity sprach. Dann ging er in den Innenhof des Restaurants. Und das Mädchen brach in Tränen aus, weil Hitler mit einem Mädchen sprach, das geschminkt war, und sie ihre Zeit damit verbracht hatte, hässlich zu sein.«[290]

Hitler verehrt vor allem Frauen wie Helene Hanfstaengl, Anneliese von Ribbentrop oder Magda Goebbels – elegante, selbstbewusste und gebildete Frauen. Unity und Diana sind für deutsche Verhältnisse viel zu extravagant, und doch gefallen gerade sie dem »Führer«. Die Frauen, die Hitler gerne um sich hat, haben nichts mit dem von Reichsfrauenführerin Gertrud Scholtz-Klink so perfekt verkörperten Nazi-Frauenbild gemein. Zudem schätzt er Unitys direkte Art.

Für Albert Speer ist es die berühmte Mitford'sche Unbekümmertheit, die Unity Zugang zu Hitler verschaffte: »Alle um Hitler herum waren immer ganz vorsichtig und wollten sich nie zu irgendetwas äußern, aber sie war sehr direkt und sagte auch Dinge, die Hitler nicht passten. Die hatte Mumm. [...] Sie hat sich nie gelangweilt, und mit ihr war es auch niemals langweilig. Sie war eine ziemlich intelligente Frau und hatte ihren eigenen Kopf, nicht der Typ Eva Braun, die sich für nichts interessierte.«[291] Eine Charakterisierung, die einmal mehr die Kommentare ehemaliger Mitschülerinnen konterkariert, die Unity ihrem ersten Biographen David Pryce-Jones gegenüber als humorlos, dumpf und ziemlich beschränkt beschrieben haben. Offensichtlich amüsiert Unity Hitler, gerade weil sie nicht vor Ehrfurcht erstarrt. Aller Anbetung zum Trotz bleibt Unity eigensinnig – eben eine waschechte Mitford, wie Diana bestätigt: »Die meisten Frauen [...] waren in seiner Gegenwart total eingeschüchtert. Es gab Ausnahmen wie Frau Wagner oder Magda Goebbels, aber kaum eine [...] wagte in seiner Gegenwart mehr zu sagen als ›Ja, mein Führer‹ oder ›Ganz genau, mein Führer‹ oder ›Selbstverständlich, mein Führer‹. Unity war zeit ihres Lebens niemals schüchtern. Sie sagte freiheraus, was ihr in den Sinn kam.«[292] Sie ist wohl auch die Einzige, die Hitler je fragt, ob man ihn denn schon exkommuniziert habe.[293] Ihre Beziehung zu Hitler wird von Woche zu Woche enger. Am 2. Juni 1935 speisen sie zusammen in der Osteria Bavaria, einen Tag später ist sie zusammen mit Reichsjugendführer Baldur von Schirach zu Gast am Prinzregentenplatz, wo Hitler ihr seine neueste Anschaffung, ein Bild Arnold Böcklins, zeigt. Ihre Zuneigung wächst, und sie schreibt nach Hause: »Heute war er so freundlich und gütig, dass ich plötzlich dachte, ich würde nicht nur mit Vergnügen all diejenigen umbringen, die etwas gegen ihn sagen oder tun, sondern sie am liebsten auch noch foltern. Der Gedanke, dass jemand wie er überhaupt geboren wurde, ist einfach wundervoll. Wir können uns glücklich schätzen, jetzt zu leben und etwas so Einzigartiges mitzuerleben.«[294]

Im Laufe des Jahres 1935 lernt fast die gesamte Familie Mitford den Reichskanzler kennen. Nach Diana und Lady Redesdale ist Tom an der Reihe. Als Student in Berlin ist er vom Nationalsozialismus durchaus angetan gewesen. Von den Rassentheorien der Nazis und ihrem dumpfen Antisemitismus hält er allerdings wenig. Er hat viele jüdische Freunde und hält mit seiner Kritik nicht hinterm Berg. Unity fürchtet Toms Unerschrockenheit, die ihrer eigenen nicht unähnlich ist. Sie will den guten Eindruck, den Hitler von ihr hat, nicht gefährden. Doch Tom will den neuen starken Mann Deutschlands unbedingt kennenlernen. Am 8. Juni 1935 ist es so weit. Zwar hat Unity versucht, eine Begegnung zu vermeiden, indem sie früher als üblich mit Tom in die Osteria Bavaria geht, doch auch Hitler findet sich an diesem Tag zeitig ein. Abends berichtet sie Diana voller Erleichterung: »Obwohl ich eigentlich nicht wollte, dass sie sich begegnen, bin ich jetzt doch ganz zufrieden. Er *betet* den Führer an – er ist fast so in Ekstase geraten wie wir manchmal, auch wenn ich glaube, das wird sich wieder legen, sobald er zu Hause ist. Ich bin mir sicher, der Führer mochte ihn und hält ihn für einen intelligenten Gesprächspartner. Alles in allem ist also kein Schaden entstanden.«[295] Vielmehr sind die beiden Herren derart voneinander angetan, dass sie drei Tage später erneut zusammen speisen.[296] Ein Foto aus jenen Tagen zeigt Tom vor einem Mercedes, den Hitler den beiden Mitfords zur Verfügung gestellt hat.[297] Außerdem erhält Tom eine persönliche Einladung zum Reichsparteitag im September 1935. Randolph Churchill und die Klatschkolumnistin Sheilah Graham, die die Familie Mitford aus dem Winterurlaub in St. Moritz kennt, treffen Tom kurz nach seiner

Rückkehr in London: »Als Tom Mitford aus München zurückkam, hatte er nur ein Gesprächsthema. ›Ich habe den faszinierendsten Mann meines Lebens getroffen!‹, rief er aus. ›Ganz und gar erstaunlich. Wenn er spricht, reißt er einen glatt hin! Der beredtste Mann, dem ich je begegnet bin.‹ […] Verächtlich sagte Randolph: ›Dieser kleine Mann mit dem Schnurrbart – sei nicht albern, Tom.‹«[298]

Unity würde gern für immer in München bleiben. Neben der Erlaubnis ihrer Eltern braucht sie dazu aber auch die Zustimmung der deutschen Behörden. Im Frühjahr 1935 wird zum ersten Mal ihre Aufenthaltsgenehmigung überprüft. Der Aufforderung, sich bei der Polizeidirektion München zu melden, kommt sie mit Verspätung nach: »Mitford Unity, geb. 8.8.1914 in London, englische Staatsangehörige, […] erschien heute vor Amt auf wiederholte schriftliche und telefonische Aufforderung zur Regelung ihrer Aufenthaltsgenehmigung. […] Auf Zurredestellung, warum sie erst auf fünfmalige Aufforderung bei der Polizeidirektion erscheint, begründet sie ihr Fernbleiben damit, dass sie wiederholte Reisen nach England unternommen habe. Sie betonte hierbei, dass sie sehr viel in nationalsozialistischen Kreisen verkehrt, […] förderndes Mitglied des SS-R-Sturms 3 sei und die vergangenen acht Tage in Begleitung des ›Führers‹ verbracht habe. Bei Vorweisung ihrer Papiere stellte sich heraus, dass sie ihre Ausweiskarte der Deutschkurse an der Universität angeblich in England verloren hat. […] Mitford trägt ein Sympathie-Abzeichen der NSDAP.«[299] Unity ist den Polizeibeamten so suspekt, dass diese noch am selben Tag eine Eingabe an die Bayerische Politische Polizei machen, »mit der Bitte um Überprüfung der Persönlichkeit. Vorgänge sollen bereits vorhanden sein. Der Grund des Aufenthalts in Deutschland erscheint unklar.«[300] Die Auskunft der Bayerischen Politischen Polizei lautet: »Für Mitford besteht Sonderakt bei II 1. Nach II/1A zur weiteren Behandlung.«[301] Auch für die folgenden Jahre finden sich Aktenvermerke zu Unity Mitford bei der Gestapo Abteilung II/1A, der Abteilung zur Abwehr fremdländischer Spione. Im Frühjahr 1935 vermisst Unity übrigens nicht nur ihren Studentenausweis, sondern auch ihren Pass. Am 2. Juli wird sie bei der Britischen Botschaft einen neuen beantragen. Im Antrag schreibt sie ihren zweiten Namen erstmals auf Deutsch: Walküre.[302]

Vor der Polizei sagt Unity aus, dass sie im Wohnheim in der Kaulbachstraße 49 lebe, die Kurse für Ausländer an der Deutschen Akademie, Ortsgruppe München jedoch nur selten besuche. In den Akten heißt es weiter: »Nach ihren Angaben hat sie sich zu den Deutschkursen nur einschreiben lassen, um die Vergünstigungen einer Studierenden zu genießen und auf billige Art und Weise im Studentinnenwohnheim wohnen zu können. An den Kursen, die sie nicht besucht, habe sie kein Interesse, weil sie schlecht geleitet seien. Auf Wunsch ihrer Eltern solle sie nach London zurückkehren. Sie will jedoch nicht nach Hause, sondern beabsichtigt, sich hier eine Beschäftigung zu suchen, um nicht mehr auf die Unterstützung ihrer Eltern angewiesen zu sein. Über die tatsächlichen Gründe ihres Hierseins gibt Mitford keinerlei Aufschluss.«[303]

Am 1. August 1935 schreibt die Zentralpolizeistelle der Bayerischen Politischen Polizei ans Polizeipräsidium München: »Die Feststellung über die Tätigkeit der Mitford Unity ergab keinerlei Anhaltspunkte, die den Verdacht der Spionage oder unerlaubter politischer Umtriebe rechtfertigen würden. Mitford soll tatsächlich begeisterte Nationalsozialistin sein. Im gleichen Hause wohnende Kolleginnen wissen bestimmt, dass sie schon einige Male Zusammenkünfte mit dem Führer hatte, von dem sie auch ein Bild mit Original-Unterschrift besitzt. Beim Winterhilfswerk 1934/35 hat sie sich verschiedentlich in der Öffentlichkeit mit der Sammelbüchse betätigt. Im Übrigen wird Mitford als eine sehr naive Person geschildert.«[304] Ihre Aufenthaltserlaubnis wird bis zum 1. Januar 1938 verlängert. Albert Speer weist die Idee, Unity sei eine Spionin gewesen, ebenfalls entschieden zurück: »Ich denke nicht, dass sie eine Spionin war. Jemand, der Hitler so nahestand, ist zweifellos überprüft worden.«[305]

Unity ist schon nach kurzer Zeit fester Bestandteil des Osteria-Bavaria-Stammtisches. Immer wieder lässt Hitler sie zu sich bitten. Aus dem Groupie ist längst eine ernstzunehmende Gesprächspartnerin geworden. Journalisten wie der *Reuters*-Korrespondent Ernest Pope oder Paul Willart vom *Manchester Guardian* nutzen Unitys direkten Draht zu Hitler, wenngleich Willart sie für eine ziemlich dumme Person hält, die jedoch im Gegensatz zu den meisten Journalisten ungehinderten Zugang zu Hitler hat.[306] Dabei speist sich Unitys Begeisterung für den Nationalsozialismus längst nicht mehr allein aus ihrer Verehrung für Hitler. Auch wenn ihre politischen Überzeugungen einen schaudern lassen, sie sind vorhanden, und sie teilt sie mit Millionen Deutschen, die aus tiefstem Herzen von der Wahrhaftigkeit des Nationalsozialismus überzeugt sind. Im Gegensatz zu den meisten »Führer«-Groupies belässt Unity es nicht dabei, ihr Idol anzuhimmeln, sondern beginnt sich politisch einzubringen. Vielleicht sieht sie, auch im Hinblick auf das laufende Prüfverfahren ihrer Aufenthaltsgenehmigung, jetzt den richtigen Moment gekommen, sich in aller Öffentlichkeit zu positionieren.

Im Juni 1935 verfasst sie einen Leserbrief an den *Stürmer*, ein Hetzblatt, das für seinen besonders vulgären Antisemitismus berüchtigt ist. Herausgeber ist der mittelfränkische Gauleiter Julius Streicher, Nationalsozialist der ersten Stunde und wegen seiner sexuellen Ausschweifungen sogar vielen Parteigenossen unheimlich. Der »Frankenführer« ist ein Antisemit der übelsten Sorte und verbreitet in seinem Blatt, das ihn schwerreich macht, am liebsten Schauermärchen über sexuelle Übergriffe von Juden auf »die deutsche Frau«. Während selbst hartgesottenen Nazis Streichers abstoßendes Konglomerat aus Weltverschwörungsphantasien, sadistischer und pornographischer Gräuelpropaganda, wüsten Beschimpfungen und puren Lügen zuwider ist, hält Unity den in Nürnberg lebenden Gauleiter, ganz in Mitford'scher Manier, »für einen kolossalen Witzbold«.[307] Streichers Sohn Elmar, den Unity und Diana beim Parteitag 1934 kennengelernt haben, erinnert sich:

»Mit Unity verband uns bald eine herzliche Beziehung; sie gehörte zu unserer Familie. Der Oberbürgermeister hatte meinem Vater den Cramer-Klett-Palast zur Verfügung gestellt. In dessen Garten gab es eine Kegelbahn, wo Unity gerne spielte. Sie wohnte entweder im Grand Hotel oder im Hotel Deutscher Hof. Wir hätten sie ohne weiteres bei uns aufgenommen, aber sie wollte unabhängig sein. [...] Unity war von meinem Vater total fasziniert.«[308] Der Gattin des englischen Botschafters in Berlin erklärt Unity freiweg, Streicher sei ihr der liebste aller Nazis. Zu Hause in Swinbrook zeigt sie Jessica stolz ein von Streicher signiertes Foto. Während Jessica angewidert ist, springt Diana Unity bei: »Aber Darling, Streicher ist ein Kätzchen.«[309] Dabei gilt der aus der Nähe von Augsburg stammende Volksschullehrer als einer der gefährlichsten Männer Deutschlands. Seit März 1933 ist Streicher Chef des »Zentralkomitees zur Abwehr der jüdischen Gräuel- und Boykotthetze« und damit maßgeblich verantwortlich für den Terror, der inzwischen auf deutschen Straßen herrscht. Gleichwohl verfasst Unity am 18. Juni 1935 einen offenen Brief an ihn, den Streicher einen Monat später für einen PR-Coup sondergleichen nutzen wird. Eine junge Engländerin aus besten Kreisen outet sich als leidenschaftliche Antisemitin.

Streicher lädt Unity zu den seit 1933 jährlich stattfindenden Frankentagen auf den fränkischen Hesselberg nahe Wassertrüdingen ein. Noch vor ihrer Abreise gibt sie der *Münchner Zeitung* für die Wochenendausgabe vom 22./23. Juni ein Interview. Unter der Überschrift »Eine britische Faschistin erzählt« berichtet sie vom bedeutenden Beitrag der Frauen zum Aufstieg der englischen Faschisten: »Viele Arbeiten in der Partei, die nach deutschen Begriffen nur von Männern ausgeführt werden können, werden in England von uns Frauen besorgt. Ich habe Flugzettel unserer Partei in den Straßen von London verteilt, ich bin von Haus zu Haus gegangen, in den jüdischen Vierteln Londons so gut wie in den Arbeitervorstädten, und habe für die Partei unseres Führers Mosley geworben, und wenn es not tat, habe ich auch selbst Hand angelegt, um weibliche Versammlungsstörer aus dem Saal zu schaffen.« Obwohl die britischen Faschisten erst am Anfang stünden und noch ein weiter Weg vor ihnen liege, würden sie letztlich die Bevölkerung überzeugen können. Und: »Wenn wir britischen Faschisten erst einmal das Staatsruder in der Hand haben, wird Freundschaft herrschen zwischen Deutschland und England.«[310]

Die Britische Botschaft reicht das Interview ans Auswärtige Amt weiter. Dort vermerkt der zuständige Beamte: »Die Botschaft scheint seltsamerweise keine Kenntnis von der Bekanntschaft zwischen Miss Mitford und dem Reichskanzler zu haben. Sie ist als Studentin in München – und es trifft zu, dass ihre Familie mit Sir O. Mosley befreundet ist, aber ich kann mir beim besten Willen nicht vorstellen, dass sie in seinem Namen spricht. Mir scheint, sie trifft Herrn Hitler ziemlich oft in München.«[311]

Das Juniwochenende 1935 auf dem »Heiligen Berg der Franken« wird für Unity zum unvergesslichen Erlebnis. Streicher höchstpersönlich holt sie in München ab, es folgt eine Sightseeing-Tour durch Würzburg, dann die Fahrt zum Hesselberg. Sie berichtet ihrer Mutter: »Um 21.30 Uhr brachen wir zum Heiligen Berg auf. [...] Wir fuhren in einer Kolonne, sieben riesige schwarze Mercedes-Limousinen rasten durch die Nacht, alle mit offenem Verdeck, und ich als einzige Frau zwischen lauter uniformierten Männern. Oben wartete eine riesige Menschenmenge auf uns, eine Kapelle spielte, und wir schritten durch ein Spalier von fackeltragenden SA-Männern zur Rednertribüne.«[312] Die Sonnwendfeier mit der sogenannten Feuerrede Streichers gehört zu den Höhepunkten der von bis zu 100 000 Anhängern besuchten Frankentage, die Streicher als eine Art persönliche Ausgabe der Reichsparteitage inszeniert. Bei der Hauptveranstaltung am Sonntag steht Unity neben Streicher auf der Tribüne. Nachdem Streicher sie als »eine von Deutschland begeisterte Engländerin« vorgestellt hat, spricht sie noch vor der Hauptrede Hermann Görings ein Grußwort.[313] Ein echtes Novum, das einmal mehr zeigt, welche Bedeutung Unity beigemessen wird. Wie der *Wörnitz-Bote* schreibt, gibt sie »in herzlichen Worten [...] ihrer Verbundenheit mit dem deutschen Volk und dem Kampf Julius Streichers Ausdruck«.[314] Filmaufnahmen zeigen eine schöne blonde Frau mit eleganter Handtasche, die einen hellen Mantel über dem Arm trägt. Sie tritt ans Mikrophon, reckt die behandschuhte Hand zum Hitlergruß und wendet sich an die auf der Osterwiese versammelte Menge.[315]

Im anschließenden Interview mit der *Fränkischen Tageszeitung* lässt Unity keinen Zweifel daran, dass die »Judengefahr [...] grundsätzlich eine Weltgefahr für alle Völker dar[stellt]«. Zudem bricht sie ein Lanze für die BUF: »Bei den kommenden Wahlen werden wir eigene Kandidaten aufstellen, und wir hoffen zuversichtlich, dass wir einige Sitze im Unterhaus erobern werden. Das aber wird nur ein weiterer Ansporn sein, nicht nachzulassen, bis wir das ganze Volk gewonnen haben.«[316] Ein Exemplar des Interviews schickt sie an die Familie in England. Die hat von ihrem Auftritt allerdings bereits aus der heimischen Presse erfahren. So schreibt der *Daily Telegraph* über den Frankentag: »Hauptehrengast war weder General Göring noch Herr Julius Streicher, sondern ein 22-jähriges englisches Mädchen, Hon. Unity Freeman-Mitford, Tochter des Lord Redesdale und Schwester der Mrs Bryan Guinness. Während der zweitägigen Feier nahm Miss Mitford den Ehrensitz auf der Rednertribüne ein. Ein riesiger Blumenstrauß wurde ihr überreicht, General Göring machte ihr Komplimente für ihren Mut, an der Feier teilzunehmen. Auch Streicher pries ihren Mut.«[317] Eigentlich gefällt Göring die Aufmerksamkeit, die Unity auf sich zieht, jedoch keineswegs. Unity, die den herausgeputzten Göring, den alle Welt nur »Lametta-Heini« nennt, ihrerseits »Girling« tauft, schreibt an ihre Mutter: »Er war richtig verärgert, aber es blieb ihm nichts anderes übrig, als mir die Hand zu schütteln, während um uns herum die Kameras klickten. Der arme Göring, er mag es gar nicht, wenn ihm die Bühne nicht allein gehört.«[318] Unitys Schwestern reagieren unterschiedlich auf Unitys Auftritt. Nancy schreibt im üblichen Ton: »Liebes Hartherzchen! Wir haben mit großem Interesse verfolgt, dass Du die diesjährige Maikönigin auf dem Hesselberg warst. Ruf zeitig an, lieber Göring. Denn ich soll Maikönig werden. Dieses Interview, dass Du uns geschickt hast – phantastisch, phantastisch.«[319] Diana tut das Ganze als eine von Unitys Dummheiten ab: eine Mitfordiade, nichts weiter.

An dieser Sorglosigkeit ändert auch die Veröffentlichung des ominösen Leserbriefes samt glamourösem Porträt im *Stürmer* nichts. Im Juli 1935 ist dort zu lesen: »Lieber Stürmer! Als englische Faschistin möchte ich meine Bewunderung vor Ihnen ausdrücken. [...] Wenn wir nur in England solche Zeitungen hätten. Das allgemeine englische Volk hat keine Ahnung von der Judengefahr. Die englischen Juden werden immer als ›anständig‹ bezeichnet. Vielleicht sind die Juden in England klüger mit ihrer Propaganda als in anderen Ländern. Ich weiß nicht, aber es ist bestimmt Tatsache, dass unser Kampf am schwersten ist. Unsere schlimmsten Juden wirken nur hinter den Kulissen. Sie kommen nie in die Öffentlichkeit, und deswegen können wir sie dem englischen Volk in ihrer wahren Entsetzlichkeit nicht zeigen. Wir haben ein dringendes Bedürfnis für Zeitungen wie den *Stürmer*, die dem Volk die Wahrheit sagen. Sie werden aber hoffentlich bald sehen, dass auch wir in England gegen den Weltfeind siegen werden, trotz all seiner Schlauheit. Wir freuen uns auf den Tag, an dem wir mit Gewalt und Autorität sagen können: ›England für Engländer! Die Juden hinaus!‹ Mit deutschem Gruß! Heil Hitler! Unity Mitford. PS: Wenn Sie zufällig in Ihrer Zeitung für diesen Brief Platz finden, so veröffentlichen Sie bitte meinen ganzen Namen. Ich will nicht meinen Brief mit ›U. M.‹ unterschreiben, sondern ich will, dass ein jeder weiß, dass ich eine ›Judenhasserin‹ bin.«[320] Eine »Judenhasserin«, die vor noch nicht allzu langer Zeit mit ihren jüdischen Freunden die Londoner Nächte durchtanzt hat und in England nie zuvor durch antisemitische Äußerungen aufgefallen ist.

Nach dem Krieg wird Rosemary Macindoe berichten, wie Unity auf die Misshandlung von Juden auf der Straße reagierte: »Sehr schön, geschieht ihnen recht, wir sollten hingehen und applaudieren.«[321] Mary Ormsby-Gore erinnert sich, dass Unity einmal erzählt habe, wie sie einer alten Frau mit einem Bündel auf dem Rücken, die sie für eine Jüdin hielt, absichtlich den falschen Weg zum Bahnhof zeigte.[322] Bei einem ihrer Besuche in London sei zudem Folgendes geschehen: »Eines Tages schleppte sie mich zu Selfridges und sagte: ›Lass uns eine Platte aufnehmen.‹ Bei den Aufnahmen sang sie dann: ›Die Juden, die Juden, wir müssen die Juden loswerden.‹ Im Hintergrund hört man mich protestieren.«[323] Rosemary Peto, auf deren Hochzeit sie 1934 getanzt hat, erzählt, wie Unity lachend davon berichtet habe, dass Streicher nach dem Abendessen die Juden aus dem Keller hole und sie zur Unterhaltung der Gäste Gras fressen lasse.[324] Tatsächlich trieben 1933 Nazis in Nürnberg Juden auf dem Sportplatz zusammen und ließen sie zur Belustigung der Umstehenden Gras essen. Davon berichtet Arno Hamburger, der Vorsitzende der Israelitischen Kultusgemeinde Nürnberg, in seinen Erinnerungen. [325]

Verständlicherweise nimmt der Kontakt zu ihren jüdischen Freunden und Bekannten in dem Maße ab, in dem Unitys Antisemitismus zur Manie und die Verbindung zu Streicher immer enger wird: »Sie konnte meinen Vater über eine direkte Telefonleitung anrufen oder ihn über seinen Adjutanten erreichen«, so Elmar Streicher. »Zwischen 1934 und 1937 war ich auf einer Führerschule der NSDAP. In meinen Ferien traf ich Unity meist bei uns zu Hause. Auch mein Bruder mochte Unity. Er war mit der Legion Condor in Spanien und arbeitete ab 1938 für die *Fränkische Tageszeitung.* Als er im selben Jahr nach London reiste, gab Unity für ihn eine Cocktailparty.«[326]

Lord und Lady Redesdale sind *not amused* über das Treiben ihrer Tochter. Einen für Sommer 1935 geplanten Deutschlandbesuch sagen sie ab und beordern Unity stattdessen zurück nach Hause.

Die versucht schon im Vorfeld, die Gemüter zu beruhigen: »Was ist denn schon groß passiert? [...] Ich hätte Streichers Einladung doch schwerlich ausschlagen können. Zum einen wäre es sehr unhöflich gewesen, und zum anderen wollte ich unbedingt hingehen. [...] Du meine Güte, ich hoffe, die Missstimmung [...] hält nicht allzu lange an, das ist ja schrecklich.«[327] Am 26. Juli schreibt Unity aus Old Mill Cottage an Diana, dass Lord Redesdale noch immer fuchsteufelswild sei: »Erstens weil sein Auto eine Panne hatte und zweitens wegen meines Briefs an den *Stürmer.*«[328] Der *Gloucestershire Echo* berichtet just an diesem Tag ausführlich auf der Titelseite über Unitys Leserbrief,[329] weitere Zeitungen schließen sich an. Am meisten empört zeigt sich der *Jewish Chronicle*: »Wir müssen gestehen, dass wir bis zu dem Zeitpunkt, da sie diese unheilvolle Mitteilung gemacht hat, noch nie von Unity Mitford gehört hatten. Vermutlich geht es den meisten Leuten so. Wer ihre unverschämten Ergüsse liest, kann nur zu dem Schluss kommen, dass sie wohl vor allem ein Fall für traditionelle Disziplinierungsmaßnahmen ist, die man ungezogenen jungen Leuten angedeihen lässt [...]. Uns verblüfft, wie viel Aufmerksamkeit manche Zeitungen, die es eigentlich besser wissen sollten, dieser Sache widmen.«[330] Der *Chronicle* sieht in Unity nur »eine dieser verantwortungslosen jungen Gören, die alles tun, um ihren Namen in der Zeitung zu lesen«.[331] Wie der britische Geheimdienst erfährt, rät Arnold Leese, der Führer der Imperial Fascist League, Unity in einem Brief vom 2. August, den *Jewish Chronicle* zu verklagen. Dies könnte ein öffentlichkeitswirksamer Schritt im Kampf gegen das Judentum sein.[332] Unity erhält eine Menge Zuschriften. Denjenigen, die sie zu ihren Ausfällen beglückwünschen – und das sind nicht wenige –, schreibt sie mit Freuden zurück.

In diese Phase der nationalen Erregung über Unitys Entgleisungen fällt die Veröffentlichung von Nancys neuestem Roman: *Landpartie mit drei Damen.* Sie hat eine Satire über die faschistische Bewegung verfasst, genauer gesagt über Unity und Oswald Mosley. Im Mittelpunkt stehen zwei Junggesellen, die auf der Suche nach einer wohlhabenden Frau sind. Ihre Wahl fällt auf Englands reichste Erbin, Eugenia Malmains, eine fanatische Anhängerin des faschistischen Union Jack Movement. Im kleinen Chalford, wo Eugenia mit ihren Großeltern lebt, sich mit ihrer Nanny streitet und auf einem umgedrehten Waschzuber flammende Reden hält, ereignet sich allerlei Absurdes, ehe es am Ende zu einer Massenschlägerei zwischen den Union Jackshirts und der gefährlichen pazifistischen Gegenbewegung kommt. Hierbei beweist Eugenia so viel Tapferkeit, dass sie von Captain Jack, dem Führer der Faschisten, mit dem Parteiabzeichen Pelikan geehrt wird.

Lord und Lady Redesdale sind unschwer in Eugenias Großeltern zu erkennen. Der Lord schreibt in sein Exemplar: »Dieses Werk ist frei erfunden, und alle Figuren in diesem Buch entstammen der Phantasie der Verfasserin.« Dazu notiert er: »Verdammte Lüge.«[333] Unity ist für jeden ersichtlich Eugenia Malmains: »Der glatte Pagenkopf, die großen hellblauen Augen, der dunkle Teint, die wohlproportionierten Gliedmaßen und das ebenmäßige Gesicht in Verbindung mit einem gewissen Fanatismus in ihrer Gestik ließen sie wie eine moderne Johanna von Orléans erscheinen.«[334] Schon während der Niederschrift hat Nancy Unity angekündigt: »Das Buch über Dich wird ganz außergewöhnlich.«[335] Zunächst durchaus geschmeichelt, kommen Unity bald erste Zweifel: »Jetzt mal ernsthaft, zu diesem Buch. Ich habe von Muv ein bisschen darüber gehört, und ich warne Dich. Du kannst es *auf keinen Fall* veröffentlichen, also vergeude lieber nicht noch mehr Zeit damit. Denn wenn Du es veröffentlichst, könnte ich vom Erscheinungstag an *unmöglich* je wieder ein Wort mit Dir reden.«[336]

Was Nancy nicht begreift, ist der heilige Ernst oder auch der unheilige Fanatismus, mit dem Unity sich dem Faschismus verschrieben hat. Niemand, auch nicht die geliebte Schwester, darf sich darüber lustig machen, Nancy tut es trotzdem: »Heil! Meine Großmutter, diese elende alte Pazifistin, hat mich in meinem Zimmer eingesperrt. […] Sie misshandelt mich und trampelt auf mir herum, so wie Frankreich seit vielen Jahren Deutschland misshandelt und auf den Deutschen herumtrampelt. Das ist völlig bedeutungslos. Deutschland hat sich nun erhoben, und ich werde mich bald erheben, und meine Zeit wird blutrot heranbrechen. Furchtbar wird das Schicksal der Feinde des Sozialunionismus sein, die arme alte Frau soll nur aufpassen. Wir sehen uns morgen pünktlich um vier vor dem Schokoriegelladen.«[337] Dass Nancy ihre Schwester als vollkommen fanatisierte junge Frau mit einer Riesenbulldoge namens Reichshund porträtiert, birgt einiges Konfliktpotenzial. Dabei ist Unity eigentlich gar nicht schlecht getroffen. Wie sich einem Brief Jessicas an Diana aus dem Juni 1935 entnehmen lässt, ist ihre Schwärmerei wirklich ziemlich verrückt. »Du hast es so gut, Du warst in Deutschland und hast meine verhasste Boudle gesehen. Hat sie Dir berichtet, dass sie den Führer gesehen hat? Sie schreibt ›Er‹ mit großem ›E‹, als ob sie über Jesus oder Gott schreiben würde. Aber ich liebe meine Boud dennoch.«[338]

Obwohl Nancy sich durch ihren Spott im Roman klar vom Faschismus distanziert, versucht sie ihre faschistischen Schwestern doch in Sicherheit zu wiegen. Sie bietet Diana sogar an, das Manuskript vorab zu lesen, auf Anraten ihres Mannes: »Peter meint, ich könne eine Bewegung wie die BUF nicht unter ihrem Namen in einem Roman behandeln, deshalb nenne ich sie Union Jack Movement, die Mitglieder tragen Union Jackshirts, und ihr Chef heißt Colonel Jack. Aber ich werde Dir das Buch vor Erscheinen zur Überarbeitung geben, denn obwohl es sehr profaschistisch ist, sind doch ein oder zwei Witze drin, bei denen Du besser als ich entscheiden kannst, ob sie ehrenrührig für den Leader sind.«[339] Diana und Mosley, der seine Darstellung alles andere als komisch findet, verlangen umfassende Änderungen und warnen Nancy eindringlich davor, die faschistische Idee zu desavouieren. Alles, worüber sie sich lustig mache, die schwarzen Hemden, die Lieder, die Aufmärsche, diene der Identifikation mit einer noch jungen Bewegung.

Daraufhin streicht Nancy einige Passagen – vor allem die Captain Jack betreffenden. Die über Hitler aber bleiben drin. »Ich verstehe nichts von Politik, aber ich bin sicher, Hitler ist ein wunderbarer Mann. Hat er den deutschen Frauen nicht verboten, im Büro zu arbeiten, und ihnen versprochen, dass sie sich, abgesehen von den Blumenarrangements, nie wieder um irgendetwas Sorgen machen müssen? Wie sie ihn lieben müssen!«[340] An Diana schreibt sie: »Jetzt überleg mal. Ein Buch dieser Art kann doch der Bewegung gar nicht schaden. Ehrlich, wenn ich im Entferntesten befürchten würde, dass es den Leader auch nur um eine halbe Stunde zurückwerfen könnte, hätte ich es verschrottet oder gar nicht erst geschrieben. [...] Ich behaupte immer noch, dass es eher pro- als antifaschistisch ist. Die weitaus netteste Figur im Buch ist eine Faschistin, und die anderen werden alle viel netter, sobald sie der Bewegung beigetreten sind.«[341] Unity erreicht folgender Brief von Nancy: »Bitte lies das Buch nicht, wenn es Dich gegen mich verhärtet. Jedenfalls ist Eugenia die einzig liebenswerte Person darin. [...] Bitte denk daran! Ach meine Liebe, bitte schreib mir einen netten und nichthartherzigen Brief und sag, dass es Dir gar nicht so viel ausmacht, wie Du erwartet hast, dass es Dir eigentlich gut gefällt, dass es nach *I face the Stars* Dein Lieblingsbuch ist, dass Du es noch lieber hast als *Mein Kampf.*«[342]

Unity schreibt nicht zurück. Für den Moment scheint es, als würde John Betjeman mit seiner Prophezeiung recht behalten: »Ich vermute, zwischen Unity Valkyrie und Ihnen ist es nun aus.«[343] Auch wenn sich vieles wieder einrenkt, Nancy wird die Einzige aus der Familie sein, die Unity nicht in Deutschland besucht. Diana stellt für die nächsten Jahre jeglichen Kontakt zu Nancy ein, Oswald Mosley verbietet ihr gar das Haus. Nach dem Krieg wird Nancy selbst eine Neuauflage ihres Romans verhindern: »*Landpartie mit drei Damen* ist nicht schlecht geschrieben, aber [eine Neuauflage] ist dennoch absolut unmöglich. Es ist seither so viel geschehen, dass Witze über die Nazis nicht mehr komisch, sondern nur noch geschmacklos wirken«, schreibt sie an Evelyn Waugh.[344] In den dreißiger Jahren hingegen hält sie Humor noch für eine ausgezeichnete Waffe. Wenige Wochen vor ihrem Zerwürfnis schreibt sie an Unity: »Übrigens, gehst Du nicht bald ins Ausland, nach England? Gut, dann brauche ich mir nicht die Mühe zu machen, Dir diesen Brief in das hässliche Land der Blutbäder zu schicken, und spare außerdem einen Penny. Irgendjemand namens Himmler oder so ähnlich hat uns zu sich eingeladen. Fahrkarten und alles andere würden bezahlt, aber wir können nicht hinfahren, weil wir dann in den Ferien in Venedig und an der Adria sind. Ich vermute, er hat mein Buch gelesen und möchte nun zusammen mit der witzigen Autorin lachen. Er wollte uns sogar ein Konzentrationslager zeigen. Und warum? Damit ich ein lustiges Buch darüber schreiben kann.«[345] Im Mai 1937 wird Nancys Mann Peter Rodd beinahe einen Skandal heraufbeschwören, als er eine Einladung des deutschen Botschafters mit einem auf Jiddisch verfassten Brief absagen will. In letzter Sekunde entdeckt Nancy den Brief: »Ich habe den Brief abgefangen, weil ich so charakterschwach bin und nicht gefoltert werden will, wenn die Deutschen uns erobert haben.«[346]

Am 8. August 1935 feiert Unity in München ihren 21. Geburtstag. Auch Nancy gratuliert: »Ich hoffe, Du bekommst viele schöne Geschenke. Ich lege diesen kümmerlichen Scheck bei, damit Du Dir selbst ein hübsches kleines Naziabzeichen kaufen kannst.«[347] Ein paar Tage später taucht Micky Burn in München auf, Unitys Freund aus Londoner Tagen. Der 23-jährige Journalist hat vor kurzem eine Delegation der profaschistischen British Legion, die gerade von einem Berlin-Besuch zurückgekehrt war, für den *Gloucester Citizen* interviewt. Begeistert hat man ihm von Hitlerdeutschland berichtet: neue Straßen, neue Jobs, neues Selbstbewusstsein. Burn wendet sich nun an Unity, in der Hoffnung, sie werde ihm den Weg zu Hitler ebnen. Die Briefe an seine Eltern zeigen, wie angetan Burn schon bald vom Nationalsozialismus ist und wie die Beziehung zwischen Hitler und Unity mittlerweile wahrgenommen wird: »Bobo Mitford ist wirklich großartig und so nett. Die Leute denken ganz im Ernst, dass sie Hitler […] heiraten wird. Aber weil sie ihn nicht gerne um einen Gefallen bittet, werde ich ihn durch sie wohl nicht kennenlernen.«[348]

Immerhin nimmt Unity Burn mit in die Osteria Bavaria: »Bobo und ich speisen jeden Mittag in dem Restaurant, in dem auch Hitler isst. Sein Vertreter für ausländische Journalisten sagte mir, es sei das Beste, einfach zu ihm rüberzugehen und ihn anzusprechen. Er mag Engländer.«[349] Am 26. August 1935 fasst er sich ein Herz: »Es hat sich nun doch gelohnt, meinen Urlaub zu verlängern, ich habe Hitler kennengelernt. Er aß in demselben Restaurant zu Mittag wie Unity und ich, und da bin ich zu ihm hingegangen und habe ihm auf Deutsch gesagt, dass er bei den jungen Leuten in England sehr populär sei. Er dankte mir und erzählte Unity Mitford später, er habe mich als sehr angenehm empfunden. […] Sie sagte ihm, sie habe mir verboten, ihn einfach anzusprechen, aber er erwiderte, er sei froh darüber. Er habe ein signiertes Bild für mich und würde mich gerne noch mal sehen. Und so kam ich zu einer Einladung für den Reichsparteitag in Nürnberg.«[350]

Anfang September begegnet Burn erneut dem »Führer«: »Was habe ich diese Woche doch für aufregende Dinge erlebt … abgesehen davon, dass ich Hitler zum zweiten Mal getroffen habe und er mir mein Exemplar von *Mein Kampf* signiert hat. (Es ist noch am selben Tag durch ein Loch in meinem Wagen gefallen, ich habe es nie wiedergesehen.) Ich fragte, ob ich eine Gegendarstellung zu einem berüchtigten Anti-Nazi-Buch verfassen könnte. Es heißt *Ich war Hitlers Gefangener* und ist als Fortsetzungsgeschichte im *Sunday Express* erschienen. Die politische Polizei gab mir ein Exemplar, mit einem Sonderstempel versehen, denn das Buch ist in Deutschland verboten. Ich darf es niemandem zeigen; und ich bekam auch eine Sondergenehmigung, die Gefängnisse zu besuchen, über die der Autor schreibt.«[351] *Ich war Hitlers Gefangener* stammt aus der Feder des ungarischen Fotografen Stefan Lorant. Lorant war viele

Jahre Chefredakteur der *Münchner Illustrierten Presse*, ehe er im März 1933 in »Schutzhaft« genommen wurde. Er durchlitt die Haft im berüchtigten Polizeigefängnis in der Ettstraße 2 und wurde anschließend nach Stadelheim verbracht. Auf Druck der ungarischen Regierung wurde er im September 1933 freigelassen. Lorant floh nach London, wo er seine Hafterlebnisse 1935 in dem international erfolgreichen Buch *Ich war Hitlers Gefangener* publik machte.[352]

Anfang September 1935 besucht Micky Burn das Konzentrationslager Dachau – und bleibt trotzdem ein glühender Anhänger des Nationalsozialismus: »Meine Mischung aus Ignoranz, Blindheit und halbkriminellem Wohlwollen, losgelassen auf eine Welt der systematisch organisierten Lüge, machte aus mir ein willfähriges Werkzeug«, erinnert er sich Jahrzehnte später. »Ich hatte mich entschlossen zu glauben, dass die Konzentrationslager Teil von Hitlers Lösung der Arbeitslosenfrage waren.«[353] Nach seinem Besuch im KZ geht er in die Oper und hört Mozart. Auch die Zustände in Stadelheim und im Polizeigefängnis in der Ettstraße, im Volksmund »Mörderzentrale« genannt, lassen Burn kalt. Unity begleitet ihn; und obwohl die beiden dort mit jungen Frauen sprechen, die wegen »Rassenschande« inhaftiert sind, ändern sie ihre Meinung über Hitler nicht. Im Gegenteil, Unity unterrichtet die Eltern umgehend davon, wie anständig die Gefangenen hier behandelt würden. Dass eine der Inhaftierten geglaubt hat, Unity sei ebenfalls wegen »Rassenschande« hier, findet die zum Totlachen.[354]

Vom 6. bis 9. September 1935 sind Diana und Unity Streichers Ehrengäste beim Kongress der NSDAP-Auslandsorganisation im Kolosseum in Erlangen. Hier lernen die beiden eine weitere Grande Dame des »Dritten Reiches« kennen: Leni Riefenstahl. Der *Fränkischen Tageszeitung* zufolge stellt Streicher die Schwestern als Töchter eines englischen Lords vor, »die sich zur Bewegung Mosley bekennen und die auch zu uns Nationalsozialisten gefunden haben, weil ihnen ihr Blut sagte, dass wir zusammengehören«.[355] Ein großes Foto zeigt Unity am Ehrentisch Streichers, umringt von fränkischer NS-Prominenz. Im Anschluss reisen die Schwestern weiter nach Nürnberg, um zusammen mit ihrem Bruder einer Aufführung der *Meistersinger* beizuwohnen. Auch Hitler ist bei der von Wilhelm Furtwängler dirigierten Wagner-Oper anwesend. Einen Tag später beginnt der Reichsparteitag. Hier sitzen Diana, Unity, Tom und Micky Burn in unmittelbarer Nähe Hitlers. Burn erinnert sich: »Sie und ihre Schwester Diana Guinness [...] waren Ehrengäste. Es hieß, Göring habe die beiden als das Idealbild der deutschen Frau bezeichnet. Sie schienen fast zu perfekt, um wahr zu sein, man hätte sie glatt für Requisiten halten können. Groß, strohblond und mit kornblumenblauen Augen, spiegelten ihre perfekt gerundeten Gesichter eine gelangweilte Überlegenheit wider. Sie schlenderten durch die Lobbys der Nobelhotels wie zwei Karyatiden außer Dienst.«[356] Bei ihnen sind Putzi Hanfstaengl und Sigismund-Sizzo Fitz Randolph von der Deutschen Botschaft in London, eine Delegation der BUF und erstaunlich viele germanophile Engländer wie der naturalistische Schriftsteller Henry Williamson, Autor des weltweit erfolgreichen Kinderbuchs *Tarka der Otter*. Williamson steht politisch rechts außen und hat in den vergangenen Monaten versucht, seinen Freund Lawrence von Arabien für ein Treffen mit Hitler zu gewinnen. Er war davon überzeugt, dass Hitler und T. E. Lawrence vereint ihre Völker zur Verständigung führen könnten. Am 13. Mai 1935 gibt Lawrence ein Telegramm auf, in dem er ein Mittagessen mit Williamson in der Nähe von Bovington Camp bestätigt.[357] Auf dem Rückweg vom Postamt verunglückt er mit seinem Motorrad. Sechs Tage später stirbt Lawrence von Arabien. Worüber er mit Williamson sprechen wollte, weiß niemand, Williamson beharrt darauf, es habe sich um ein Treffen mit Hitler gehandelt. Der irische Journalist John Heygate, in den zwanziger Jahren einer der Bright Young People und Scheidungsgrund für Evelyn Waugh, dessen Exfrau nun Heygates Frau ist, sitzt ebenfalls bei den Schwestern. Unter dem Namen John Beaver wird er in Waughs Roman *Eine Handvoll Staub* Literaturgeschichte schreiben.[358] Heygate war Nachrichtenredakteur der BBC, ehe ihn der Scheidungsskandal 1929 den Job kostete. Seit 1932 arbeitet er im Auftrag der Gaumont-British Picture Corporation bei der UFA in den Potsdamer Babelsbergstudios. Über den Reichsparteitag 1935 schreibt er: »So, jetzt sind wir endlich an unserem Platz. Rechter Gang, ganz oben rechts [...], aber mit einem unverstellten Blick nach vorn und fast direkt hinter der Bühne, auf der der Führer sprechen wird. [...] Mir fällt Unity Mitford auf, der Prototyp der nordischen Blonden. Sie ist eine Verehrerin des Führers. Daneben ihre Schwester Diana, die in meinen Augen noch besser und noch nordischer aussieht. Sie wird ihre jüngere Schwester übertrumpfen, weil sie wirklich einen Führer heiraten wird, und zwar unseren englischen Führer Oswald Mosley. [...] Es ist amüsant zu beobachten, wie die englischen Gäste herbeiströmen, um Hitler und seine Show zu sehen, ganz so, als wäre es die Parade des Lord Mayor oder die Chelsea Flowershow und nicht eine Zurschaustellung militärischer Stärke, die in erster Linie der Rehabilitierung Deutschlands dienen soll.«[359]

Der in Oxford lehrende amerikanische Prediger Frank Buchman, Führer der Oxford Group, einer christlichen Erweckungsbewegung, aus der 1938 die Vereinigung »Moralische Aufrüstung« (MRA) hervorgehen wird, die mit Gottes Hilfe die Welt retten will, sitzt ebenfalls bei Unity und ihren Freunden. Der fanatische Antikommunist äußert 1936 in einem Interview: »Ich danke dem Himmel für einen Mann wie Adolf Hitler, der eine Verteidigungsfront gegen den Antichristen Kommunismus errichtet hat.«[360] Männer wie Hitler und Mussolini könnten die Welt retten, ließen sie sich von Gott lenken. Nach dem Krieg erwirbt Buchman für seine einflussreiche Organisation, die Kritiker als Sekte bezeichnen, einen Komplex im schweizerischen Caux. 1952 wird der Anführer der »Heilsarmee im Zweireiher« mit dem Großen Verdienstkreuz der Bundesrepublik Deutschland ausgezeichnet; zwei Jahre später ist er dem *Spiegel* gar ein Titelbild wert.[361] Diana, die die Oxford Group

1937 bei sich empfängt, hält Buchman und die Seinen allesamt für Spinner. Vor allem ärgert sie Buchmans Anmaßung: »Was mich am meisten aufregt, ist, dass alle darauf herumreiten, dass Frank in der Öffentlichkeit gesagt hat, er danke Gott für Adolf Hitler. Sie tun so, als ob es wahnsinnig mutig gewesen wäre, so etwas zu sagen, und außerdem ein riesiges Kompliment für den Führer.«[362] Auch Unity, die Buchman 1937 bei einem Osterbrunch in Erna Hanfstaengls Wohnung wiedersieht, ist nicht sonderlich beeindruckt. Nicht im Traum denkt sie daran, ihn Hitler vorzustellen.

Auf dem »Reichsparteitag der Freiheit« erfahren die Mitfords und alle Anwesenden von den geplanten Nürnberger Gesetzen, der juristischen Grundlage für die Diskriminierung und Verfolgung deutscher Juden. Mit dem Gesetz »Zum Schutz des deutschen Blutes und der deutschen Ehre« wird nicht nur die Eheschließung, sondern auch der außereheliche Geschlechtsverkehr zwischen Juden und Nichtjuden verboten. Dagegen zu verstoßen heißt, »Rassenschande« zu begehen, und wird schwer geahndet. Zudem wird Juden untersagt, weibliche »arische« Hausangestellte unter 45 Jahren zu beschäftigen Mit dem »Reichsflaggengesetz« wird die Hakenkreuzfahne Reichsflagge. Es ist Juden verboten, sie zu hissen. Das »Reichsbürgergesetz« teilt Bürger in Reichsbürger und Staatsbürger ein. Einzig »Staatsangehörige deutschen oder artverwandten Blutes« sind Reichsbürger und genießen vollumfängliche Bürgerrechte. Während sogenannten »jüdischen Mischlingen« zumindest eine vorläufige Reichsbügerschaft sowie das Wahlrecht gewährt wird, sind Juden von nun an ohne politische Rechte und dürfen kein öffentliches Amt bekleiden.[363] Noch während des Reichsparteitages beschließt der telegraphisch nach Nürnberg gerufene Reichstag am 15. September einstimmig die Annahme des Gesetzes. Micky Burn schreibt später: »Diese Gesetze, das Vorspiel dessen, was in den Gaskammern vollendet wurde, stellte Hitler in einer Rede vor, die ich überhörte. Blind und taub durch die Paraden, das ganze Sieg-Heil-Gebrülle, die Schauflüge der neuen Luftwaffe [...]

und die schier wahnsinnige Euphorie einer ganzen Nation, die glaubte, endlich wieder wer zu sein, schienen mir die Nürnberger Gesetze in meinen Briefen nach Hause nicht der Rede wert.«[364] Nach dem Reichsparteitag schreibt Burn an seinen Vater: »Lieber Daddy, der Reichsparteitag war absolut einmalig. Ich saß unmittelbar hinter Hitler, als er seine großen Reden hielt. Was ich Dir alles erzählen muss, passt nicht in einen Brief, es ist viel zu politisch.«[365] Dass Burn nicht konkreter wird, hat gute Gründe: »Einer aus der britischen Gruppe hat mich vor der Freundschaft mit Unity gewarnt. Nicht nur dass Hitlers deutsche Entourage, darunter Eva Braun, ziemlich eifersüchtig auf sie sei, beim Geheimdienst und der Sicherheitspolizei hielten einige sie gar für eine Spionin. Sie werde observiert. Ich bemühte mich daraufhin, nichts Verdächtiges zu schreiben und meine Schilderungen auf die Ästhetik des Parteitages zu beschränken. Groß verstellen musste ich mich nicht, die Propaganda wirkte auch bei mir.«[366]

Im Anschluss an den Reichsparteitag fährt Unity an den Chiemsee zum Segeln. Kurz darauf trifft ihre zweitälteste Schwester Pamela in München ein. Nach einer Stippvisite im Juni 1935 ist sie schon zum zweiten Mal hier. Seit sie Ende 1934 die Biddesden-Farm aufgegeben hat, reist sie kreuz und quer durch Europa. Unity stellt ihre Schwester, die unerschütterlich an die Gleichheit der Geschlechter glaubt, Hitler vor. Pam ist nicht beeindruckt: »Ziemlich gewöhnlich, wie ein Bauer in einem alten khakifarbenen Anzug.«[367] Nachdem Jessica zu den Schwestern gestoßen ist, besuchen die drei gemeinsam das Oktoberfest und ein Fest im Braunen Haus, das die Salonkommunistin Jessica offensichtlich ohne Protest über sich ergehen lässt. Größeren Protest erntet bei Unity der Vorschlag der Eltern, gemeinsam vier Monate nach Paris zu gehen: »Das Einzige, was mich ein wenig aufmuntert, ist die Vorstellung, dass ja vielleicht während unseres Aufenthalts in Paris eine Revolution ausbricht.«[368]

Anfang Oktober erkrankt Unity schwer. Ihr treuer Begleiter Erich Widmann kümmert sich liebevoll um sie. Als er München aus beruflichen Gründen verlassen muss, reist Lord Redesdale an. Mit dem Taxi holt er höchstpersönlich Unitys Lieblingssuppe aus dem Regina-Palast-Hotel. Ob es die Suppe oder die gute Pflege war – am 21. Oktober ist Unity fit genug, den Vater nach Berlin zu begleiten. In ihren Briefen nach Hause bekennt sie, ihr Vater sei so britisch, dass sie sich manchmal seiner schäme.[369] Gleichwohl kommt es am 24. Oktober zu einem Treffen mit Hitler in der Reichskanzlei, bei dem auch Joseph und Magda Goebbels zugegen sind. Wie sich Goebbels' Tagebuch entnehmen lässt, sind die Gespräche höchst politisch und hinsichtlich der angeblich profaschistischen Stimmung in England sehr informativ.[370] Unity schreibt anschließend an ihre Mutter: »Ich denke, der Führer mag Forge. [...] Er hat sich ausgeschüttet vor Lachen, als ich ihm sagte, dass Forge sich eigentlich nur fürs Schlittschuhlaufen interessiert.«[371] Unity besucht mit Magda Goebbels und Joseph Goebbels' Schwester Maria die Oper und diniert in der Britischen Botschaft mit Joachim von Ribbentrop. Henriette von Schirach, die Gattin des Reichsjugendführers, erinnert sich: »Unity gehörte zum engen Kreis um Hitler. [...] Sie wurde in der Berliner Gesellschaft herumgereicht, erlebte den Opernball und den Reichskanzleiempfang. [...] Alles interessierte sie. Sie war eine der bewundertsten Frauen bei Hitlers Empfängen.«[372]

Vor diesem Hintergrund sitzt sie die bevorstehende Parisreise auf einer Backe ab. An ihren Eltern rächt sie sich, indem sie behauptet, sie habe sich in Dolly Wilde verliebt, die in Paris lebende lesbische Nichte Oscar Wildes.

Lord und Lady Redesdale haben nun beide Hitlers Bekanntschaft gemacht und sind höchst angetan. »Nancy meinte boshaft, die Alten seien schlicht und einfach durch Schmeichelei gewonnen worden«, erinnert sich Jessica. »Die Nazis hatten sie das erste Mal in ihrem Leben als wichtige Persönlichkeiten behandelt, weil sie eine vollkommen falsche Vorstellung vom politischen Einfluss solch obskurer englischer Provinzadeliger hatten.«[373] Lady Redesdale sieht ihre strengen Ernährungsregeln durch den Vegetarier Hitler bestätigt, während Lord Redesdale sich darüber freut, dass Hitler das englische Schul- und Justizsystem und die britische Armee schätzt. Nach seiner Rückkehr hält der Lord zur Verblüffung der übrigen Peers deutschfreundliche Reden im Oberhaus und tritt der Anglo-German Fellowship bei. Unity avanciert zum Liebling der Eltern und ist darüber überglücklich.

Während sich Unity im Oktober 1935 – unbehelligt von der Invasion Mussolinis in Abessinien – mit Freunden und Familie in Berlin und Paris vergnügt, sorgt Diana in London für Aufregung. Bei einer antifaschistischen Kundgebung am 27. Oktober im Hyde Park reckt sie die Hand zum Hitlergruß. Einzig zwei vorbeieilenden BUF-Männern verdankt sie, dass sie nicht an Ort und Stelle verprügelt wird. Während sich die Briten noch recht handgreiflich gegen die Ausbreitung des Faschismus zur Wehr setzen, reagiert der Völkerbund im Oktober 1935 auf den italienischen Eroberungskrieg in Ostafrika einzig mit einer Kredit- und Rohstoffsperre.

Im Dezember ist Unity zurück in München. Sie wohnt jetzt in der Pension Döring in der Ludwigstraße 17b. Von ihrem Zimmer aus blickt sie direkt auf das Siegestor. Sie ist begeistert von der vorweihnachtlichen Stimmung: »München sieht wunderbar aus, alles ist verschneit und der Himmel strahlend blau [...]. In den Straßen stehen riesige geschmückte Weihnachtsbäume. Ich bin so glücklich, wieder hier zu sein.«[374] Auf dem Krippenmarkt in der Innenstadt ersteht sie Figuren der Heiligen Drei Könige. Das schönste Geschenk aber erhält sie aus Hitlers Händen. Er überreicht ihr eine spezielle Hakenkreuzbrosche und macht sie, die als Ausländerin nicht Mitglied der NSDAP werden kann, zu einer Art Ehrenmitglied. Sie hatte ihm erzählt, dass sie in Berlin für das Tragen eines NS-Abzeichens beschimpft worden war. Wie Diana berichtet, sorgt der »Führer« nun selbst für Klarheit: »Er zog ein kleines Päckchen aus der Tasche und sagte zu ihr: ›Wenn sich wieder jemand über Ihr Abzeichen beschwert, nehmen Sie es bitte ab und zeigen die

Rückseite.‹«[375] Hitler verleiht diese besondere Ausführung des Parteiabzeichens mit seiner faksimilierten Unterschrift auf der Rückseite ganz nach Gutdünken – für die junge Engländerin eine hohe Auszeichnung.

Am 23. Dezember speist Unity mit Hitler und dem Boxer Max Schmeling in der Osteria Bavaria, ehe sie zu einem Ball im Kinderkrankenhaus aufbricht. Als sie am Heiligabend mit Einkäufen bepackt ihr Pensionszimmer betritt, wartet die nächste Überraschung auf sie: »Ich fand in meinem Zimmer einen wunderschönen Weihnachtsbaum, herrlich geschmückt, mit vielen Kerzen. Darunter stand ein riesiger Geschenkkorb mit Pralinen, Plätzchen, Kuchen, Obst und Nüssen. Es lag eine Karte dabei [...], auf der stand: ›Frl. Unity Mitford. Frohe Weihnachten und ein gutes neues Jahr wünscht Ihr Adolf Hitler.‹«[376] Mit Erich Widmann, Mary Woodisse und deren Freund stößt Unity unter Hitlers Christbaum mit Champagner auf die Feiertage an.

Während sich Kurt Tucholsky aus Verzweiflung über die politische Entwicklung in seiner Heimat vier Tage vor Weihnachten im schwedischen Exil umbringt, fällt Unitys Rückblick auf das Jahr 1935 durchweg positiv aus. Jessica Mitford hingegen, die sich ausmalt, wie sie nach Deutschland reist, um Unity zu besuchen, und so ganz nebenbei Hitler erschießt, sieht das Dunkel, das sich langsam ausbreitet: »Ich liebte Boud immer noch, wegen ihrer riesenhaften, glitzernden Persönlichkeit, wegen ihrer seltenen Exzentrizität, wegen ihrer Loyalität mir gegenüber, die sie sich trotz der nunmehr sehr realen Differenzen bewahrte. Wenn ich darüber nachdachte, hatte ich das traurige, unruhige Gefühl, dass wir irgendwie von einer großen Flutwelle, über die wir keine Macht hatten, erfasst und getrennt wurden; dass von fern ein kalter Schatten nahte, der sich eines Tages auf uns senken würde.«[377]

»Das Mitford Girl, wie man sie
in Berlin und München nennt,
ist mehr Nazi als die Nazis selbst.«

Britischer Geheimdienst, 23. März 1937

VII.

»Nach der Olympiade schlagen wir die Juden zu Marmelade.«

Nationalsozialismus in Bonbonpapier

Historiker betrachten das Jahr 1936 als die entscheidende Phase im Umgang mit dem Faschismus. Nicht nur dass Hitlers Expansionspläne zum ersten Mal deutlich zutage treten, im Rückblick scheint es tatsächlich das Jahr gewesen zu sein, in dem ein entschlossenes Handeln der Westmächte dem Faschismus hätte Einhalt gebieten können.

In München beginnt das Jahr wie immer: Es ist Fasching und Unity mittendrin, bis sie am 20. Januar die Nachricht vom Tod George V. erhält. Ganz britische Patriotin, stellt sie sämtliche Vergnügungen umgehend ein und trägt Trauerflor. Die Post jener Tage erledigt sie auf schwarz umrandetem Briefpapier. Auf dem Weg ins Britische Konsulat, wo sie sich ins Kondolenzbuch eintragen will, stellt sie mit Freuden fest, dass ihre Wahlheimat die Flaggen auf Halbmast gesetzt hat. Die hiesigen Zeitungen versichern England feierlich der Anteilnahme des deutschen Volkes.

Die Festlichkeiten zum dritten Jahrestag der »Machtergreifung« verfolgt Unity aus nächster Nähe. Sie bestaunt die Paraden am

Königsplatz und lauscht im Radio Hitlers Ansprache. Ihre Kontakte zur Führungsriege der Nationalsozialisten sind unvermindert rege. Nach einem Mittagessen mit Hitler in ihrer beider Stammlokal schreibt sie an Diana: »Er sprach über England und Deutschland und sagte, in höchstens zwei Jahren werde die deutsche Armee die stärkste nicht nur Europas, nein, der ganzen *Welt* sein. Ist das nicht wunderbar? Und er sagte, mit Hilfe der deutschen Armee und der englischen Navy könnten unsere Länder die ganze Welt beherrschen. Oh, wenn das doch nur wahr würde. Der Freundschaft zwischen unseren beiden Staaten wenigstens ein bisschen auf die Sprünge zu helfen wäre jedes Opfer wert.«[378] Nach dem Essen lädt Hitler Unity für den 9. Februar zum Tee ein, und nur zwei Tage später notiert Joseph Goebbels in sein Tagebuch: »Nachmittags Führer. Kaffee. In seiner Wohnung. Mit Lady Mitford. Er expliziert sein Verhältnis zu den Kirchen, selten klar und plastisch. Er denkt grundsätzlich. Genuss, ihm zuzuhören.«[379]

Hitlers Vertrauen in Unity scheint sich zu vertiefen. Die Einladungen in die Prinzregentenstraße nehmen zu und zur Überraschung aller auch die Offenheit, mit der Hitler im Beisein der 22-jährigen Engländerin politisiert. Die glaubt bald, in völliger Fehleinschätzung ihres politischen Einflusses, bei der Umsetzung eines Bündnisses zwischen Deutschland und England eine entscheidende Rolle spielen zu können, und betrachtet es als ihre Aufgabe, Hitler auch vor dem einen oder anderen Besucher aus England zu warnen: »Er hat mir erzählt, dass Lord und Lady Londonderry und ihre jüngste Tochter ihn letzte Woche in der Reichskanzlei besucht haben. Ich fühlte mich verpflichtet, ihn darüber aufzuklären, wie entsetzt ich bin, dass er solche Leute empfängt. Er werde bald herausfinden, dass alle seine wahren Anhänger in England hinter Gittern sitzen. [...] Er muss wirklich sehr schlecht beraten sein [...]. Besuche sollten denen vorbehalten sein, die [...] sich für seine Sache einsetzen oder ihn zumindest aufrichtig lieben. [...] Wir sprachen ausführlich darüber, und er schien es auch zu verstehen.«[380] Unity traut Londonderry nicht. Sie hält ihn für einen typischen Vertreter der britischen Konservativen, die, wenn's hart auf hart käme, nicht dem Nationalsozialismus, sondern England den Vorzug geben würden. Dass der Reichskanzler auf Unitys Meinung einigen Wert zu legen scheint, gefällt nicht jedem: »Hitler war ziemlich leicht zu beeinflussen«, erinnert sich Albert Speer. »Wenn die Mitford seine Aufmerksamkeit also auf irgendetwas lenkte, konnte er ziemlich wütend werden. Es war dann ein gewaltiger Aufwand nötig, um die Wogen wieder zu glätten.«[381] Allerdings glaubt Speer, dass Hitler seinerseits Unity instrumentalisierte, um gewisse Informationen zu lancieren: »Es war schon erstaunlich, dass jemand, der nicht aus Deutschland war, so nahe an Hitler herankam. Sie erfuhr eine Menge Parteiinterna und hatte detaillierte Kenntnisse über seine politischen Ziele. Hitler hielt mit seinen Gedanken nicht hinterm Berg, […] aber ich glaube, seine Offenheit war wohlkalkuliert. Er verriet Geheimnisse in dem Bewusstsein, dass Gerüchte kursieren würden.«[382] Darüber ob Unity wirklich so eine Plaudertasche ist, gehen die Meinungen auseinander. Manche glauben, sie erzähle alles, was sie von Hitler erfährt, brühwarm weiter, um sich wichtigzumachen. Andere erleben eine junge Frau, die gerade Journalisten gegenüber sehr zurückhaltend ist. Unity Mitford ist nicht dumm. Liest man die Interviews, die sie in jenen Tagen gibt, aufmerksam durch, fällt auf, dass sie außer einer fast mantrahaften Hitlerverehrung keinerlei politische Informationen enthalten. Aufklärung will sie dennoch leisten. Sie trägt sich ernsthaft mit dem Gedanken, eine gekürzte, englische Version von *Mein Kampf* zu publizieren, um ihren Landsleuten Hitlers Thesen näherzubringen.[383]

Auch die Verbindung zur Familie Goebbels intensiviert sich in diesen Monaten. Am 10. Februar 1936 speist Unity mit den Goebbels und Hitler im Hotel Vier Jahreszeiten in München zu Mittag, ehe sich die kleine Gesellschaft auf eine Besichtigungstour zum neubebauten Areal Königsplatz begibt. Ganz stolzer Bauherr, übernimmt Hitler die Führung. Wie Prinz zu Schaumburg Lippe berichtet, ist Unity jetzt auch oft in Berlin anzutreffen: »Unity war häufig bei den Goebbels in Schwanenwerder. Goebbels mochte sie, auch wenn er stets betonte, dass sie eigentlich eine Freundin seiner Frau sei. Unity stand Magda sehr nahe. Die beiden gingen einkaufen, ins Kino, in die Oper oder einfach nur spazieren. Sie blieb meist übers Wochenende, manchmal auch für längere Zeit. Besonders nett war sie zu den Goebbels-Kindern; mit denen hat sie oft gespielt. Sie war unterhaltsam und lustig und fühlte sich dort wie zu Hause.«[384]

Anfang Februar 1936 trifft Unity sich in München mit William Somerset Maugham zum Dinner. Der schon damals weltberühmte englische Schriftsteller fühlt sich München noch immer verbunden, obwohl man hier im Mai 1933 auch seine Bücher verbrannt hat. Jahr für Jahr reist er zum Fasching an und logiert immer im Vier Jahreszeiten, wohin er Unity nun einlädt. Sein Privatsekretär Alan Searle erinnert sich, dass an diesem Abend ausschließlich über die Familie gesprochen wurde und Hitler kein Thema war.[385] Auch die englische Debütantin Diana Quilter begegnet Unity in diesem Winter in München, durch Vermittlung ihrer bayerischen Freundin Anna Montgelas: »Mit Unity konnte man viel Spaß haben, sie war sehr großzügig und ganz besonders nett zu mir. Einmal hatte ich ihr ein Buch geliehen, und sie hat es mir zurückgebracht, als sie gerade auf dem Weg zur Winterolympiade war. Anna und ich saßen gerade beim Frühstück, als sie hereinstürzte: ›Beeilt Euch!‹, sagte sie. ›Ich habe die komplette deutsche Regierung dabei.‹ Draußen stand eine Flotte von schwarzen Mercedes-Limousinen – sie fuhr mit den Goebbels im ersten Wagen.«[386] Wie selbstverständlich ist Unity bei den Eröffnungsfeierlichkeiten in Garmisch-Partenkirchen dabei. Als begeisterte Wintersportlerin dürften ihr die Wettbewerbe gut gefallen haben.

Nach dem Ende der Spiele reist sie nach Berlin. Wieder wohnt sie bei den Goebbels auf Schwanenwerder und ist bei einem Empfang im Propagandaministerium zugegen. Fast täglich trifft sie

Hitler zum Lunch. Am Ende ihres zehntägigen Aufenthalts reist sie im »Führerzug« zurück nach München. Hier verbringt sie den Rest des Faschings in Begleitung von SA-Stabschef Viktor Lutze,[387] ehe sie für einige Zeit nach England fährt.

Im Frühjahr 1936 gibt Hitler der Welt einen weiteren Vorgeschmack darauf, wie er künftig mit internationalen Vereinbarungen umzugehen beabsichtigt. Am 7. März marschieren Soldaten der Wehrmacht ins entmilitarisierte Rheinland ein und beginnen entlang der Westgrenze mit dem Bau von Befestigungsanlagen – ein eindeutiger Bruch sowohl mit dem Versailler Vertrag als auch mit dem Locarno-Pakt von 1925, in dem Außenminister Gustav Stresemann die Entmilitarisierung des Rheinlands ausdrücklich anerkannt hatte. So riskant dieser Schachzug auch ist – die Wehrmacht wäre nicht in der Lage, einem Gegenangriff der Westmächte standzuhalten –, Hitler wähnt sich in Sicherheit. Das faschistische Italien hat bereits im Vorfeld Duldung signalisiert, und Hitler setzt zu Recht darauf, dass die Franzosen ohne britische Unterstützung keinen Einmarsch wagen werden. Der amerikanische Starjournalist William L. Shirer schreibt an jenem Abend in Berlin in sein Tagebuch: »Warum sie nichts unternehmen, verstehe ich nicht. Sie sind mit Sicherheit der Reichswehr überlegen. Und wenn das so ist, könnte es für Hitler das Ende bedeuten. Er hat alles auf den Erfolg seiner Aktion gesetzt und würde es nicht überleben, wenn die Franzosen ihn mit einer Besetzung des westlichen Rheinufers demütigen.«[388] Doch Hitler, der zusichert, er stelle im Hinblick auf Elsass-Lothringen keine Gebietsforderungen, und zudem die Rückkehr Deutschlands in den Völkerbund in Aussicht stellt, kommt einmal mehr mit seinem rüden Aktionismus durch. Ihm hilft, dass viele Briten die Entmilitarisierung des Rheinlandes, wie sie im Versailler Vertrag auf Betreiben Frankreichs festgelegt worden war, ohnehin niemals als rechtmäßig betrachtet haben. Die Verurteilung Deutschlands vor dem Völkerbund erträgt man in Berlin mit Gelassenheit. Sonderbotschafter Ribbentrop rechtfertigt die Besetzung hier mit dem im Mai 1935 geschlossenen französisch-sowjetischen Beistandspakt, der wenige Tage zuvor von der französischen Nationalversammlung ratifiziert worden ist.

Mit der Reichstagswahl vom 29. März 1936 findet auch eine Volksabstimmung statt, die die Rheinlandbesetzung im Nachhinein legitimieren soll. Am selben Tag treffen Unity und Diana in Köln ein, wo Hitler zur Verkündung des Ergebnisses erwartet wird. Die Ladys beziehen Quartier im Dom Hotel, wo Hitler sie in der Lobby entdeckt und umgehend zum Tee einlädt, wie G. Ward Price, Korrespondent der *Daily Mail*, berichtet: »Sein Blick fiel auf die beiden Schwestern. Über sein Gesicht breitete sich ein Lächeln aus: ›Was, Sie beide hier?‹, rief er. ›Sie müssen einen Tee mit uns nehmen.‹«[389] Bester Laune spricht er Einladungen sowohl für die Olympischen Sommerspiele in Berlin als auch für die Wagnerfestspiele in Bayreuth aus. Price, der in den nächsten Tagen viel mit den Schwestern unterwegs ist, konstatiert: »Keine anderen Ausländer und auch nicht viele Deutsche genießen in dem Maße das Vertrauen Adolf Hitlers wie die Mitford-Schwestern. Nicht nur dass sie zu allen Großveranstaltungen der NSDAP und zu offiziellen Anlässen in die Reichskanzlei eingeladen werden, sie stehen auch in regem Kontakt mit ihm.«[390]

Als am Abend das Abstimmungsergebnis verkündet wird, läuten die Glocken des Kölner Doms. Der Prestigegewinn für Hitler ist immens. Er ist populärer denn je, hat erneut mit seiner Mischung aus Friedensrhetorik und Faktenschaffen Erfolg gehabt, was nicht zuletzt an der Uneinigkeit der Westmächte liegt, die er einmal mehr gegeneinander ausgespielt hat. Außerdem sind sowohl Frankreich als auch Großbritannien nach den traumatischen Erlebnissen des Ersten Weltkriegs um Friedenssicherung bemüht, und das um (beinahe) jeden Preis. Weder Hitlers Einmarsch im Rheinland noch der Krieg Mussolinis in Äthiopien, der am 9. Mai 1936 – nach dem Einsatz von Senfgas gegen die Zivilbevölkerung und der gezielten Bombardierung von Lazaretten des Roten Kreuzes und des Roten

Halbmondes – mit der Einnahme von Addis Abeba enden wird, führen zu einem gemeinsamen Vorgehen gegen den Faschismus. Mussolini kann ungehindert das Kaiserreich Abessinien zur Kolonie Italienisch-Ostafrika erklären, und Deutschland, das, wie Lloyd George bereits 1934 erkannt hat, den konservativen Teilen Großbritanniens als Bollwerk gegen den Bolschewismus in Europa gilt,[391] genießt ebenfalls Narrenfreiheit. Die Befürchtung, dass die Alternative zu einem nationalsozialistischen Deutschland ein kommunistisches Deutschland sein würde, befördert die britische Appeasement-Politik ebenso wie die Sorge vor einem deutsch-italienischen Bündnis. Zwar missbilligen die meisten Briten die Judenverordnungen der deutschen Regierung, ein drängendes Problem sehen sie darin jedoch nicht. Jede Kritik wird durch den Verweis auf die sowjetischen Gulags zum Schweigen gebracht. Die Stimmung in England ist dermaßen prodeutsch, dass die um ausgewogene Berichterstattung bemühte *Times* einige Schwierigkeiten hat, antideutsche Leserbriefe aufzutun. Lord Redesdales Leserbrief ist dafür in jedem Fall ungeeignet.[392] Bei aller politischen Berichterstattung über die Besetzung des Rheinlands verliert die britische Presse Unity nicht aus den Augen. So wird fälschlicherweise kolportiert, sie sei zusammen mit der Wehrmacht Anfang März im Rheinland eingefallen. Tatsächlich sitzen Unity und Diana erst beim Triumphzug durch Köln im Wagen von Reichskriegsminister Werner von Blomberg.[393]

Am 31. März reisen die beiden Schwestern nach Berlin, wo sie bei den Goebbels zu Gast sind: »Besuch von den beiden Mitfords«, notiert der Hausherr. »Sie sind glücklich wie wir alle. [...] Erzählen uns von England und von Mosley. Sehr interessant.«[394] Am 2. April diniert man in der Reichskanzlei, und Goebbels »fallen alle Steine vom Herzen«, dass der »Führer« so »großzügig und nobel« ist, seine Aufwandsentschädigung um viertausend Mark monatlich zu erhöhen[395] – die Mitford-Schwestern denken sich dazu sicherlich ihren Teil.

Nach den aufregenden Märztagen gönnt Unity sich eine Auszeit und unternimmt gemeinsam mit ihrer Mutter, Jessica und Deborah eine Mittelmeerkreuzfahrt. Renommierte Akademiker wie Mortimer Wheeler, Direktor des London Museum, werden den illustren Gästen in den nächsten zwei Wochen die antiken Stätten näherbringen. Sollten sich die Mädchen auf eine Zeit voller Freiheit und Abenteuer gefreut haben – nun, diesen Zahn zieht ihnen Lady Redesdale sofort: »Am ersten Abend rief Muv uns in ihre Kabine«, erzählt Deborah. »›So, Kinder‹, sagte sie. ›Wir bleiben alle immer schön zusammen.‹ Das konnte ja heiter werden.«[396] Doch man weiß sich zu helfen: »Unity entdeckte in der Herzogin von Atholl, einer kleinen dunkelhaarigen Frau, wegen ihrer Unterstützung für die spanische Republik auch ›die rote Herzogin‹ genannt, eine politische Gegnerin. [...] Gegen Ende der Reise lieferten sie und Unity sich zur Unterhaltung der Passagiere einen politischen Schlagabtausch auf der Bühne, die sonst den Lektoren vorbehalten war.«[397] Unity schlägt sich bravourös, und die Herzogin, Parlamentsabgeordnete der Konservativen und ganz und gar nicht ihrer Meinung, lässt ihr anschließend ein Glas Champagner mit folgender Notiz servieren: »Darf ich Ihnen sagen, wie ausgezeichnet Sie sich heute verkauft haben? Sie waren so unaufgeregt und so ernsthaft. Wenn ich irgendetwas gesagt habe, das Ihnen nicht gefallen hat, so hoffe ich, Sie glauben mir, dass es nicht aus persönlicher Abneigung gegen Sie geschehen ist.«[398]

Doch nicht jedermann ist von Unity beeindruckt. Bei einem Landgang in Spanien kommt es zu einem Handgemenge mit wütenden Spaniern, die Unity ihre Hakenkreuzbrosche vom Revers reißen wollen. Einzig das beherzte Eingreifen anderer Reisender verhindert, dass Unity Prügel bezieht. Lady Redesdale bittet ihre Tochter inständig, die Brosche für die Dauer der Reise abzunehmen. Eine schwere Entscheidung für jemanden, der allabendlich vor dem Einschlafen zu Hitler betet, wie Peter Lunn, Enkel des Kreuzfahrtdirektors, berichtet: »Ich fragte sie, ob sie ernsthaft glaube, Hitler könnte erahnen, dass sie zu ihm bete und dass er bei Gott ein gutes Wort für sie einlegen würde. Unity sagte, sie wisse nicht, wie es funktioniere, sie wisse nur, *dass* es funktioniere.«[399] Auch abgesehen von Unitys Eskapaden bleibt die Kreuzfahrt spannend. Deborah verliebt sich in einen jungen Mitreisenden, und in Konstantinopel begegnen die Schwestern zwei Eunuchen, über die zu reden ihnen Lady Redesdale strikt untersagt. Die Tischgespräche sind ohnedies peinlich genug, drehen sie sich doch zumeist um Sex. Nach Ende der Kreuzfahrt kehrt Unity nach München in die Pension Döring zurück. Haustiere wie ihre Ratte Ratular sind hier herzlich willkommen.

Diana ist von allen Mitfords am häufigsten zu Gast bei Unity und längst selbst eine feste Größe im Inner Circle um Hitler. Ihr Verhältnis zum »Führer« gilt als intellektueller und weniger schwärmerisch als das ihrer Schwester. Doch auch die kosmopolitische Diana ist von Hitler äußerst angetan: »Ich habe Hitler niemals ›wüten‹ sehen«, erinnert sie sich, »und auch nur selten einen seiner berühmten Monologe gehört, obwohl sie mich sehr interessiert hätten. Er liebte das Gespräch. Wenn er guter Laune war, konnte er sehr lustig sein. Er konnte andere sehr gut nachmachen, was zeigt, was für ein akkurater Beobachter er war. [...] Frauen gegenüber war er ausgesprochen höflich; er verbeugte sich und verteilte [...] Handküsse: Niemals nahm er Platz, ehe die anwesenden Damen saßen. Solche Trivialitäten mögen nebensächlich erscheinen, würden nicht seit Jahrzehnten Berichte über Hitler erscheinen, die sich mit seinen vermeintlich schlechten Manieren befassen.«[400] Da Diana mittlerweile hervorragend Deutsch spricht, steht einem angeregten Plausch mit dem »Führer« nichts im Wege. Während Unitys bevorzugtes Terrain München bleibt, trifft Diana Hitler mehrfach ohne ihre Schwester in Berlin. Nach Ankunft im Luxushotel Kaiserhof gegenüber der Reichskanzlei gibt sie telefonisch Bescheid, dass sie im Lande ist: »Manchmal rief dann abends Brückner an: ›Gnädige Frau, wollen Sie zu uns herüberkommen?‹

Ich überquerte den Wilhelmplatz und wurde eingelassen. Hitler saß meist am offenen Kamin. […] Gelegentlich schauten wir uns einen Film an, manchmal plauderten wir auch nur. An diesen Abenden in der Reichskanzlei habe ich ihn ziemlich gut kennengelernt. […] Er besaß diese Direktheit, der man oft bei Männern in Führungspositionen begegnet.«[401]

Dass Hitler, der bekanntermaßen unter schweren Schlafstörungen leidet, die Gesellschaft der blitzgescheiten Diana der seiner Militärs vorzieht, ist nachvollziehbar. Doch Diana ist nicht zum Vergnügen in Berlin. Im April 1936 startet sie ihre Betteltour für die BUF. Deren Mitgliederzahlen sind stark rückläufig und somit auch die Beitragszahlungen. Im Laufe des Jahres werden sie durch diverse Ereignisse weiter sinken, und Mosley wird sich gezwungen sehen, Privatvermögen in die Partei zu stecken. Zahlreiche britische Unternehmen stehen dem Faschismus zwar wohlwollend gegenüber, sind in finanzieller Hinsicht aber eher zurückhaltend. Mosley braucht dringend Geld – wenn nötig auch aus dem Ausland. Er nutzt Dianas gute Kontakte zur NSDAP-Führung; er selbst wird nie als Bittsteller nach Berlin reisen. Um ihre Gesprächspartner gewogen zu stimmen, stellt Diana Hitler und Goebbels die Vermittlung einer Anleihe von fünfzig bis hundert Millionen Pfund für das Deutsche Reich durch das Bankhaus Morgan in Aussicht.[402] Die Gespräche zwischen Bankier Kurt von Schröder und den Vertretern des Bankhauses Morgan führen allerdings nicht zu dem erhofften Ergebnis. In jener Zeit ändert die BUF ihren Namen auf Betreiben von BUF-Chefideologe William Joyce in »British Union of Fascists and National Socialists« – eine Annäherung an die deutschen Nationalsozialisten. Auch das Parteizeichen wird geändert. Aus Mussolinis Liktorenbündel wird ein Blitz in einem Kreis, den Spötter als Blitz in der Pfanne bezeichnen. Im Juni 1936 bittet Diana Goebbels in Berlin ganz direkt um eine Finanzspritze für die BUF. Nach einer Zahlung von 20 000 Pfund erhält sie nach einem Mittagessen mit Hitler, Goebbels und Unity aber statt der erhofften 100 000 Pfund (jährlich!) lediglich noch einmal 10 000 Pfund, die in geheimer Mission in bar nach England gebracht werden.[403]

Im August und November 1936 wird Diana abermals bei Goebbels vorstellig, der jedoch nach Rücksprache mit Hitler jegliche weitere Zahlung verweigert. Das Vertrauen der beiden Männer in Mosleys Fähigkeiten ist begrenzt: »Mosley muss mehr arbeiten. Und nicht immer auf Geld aus sein«, schreibt Goebbels.[404] Dennoch lässt Hitler im Dezember 1936 ein letztes Mal eine unbekannte Geldsumme transferieren. Weitere Bittgesuche Dianas werden abschlägig beschieden.[405] Als sie an Weihnachten nach England zurückreist, hat sie außer zwei Reichswehruniformen für ihre Buben nichts weiter im Gepäck, und Goebbels notiert in sein Tagebuch: »Die verbrauchen ja ein Vermögen und bringen nichts zuwege. Ich tue jetzt nichts mehr in der Sache.«[406]

Es gibt noch einen weiteren Grund für Dianas Aufenthalte in Berlin, den sie Unity jedoch verschweigt. Sie hofft auf Hitlers Genehmigung zur Gründung eines kommerziellen Radiosenders auf der Insel Helgoland. Die BBC hat in Großbritannien das Rundfunkmonopol inne, dort dürfen also keine weiteren Rundfunkanstalten eingerichtet werden. Allerdings sendet Radio Luxemburg bis nach England, und 1930 hat die International Broadcasting Company der französischen Regierung die Erlaubnis abgetrotzt, mit Radio Normandie von Frankreich aus an die britische Küste zu senden. Obwohl beide Sender nur in wenigen Teilen Englands empfangen werden können, sind sie sehr erfolgreich – vor allem finanziell. Dies ist unter anderem der florierenden Werbeindustrie geschuldet, die ihre Kunden über das zunehmend populäre Medium Rundfunk erreichen will. Da die BBC werbefrei sendet, greift die Werbung auf private Anstalten zurück. Der Sender, der Mosley vorschwebt, soll angeblich rein kommerzielle Zwecke verfolgen und keinerlei Propaganda – weder deutsche noch englische – betreiben. Den Gewinn könne man teilen. Doch Goebbels steht dem Projekt ablehnend gegenüber. Ein Rundfunksender auf deutschem Boden, der sich der Kontrolle seines Ministeriums entzieht, kommt für ihn nicht infrage. Hitler zögert bis 1939. Der Beginn des Zweiten Weltkriegs verhindert schließlich, dass der Sender jemals in Betrieb geht. So geheim die Verhandlungen darüber auch sind, beim britischen Geheimdienst ist man über Mosleys Pläne bestens informiert.

Während Dianas Bemühungen in Berlin kaum Früchte tragen, tut sich in ihrem Privatleben einiges. Im Sommer 1936 ziehen Diana und Mosley nach Wootton Lodge, ein traumhaftes Anwesen in Staffordshire. Diana richtet es mit Möbeln ein, die sie bei Auktionen ihres Vaters erwirbt, der mal wieder in Geldnöten ist. Kurz vor dem Einzug erhält sie von Winston Churchill eine Einladung zum Dinner: »Cousin Winston wollte alles über Hitler wissen. Wir sprachen auch über Italien, die Sanktionen und den Abessinien-Krieg.«[407] Was Churchill wohl von der Freundschaft der beiden Mitford-Schwestern mit den Nazis hält?

Bei den Frankentagen im Juni 1936 ist Unity erneut umjubelter Ehrengast. Sie kommt gerade mit dem »Führerzug« aus Berlin zurück und ist noch ganz aufgekratzt. Ihr Grußwort zur Sonnwendfeier ist in der *Fränkischen Tageszeitung* nachzulesen: »Meine liebe deutsche Jugend! Ich möchte Ihnen nun sagen, dass es [...] in England noch Menschen gibt, die sich mit Ihnen verbunden fühlen, die für den Führer die größte Bewunderung haben, die den Führer lieben und ihm folgen wollen.«[408] Und die Menge ruft begeistert: »Heil Miss! Heil England!«

Anschließend fährt sie zum ersten Mal für eine Woche zum Freund ihres Bruder, Janos Almásy, ins Burgenland. Von der Landschaft und dem Schloss ist sie restlos begeistert: »Das ist der schönste und aufregendste Ort, den ich je gesehen habe. Man kommt sich vor wie im Märchen.«[409] Auch die Familie Almásy sagt ihr zu. Janos Almásy und seine Frau Maria, geborene Prinzessin Esterházy, sind gute Gastgeber, und außerdem teilt Janos Unitys politische Ansichten. Ganze Nächte hindurch diskutieren die beiden im Rittersaal des Schlosses. Der 40-Jährige hat einen Hang zum Okkultismus und zur Kabbalistik, was Unity mit ihrer Vorliebe für alles Mystische noch mehr für ihn einnimmt. Zudem ist Almásy, dessen Frau nach einem Reitunfall im Rollstuhl sitzt, ein berüchtigter Frauenheld und sehr charmant.[410] In diesem Sommer lernt Unity auch Janos' Bruder László kennen. Der Abenteurer ist schon damals als Flug- und Autopionier ebenso berühmt wie als Entdecker, Saharaforscher und Mitglied der altehrwürdigen Royal Geographical Society. Unity beeindruckt er im Sommer 1936 im ungarischen Gödöllö mit seinen Flugkünsten. 1941 wird er für Rommels Afrikakorps rekrutiert und stellt seine Saharakenntnisse der deutschen Abwehr zur Verfügung. Sein tollkühnster Streich ist 1942 die »Operation Salaam«, bei der er zwei deutsche Agenten 4200 Kilometer durch die Ostsahara ins britisch besetzte Ägypten schleust.[411] Heute ist er vor allem als *Der Englische Patient* aus Anthony Minghellas gleichnamigem Hollywoodfilm weltberühmt, der mit dem Leben des homosexuellen Abenteurers jedoch nur wenig gemein hat.[412] Nach ihrem Aufenthalt im Burgenland reist Unity nach England zurück. Hier diniert sie mit Alfred »Duff« Cooper, dem britischen Kriegsminister, und trifft sich mit dem ehemaligen Geheimagenten Bruce Lockhart und der bulgarischen Frau von Sir Kay Muir, Lady Desislava Dimitrova Muir, bei Sir Ian Hamilton, einem vielfach ausgezeichneten General des Ersten Weltkriegs und großen Bewunderer Hitlers.[413]

Mit einem Aufstand in Spanisch-Marokko beginnt am 17. Juli 1936 der Putsch faschistischer Militärs unter General Franco gegen die demokratisch legitimierte Regierung der Volksfront. Der Spanische Bürgerkrieg spaltet Europa und die Familie Mitford. Nancy und ihr Mann Peter sind theoretisch aufseiten der Volksfront, mischen sich aber ebenso wie die britische Regierung nicht ein. Da die Sowjetunion die Republik mit Waffen versorgt, wird auch die demokratisch gewählte spanische Regierung Ziel der westeuropäischen Kommunistenangst. Erneut hoffen die Briten, mit

Nichteinmischungspolitik einen Konflikt regional zu beschränken, in diesem Fall auf die Iberische Halbinsel. Diana und Unity stehen wie Italien und Deutschland selbstredend hinter Franco.

Zu Hause in England pinnt Jessica voller Begeisterung Zeitungsartikel über die tapferen Widerstandskämpfer der Spanischen Republik an die Wand ihres Zimmers. Doch statt in den Kampf nach Spanien geht es mit den Eltern in die Sommerfrische nach Schottland. Lady Redesdale, die ihre beiden jüngsten Töchter glücklich sehen möchte, bereitet eine Weltreise mit dem Schiff vor. Doch die verwöhnten Töchter haben eigene Pläne. Jessicas Plan lautet: Auf nach Spanien!

Ganz so weit wollen Unity und Diana nicht reisen: Ihr Ziel im Juli 1936 ist Bayreuth. Zum ersten Mal werden sie die weltberühmten Wagnerfestspiele besuchen. Es sind besondere Festspiele, stellen sie doch den künstlerischen Höhepunkt der Tausendjahrfeier dar. Vor tausend Jahren starb der Gründer des ersten Deutschen Reiches, Heinrich I. Diesem ersten Reich, das bis 1806 Bestand hatte, folgte von 1871 bis 1918 das Zweite Wilhelminische Kaiserreich der Hohenzollern. Für die Demokratie der Weimarer Republik haben die Nazis voller Verachtung den Begriff »Systemzeit« geprägt. Nun soll die Geschichte durch das »Dritte Reich«, das ewig währende »Tausendjährige Reich«, vollendet werden. Hitler hat sich zum Jubeljahr den *Lohengrin* gewünscht, der seit 27 Jahren nicht mehr in Bayreuth gespielt wurde. Wegen der anstehenden Olympischen Sommerspiele werden die Festspiele diesmal in zwei Teilen abgehalten. Der erste Teil findet vom 19. bis 30. Juli, der zweite im Anschluss an Olympia vom 18. bis 31. August statt. *Lohengrin*, inszeniert von Heinz Tietjen, dirigiert von Wilhelm Furtwängler und bezahlt von Adolf Hitler, ist das Highlight der Festspiele. Weltweit wird die Aufführung im Rundfunk übertragen – und gilt noch heute als Sternstunde Bayreuths. Nach dem zweiten Akt betritt Hitler unter Begeisterungsstürmen des Publikums höchstselbst die Bühne, um den Künstlern zu danken. Ungeachtet der außenpolitischen Ereignisse erscheint er täglich im Festspielhaus und gibt auch seinen alljährlichen Künstlerempfang im Siegfried-Wagner-Haus.[414]

Unity und Diana werden in einem schwarzen Mercedes von München nach Bayreuth chauffiert und hören dort laut Dianas Erinnerungen den *Ring* und *Parsifal*: »In den Pausen speisten wir an Hitlers Tisch im Restaurant gleich neben dem Festspielhaus. Hier machten wir die Bekanntschaft seiner guten Freundin Winifred Wagner und ihrer vier Kinder: Wieland, Wolfgang und Friedelind – genannt Maus –, die genau wie Richard Wagner aussah. Das jüngste und bezauberndste Kind, Verena, war ein Abbild Cosimas.«[415] Friedelind Wagner wird in ihren Memoiren schreiben, Unity habe ausgesehen wie von Botticelli gemalt – abgesehen von ihren schlechten Zähnen. Sie habe fließend Deutsch gesprochen, allerdings in einem ziemlich breiten bayerischen Idiom: »Mutter hatte sie vor einem Jahr bereits in München mit Sir Oswald Mosley [...] kennengelernt. Mutter gab zu, dass das Mädchen sie ein wenig enttäuscht habe. Sie fand es zu naiv für die Stellung der Frau von Hitler und zweifelte, ob eine solche Ehe die Beziehungen zwischen dem Dritten Reich und England bessern könne.[416] Carmencita von Wrede, spätere Fürstin zu Solms-Braunfels, erinnert sich ebenfalls an ihre Begegnung mit Unity auf dem grünen Hügel: »Ich war eng mit Brückner befreundet. Irgendwann 1935 sagte er mir, dass dieses Lokal, die Osteria Bavaria, immer mehr in Mode käme und dass dort zwei hübsche junge Engländerinnen verkehrten. Er fügte hinzu: ›Wir alle sind von ihnen wie hypnotisiert, weil sie wie das Urbild des Deutschtums aussehen. Der Führer nimmt an, dass sie aus einer sehr guten englischen Familie stammen.‹ Während der Wagnerfestspiele in Bayreuth stellte er mich ihnen vor. Unitys ›Heil Hitler‹ war sehr anmutig. Sie war gelassen und selbstsicher. Sie kannte offenbar ihren Wert.«[417] Dass Hitler Unity abends im Wagen seinen Mantel über die Schulter legt, damit sie nicht friert, dürfte den vielen anwesenden Hitlerverehrerinnen kaum gefallen haben.[418] Zusammen mit Unitys Busenfreundin Mary Woodisse fahren die Schwestern nach den Festspielen mit Hitler zurück nach München: »In Bayreuth ereilte uns die Nachricht, dass wir auf Wunsch des Führers gemeinsam mit ihm in seinem Privatzug zurück nach München reisen sollten. In aller Eile packte man unsere Koffer und brachte uns zum Zug. Die Strecke war gesäumt von Tausenden Menschen, die ›Heil! Heil!‹ schrien. Vor lauter Aufregung haben wir die ganze Nacht kein Auge zugetan.«[419]

Während in Spanien ein blutiger Bürgerkrieg tobt, beginnen in Berlin am 1. August die XI. Olympischen Sommerspiele. Halb Bayreuth reist mit Ehrenkarten nach Berlin. Der Festspielchor singt bei der Eröffnungsfeier eine von Richard Strauss komponierte Olympia-Hymne und Händels *Halleluja*. Auch Unity und Diana fahren auf Einladung Hitlers nach Berlin und erleben, wie er vor 100 000 Zuschauern im neuen Olympiastadion die Spiele eröffnet, an denen Athleten aus 49 Ländern teilnehmen. Sie sind nicht die einzigen Engländer, die auf der Einladungsliste der Nazis stehen. Seit Monaten bemüht sich Joachim von Ribbentrop darum, ein Treffen zwischen Premierminister Stanley Baldwin und Hitler zu arrangieren, um eine Annäherung der beiden Länder voranzutreiben. In die Hände spielen ihm dabei die Wahlen vom Mai 1936 in Frankreich. Mit der Regierungsübernahme durch die Front Populaire wird im Juni der Sozialist Leon Blum Premierminister. Obwohl die Kommunisten der Regierung nicht angehören, sondern sie nur dulden, wird einmal mehr die »rote Gefahr« beschworen. Von 1943 bis 1945 wird Blum, ein führendes Mitglied der Résistance, im KZ Buchenwald als »Ehrenhäftling« interniert sein. Im Londoner Carlton Hotel hat Ribbentrop über Monate hinweg deutschfreundliche Engländer empfangen und ihnen wahre Schauermärchen über die klammheimliche Invasion des Kommunismus in Frankreich und Spanien erzählt. England und Deutschland als natürliche Verbündete müssten jetzt enger zusammenrücken. Auf die Eitelkeit der Upperclass setzend, hat er einige wohlwollende

Prominente zu den Spielen eingeladen, die meisten davon sind den Mitfords bestens bekannt.

Diana und Unity wohnen bei der Familie Goebbels auf Schwanenwerder. »Ich mochte Magda Goebbels und ihre Kinder sehr«, schreibt Diana. »Dr. Goebbels war intelligent, witzig und sehr sarkastisch; er hatte eine außergewöhnlich schöne Stimme. Magda nannte ihn ›Engel‹.«[420] Der Chauffeur der Familie bringt die beiden jungen Frauen täglich ins Stadion. Star der Spiele ist der US-Leichtathlet Jesse Owens. Er gewinnt vier Goldmedaillen und wird rasch zum Liebling des Publikums. Sein großer Rivale ist der Leipziger Carl Ludwig »Luz« Long, der den Führerbefehl hat, den »Neger« im Weitsprung zu besiegen. Long ist ein »Herrenmensch« wie aus dem Nazi-Bilderbuch: groß, athletisch, blond und blauäugig. 1940 wird Dr. jur. Long brav der NSDAP beitreten und nur drei Jahre später auf Sizilien fallen. Im August 1936 aber macht er den Nazis einen Strich durch die Rechnung – nicht weil er gegen Owens verliert, sondern weil er vor aller Welt Freundschaft mit dem Amerikaner schließt. Seine Mutter erinnert sich: »Luz erhielt von höchster Stelle (Heß) den Verweis, nie wieder einen Neger zu umarmen.«[421] Jesse Owens aber wird seine 1978 erscheinende Autobiographie dem »Nazi, der Hitler mit mir bekämpft hat, Luz Long« widmen: »Es brauchte sehr viel Mut, um sich vor den Augen Hitlers mit mir anzufreunden. Selbst wenn man alle meine Medaillen und Pokale einschmelzen würde – sie könnten die 24-Karat-Freundschaft, die ich in diesem Moment für Luz Long empfand, kein bisschen goldener machen. Hitler muss schier wahnsinnig geworden sein, als er sah, wie wir einander umarmten.«[422] Owens Dolmetscher Ralf Schreiber beobachtet, wie Hitler vorzeitig das Stadion verlässt, um dem »Neger« nicht die Hand schütteln zu müssen.[423] Ob Hitler Owens tatsächlich die Gratulation verweigert hat, ist strittig. Owens selbst berichtet, Hitler habe ihm zugewinkt. Unstrittig jedoch ist, dass einer der bedeutendsten Präsidenten der USA, Franklin D. Roosevelt, seinem Landsmann weder telegraphisch gratuliert noch ihn nach seiner Rückkehr im Weißen Haus empfängt. Zu seiner eigenen Siegesfeier im New Yorker Waldorf Astoria muss Owens wegen der herrschenden Rassentrennung den Lastenaufzug nehmen. Abgesehen von dem »Desaster« mit Jesse Owens, sind die Spiele jedoch ein voller Erfolg. Auch dank der immensen finanziellen Förderung der letzten Jahre führen die deutschen Athleten die Nationenwertung an.

Die sportlichen Leistungen interessieren Diana und Unity weit weniger als das ganze Brimborium drum herum. Es gibt Theater- und Opernaufführungen, mehrere Kunstausstellungen und eine große Deutschlandausstellung, außerdem jede Menge Abendgesellschaften. Die bedeutendste Gesellschaftskolumnistin der Weimarer Republik, Bella Fromm, die trotz ihrer jüdischen Abstammung bis zu ihrer Flucht 1938 Zugang zu höchsten NS-Kreisen hat, schreibt in jenen Tagen in ihr Tagebuch: »Ribbentrop und Göring brannten vor Eifer; sie gaben gewaltige Empfänge auf ihren Grundstücken und versuchten sich gegenseitig den Rang abzulaufen. Ribbentrop ließ einen ganzen Ochsen über offenem Feuer braten. Göring überraschte seine Gäste dadurch, dass Udet die verwegensten Fliegerkunststücke über den erstaunten Köpfen der Ausländer vorführen musste. [...] Goebbels übertraf die beiden noch, indem er eine Gesellschaft mit zweitausend Gästen auf der Pfaueninsel bei Potsdam veranstaltete.«[424] Überall mit dabei: Diana und Unity, die an ihre Mutter schreibt: »Ich werde bald tot umfallen vor Müdigkeit. Es gibt keine Minute, in der man sich einfach mal nur hinsetzen, geschweige denn einen Brief schreiben könnte.«[425]

Nach den Olympischen Spielen ist Hitlers internationales Ansehen auf dem Höhepunkt. William L. Shirer berichtet aus Berlin: »Ich fürchte, die Nazis hatten Erfolg mit ihrer Propaganda. Erstens haben sie die Spiele in einer nie zuvor erlebten Dimension veranstaltet, was die Athleten sehr beeindruckte. Zweitens haben die Nazis den allgemeinen Besuchern, insbesondere den großen Geschäftsleuten, eine sehr gute Fassade vorgeführt. Ralph Barnes [amerikanischer Journalist, der wie Shirer für die *Herald Tribune* schrieb] und ich wurden zu einem Treffen mit Amerikanern eingeladen. Sie äußerten ganz offen, dass sie von der ›Organisation‹ der Nazis in günstiger Weise beeindruckt worden seien. Sie hatten mit Göring gesprochen, und dieser meinte, wir amerikanischen Korrespondenten verhielten uns gegenüber den Nazis unfair. ›Hat er Ihnen etwas von der Unterdrückung zum Beispiel der Kirche durch die Nazis gesagt?‹, fragte ich. ›Ja‹, versicherte einer der Männer. ›Und er machte uns klar, dass alles, was ihr Kerle über Religionsverfolgung hier schreibt, unwahr ist.‹«[426] Eine Haltung, die Shirer schon kennt: Charles Lindbergh, die amerikanische Fliegerlegende, hatte wenige Wochen vor den Spielen zusammen mit seiner Frau Anne Morrow Berlin besucht und war von der Aufbauleistung der Nazis hin und weg gewesen: »Er zeigte kein Interesse an einem Treffen mit Auslandskorrespondenten, deren perverse Freude darin bestehe, Besucher des Dritten Reiches über dieses aufzuklären; und wir haben ihn nicht zu einem Interview gedrängt.«[427] Wieder einmal stehen die Mahner auf verlorenem Posten. Dass zeitgleich mit den Spielen Häftlinge aus den Emslandlagern unweit von Berlin das Konzentrationslager Sachsenhausen errichten müssen, scheint kaum jemanden zu interessieren. Das »Dritte Reich« hat sich seinen drei Millionen Besuchern perfekt präsentiert. Antisemitische Parolen sind ebenso aus dem Stadtbild verschwunden wie Sinti und Roma, die Innenminister Frick kurzerhand nach Marzahn hat deportieren lassen. Die Hetze gegen jüdische Mitbürger wird für die Zeit der Spiele ebenso ausgesetzt wie der Verkauf des *Stürmers*. Dass Hitlerjungen durch Berlin laufen und dabei singen: »Nach der Olympiade schlagen wir die Juden zu Marmelade« – wen interessiert das schon? Leni Riefenstahls zweiteiliger Propagandafilm *Olympia*, der seine Uraufführung an Hitlers Geburtstag 1938 erlebt, wird bei seinem Erscheinen international bejubelt.

Nach dem Ende der Spiele reist Unity nach München zurück, wo sie Besuch von ihrer Schwester Pamela und deren Verlobten

Derek Jackson erhält. Der brillante Wissenschaftler lehrt in Oxford Physik. Sein Zwillingsbruder Vivian ist ein enger Freund von Diana. Die Brüder sind äußerst attraktiv, echte britische Exzentriker und steinreich. Am Morgen ihres 21. Geburtstags haben sie je einen Scheck über 1 Million Pfund unter ihrem Kopfkissen vorgefunden. Beide sprechen hervorragend Deutsch, lieben Goethe und Wagner. Nachdem Pamela und Derek abgereist sind, zeigt Unity dem schottischen Flugzeugpionier Douglas Douglas-Hamilton, den Göring eingeladen hat, die neue Luftwaffe zu besichtigen, das Hofbräuhaus und verschiedene Fliegerhorste. Douglas-Hamiltons Interesse an Deutschland in jenen Jahren wird Rudolf Heß nach seinem Englandflug 1941 zu der irrtümlichen Annahme verleiten, er sei ein Gegner Churchills und der richtige Gesprächspartner für einen Separatfrieden.

Das Wiedersehen mit Micky Burn in diesem Jahr wird für Unity zur Enttäuschung. Burns Begeisterung für Hitler ist wie weggeblasen. Berichte verschiedener Kollegen haben ihm die Augen geöffnet. Als er 1936 als Korrespondent der *Times* nach Deutschland zurückkehrt, ist er abgestoßen von alldem, was ihn noch wenige Monate zuvor fasziniert hat. 1937 wird er sich freiwillig zu einer britischen Eliteeinheit melden. Während die *Times* weiter auf Appeasement setzt, hält Micky Burn einen Krieg nicht mehr für ausgeschlossen.

Die Propagandamaschine der Nazis läuft unaufhörlich weiter. Beim »Reichsparteitag der Ehre« vom 8. bis 14. September 1936 wird Albert Speers berühmter Licht-Dom zum ersten Mal installiert. 100 000 Getreue marschieren auf und lauschen Hitlers Kampfansage gegen die bolschewistische Gefahr, wie sie sich im Spanienkrieg zeige. Neben Unity, Diana und Tom stehen erneut zahlreiche britische Ehrengäste auf der Einladungsliste zum Reichsparteitag. Darunter vor allem Vertreter aus »Ribbentrops Kindergarten«, wie Sir Harry Brittan, Lord Mount Temple, Admiral Sir Barry Domvile, Sir Frank and Lady Newnes. Aber auch zahlreiche Parlamentsabgeordnete sind unter den Gästen: Lord Apsley, Sir Frank Sanderson,

Sir Thomas Moore, Sir Arnold Wilson und Admiral Sir Murray Sueter.[428] Nach dem Krieg werden sie alle vom »Grauen« und dem »verrückten Hitler« sprechen, den sie von Anfang an durchschaut hätten. Dabei sind die meisten ebenso begeistert vom »neuen Deutschland« wie der Journalist Beverley Nichols, der im *Sunday Chronicle* schreibt: »Hier ist eine Nation vereint, wie nie zuvor eine Nation vereint war … In diesem neuen Deutschland gibt es so viel Schönes, so viel Gutes, so viel Großartiges. Und uns […] wird immerzu eingeredet, die Deutschen seien eine Horde wilder Tiere, die Juden am Spieß rösten und Babys den Umgang mit der Waffe lehren. Das ist einfach nicht wahr.«[429]

Unmittelbar nach dem Reichsparteitag reisen Unity und Tom zusammen mit Janos Almásy, der auf Einladung Unitys zum ersten Mal an einem Parteitag teilgenommen hat, ins Burgenland. Diesmal wohnen sie in Kohfidisch, dem Landsitz der Familie Pálffy von Erdöd. Francesca »Baby« Pálffy von Erdöd ist eine Exgeliebte von Tom und mit den Almásys befreundet. Ihre ältere Schwester Johanna, genannt Jimmie, wird eine gute Freundin Unitys. Gemeinsam macht man einen Ausflug nach Budapest, von wo aus Unity einen reichlich antisemitischen Kommentar nach Hause schickt: »Budapest ist eine schöne Stadt. Wir sind in eine ziemlich heruntergekommene jüdische Bar gegangen, und da hat man uns erzählt, dass König Edward bei seinem Aufenthalt in Pest jede Nacht hier war. Ich kann Dir gar nicht sagen, wie ich mich für ihn geschämt habe.«[430]

Unter strengster Geheimhaltung findet im Oktober 1936 in Berlin die Eheschließung von Diana und Oswald Mosley statt. Warum Mosley auf Geheimhaltung besteht, ist nicht recht nachzuvollziehen. Böse Zungen behaupten, er habe seine Geliebte und Schwägerin Alexandra nicht vergraulen wollen. Dianas neue Freundin Magda Goebbels hilft bei den Vorbereitungen, Hitler höchstpersönlich garantiert, dass die Berliner Verwaltung die britischen Behörden nicht über die Hochzeit in Kenntnis setzen wird. Voller Vorfreude schreibt Diana aus Berlin an Unity: »Ich bin ja so glücklich. Bevor ich mit dem Führer gesprochen habe, sah alles ganz hoffnungslos aus, aber jetzt ist alles gut. [...] Ich würde J[onathan] und D[esmond] so gerne herbringen lassen, was denkst Du? Sie müssen ja nicht wissen, was hier vor sich geht, aber ich würde sie so gerne durch einen Blick des Führers segnen.«[431]

Während Diana mit den Hochzeitsvorbereitungen beschäftigt ist, organisiert Mosley in London einen Propagandamarsch der BUF durch das East End. Die Stadtteile Shoreditch, Limehouse, Stepney und Bethnal Green gelten von jeher als politisch besonders radikal. Die Kommunistische Partei plant eine große Gegendemonstration. Den 1900 Blackshirts, die sich am 4. Oktober 1936 in der Royal Mint Street versammeln, stehen mehr als 300 000 Antifaschisten gegenüber. An einer Straßensperre in der Cable Street kommt es zu einer Straßenschlacht zwischen Antifaschisten und Sicherheitskräften. Um eine weitere Eskalation zu verhindern, wird der BUF-Marsch durch das East End untersagt. Mosley lenkt seine Leute zur Themse, wo die Versammlung sich nach kurzer Ansprache auflöst. Unity schreibt an ihre Mutter: »Der Führer sagt, das Ganze erinnere ihn an die Zeit, als er noch um die Macht kämpfte. Er wurde ganz traurig. Er sagte, es sei so schade, dass dieser wunderbare Kampf vorüber sei, es sei einfach die beste Zeit gewesen.«[432] Die Schlacht in der Cable Street wird zum Symbol für die Entschlossenheit, mit der sich die britische Regierung den Faschisten entgegenstellt. Der Abbruch der Veranstaltung wird als Demütigung Mosleys wahrgenommen. Wenige Monate später wird der Public Order Act verabschiedet, mit dem paramilitärische Verbände und das Tragen von Uniformen als Ausdruck politischer Gesinnung bei öffentlichen Veranstaltungen verboten werden. Damit entfällt ein wichtiges Propagandamittel der BUF. Das parlamentarische System Großbritanniens erobert sich mit diesem am 1. Januar 1937 in Kraft tretenden Gesetz die Hoheit über die Straße zurück.

Nur zwei Tage nach der Schlacht in der Cable Street, am 6. Oktober 1936, geben sich Diana Guinness und Oswald Mosley im

Salon der Goebbels'schen Amtswohnung in der Hermann-Göring-Straße 20 das Jawort. Noch Jahre später schwärmt Diana von diesem Tag: »Ich trug eine blassgoldene Tunika. Unity und ich standen oben am Fenster und sahen durch die Bäume hindurch Hitler durch den Park kommen, der zwischen dem Haus und der Reichskanzlei lag. Die Blätter färbten sich schon gelb, die Sonne strahlte. Hinter ihm ging ein Adjutant, der eine Schachtel und Blumen trug.«[433] Unity und Magda Goebbels sind Dianas Trauzeugen, Mosley hat alte Freunde aus England dabei: den BUF-Außenpolitik-Experten Robert Gordon-Canning und William Allen, der für den britischen Geheimdienst tätig ist. Aus Furcht vor Entdeckung werden keinerlei Fotos gemacht. Goebbels notiert in sein Tagebuch: »Im kleinen Salon geht die Handlung vor sich. Es ist sehr nett und auch etwas feierlich. Der Führer sehr gerührt.«[434] Anschließend fährt die Hochzeitsgesellschaft nach Schwanenwerder, wo Magda Goebbels ein kleines Fest arrangiert hat. Diana unterhält die Tischgesellschaft mit dem neuesten Klatsch aus dem Königshaus: König Edward VIII., seit Januar 1936 auf dem Thron, habe eine Affäre mit einer zweimal geschiedenen Amerikanerin und denke ernsthaft an Abdankung, um die Dame zu heiraten. Hitler und Goebbels sind entsetzt. Sie setzen große Hoffnungen in den als nazifreundlich geltenden jungen Herrscher. Hitlers Hochzeitsgeschenk für die Mosleys ist ein silbergerahmtes Porträtfoto, verziert mit seinen Initialen und dem deutschen Reichsadler. Vom Ehepaar Goebbels erhält Diana eine 20-bändige Goetheausgabe in Leder. Am Abend wohnen alle der Eröffnung des Winterhilfswerks im Berliner Sportpalast bei, ehe es zum Dinner in die Reichskanzlei geht. Es ist das zweite und letzte Treffen zwischen Mosley und Hitler. Während Diana ihre Hochzeitsnacht im Luxushotel Kaiserhof verbringt, reist Unity noch in der Nacht im »Führerzug« zurück nach München: »Er war so süß letzte Nacht im Zug, und wir hatten eine Menge Spaß. Gegen 2 Uhr ist er zu Bett gegangen, aber ich bin noch ewig aufgeblieben und habe mit Gauleiter Wagner geplaudert, den ich wirklich sehr mag. Hoffmann hat sich schrecklich betrunken und mir dann gesagt, wie kühl englische Frauen doch seien. Er meinte, er sei eine Ewigkeit in England gewesen und habe dort nur eine einzige Affäre gehabt. [...] Ich werde nicht vor Montag nach London kommen, weil der Kreistag so lange dauert und Wagner mir für alle Veranstaltungen Tickets versprochen hat. Ich werde Frau Scholtz-Klink sprechen hören, bin ich nicht ein Glückspilz?«[435] Wie die Vorzeigefrau des Deutschen Reiches mit dem strengen Haarkranz und den zwölf Kindern wohl auf die elegante junge Engländerin mit den rotgeschminkten Lippen reagiert hat? Das frischgebackene Ehepaar Mosley fliegt ein paar Tage später nach England zurück, und Unity erreicht ein überschwänglicher Dankesbrief ihrer Schwester: »Darling, ich kann Dir gar nicht genug danken für all Deine Hilfe. Wir haben eine Menge zu besprechen, wenn wir zu Hause sind.«[436] Außer den Eltern und Tom erfährt zwei Jahre lang niemand von der Trauung, auch keine der anderen Schwestern.

Am 25. Oktober 1936 schließen Deutschland und Italien einen geheimen Freundschaftsvertrag. Die von Mussolini in einer Rede vom 1. November 1936 sogenannte »Achse Berlin-Rom«, möglich geworden vor allem durch die Unterstützung Deutschlands im Abessinienkrieg, ersetzt den Zusammenschluss von Stresa im April 1935 zwischen Großbritannien, Frankreich und Italien. Die beiderseitige Anerkennung der jeweiligen aggressiven Expansionspolitik ist damit besiegelt. Der internationale Siegeszug des Faschismus scheint nicht mehr aufhaltbar. Am 18. November erkennen Italien und Deutschland die Regierung Franco in Spanien an. Aktionen, wie die nachträgliche Verleihung des Friedensnobelpreises von 1935 an den seit 1933 im Konzentrationslager gequälten Herausgeber der *Weltbühne* Carl von Ossietzky, wirken hilflos angesichts der geschaffenen weltpolitischen Fakten und der Passivität der Westmächte. Am 25. November 1936 schließen Deutschland und Japan gegen die Sowjetunion den Antikominternpakt.

All das erschüttert die Engländer jedoch weit weniger als die Tatsache, dass König Edward VIII. am 11. Dezember seinen Thronverzicht erklärt, um seine amerikanische Geliebte Wallis Simpson zu heiraten. Fassungslos verfolgt die ganze Nation am Radio einen einmaligen Vorgang. Unity sitzt bei der Verlesung der Abdankung auf der Galerie des Oberhauses: »Oh, Hitler wird schrecklich unglücklich über diese Entwicklung sein, er wollte unbedingt, dass Edward König bleibt.«[437] Die Briten hingegen sind mit Edwards Nachfolger sehr zufrieden. George VI. und seine Familie werden äußerst beliebt. Einzig Nancy findet die königliche Familie unmöglich, allen voran die kleinen Prinzessinnen Elisabeth und Margaret, Lieblinge der Nation: »Ich glaube, jemand wird demnächst aus dem Hinterhalt auf sie schießen, wenn sie noch oft in weißen Handschuhen zur Kirche gehen.«[438]

Ihr Zynismus tröstet Nancy ein klein wenig über ihre momentane Situation hinweg. Das Jahr 1936 hatte zunächst eine kurze Phase finanzieller Sorglosigkeit für Nancy und Peter gebracht: »Seit Monaten kein Gerichtsvollzieher und die besten Aussichten auf einen amerikanischen Nerz im nächsten Winter (erst jetzt kann ich anfangen, an Zobel überhaupt zu *denken.*)«[439] Umgehend verlässt das Paar Rose Cottage und mietet ein komfortableres Haus in Londons Bloomfield Road. Ihre Ehe jedoch ist längst in eine Schieflage geraten. Peter trinkt mehr denn je, stolpert mehrmals wöchentlich mit seinen Saufkumpanen erst in den frühen Morgenstunden aus dem Taxi und hämmert dann so lange mit den Fäusten gegen die Haustür, bis Nancy im Morgenrock das Taxi bezahlt und Rührei für alle macht. Zu gern erzählt er bei Tisch, dass keine Frau je so dumm gewesen sei, seinen Heiratsantrag anzunehmen.

Während Nancys Ehe zu scheitern droht, heiratet Pamela am 29. Dezember 1936 Derek Jackson – für ihre Schwester Deborah, selbst unsterblich in Derek verliebt, ein schwerer Schlag. Als sie die Nachricht von der Verlobung erhält, fällt sie in Ohnmacht. Einen Tag nach ihrer Trauung treffen Pamela und Derek in Wien ein, wo der Hotelmanager Derek beiseitenimmt und ihm die Nachricht vom Tod seines Zwillingsbruders überbringt. Vivian hat sich bei einer Pferdeschlittenfahrt in St. Moritz das Genick gebrochen. Diana erzählt, dass Derek sich niemals von diesem Schock erholt habe: »Für Derek muss es das Ende seiner Welt gewesen sein. Etwa ein Jahr später unterhielten wir uns über Wagners *Ring*, und jeder nannte das Leitmotiv, das er zu seinem persönlichen Motto erkoren hatte. Meine Schwester Unity [...] sagte: ›Meins ist das Brünnhilde-Motiv‹, worauf Derek mit tiefster Traurigkeit in der Stimme meinte: ›Zu mir passt kein Leitmotiv, sondern das *Wehe der Wälsungen*‹ (Siegfrieds Klagelied, als er ohne seine geliebte Zwillingsschwester Sieglinde nach Walhall gebracht wird). Es war das einzige Mal, dass ich ihn über seinen Verlust sprechen hörte.«[440] Nach den Flitterwochen lassen sich die Frischvermählten auf Dereks Anwesen Rignall, nahe Banbury nieder. Es wird eine glückliche Ehe, die fünfzehn Jahre lang Bestand hat.

Neben Diana und Pamela tritt bald noch eine Schwester vor den Traualtar: die kleine Jessica. Die Umstände dieser Heirat stellen Unitys Flirt mit dem Nationalsozialismus glatt in den Schatten. Im Frühjahr 1937 setzt Jessica ihren Plan, in den Spanischen Bürgerkrieg zu ziehen, endlich in die Tat um und flieht mit ihrem 18-jährigen Vetter Esmond Romilly nach Spanien. Der sorgt in England seit langem für Schlagzeilen. Zusammen mit seinem Bruder hat er gegen die strenge englische Internatserziehung rebelliert und in seinem 1935 erschienenen Buch *Out of Bounds* das britische Schulsystem heftig kritisiert. Zuvor hatten sich die Brüder als Herausgeber einer gleichnamigen Schülerzeitung betätigt, in der sie ihre Leserschaft unter anderem darüber aufgeklärt hatten, dass Masturbation keineswegs zur Erblindung führe. Anschließend war Esmond aus dem Internat geflohen, um als Bohemien in Bloomsbury zu leben. Als er eines Abends betrunken vor dem Haus seiner Eltern randalierte, verständigte seine Mutter die Polizei, und Esmond büßte seinen Freiheitsdrang mit achtzehn schrecklichen Tagen in einer

Jugendarrestanstalt. Nach seiner Entlassung kam er bei Dorothy Allhusen, einer älteren Cousine, unter. Im Juli 1936 ist der 18-jährige Neffe von Winston Churchill in den Spanischen Bürgerkrieg gezogen und Anfang 1937 verwundet nach England zurückgekehrt. Bei einer Wochenendgesellschaft von Dorothy Allhusen, die auch mit den Mitfords verwandt ist, lernt Jessica ihren Vetter kennen, den sie seit langem bewundert. Es ist Liebe auf den ersten Blick. Schon am ersten Abend bittet sie ihn, sie nach Spanien mitzunehmen. Die beiden hecken einen Fluchtplan aus, der alsbald in die Tat umgesetzt wird.

Am 7. Februar bringen Lord und Lady Redesdale Jessica zur Eisenbahn, in der Annahme, sie wolle eine Freundin im französischen Dieppe besuchen. Es ist das letzte Mal, dass Jessica ihren Vater sieht. Im Zug wartet Esmond; gemeinsam reisen sie nach Spanien. Es dauert eine Weile, ehe die Redesdales begreifen, dass Jessica auf und davon ist. Sie sind außer sich: der Lord vor Wut, die Lady vor Sorge. Man kontaktiert Scotland Yard und das britische Außenministerium – vergebens. Erst als Jessica sich endlich bei der Mutter meldet, erfahren die Eltern, was passiert ist: »Ich bedaure, das wird jetzt ein ziemlicher Schock für Dich werden. [...] Ich habe Dir nicht erzählt, dass ich damals bei Cousine Dorothy Esmond Romilly getroffen habe. Um es kurz zu machen: Wenn Du diese Zeilen erhältst, sind wir schon verheiratet.«[441] Alle Mitfords, Tom und Unity eingeschlossen, eilen umgehend nach London. Peter Rodd nimmt sich der Sache an, wie Unity Jessica spöttisch berichtet: »Er war ganz versessen darauf, den heldenhaften Schwager zu spielen, der nach Frankreich aufbricht (teuer bezahlt von Farve), um Dich zurückzubringen.«[442] Per Anwaltsschreiben wird Esmond davon in Kenntnis gesetzt, das Jessica unter gerichtliche Vormundschaft gestellt wurde und eine unerlaubte Heirat mit ihr unweigerlich eine Gefängnisstrafe nach sich ziehen wird.«[443]

Unity, über Jessicas Verschwinden ebenso schockiert wie alle anderen, zeigt sich trotzdem solidarisch: »Dir ist sicher inzwischen klargeworden, welche Sorgen sich die ganze Familie um Dich macht, seit wir von dieser Geschichte gehört haben. Bei meiner Ankunft hatte ich das Gefühl, ein Familienmitglied sei gestorben, und so ist es noch immer. Ständig kommen Leute, um zu kondolieren oder Blumen abzugeben. Ich war in München, als ich davon gehört habe, oh, ich war ja so traurig. […] Gott sei Dank habe ich meinen Freund getroffen, ehe ich abgereist bin. Er war auch sehr betrübt über die Ereignisse.«[444] Im typischen Mitford-Stil fleht sie die Schwester an, zurückzukommen: »Seit Du fort bist, haben Muv und Farve nicht mehr geschlafen. Muv weint die ganze Nacht, und Farve kocht ihr Tee. Sie sind um zehn Jahre gealtert. Blor [Lieblingsnanny der Mitfords] ist ganz grau im Gesicht und teilt ihre Zeit in Weinen und Jammern ein: ›Jessica hat nur zwei Paar Schlüpfer dabei, und die sind ihr auch noch zu klein. Ich fürchte, sie werden reißen.‹«[445] Wer will da behaupten, Unity sei weniger witzig als ihre Schwestern? Augenblicklich aber ist sie vor allem unglücklich: »Komm zurück, Boud! Keiner will Dich davon abhalten, Esmond zu heiraten. […] Ich freue mich schon sehr darauf, ihn kennenzulernen und alles über ihn zu erfahren.«[446] Die Zeitungen überschlagen sich mit Berichten, Jessica und Esmond schaffen es auf die Titelseiten. Dass eines dieser Fotos nicht Jessica, sondern Deborah zeigt, bringt der jüngsten Mitford-Tochter nach einer Verleumdungsklage glatt tausend Pfund ein.

Auf Druck des britischen Botschafters in Spanien reisen Jessica und Esmond schließlich nach Frankreich, wo sie im Hafen von Saint-Jean-de-Luz auf Nancy und Peter treffen, die sie zurückholen sollen. Das Blitzlichtgewitter der angereisten Fotografen ist immens. In einem nahegelegenen Hotel beschwören Peter und Nancy die beiden Ausreißer, Vernunft anzunehmen. Doch alles Reden nützt nichts. Unverrichteter Dinge kehren die Rodds nach London zurück. Die Zeitungen haben einen handfesten Skandal, den Peter durch ein ausführliches Interview in der *Daily Mail* noch ein klein wenig größer macht. Dass er darin behauptet, Jessica sei nur Kommunistin geworden, »um mit Unity gleichzuziehen«,[447] nimmt Jessica ihm ebenso übel wie Nancy den folgenden Brief: »Ich war gestern bei der Familie, und es geht ihnen schlecht. [...] Was Du da tust, ist nicht sehr anständig, und ich kann ihren Standpunkt voll und ganz nachvollziehen.«[448] Einzig Deborah und die nach München zurückgekehrte Unity bleiben Jessicas Vertraute, auch wenn Jessica wenig Wert darauf legt, dass Hitler offenbar regen Anteil an den Geschehnissen nimmt: »Durch eine glückliche Fügung habe ich letzten Dienstag den Führer getroffen. Ich fuhr in meinem Wagen die Straße entlang, und an einer Ecke kam er mir in seinem Wagen entgegen. Er wusste nicht, dass ich wieder da bin, und schien angenehm überrascht, mich zu sehen. Er stieg aus und sprach mit mir. Als sie ihn sahen, liefen die Leute aus allen Richtungen zusammen und schrien ›Heil‹. Er bat mich zu sich auf einen Tee, und ich folgte seinem Wagen bis zu seiner Wohnung. Dort plauderten wir ungestört zweieinhalb Stunden lang. Er wollte alles über Dich wissen und was geschehen ist, seit wir uns das letzte Mal gesehen hatten. Auf seinen ausdrücklichen Befehl hin dürfen die deutschen Zeitungen nicht über diese Geschichte berichten. Das ist doch wirklich sehr nett von ihm, nicht wahr?«[449] Dass Hitler einen Journalisten, der sich nicht an das Schweigegebot hält, ins KZ Oranienburg deportieren will und nur nach Protesten davon absieht, findet sie ebenso hinreißend[450] wie Magda Goebbels' schriftliche Anteilnahme.[451]

Am 18. Mai 1937 werden Jessica und Esmond im französischen Bayonne im Beisein ihrer Mütter getraut. Den Anstoß für die Zustimmung der Eltern gibt Jessicas Schwangerschaft. Unitys und Deborahs Geschenk ist ein Grammophon, das Lady Redesdale mit nach Frankreich schleppt. »Ich hoffe, es funktioniert«, schreibt Unity ihrer Schwester. »Oh meine Liebe, ich muss mich erst an den Gedanken gewöhnen, dass meine Boud heiraten wird. Du kannst Dir nicht vorstellen, wie sehr ich sie vermisse. [...] Ich würde ja von München aus hinfahren, aber ich wäre wohl bei den Genossen in Bayonne nicht allzu willkommen. Nun, Boud, ich hoffe, dass Du sehr glücklich wirst, und ich werde an Deinem Hochzeitstag ganz fest an Dich denken und mir wünschen, ich wäre dabei.«[452] Damit, dass ihre geliebte kleine Schwester einen Kommunisten heiratet, hat Unity absolut kein Problem: »Natürlich lassen sich die politischen Ansichten nicht vom Privatleben eines Menschen trennen. Wie Du weißt, ist der Nationalsozialismus mein Leben, und ich verachte diese demokratisch-liberal-konservative englische Idee, man könne im Privatleben mit einem politischen Gegner Arm in Arm herumspazieren und Politik als Geschäft oder als Hobby betrachten. Doch ich finde, innerhalb der Familie sollte man eine Ausnahme machen. Schließlich haben unsere heftigen Meinungsverschiedenheiten Dich und mich ja auch nicht davon abgehalten, gute Freunde zu bleiben, oder? Meine Einstellung zu Esmond ist folgende – und ich vermute, dass seine mir gegenüber ganz ähnlich ist: Unter anderen Umständen würde ich nicht zögern, ihn zu erschießen, wenn es meiner Sache dienlich wäre, und ich gehe davon aus, er würde das Gleiche mit mir tun. Aber da dies momentan nicht notwendig ist, sehe ich keinen Hinderungsgrund für uns, erst einmal gute Freunde zu werden, findest Du nicht?«[453] Im Sommer 1937 kehren Esmond und Jessica nach London zurück. Langweilig wird Jessicas Leben nie mehr sein: »Mit ihm zusammenzuleben […] war wie eine Wanderung durch einen Märchenwald. Man wusste nie, ob irgendein bedrohlicher Troll, verkleidet als britischer Konsul oder als Croupier, hinter der nächsten Wegbiegung lauern mochte oder ob das Dornendickicht sich magisch öffnete, um Eintritt in das Feenschloss zu gewähren.«[454]

Mit Beginn des Jahres 1937 werden die Einträge des britischen Geheimdienstes über Unity umfangreicher. Im Januar ist zu lesen: »Bei ihrem Aufenthalt in der Reichskanzlei trank sie Alkohol mit Hitlers Leibwächtern (S.S.), während er (Hitler) die Ehrenbezeugungen der Truppen bei der Parade entgegennahm. Ihr Benehmen bei dieser Gelegenheit schockierte einige der anwesenden Journalisten, obwohl die normalerweise nicht leicht zu schockieren sind. Sie hat die schlechte Angewohnheit, den Konsul in München in seinem Büro mit dem Hitlergruß zu begrüßen.«[455] Ihre regelmäßigen Reisen nach England werden genau vermerkt. Als sie am 26. Februar über Ostende nach England einreist, um ihrer Familie nach Jessicas Verschwinden beizustehen, ist sie laut Bericht in Begleitung ihrer Cousine Clementine Mitford.[456] Die routinemäßige Untersuchung ihres Gepäcks fördert jedes Mal Naziliteratur, Hitlerporträts und andere Devotionalien zutage. Dass sie ihre Hakenkreuzbrosche offen am Revers trägt, wird ebenfalls registriert.[457] Im Frühjahr 1937 empfiehlt der britische Geheimdienst, konkrete Maßnahmen gegen Unity einzuleiten: »Wir würden es begrüßen, wenn ihr Pass eingezogen wird.«[458]

»Wie vielen durchreisenden Großmäulern habe ich erklärt,
dass das Endziel der Nazis die Weltherrschaft ist.
Einzige Antwort war ein Lachen.«

William L. Shirer, Tagebucheintrag vom 27. September 1937

VIII.

»Die überhebliche Lady und Hitler der Allmächtige – nun denn: bon voyage!«

Das It-Girl der Nazis

Am 6. Februar 1937 sind Unity und Diana zusammen mit Cousine Clementine bei Hitler in der Reichskanzlei. Anschließend notiert Unity in ihr Tagebuch: »Er plant einen wundervollen Streich mit Putzi.«[459] Hitlers Verhältnis zu Putzi Hanfstaengl ist mit den Jahren merklich abgekühlt, da Hanfstaengl weder mit seiner Kritik am Führerkult noch an der von ihm verachteten Führerentourage hinterm Berg hält. Nachdem man ihn aufgefordert hat, einen Ariernachweis beizubringen und zu beweisen, dass sein Großvater Wilhelm Heine nicht jüdischer Abstammung sei, ist Hanfstaengl alarmiert. Seit Monaten lässt er Wertgegenstände nach London transferieren, um für den Ernstfall gewappnet zu sein. Diejenigen, die er kritisiert, haben in Nazideutschland längst das Sagen, und an diesem Abend in der Reichskanzlei beschließen sie, ihm eine Lehre zu erteilen. Was oder wer dafür den Anstoß gab, bleibt unklar. Ob Hanfstaengl sich wirklich abfällig über den Kampfgeist der Wehrmacht in Spanien geäußert hat oder seine Kritik an bestimmten Führungspersonen im NS-Staat das Fass zum Überlaufen gebracht hat, kann heute nicht mehr geklärt werden. Unter dem Vorwand einer Geheimmission in Spanien lockt man ihn zu einem Berliner Militärflughafen. Einmal an Bord, offenbart ihm der Pilot, dass er mit dem Fallschirm hinter den feindlichen Linien in Spanien abgeworfen werden wird – für den deutschen Zivilisten das Todesurteil. In Wirklichkeit aber soll der hoffentlich panische Putzi nach ein paar Flugrunden wieder sicher auf deutschem Boden landen. Diana und Unity können sich ausschütten vor Lachen. Was für ein Spaß!

Putzi Hanfstaengl findet das Ganze weniger komisch. Er sieht darin wenn schon nicht die Absicht, ihn zu töten, so doch zumindest eine Todesdrohung. Alte Filmaufnahmen zeigen, wie ein sichtlich eingeschüchterter Putzi am 11. Februar 1937 auf dem Flugplatz Berlin-Staaken genötigt wird, einen Fallschirm anzulegen.[460] Er selbst berichtet später, Pilot Frödel habe ihm im Flieger erklärt, er werde ihn, gemäß Anweisung, im Kampfgebiet zwischen Barcelona und Madrid abwerfen. Als Putzi vehement bestritt, sich freiwillig für diese Mission gemeldet zu haben, habe Frödel eine Motorpanne vorgetäuscht und sei auf dem Flugplatz Klein-Polenz in der Nähe von Leipzig gelandet. Hier sei Putzi in einem günstigen Augenblick die Flucht gelungen. Er schlägt sich bis München durch und reist von dort aus in die Schweiz. Der Tag, an dem er seiner Heimat für mehr als ein Jahrzehnt den Rücken kehrt, ist sein fünfzigster Geburtstag.[461] Es gelingt ihm, seinen Sohn Egon aus Deutschland herauszuholen und mit ihm am 1. April 1937 nach London weiterzureisen.

Unity, die während dieser dramatischen Ereignisse bei der Familie in England ist, kehrt am 23. März 1937 nach Deutschland zurück, um gemeinsam mit Familie Streicher eine Aufführung der *Fledermaus* zu besuchen: »Ich war drei Tage in Nürnberg und habe die ganze Zeit mit dem entzückenden Gauleiter verbracht.«[462] Erst am 26. März erfährt sie in München von Putzis Verschwinden. Dessen Schwester Erna ist außer sich vor Sorge, doch auch Unity kann ihr nicht sagen, was schiefgelaufen ist. Ende Mai erfährt Diana in Berlin von Göring Näheres über das missglückte Manöver: »Er bat mich darum, […] Putzi zur Rückkehr zu bewegen. Ihm werde nichts geschehen. Ich sagte ihm, dass wir damals dabei waren, als der Spaß ausgeheckt wurde, woraufhin er meinte, dann könnten wir Putzi ja bestätigen, dass das Ganze nur ein Scherz gewesen sei. Er gebe sein Offiziersehrenwort, dass ihm nichts geschehen werde. […] Wenn ich zurück bin, werde ich ihn mal anrufen, aber ich bezweifle, dass er mich sehen will.«[463] Tatsächlich kommt es in London zu einem Treffen zwischen Putzi und Diana, doch offenbar beharrt Putzi darauf, dass er nur knapp einem Anschlag auf sein Leben entronnen sei: »Darling«, schreibt Diana an Unity, »er war ganz außer sich und sagte: ›Wenn ihr wirklich dabei wart, als sie sich das ausdachten, dann wärt ihr schon vor langer Zeit zu mir gekommen und hättet mir davon berichtet. Fünf Monate haben sie gebraucht, um sich diese Lüge für euch auszudenken. Kein Wort davon ist wahr. Die Wahrheit ist, sie wollten mich umbringen, und es hat nicht geklappt. Und deshalb behaupten sie nun, es sei alles bloß ein Spaß gewesen. Diese Schweine sind für mich erledigt.‹ Er hat mich richtig angebrüllt.«[464] Als Unity Putzi ein paar Wochen später im Haus von Nancy über den Weg läuft, kann sie sich selbst davon überzeugen, wie sehr Putzi getroffen ist: »Ich bin voller Freude auf ihn zugegangen, aber er war sehr distanziert. […] Es gelang mir zwar zu sagen, was ich sagen wollte, aber seine Antwort war ein einziger Schwall von Schimpfwörtern. Dennoch konnte ich nicht umhin, Mitleid für ihn zu empfinden. Er sah ziemlich geknickt aus.«[465]

Nach dem Krieg wird Putzi Unity für das Geschehen verantwortlich machen: »Es sieht so aus, als ob eine Bemerkung von Unity Mitford die Ereignisse in Gang gebracht hat. […] Ich versuchte ihr meine Haltung verständlich zu machen und sie für meine Ideen zu gewinnen, in der Hoffnung, sie würde sie weitertragen. Was sie aber augenscheinlich tat, war, über meine scharfe Kritik an Goebbels, Rosenberg und der Chauffeuereska und den verhängnisvollen Einfluss, den diese auf Hitler hätten, zu berichten. Eines Tages war ich wohl zu weit gegangen. Ich war mit ihr und Egon in meiner Jolle draußen auf dem Starnberger See und zog in meiner üblichen Art über die Parteileute her, als sie sich plötzlich mir zuwandte: ›Wenn das Ihre Auffassungen sind, dann haben Sie kein Recht, noch länger Auslandspressechef zu bleiben.‹ [...] Als wir beim Kgl. Bayerischen Yachtklub festgemacht hatten, sagte der fünfzehnjährige Egon, ein guter Beobachter: ›Vater, diese Frau hasst dich geradezu. Ich sah es ihren Augen an.‹«[466] Putzi berichtet weiter, er habe Pilot Frödel nach dem Krieg zufällig in Augsburg getroffen und erfahren, dass Frödel Order gehabt habe, eine große Schleife in Richtung Flugplatz Bork bei Potsdam zu fliegen und hier auf weitere Befehle zu warten. Göring habe an diesem Tag Besuch aus dem Ausland empfangen und seinen Gästen ein Flugmanöver vorführen wollen, bei dem zum Schluss eine an einem Fallschirm hängende Strohpuppe abgeschossen werden sollte.

Die Frage Denkzettel oder Tötungsabsicht bleibt offen. Albert Speer erinnert sich nur, dass man sich in der Reichskanzlei über die Filmaufnahmen vom Flugplatz in Staaken und Goebbels' Bericht über Putzis Verunsicherung großartig amüsiert habe.[467] Weniger amüsant findet man Putzis Flucht, die das Deutsche Reich in ein schlechtes Licht rücken könnte. Goebbels schreibt am 13. April 1937 in sein Tagebuch: »Wenn der auspackt, das wird alle andern Emigranten in den Schatten stellen. Wenn wir ihn haben, müssen wir ihn sehr bald dingfest machen. Und nie wieder loslassen.«[468] Auf jede erdenkliche Art bemüht man sich, Putzi zurückzuholen. Hermann Göring schreibt ihm: »Ich versichere Dir, dass die ganze Angelegenheit nur einen harmlosen Scherz darstellen sollte. Man wollte Dir wegen einiger allzu kühner Behauptungen, die Du aufgestellt hast, Gelegenheit zum Nachdenken geben. Etwas anderes war wirklich nicht beabsichtigt. [...] Ich erkläre Dir ehrenwörtlich, dass Du Dich hier bei uns wie immer in aller Freiheit bewegen kannst. Lass also allen Argwohn fallen und handle vernünftig.«[469] Doch weder Überredungskunst noch offene Drohungen, noch der Einzug seines Vermögens können Hanfstaengl umstimmen. Sein Argwohn gegen Unity keimt allerdings erst nach dem Krieg auf. Vorerst bleibt sie ein gerngesehener Gast in der Hanfstaengl-Villa in Solln, wo sie, wie einst in Swinbrook, vor allem durch ihre Streiche von sich reden macht. So lackiert sie Ernas Dackel die Krallen rot und sammelt gemeinsam mit einer Freundin während des Kirchgangs alle Radioapparate im Haus ein, um sie im Hof bei voller Lautstärke laufen zu lassen. Im Februar 1938 wird Putzi versuchen, über Unity Hitler ein Erklärungsschreiben zukommen zu lassen. Sie antwortet ihm aus Wien, sie werde die Sache ansprechen, sobald sie mit Hitler alleine sei. Allerdings warnt sie Putzi davor, ihr den Brief nach München zu schicken, da er mit Sicherheit beschlagnahmt werde.[470]

Im April 1937 erhält Unity Besuch von Mrs Ham, der allseits geliebten Freundin ihrer Mutter. Sie kutschiert ihren Besuch in einem nagelneuen schwarzen MG-Cabrio, ein Geschenk ihres Vaters, das Unity mit Hakenkreuzstandarte und Union Jack dekoriert, kreuz und quer durch Oberbayern. Unity ist eine begeisterte und rasante Autofahrerin, die die Strecke London–München schon mal in einem Stück durchbraust. Mrs Ham jagt sie mit ihrer Fahrweise den einen oder anderen Schrecken ein. Gemeinsam erleben die beiden am 20. April, Hitlers Geburtstag, ein richtiges »Abenteuer«: »Uns ist etwas sehr Lustiges passiert. Am Geburtstagsmorgen fand eine Militärparade auf dem Oberwiesenfeld statt. Da ich vergessen hatte, Karten zu besorgen, gingen die Witwe und ich einfach hin und guckten aus der Ferne zu. Als die Panzer an uns vorbeifuhren, habe ich versucht, sie zu fotografieren, aber es ging alles zu schnell. Prompt tauchte die Polizei auf. Einer stieg zu uns in den Wagen und brachte uns zur Gestapo. Mrs Ham, die in gebrochenem Deutsch ihre Unschuld beteuerte, musste auch mitkommen. Bei der Gestapo wurden wir für zwei Stunden in Schutzhaft genommen, während sie meinen Film entwickelten. Mrs Ham war die ganze Zeit über zum Totlachen. Ist es nicht unglaublich lustig, dass ich gerade dann verhaftet werde, wenn sie hier ist?«[471] Ob sich Unity wirklich so sicher fühlt oder nur zu naiv ist, um Angst zu haben? Wer nur ein kleines bisschen weniger blauäugig durchs Leben geht, würde bei der Vorstellung eines Gestapo-Verhörs Schweißausbrüche bekommen.

Ende April reist sie nach London, um am 12. Mai bei der Krönung George VI. dabei zu sein. Ganz London ist auf den Beinen, und auch Unity feiert in der Nacht vor der Krönung zusammen mit Freunden eine rauschende Party. Die feierliche Prozession beobachten die Mitford Girls vom Fenster des Marlborough Clubs aus. Auf Einladung der britischen Regierung nimmt Unity zusammen mit ihrem Vater auf der Strathmore an der großen Bootsparade auf der Themse zu Ehren des Königs teil.[472] An Bord sind zahlreiche Parlamentsabgeordnete, Minister, Botschafter und Abgesandte befreundeter Länder. Von einer Ächtung Unity Mitfords kann keine Rede sein. Ergebnis der Bootsfahrt ist ein Techtelmechtel zwischen Unity und dem Parlamentarier Terence O'Connor, dem Generalstaatsanwalt für England und Wales.

Wenige Wochen nach der Inthronisierung seines Bruders wird der Herzog von Windsor am 3. Juni 1937 in Frankreich seine große Liebe Wallis Simpson heiraten. Fruity Metcalfe, Oswald Mosleys Schwippschwager, ist sein Trauzeuge. Unter den handverlesenen Hochzeitsgästen sind auch Mosleys Geliebte Alexandra, Metcalfes Frau, und Randolph Churchill. Im Oktober 1937 werden die Frischvermählten Nazideutschland besuchen. Eine Reise, die die Briten ihnen niemals verzeihen werden, sind die beiden doch bereits im Vorfeld immer wieder durch hitlerfreundliche Aussagen aufgefallen. Während die Britische Botschaft offiziell keinerlei Notiz von den prominenten Gästen nimmt, werden sie von Goebbels, Göring, Heß, Ribbentrop und zuletzt auch von Hitler auf dem Obersalzberg empfangen. Der Herzog fühlt sich durch die Aufmerksamkeit der deutschen Regierung geschmeichelt, für Hitler aber ist Edward nach seiner Abdankung nur noch von marginaler Bedeutung. Wer »Mrs Simpson«, wie die britische Presse sie hartnäckig nennt, und den Herzog jedoch ihr Lebtag verteidigt, ist Diana, die in späteren Jahren eine enge Freundin der beiden wird und 1988 das Buch *The Duchess of Windsor* veröffentlicht, in dem sie ihre Sicht der Jahrhundertromanze schildert.[473] Der Herzog und die Herzogin sind keineswegs die einzigen Briten, die Hitler 1937 ihre Aufwartung machen. Etliche Politiker finden sich ein, unter ihnen der Parlamentsabgeordnete George Lansbury, ehemaliger Vorsitzender der Labour-Partei und bekennender Pazifist. Er führt in diesem Jahr sowohl mit Hitler als auch mit Mussolini Gespräche zur Wahrung des Weltfriedens. Appeasement-Verfechter Lord Lothian trifft Hitler am 4. Mai, um ihm seine Idee eines föderalen Europas zur Friedenssicherung nahezubringen. Beide reisen hochzufrieden nach England zurück.

Unity erfreut sich einstweilen am bayerischen Frühling. Dank der väterlichen Apanage muss sie keinerlei Erwerbstätigkeit nachgehen, sondern lebt vergnügt in den Tag hinein, auch wenn sie oft lamentiert, knapp bei Kasse zu sein. Sie frönt weiterhin ihrer Kinoleidenschaft und genießt das Kulturangebot der Landeshauptstadt in vollen Zügen: Kabarett, Theater, Oper, Künstlerfeste. Tagsüber kann man sie mit Freundinnen beim Einkaufen treffen oder beim Segeln auf dem Starnberger See. Sie spielt Tennis, geht schwimmen oder gönnt sich in einem der schönen Münchner Kaffeehäuser ein großes Stück Schokoladenkuchen mit viel Schlagsahne. Dazwischen findet sie immer noch Zeit, Einladungen der Partei wahrzunehmen. Auf einer Aufnahme vom 9. Mai sieht man sie zusammen mit Gauleiter Wagner und reichlich NS-Prominenz das Modell des Architekturbüros Troost zum Ausbau der Prinzregentenstraße besichtigen.[474]

Seit am 8. April 1937 der Flugverkehr zwischen München und London aufgenommen wurde, sind die Besucher aus England noch zahlreicher. Jeden von ihnen führt Unity nach Schloss Nymphenburg, ihren Lieblingsplatz. Im Juni erwartet sie Lady Redesdale und Deborah, die unmittelbar nach Jessicas Hochzeit ins Burgenland gereist sind. Sie wollten Janos Almásy besuchen, der jedoch am Tag ihrer Ankunft als Nazisympathisant vorläufig festgenommen wurde: »Die Soldaten durchwühlten seine Papiere und seinen Schreibtisch. Sie fanden eine Fotografie von Bobo und Hitler«, berichtet Deborah.[475] So reisen die beiden Damen über Wien und Bad Ischl nach Salzburg weiter, wo Unity schon mit dem Wagen auf sie wartet. Die Fahrt im Cabriolet zurück nach München führt über den idyllischen Königsee und Berchtesgaden, wo Unity sich mit dem Berghof verbinden lässt, um die Anwesenheit des »Führers« zu erfragen. Doch der ist in München, dem Ziel ihrer Reise.

»Wir fuhren direkt zu Hitlers Wohnung, um nachzusehen, ob er da war«, erinnert sich Deborah. »Von zwei Wachleuten erfuhren wir, wo er war, und eilten in die Osteria Bavaria, wo man uns mitteilte, dass er vor fünf Minuten weggegangen sei. Also rasten wir zurück zu seiner Wohnung und sahen, dass der Wagen schon bereitstand, ihn nach Berchtesgaden zu bringen. Wir parkten in einer Seitenstraße, dann liefen Bobo und ich quer über den Platz zu seinem Haus. [...] Einer der Wachmänner sagte: ›Warten Sie in der Eingangshalle!‹ Wir traten ein, und nach einer Weile kam eine Frau herunter und sagte: ›Hitler möchte, dass Sie nach oben kommen.‹ Bobo und ich gingen hinauf, sie zitterte am ganzen Körper. Dann öffnete sich die Tür zu seiner Wohnung. Er stand da und freute sich sichtlich, Bobo zu sehen.«[476] Nachdem man Lady Redesdale dazugeholt hat, gibt es Tee mit dem »Führer«. Hitler gibt sich offen und charmant, weist den Damen höchstpersönlich den Weg ins Badezimmer, damit sie sich ein wenig frischmachen können: »Wenn ich heute darüber nachdenke, dann ist es doch erstaunlich, dass er seine Abfahrt um zwei Stunden verschob, nur um mit Unity und durch sie mit uns zu plaudern«, wundert sich Deborah Jahre später.[477] Wieder in England, schreibt sie Jessica: »Die Teeparty bei

Hitler war faszinierend. Bobo ist irgendwie ganz anders in seiner Gegenwart. […] Ich glaube, Hitler mag sie sehr, er konnte seine Augen gar nicht von ihr lassen. Muv hat ihn gefragt, ob es eigentlich Gesetze gibt, die verbieten, gutes Mehl für Brot zu verwenden. Ist das nicht zum Totlachen?«[478] Am meisten beeindruckt ist Deborah allerdings nicht von Hitler, sondern vom Geiger des Barnabas von Géczy Swing Orchesters, das täglich im Café Luitpold in der Brienner Straße aufspielt: »Meine Liebe, da gibt es einen Mann in der Band, da stellt es Dir die Nackenhaare auf. […] Er ist genau mein Typ. Wir gehen jeden Abend dorthin, damit ich dasitzen und ihn anstarren kann, was Muv ganz närrisch macht. Das Schlimme ist nur, gestern Abend hat er Bobo zweimal angelacht und mich gar nicht.«[479] Nachdem schließlich auch noch Lord Redesdale und Tom zu den Damen gestoßen sind, stellt Hitler ihnen einen seiner Adjutanten als Stadtführer zur Verfügung.

Am 19. Juni 1937 reist Unity zum dritten und letzten Mal zu den Frankentagen, Gauleiter Streicher verleiht ihr das Silberne Hesselberg-Abzeichen.[480] Der Historiker Thomas Greif hat die Frankentage in einer umfassenden Studie untersucht und dabei auch die Funktion von Unity Mitford: »Lady Mitfords seltsam-tragische Rolle mag in der Geschichte des Dritten Reiches nicht viel mehr als eine skurrile Fußnote sein. Für die Frankentage der NSDAP auf dem Hesselberg hatte die jungen Engländerin indes eine kaum zu unterschätzende Bedeutung: Gab ihre Anwesenheit der Veranstaltung doch internationalen Glanz und suggerierte den dort versammelten Volksgenossen, dass der Antisemitismus nach Streichers Muster, kompromisslos und widerwärtig wie nirgendwo sonst im Deutschen Reich, schon auf dem Vormarsch ins europäische Ausland begriffen war.«[481]

Unmittelbar nach den Frankentagen fährt Unity zu ihrer Familie. Vor allem für Deborah, die als letzte der Schwestern noch bei den Eltern in High Wycombe lebt und sich schrecklich langweilt, ist ihr Besuch eine große Freude: »Bobo ist gerade aus Deutschland gekommen. Sie wird bald dahin zurückkehren. Ich wünschte, ich könnte mit ihr gehen. […] Wenn sie fort ist, werde ich wieder ganz einsam sein. Wie ich das hasse. Hier gibt es niemanden, mit dem man reden könnte, Du weißt ja, Eltern hören einfach nie zu«, schreibt sie verzagt an Jessica.[482] Es ist Deborahs erste Londoner Saison, und ohne Tom wären die Debütantinnenbälle schrecklich: »Er ist einfach wundervoll. Wenn ich niemanden zum Tanzen finde, dann setzt er sich zu mir aufs Sofa oder tanzt mit mir. Ich muss schon sagen, das ist wirklich furchtbar nett von ihm.«[483] Zu den neuen Freunden, die sie in ihrem ersten Jahr in London gewinnt, gehören die Kinder des neuen US-Botschafters Joseph P. Kennedy. Seine Tochter Kathleen, genannt Kick, ist ebenfalls Debütantin. Mit Kicks attraktivem Bruder John F. wagt Deborah das eine oder andere Tänzchen. Während sie anschließend in ihr Tagebuch notiert: »Etwas langweilig, aber nett«, prophezeit ihre Mutter: »Denk an meine Worte, ich wäre nicht überrascht, wenn dieser junge Mann einmal Präsident der Vereinigten Staaten würde.«[484]

Obwohl sie Mitleid mit der jüngeren Schwester hat, kann Unity nur kurz in England bleiben. In München wartet eines der Highlights des Jahres auf sie: Am 18. Juli wird mit der ersten »Großen Deutschen Kunstausstellung« das Haus der Deutschen Kunst an der Prinzregentenstraße eröffnet. Unity ist unter den Ehrengästen. Dieser erste repräsentative Monumentalbau des Regimes, nach Plänen des 1934 verstorbenen »Ersten Baumeisters des Führers« Paul Ludwig Troost, ist eines von Hitlers Lieblingsprojekten und soll München endgültig zur »Hauptstadt der Deutschen Kunst« machen. Das NSDAP-Mitglied Troost hat bereits das Braune Haus in der Brienner Straße sowie das Ehrenmal an der Feldherrnhalle nach Hitlers »künstlerischen« Vorstellungen gestaltet und zeichnet auch verantwortlich für die Parteibauten am Königsplatz. Nach seinem plötzlichen Tod übernimmt seine Witwe Gerdy, obgleich selbst keine Architektin, zusammen mit Troosts langjährigem Mitarbeiter Leonhard Gall die Ausführung dieser Projekte. Ihr Buch

Das Bauen im neuen Reich ist das Standardwerk zur NS-Architektur. Sie ist eine der führenden Persönlichkeiten im NS-Kulturbetrieb. In München geht nichts mehr ohne diese Frau, die auch Hitlers luxuriöse 9-Zimmer-Wohnung am Prinzregentenplatz und den Berghof ausgestattet hat. Die elegante Dame, von Hitler zur Professorin ernannt, ist seit 1932 Parteimitglied. Unity kennt sie persönlich und weiß um die Bedeutung, die das Haus der Deutschen Kunst für Hitler hat. Einmal hatte Hitler sie in der Reichskanzlei in ein Zimmer geführt, in dem seine Geburtstagsgeschenke gestapelt waren. Neben Hunderten von selbstgestrickten Socken und Pullovern fanatisierter Verehrerinnen befand sich auch ein Modell vom Haus der Deutschen Kunst darunter. Es war ein Geschenk Görings und Hitlers ganzer Stolz.[485] Drei Tage dauern die Feierlichkeiten zur Eröffnung des Museumsbaus, deren Höhepunkt der Festzug »2000 Jahre deutsche Kultur« bildet.

Die Ausstellung selbst zeigt, was im Nationalsozialismus als »wahre« deutsche Kunst betrachtet wird: eine krude Mischung aus konservativem Akademismus, Neoklassizismus und sentimentaler Genremalerei. Die Exponate hat Hitlers Leibfotograf zusammengestellt: der »Kunstverständige« Heinrich Hoffmann, ein Kunstdilettant wie der Reichskanzler selbst. Die Expertenjury, die ursprünglich die Werke auswählen sollte, hat Hitler, wie Goebbels in seinem Tagebuch schildert, in einem Tobsuchtsanfall kurzerhand entlassen: »Bei der Plastik geht es noch, aber bei der Malerei ist es z.T. direkt katastrophal. Man hat hier Stücke aufgehängt, die einem direkt das Grausen beibringen. [...] Der Führer tobt vor Wut.«[486] Nicht einmal die dem Nationalsozialismus nahestehenden Künstler und Kunstverständigen der Jury waren in der Lage, sich so gegen die moderne Kunst zu positionieren, wie es von ihnen erwartet wurde.

Nur einen Tag nach der Eröffnungsrede Hitlers, in der er einen Säuberungskrieg gegen die moderne Kunst ankündigt und die Goebbels »sehr witzig« findet,[487] beginnt am 19. Juli, quasi als Ge-

genentwurf zur Schau im Haus der Deutschen Kunst, im benachbarten Hofgarten die Propagandaausstellung »Entartete Kunst«. Gezeigt werden rund sechshundert Werke der Klassischen Moderne, die in deutschen Museen beschlagnahmt worden sind. Besonders viele Arbeiten entstammen der Künstlervereinigung »Die Brücke«. Nolde, Schmidt-Rottluff, Kirchner, Dix, Feininger und Corinth finden sich ebenso hier wieder wie Kandinsky, Chagall, Mondrian und Marc. Max Beckmann, der ebenfalls vertreten ist, verlässt Deutschland am Tag der Eröffnung. Auf dem Ausstellungskatalog ist eine Arbeit des Bildhauers Otto Freundlich abgebildet, der 1943 im Konzentrationslager Majdanek ermordet werden wird. Adolf Ziegler, Präsident der Reichskammer der Bildenden Künste und einer von Hitlers Lieblingsmalern, von Spöttern »Reichsschamhaarmaler« genannt, sagt in seiner Eröffnungsrede: »Wir sehen um uns herum diese Ausgeburten des Wahnsinns, der Frechheit, des Nichtskönnertums und der Entartung. Uns allen verursacht das, was diese Schau bietet, Erschütterung und Ekel.«[488] An vielen Bildern klebt ein Preisschild, begleitet von einem Zettel mit der Aufschrift: »Bezahlt mit den Steuergroschen des arbeitenden deutschen Volkes«, ohne einen Hinweis darauf, dass es sich dabei um den Preis zu Zeiten der Inflation handelt. Wandgroße Schmähungen verunglimpfen Werke und Künstler gleichermaßen. Allerdings ist ein dummer Fehler passiert: Mit dem Bildhauer Rudolf Belling ist ein Künstler gleich in beiden Ausstellungen präsent.[489]

Ob die kulturbeflissene Unity dem platten Kunstverständnis der Nazis etwas abgewinnen kann, ist fraglich. Ihre Freundin Erna Hanfstaengl hält mit ihrer Meinung jedenfalls nicht hinterm Berg. »Erna ist schrecklich aufgeregt wegen der Ausstellung ›Entartete Kunst‹«, schreibt Unity an Diana. »Sie sagt, die Künstler, die dort gezeigt werden, seien die einzig guten, die Deutschland heutzutage hat, die ganze Welt würde Deutschland um sie beneiden. Sie arbeitet nicht mehr in ihrer Galerie, weil ihr Bruder Angst hat, dass die SS ihr die Fensterscheiben einwirft, wenn man sie dabei erwischt, wie sie Reproduktionen von modernen Gemälden verkauft (klingt unwahrscheinlich, findest du nicht?).«[490] Unity berichtet weiter: »Sie besucht die Ausstellung jeden Tag und sagt, alle Leute mit Kunstverstand in München wären begeistert, weil sie nie zuvor Gelegenheit hatten, all diese wunderbaren Bilder zusammen in einer Ausstellung zu bewundern. Sie gehen täglich hin. Noch dazu ist der Eintritt frei.«[491] Auch Unity besucht die Ausstellung, die mehr als zwei Millionen Menschen anlockt, und zeigt sich sichtlich beeindruckt.[492] Diese Ausstellung, die in den kommenden Jahren in weiteren deutschen und österreichischen Städten zu sehen ist, markiert das Ende der Klassischen Moderne in Deutschland. Die ausgestellten Künstler werden, soweit nicht ohnehin schon geschehen, aus Akademien ausgeschlossen, mit Berufsverbot belegt und ins Exil getrieben. Etwa zeitgleich mit der Eröffnung des Kunstbaus in München erreicht die systematische Verfolgung politisch Andersdenkender mit der Errichtung des Konzentrationslagers Buchenwald vor den Toren Weimars einen neuen Höhepunkt.

Das nächste Highlight des Kulturjahres heißt Bayreuth. In Begleitung ihrer Cousine Clementine wird Unity in einer schwarzen Mercedes-Limousine aus Hitlers Fuhrpark nach Franken chauffiert, sie freut sich, obwohl ihr Wagners Musik im ersten Festspieljahr viel abverlangt hatte: »Das war das erste große Opfer, das ich für den Führer gebracht habe.«[493] Nach zehn wundervollen Festspieltagen geht's im »Führerzug«, vorbei an fahnenschwenkenden Anhängern zurück nach München, wo sie an Jessica schreibt: »Kukuli von Arendt war in Bayreuth, sie wusste das von Dir noch nicht [...] und hörte gar nicht auf zu wiederholen: ›Aber die Decca war doch so nett! Sie war doch so lustig und reizend!‹ Erinnerst Du Dich, dass Dich die beiden SS-Männer immer die lustige Kommunistin nannten? [...] Ich habe den Führer in letzter Zeit ziemlich häufig gesehen, was einfach himmlisch war, jetzt hat er sich aber für eine Weile in die Berge zurückgezogen.«[494] Als er wieder da ist, besuchen sie zusammen in Berlin ein *Aida*-Gastspiel der Scala: »Es war sehr schön, dass es noch geklappt hat, denn die Tickets waren seit drei Monaten ausverkauft, und es war eine ganz tolle Vorstellung.«[495] Bedenkt man, wie oft Unity in den vergangenen Monaten an der Seite Hitlers aufgetaucht ist, nimmt es nicht wunder, dass ihr Hitlers Umfeld den Spitznamen »Unity Mitfahrt« verpasst.

Es ist ein sehr warmer Sommer, und Unity tut, was zahlreiche Münchner auch heute tun: »Als es so furchtbar heiß war, habe ich mir einen einsamen Platz im Englischen Garten gesucht, mich nackt ausgezogen und gesonnt. Gott sei Dank ist niemand vorbeigekommen. Während ich dort lag, musste ich an Muv denken. Was sie wohl sagen würde, wenn sie wüsste, dass ich hier nackt ein Sonnenbad nehme? Ich musste so lachen, dass ich Bauchschmerzen bekam. Wenn jemand vorbeigegangen wäre, hätte man mich für genauso übergeschnappt wie unanständig gehalten.«[496] Diana verbringt auch diesen Sommer in Berlin bei der Familie Goebbels: »Es war einfach himmlisch«, schreibt sie nach München »Da gibt es ein ganz wundervolles Foto vom Führer auf dem Reichsparteitag von 1929. Er lacht und wirft Blumen auf die vorbeimarschierende SA. Ach, ich wünschte so sehr, wir wären damals dabei gewesen. Ich könnte vor Wut heulen, wenn ich daran denke, dass wir damals schon am Leben waren und doch alles Wichtige verpasst haben. Glaubst Du, der Führer kommt noch hierher? Ich dürste danach, ihn zu sehen.«[497] Mitte August reist Unity mit Tom ins Burgenland, um bei Graf Almásy den Sommer ausklingen zu lassen. Das Verhältnis zwischen Unity und Almásy scheint sich in diesem Jahr intensiviert zu haben. Ihr langjähriger Begleiter Erich Widmann hingegen verlässt München, um zu heiraten, und verschwindet aus Unitys Umfeld.

Das Jahr 1937 markiert eine neue Phase in der britischen Außenpolitik. Nach dem Rücktritt von Stanley Baldwin Ende Mai 1937 hat mit Arthur Neville Chamberlain ein glühender Verfechter der Appeasement-Politik das Amt des Premierministers übernommen.

Während die britische Regierung immer stärker von Frankreich und der dort regierenden Volksfront abrückt, bemüht sie sich umso mehr um eine Verständigung mit Hitler. Dazu gehört auch die Duldung einer Verschiebung der deutschen Grenze gen Osten. Gegner der Appeasement-Politik wie Winston Churchill, der augenblicklich kein Amt bekleidet, Duff Cooper, 1. Lord der Admiralität, der im Herbst 1938 zurücktreten wird, oder Sir Robert Vansittart, der oberste Beamte des Außenministeriums, der auf einen unbedeutenden Posten abgeschoben wird, verlieren sukzessive an Einfluss. Bereits im Frühjahr hat Sir Nevile Henderson Sir Eric Phipps als britischer Botschafter in Berlin abgelöst und die Journalistin Bella Fromm in ihr Tagbuch geschrieben: »Sir Eric ist nicht nachgiebig genug, um den Zwecken Neudeutschlands dienlich zu sein.«[498] Henderson steht dem Deutschen Reich weit weniger kritisch gegenüber als sein Vorgänger, der nach Paris abberufen wird. Dennoch gibt es Grenzen: »Niemand außer dem Garderobenfräulein und Miss Mitford hat mich je mit ›Heil Hitler‹ begrüßt.«[499] Im Umgang mit dem Botschafter eines anderen Landes gilt dies als äußerst unhöflich, auch unter Nazis, zumal Sir Nevile stets mit einem fröhlichen »Rule Britannia« reagiert.

An der positiven Einstellung der britischen Regierung gegenüber den Deutschen ändern auch die Enthüllungen des Journalisten Claud Cockburn in der linken Zeitschrift *The Week* im November 1937 nichts. Cockburn berichtet von einer prodeutschen Gruppierung, die Einfluss auf die britische Außenpolitik nimmt.[500] Die Gruppe steht in engem Kontakt zur Anglo-German Fellowship, und ihr gehören neben Lordsiegelbewahrer Lord Halifax, der Chefredakteur der *Times* Geoffrey Dawson, Lord und Lady Astor, Lord Lothian, der neue Botschafter in Deutschland Nevile Henderson und weitere Prominente an, die in enger Verbindung zum deutschen Botschafter Joachim von Ribbentrop stehen. Cockburn nennt sie »The Cliveden Set« nach dem Wohnsitz von Lord und Lady Astor in Buckinghamshire. Wie weit der Einfluss der Gruppe auf die Appeasement-Politik reicht, ist unter Historikern umstritten. Tatsächlich aber gibt es wichtige Kreise, die auf eine Verständigung mit Deutschland drängen. Den Frieden auf Kosten kleinerer Staaten in Ost- und Mitteleuropa zu sichern scheint ihnen und der konservativen Regierung legitim. Warnungen, dass Hitlers Expansionsdrang damit nicht gestillt sei, sondern sich nach Westen verlagern werde, werden scharf zurückgewiesen. Stattdessen gibt man der deutschen Regierung sogar zu verstehen, dass man über eine Rückgabe der Kolonien reden könne. Einer, der sich im Oberhaus besonders dafür ins Zeug legt, ist Unitys Vater, selbst Mitglied der Anglo-German Fellowship. Dass Hitler daran überhaupt kein Interesse hat, übersehen die britischen Imperialisten. Die Einstellung, sich als Inselstaat aus kontinentalen Streitigkeiten herauszuhalten, ist *common sense.* Daran ändert auch die Zerstörung der spanischen Stadt Guernica durch die deutsche Legion Condor am 26. April 1937 nichts. Während die Franzosen sich nicht nur um ihre Ostverbündeten, sondern auch um ihr eigenes Land sorgen, versuchen die Briten die Franzosen auf ihre Appeasement-Politik einzuschwören. Bei einem Krieg zwischen Frankreich und Deutschland müsste Großbritannien, gemäß einem vor Jahren geschlossenen Garantieabkommen, Frankreich zu Hilfe eilen, und dies soll unter allen Umständen verhindert werden.

Zum »Reichsparteitag der Arbeit« Anfang September 1937 erscheint erneut die halbe Familie Mitford, wie Randolph Churchill im *Evening Standard* berichtet: »Die Familie Mitford hat wie immer eine mächtige Abordnung zum Nazikongress nach Nürnberg entsandt. Drei der Kinder Lord Redesdales nehmen dieses Jahr als Ehrengäste des Führers teil – Miss Unity Mitford, die den Großteil des Jahres in München verbringt und eine persönliche Freundin von Herrn Hitler ist, Mrs Bryan Guinness und Mr T. D. Mitford.«[501] Diana stellt befriedigt fest, dass weitaus mehr ausländische Teilnehmer als in den vergangenen Jahren anwesend sind. Darunter auch Unitys Freundin Dorothy »Dolly« Eckersley, Frau von BBC-

Pionier Peter Eckersley. Die beiden stehen der BUF nahe, Dolly wird später gar der noch radikaleren National Socialist League beitreten. Während Peter Eckersley ab 1937 für den britischen Auslandsgeheimdienst tätig ist, arbeitet Dolly für einen deutschen Propagandasender. Nach dem Krieg wird sie in Großbritannien zu einer Haftstrafe verurteilt. Kurz vor dem Reichsparteitag nimmt Unity das Ehepaar in den Carlton Tearoom mit, wo Dolly zu ihrer großen Freude den »Führer« zum ersten Mal leibhaftig sieht.[502]

Die Begeisterung bei den ausländischen Gästen in Nürnberg ist groß. Lady Ethel Snowden, Witwe des vor kurzem verstorbenen Labour-Schatzkanzlers Philip Snowden, Suffragette, Menschenrechtsaktivistin und Sozialistin, schreibt nach dem Parteitag im *Sunday Chronicle*, dass sie Hitler für einen sehr integeren Mann halte und es schäbig finde, dass viele ihrer anwesenden Landsleute den Hitlergruß verweigert hätten.[503] Diana freut besonders, dass Tom und Janos Almásy so begeistert sind: »Tom und Janos zeigten sich sehr beeindruckt, nicht nur von der Schönheit und Präzision der Paraden, sondern vor allem von den Reden, in denen Einzelheiten über die ökonomischen Fortschritte zur Sprache kamen. […]. Kurz darauf trat Tom unserer Bewegung bei.«[504] Dies ist umso erstaunlicher, bedenkt man Toms strikte Ablehnung jeglichen Antisemitismus. Der überzeugte Nationalsozialist Janos Almásy hofft auf den baldigen »Anschluss« Österreichs. Österreich ist ihm verhasst, seit Ungarn nach dem Ersten Weltkrieg verpflichtet wurde, das Burgenland an Österreich abzutreten.

Diana und Unity erfahren auf diesem Reichsparteitag eine sensationelle Neuigkeit. Sie kommen dahinter, wer Hitlers Geliebte ist. Oswald Mosley schreibt dazu in seinen Memoiren: »Hitler veranlasste ihre Vorstellung bei Diana und Unity auf höchst persönliche Weise, indem er sie […] auf den für ihn reservierten Plätzen nebeneinander sitzen ließ.«[505] Eine Fotografie zeigt Unity auf der Ehrentribüne hinter einer jungen Frau, während auf dem Nürnberger Marktplatz die NS-Ehrenformationen aufmarschieren.[506]

Sie ist der jungen Frau schon einmal im Fotoatelier von Hitlers Haus- und Hoffotograf Heinrich Hoffmann begegnet, wo die begeisterte Fotografin Unity ihre Filme entwickeln lässt. Hier arbeitete Eva Braun als Fotolaborantin. Einmal hat Unity gesehen, wie sie in einer schweren Limousine abgeholt wurde. Die Schwestern sind nicht dumm, eins und eins können sie zusammenzählen: Eva Braun muss Hitlers Geliebte sein. Unbemerkt von der Öffentlichkeit, hat sich dieses Verhältnis entwickelt. 1929 hat Hitler Eva Braun im Laden von Heinrich Hoffmann zum ersten Mal gesehen, seit 1932 ist sie seine Geliebte. Sie lebt in einem Apartment in der Nähe seiner Münchner Wohnung und ist oft in Berchtesgaden auf dem Berghof zu Gast. An Heirat ist jedoch nicht zu denken. Hitler weiß um die Bedeutung, die Frauen für seine Politik haben. Junggeselle zu bleiben erscheint nicht nur ihm politisch klüger. Eva Braun kommt mit der Situation nur schwer zurecht und versucht mehrmals, sich das Leben zu nehmen. Eifersüchtig ist Unity im Übrigen nicht. Sie sieht ihre Rolle als die einer politischen Weggefährtin, die einer heimlichen Geliebten interessiert sie nicht. Noch in Nürnberg werden Unity und Diana als Paradebeispiel der echten Arierin für Paul Schultze-Naumburgs rassistisches Buch *Nordische Schönheiten* fotografiert. Unter Unitys Bild ist zu lesen: »Engländerin, ebenfalls Botticelli-Typus, Schwester von 16 (ohne die modische Betonung würde das noch stärker in Erscheinung treten).[507]

Im September 1937 erwartet das Deutsche Reich hohen Besuch: Benito Mussolini hat sich angekündigt. Unity, die zurzeit in der Pension Romana in der Akademiestraße 7 wohnt, ist alles andere als begeistert. Sie fürchtet, Mussolini könne sich zwischen Deutschland und England drängen und ihr Herzensprojekt einer Allianz gefährden. Wie immer hält sie mit ihrer Meinung nicht hinterm Berg. In einem Brief an Diana berichtet sie von einer lautstarken Auseinandersetzung mit Goebbels' und Hitlers Arzt Karl Brandt in der Osteria Bavaria: »Bis auf den Führer verschworen sich alle gegen mich, weil ich sagte, dass ich Mussolini nicht ausstehen kann. Sie schikanierten mich so lange, bis ich den Tränen nahe war. Es war ganz schrecklich. Ich dachte wirklich. ich würde gleich anfangen zu heulen. Allein der Führer stellte sich auf meine Seite (natürlich ohne etwas gegen Mussolini zu sagen). Er war absolut goldig.«[508] Entmutigen lässt sie sich keineswegs. Am 25. September notiert Goebbels, dessen Sympathien für Unity langsam, aber sicher schwinden, nach einem Besuch im »Führerbau« entnervt in sein Tagebuch: »Beim Mittagessen ist die Mitford da. Sie schimpft ganz ungeniert auf Mussolini. Aber ich gebe ihr Bescheid. Ich kann nicht verstehen, dass der Führer sich das gefallen lässt.«[509]

Empfangen wird Hitler Mussolini jedoch auch gegen Unitys Rat. Die allerdings berichtet dem britischen Generalkonsul Donald St. Clair Gainer, den sie am Münchner Hauptbahnhof trifft, wo er den Herzog und die Herzogin von Windsor erwartet, die auf dem Weg nach Paris sind, brühwarm von der Abneigung Hitlers gegenüber Mussolini. Hitler teile keineswegs die Begeisterung der anderen für den Duce, müsse ihn aber aus politischen Gründen empfangen.[510] St. Clair Gainer leitet den Inhalt des Gesprächs mit folgendem Kommentar an die Britische Botschaft in Berlin weiter: »Ich kann für die Korrektheit von Miss Mitfords Aussagen nicht garantieren, aber ich weiß, dass sie mit Herrn Hitler sehr vertraut ist und er offen mit ihr spricht. Es ist natürlich möglich, dass Miss Mitford, die eine fanatische Anhängerin von Herrn Hitler ist, ihm Worte in den Mund legt, die er nicht geäußert hat, oder dass sie einiges missverstanden hat. Aber vorbehaltlich dieser Bedenken habe ich wenig Grund, den Wahrheitsgehalt dessen anzuzweifeln, was sie mir über ihre Unterhaltung mit dem Reichskanzler berichtet hat.«[511] Die Botschaft ist sich keineswegs sicher, was von alldem zu halten ist. Einerseits ist man geneigt, die junge Frau nicht allzu wichtig zu nehmen, andererseits aber ist sie die einzige Ausländerin, die direkten Zugang zu Hitler hat.

Zwei Tage vor der Ankunft des Duce in München holt Unity Randolph Churchill und G. Ward Price vom Flughafen ab. Die beiden Journalisten wollen über den Staatsbesuch berichten, und da nur deutsche und italienische Pressevertreter akkreditiert sind, hoffen sie auf Unitys Kontakte: »Randolph hörte nicht auf, sich zu beschweren, weil ich ihm kein Interview mit dem Führer verschaffte, und grummelte ständig, es gebe zu wenig Toiletten, was auch immer er damit meinte. Aber ansonsten war er sehr nett. Ingesamt waren es drei sehr lustige Tage, und ich war froh, mich ein wenig von dem Elend des Musso-Besuchs ablenken zu können.«[512]

Am 25. September 1937 trifft der dienstälteste faschistische Regierungschef Europas zu einem fünftägigen Staatsbesuch ein. Unity berichtet ihrer Mutter voller Abscheu, wie München sich herausgeputzt habe. Ihrer Ansicht nach ist die britische Regierung schuld an der Annäherung zwischen Italien und Deutschland. Man hätte die Zusammenarbeit mit Hitler vorantreiben müssen, damit der sich nicht einen anderen Bündnispartner suche. Es ist der erste Besuch des Duce in Deutschland. Obwohl die beiden Diktatoren eine Weltanschauung eint, haben Differenzen vor allem im Bereich der Außenpolitik lange ein gemeinsames Vorgehen verhindert. Mussolini hatte jeglichen deutschen Vorstoß Richtung Österreich kategorisch abgelehnt, da er die Alpenrepublik als Pufferstaat betrachtete. 1934 hatte er gar gemeinsam mit Frankreich und Großbritannien eine Sicherheitsgarantie für Österreich abgegeben. Erst Italiens Isolierung infolge des Abessinienkriegs führte zu einer Annäherung. Im Januar 1936 informierte Mussolini den deutschen Botschafter in Rom, Ulrich von Hassell, dass Italien keine Einwände mehr gegen einen »Anschluss« Österreichs habe. Im Spanischen Bürgerkrieg kam es schließlich erstmals zu einer Zusammenarbeit zwischen Italien und Deutschland. Nun soll die »Achse Berlin-Rom« stabilisiert werden.

Der Besuch Mussolinis ist ein Großereignis, auf das man die Bevölkerung wochenlang propagandistisch vorbereitet hat. Die Reiseroute führt von der »Hauptstadt der Bewegung« über ein Wehrmachtsmanöver in Mecklenburg und den Besuch der Krupp-

Stahlwerke in Essen, der »Waffenschmiede des Deutschen Reiches«, bis nach Berlin. Die Hauptstadt gleicht einer Opernkulisse, der Jubel der Berliner ist schier grenzenlos – die Inszenierung perfekt. Der Duce, der alles Theatralische liebt, ist hingerissen. Vom Stechschritt der Wehrmacht ist er so begeistert, dass er ihn glatt nach Italien importiert. Der Pionier des Faschismus lässt sich von seinem Schüler in den Untergang führen. In seiner auf Deutsch gehaltenen Rede auf dem Maifeld vor dem Olympiastadion verkündet Mussolini: »Der Faschismus hat eine Ethik, der er treu zu bleiben beabsichtigt [...]: wenn man einen Freund hat, mit ihm zusammen bis ans Ende marschieren. [...] Das Europa von morgen wird faschistisch sein.«[513]

Am 6. November 1937 tritt Italien dem Antikominternpakt gegen die Sowjetunion bei, im Dezember schließen Deutschland und Italien ein Wirtschaftsabkommen, das im Kriegsfall gegenseitige Wirtschaftshilfe vorsieht. Noch im selben Monat tritt Italien aus dem Völkerbund aus. Der Staatsbesuch hat die Hierarchien verschoben. 1926 hatte Hitler den Duce noch vergeblich um ein Autogramm gebeten. 1934 bei ihrem ersten Treffen in Venedig war Hitler ein linkischer Mann im Regenmantel gewesen und der prächtig uniformierte Duce der bedeutendste Faschist der Welt. Nun aber ist Hitler unangefochten der Führer des faschistischen Europas. Das zeigt sich auch in der programmatischen Annäherung des europäischen Faschismus an den Nationalsozialismus: vor allem in der Übernahme des Rassenantisemitismus, dem gerade die west- und nordeuropäischen Faschisten bisher eher ablehnend gegenüberstanden.

Im Oktober 1937 ist Unity zu Besuch in England. Sie will die über alles geliebte Jessica endlich wiedersehen. Die Sehnsucht der ungleichen Schwestern nacheinander ist so groß, dass die hochschwangere Jessica sich über die Vorbehalte ihres Mannes hinwegsetzt. Esmond will nicht, dass seine Frau Kontakt zu ihren faschistischen Schwestern hat. Einzig mit Tom kann er sich arrangieren, wie alle anderen Familienmitglieder auch. Tom ist der einzige Mitford, der Jessica und Esmond in ihrem neuen Heim in der Rotherhithe Street 41 am südlichen Ufer der Themse besucht. Die Gegend ist ziemlich heruntergekommen, doch Jessica und Esmond sind glücklich. Endlich sind sie den verelendeten Massen nahe, deren Leben sie verändern wollen. Zusammen mit den Arbeitern aus ihrem Viertel gehen sie demonstrieren und treffen dabei immer mal wieder auf Jessicas Hakenkreuzflaggen schwenkende Schwestern. Während Esmond bei einer Werbeagentur als Texter unterkommt, versucht Jessica sich als Hausfrau: »[Cousine] Iddens Prophezeihung, dass ich hier nicht viel ausrichten würde, bestätigte sich nach ein paar ergebnislosen Versuchen. Mit großer Geste nahm ich den Besen und verbrachte Stunden damit, die Treppen zu fegen, bis Roger mich entdeckte und kritisch bemerkte: ›Eigentlich fängt man oben an und kehrt nach unten.‹«[514] Schließlich überlässt sie die Hausarbeit ihrem Mitbewohner, dem Journalisten Roger Roughton, und verdingt sich als Marktforscherin bei der Werbeagentur, die auch ihren Mann beschäftigt. Die besorgte Lady Redesdale, die kaum Kontakt zu Jessica hat, richtet ihrer Tochter im Kaufhaus John Lewis ein Kundenkonto ein, damit sie jederzeit dort einkaufen kann. Dianas großzügige Schecks und Geschenke lehnt Jessica mit Rücksicht auf Esmond schweren Herzens ab. Einzig was Unity betrifft, setzt sie sich über seine Wünsche hinweg. Heimlich bleiben die beiden in Verbindung, und wann immer Unity in London ist, treffen sich die Schwestern – wie in Kindertagen – bei Harrods.

In diesen Tagen gibt es erstmals Gerüchte, Unity wolle die deutsche Staatsbürgerschaft beantragen. Dame Helen Gwynne-Vaughan, Frauenrechtlerin und Vorsitzende des Women's Emergency Service, der weibliche Offiziere für den Kriegsfall ausbildet, legt ihr daraufhin nahe, sich aus der Organisation zurückzuziehen. Als ihr Austritt in der Öffentlichkeit bekannt wird, gibt Unity ein Interview: »Ich habe Dame Helen erklärt, dass ich tatsächlich in

Betracht ziehe, die deutsche Staatsbürgerschaft anzunehmen, aber noch nichts in dieser Richtung unternommen habe. Und so lange betrachte ich mich als ganz normale Engländerin.«[515] Unity weiß um die Vorteile, die die englische Staatsbürgerschaft ihr bietet. Sie profitiert nicht nur vom günstigen Wechselkurs, sondern kann auch – dank ihres britischen Passes und Autokennzeichens – ungehindert durch halb Europa reisen.

In der Zwischenzeit legt Hitler am 5. November 1937 in einer Geheimkonferenz in der Reichskanzlei seine geopolitischen Pläne auf den Tisch, die zunächst einmal die Annexion Österreichs und der Tschechoslowakei vorsehen. Einwände seiner Generäle, die Wehrmacht sei für einen eventuellen Krieg noch nicht bereit, wischt er beiseite. Nur zwei Wochen später, am 19. November, fährt Lordsiegelbewahrer Lord Halifax als Gesandter des britischen Premiers auf den Berghof, wo er Hitler in den berühmten Halifax-Hitler-Gesprächen versichert, dass sich die britische Regierung einer Grenzverschiebung innerhalb Europas, die auf dem Weg der »friedlichen Evolution«[516] stattfinde, nicht verweigern werde. Explizit geht es dabei um Danzig, Österreich und die Tschechoslowakei. Was Halifax nicht ahnt: Hitler will »Lebensraum« für das deutsche Volk, und dabei legt er nur mehr geringen Wert auf eine Lösung am Verhandlungstisch. In der Ende des Jahres vorgestellten Verteidigungsstrategie Großbritanniens stehen kontinentale Verpflichtungen sowie Hilfe für Verbündete an letzter Stelle. Großbritannien zieht sich de facto vom Kontinent zurück und überlässt ihn den größten Verbrechern der Menschheitsgeschichte.

Zu diesem Zeitpunkt hat Joseph Goebbels die Propagandaausstellung »Der ewige Jude« bereits eröffnet. Mehr als 400 000 Besucher kommen in den Bibliotheksbau des Deutschen Museums in München, um die diffamierenden Aufnahmen und Texte zu betrachten, die den »jüdischen Untermenschen« entlarven sollen. Für Schulen ist der Besuch verpflichtend. Nach acht Wochen beginnt die Ausstellung ihre Reise durch Deutschland.

Für die Familie Mitford endet das Jahr 1937 höchst erfreulich. Am 20. Dezember 1937 bringt Jessica Tochter Julia zur Welt. Das Angebot der Mutter, in High Wycombe zu entbinden, hat Jessica auf Esmonds Druck hin abgelehnt.

Als Unity am 9. Januar 1938 nach München zurückkehrt, hat sie eine große schwarze Dänische Dogge bei sich, die je nach Laune »Rebell« oder »Boy« gerufen wird: »Der Führer liebte ihn und sagte, wenn er gewusst hätte, dass ich Hunde so gern mag, dann hätte er mir eine Deutsche Dogge geschenkt.«[517] Den Februar verbringt Unity zunächst in Wien, eine ihrer Lieblingsstädte, und wirbelt dort durch den Fasching. Zum Jägerball erscheint sie stilecht im Dirndl. Während sie sich blendend amüsiert, stehen Österreich schwere Tage bevor. Alle Zeichen weisen darauf hin, dass das Land das erste Opfer nationalsozialistischer Expansionspolitik werden wird. Hitler will sein Geburtsland »heim ins Reich« holen. Befürworter eines Zusammenschlusses hat es seit Ende der Donaumonarchie in Österreich immer wieder gegeben. Mit den Verträgen von Versailles und Saint-Germain haben die westlichen Alliierten einen solchen jedoch explizit ausgeschlossen. Am 25. Juli 1934 hatten österreichische Nationalsozialisten mit Billigung Berlins dennoch versucht, den »Anschluss« gewaltsam herbeizuführen. Ihrem Putschversuch war der damalige österreichische Bundeskanzler Engelbert Dollfuß zum Opfer gefallen. Erst als Mussolinis Truppen am Brenner aufmarschierten, entzog Hitler den Putschisten seine Unterstützung. Die Annäherung Italiens an Deutschland macht die Annexion Österreichs jetzt möglich. Seit Herbst 1937 wächst der Druck auf Österreich beständig.

Am 12. Februar 1938 reist der österreichische Bundeskanzler Kurt Schuschnigg zu Hitler nach Berchtesgaden, in der Hoffnung, die Unabhängigkeit seines Landes zu bewahren. Ganz Europa schaut gebannt auf den Berghof, auch Unity, die von Wien ins Burgenland weitergereist ist: »Niemand konnte an etwas anderes denken, und das Erste, was jeder – Taxifahrer, Verkäuferinnen oder Freunde –

zu mir sagte, war: ›Haben Sie gehört? Der Schuschnigg ist beim Führer.‹ Ich hoffe, das Ergebnis wird keine Enttäuschung. Das arme Österreich ist ja so ein tragisches Land, und die Menschen hier sind ja solche Helden. […] In ganz Deutschland habe ich niemals solche Fanatiker getroffen wie hier. Mehrmals sind junge Männer auf mich zugekommen und haben mich gefragt: ›Darf ich die Hand küssen, die der Führer berührt hat?‹ […] Ganz so, wie Christen wohl ein Stück Holz küssen würden, das Jesus berührt hat.«[518] Auf dem Berghof droht Hitler dem österreichischen Bundeskanzler derweil unverhohlen mit dem Einmarsch der Wehrmacht, falls Schuschnigg sich weigere, die Nationalsozialisten an der Regierung zu beteiligen: »Ich habe einen geschichtlichen Auftrag, und den werde ich erfüllen, wie die Vorsehung mich dazu bestimmt hat. […] Sie werden doch nicht glauben, dass Sie mich auch nur eine halbe Stunde aufhalten können? Wer weiß – vielleicht bin ich über Nacht einmal in Wien; wie der Frühlingssturm! Dann sollen Sie was erleben.«[519]

Am 20. Februar 1938 lauscht Unity zusammen mit Diana in Berlin Hitlers Reichstagsrede, in der er seinen Wunsch erklärt, alle Deutschen zu vereinen. In der Hoffnung, die Autonomie Österreichs durch Zugeständnisse an die deutschen Nationalsozialisten zu sichern, ernennt Schuschnigg den Nationalsozialisten Arthur Seyß-Inquart, wie von Hitler gefordert, zum Innenminister. Die Nationalsozialisten erlangen damit die Herrschaft über die Polizei. Doch Schuschnigg hat noch einen Trumpf im Ärmel. Er beraumt für den 13. März eine Volksabstimmung über die Unabhängigkeit Österreichs an. Um der NSDAP, die vor allem Jungwähler anzieht, Stimmen zu entziehen, wird das Wahlalter auf 24 Jahre hinaufgesetzt. Zeitgleich schickt er diplomatische Hilferufe an Frankreich, Italien und Großbritannien. Davon unbeeindruckt, erklärt Premierminister Chamberlain, dass der Völkerbund kleinere Staaten nicht vor Angriffen schützen könne und die Briten zum Schutze Österreichs keinen Krieg mit Deutschland riskieren würden. Außenminister Eden, der einzige Mann im Kabinett Chamberlains, der eine andere Meinung vertreten hat, ist bereits am 21. Februar zurückgetreten, weil er die Appeasement-Politik nicht länger mittragen wollte. Sein Nachfolger ist Appeasement-Befürworter Lord Halifax.

Allerdings bringt sich der Brite, der Hitler letztlich Einhalt gebieten wird, langsam in Stellung. Winston Churchill verfasst am 4. März für den *Evening Standard* einen Artikel, in dem er darauf hinweist, dass zwei Drittel der Österreicher ihre Unabhängigkeit bewahren wollen.[520] Unity fühlt sich daraufhin bemüßigt, Churchill auf seine Fehleinschätzung aufmerksam zu machen: »Lieber Cousin Winston. [...] Ich bin der Ansicht, dass Du und mit Dir die meisten Engländer in Bezug auf Österreich völlig falsch informiert seid. [...] Ich kenne Österreich ziemlich gut und war in den letzten Jahren häufig dort. Zudem hatte ich das große Glück, auch während der Hitler-Schuschnigg-Gespräche dort zu sein. [...] Der Jubel, der in allen Teilen der Bevölkerung ausbrach, war wohl eine der größten Demonstrationen des Glaubens, die die Welt je gesehen hat. [...] Überhaupt ist die Idee, dass Deutschland versucht, das arme kleine, um seine Unabhängigkeit kämpfende Österreich zu verschlingen, für alle Österreicher hochgradig lächerlich.«[521]

Tatsächlich hat Unity Österreich oft besucht, war dort aber vor allem mit Janos Almásy und seinen Freunden zusammen, die ihre pronazistischen Ansichten teilen. Unvergesslich ist ihr, wie man sie im Februar 1935 an der Grenze dazu zwang, ihre Hakenkreuzbrosche abzunehmen. In Salzburg bestach sie damals ihren Reiseführer, damit er sie in ein Gefängnis einschleuste, in dem Gesinnungsgenossen einsaßen: »Wir schafften es durch ein großzügiges Trinkgeld, einen Blick auf die armen nationalsozialistischen Helden zu werfen, die für ihre Sache schmachteten. Als die Soldaten gerade nicht herschauten, schlug ich meinen Mantelkragen um, zeigte ihnen die darunter versteckte Hakenkreuzbrosche und hob die Hand zum Hitlergruß. Natürlich konnten sie nichts darauf erwidern. Ich hätte ihnen fast mein Mittagessen gegeben, so hungrig sahen sie aus.«[522] Nun aber, davon ist Unity überzeugt, hat sich das Blatt gewendet. Jetzt wird Österreich zu dem Land werden, das die Österreicher und vor allem Unity sich immer gewünscht haben.

Ehe Churchill ihr antwortet, bittet er den österreichischen Botschafter in London, Georg von und zu Franckenstein, um seine Einschätzung. Franckenstein widerspricht Unity vehement und schreibt Churchill, die Einwohner Österreichs würden bei der Abstimmung schon zeigen, wer richtigliege, er oder Miss Mitford.[523] Churchill selbst schreibt an Unity: »Die große Mehrheit der Österreicher verabscheut den Gedanken, von den Nazis regiert zu werden.«[524] Dass ein erfahrener Politiker wie Winston Churchill eine zweite Meinung einholt, ehe er Unity antwortet, zeigt, welche Bedeutung ihr so mancher in jener Zeit beimisst. Churchill muss damit rechnen, dass eine Nachricht an Unity auch eine Nachricht für Hitler ist.

Schuschniggs Versuch, die Volksabstimmung zu seinen Gunsten zu manipulieren, führt letztlich zu ihrer Absage. Am 10. März 1938 droht ihm Hitler offen mit Okkupation, falls er nicht zurücktrete. Nach einer bewegenden Radioansprache am Abend des 11. März überlässt Schuschnigg Arthur Seyß-Inquart sein Amt. Schuschniggs Schlussworte lauten: »Gott schütze Österreich.«[525]

Einen Tag später rückt die deutsche Wehrmacht in Österreich ein. Was der Welt als sehnlichster Wunsch der Österreicher verkauft wird, ist in Wahrheit die militärische Besetzung eines souveränen Staates, auch wenn zahllose Menschen jubelnd die Straßen säumen. Es werden so viele Blumen geschwenkt, dass Goebbels das Ganze kurzerhand zum »Blumenkrieg«[526] erklärt. Als Hitler um vier Uhr nachmittags die deutsch-österreichische Grenze in Braunau am Inn überschreitet, läuten alle Glocken. Abends verkündet er vor Tausenden von Anhängern in Linz den sofortigen »Anschluss« Österreichs ans Deutsche Reich. Noch ehe die deutschen Truppen Wien erreichen, bricht dort, wie Carl Zuckmayer schildert, die

Hölle los: »Die Unterwelt hatte ihre Pforten aufgetan und ihre niedrigsten, scheußlichsten, unreinsten Geister losgelassen. Die Stadt verwandelte sich in ein Albtraumgemälde des Hieronymus Bosch: Lemuren und Halbdämonen schienen aus Schmutzeiern gekrochen und aus versumpften Erdlöchern gestiegen. Die Luft war von einem unablässig gellenden, wüsten, hysterischen Gekreische erfüllt, aus Männer- und Weiberkehlen, das tage- und nächtelang weiterschrillte. Und alle Menschen verloren ihr Gesicht, glichen verzerrten Fratzen: die einen in Angst, die andern in Lüge, die andern in wildem, hasserfülltem Triumph. Ich hatte in meinem Leben einiges an menschlicher Entfesselung, Entsetzen oder Panik gesehen. Ich habe im Ersten Weltkrieg ein Dutzend Schlachten mitgemacht, das Trommelfeuer, den Gastod, die Sturmangriffe. Ich hatte die Unruhen der Nachkriegszeit miterlebt, die Niederschlagung von Aufständen, Straßenkämpfe, Saalschlachten. [...] Nichts davon war mit den Tagen in Wien zu vergleichen. [...] Was hier entfesselt wurde, war der Aufstand des Neids, der Missgunst, der Verbitterung, der blinden böswilligen Rachsucht – und alle anderen Stimmen waren zum Schweigen verurteilt. [...] Hier war nichts losgelassen als die dumpfe Masse, die blinde Zerstörungswut, und ihr Hass richtete sich gegen alles durch die Natur oder Geist Veredelte. Es war ein Hexensabbat des Pöbels und ein Begräbnis aller menschlichen Würde.«[527]

Neben den Pogromen durch den entfesselten Mob beginnt bereits in der ersten Nacht die organisierte Verfolgung, also die Verhaftung von jüdischen Mitbürgern und Antifaschisten. Nur wenigen gelingt die Flucht. Schätzungen gehen von 50 000 bis 70 000 Verhaftungen allein in den ersten sechs Wochen aus. Am 1. April 1938 wird der erste Transport mit Verhafteten vom Wiener Westbahnhof aus ins Konzentrationslager Dachau auf den Weg gebracht. Viele weitere werden folgen. 1938 verzeichnet man in Dachau die Einlieferung von rund achttausend Häftlingen aus Österreich. Unter den 150 Erstdeportierten befinden sich prominente Anhänger der österreichischen Regierungspartei Vaterländische Front, ihre Gegner aus den Reihen der Sozialdemokraten und Kommunisten, Unternehmer, Künstler, Schriftsteller und viele Juden. Wegen der Bekanntheit der Deportierten bürgert sich der Begriff »Prominententransport« ein. Carl Zuckmayer gelingt die Flucht. Als die SA am 16. März 1938 in der Wohnung des großen Wiener Kulturhistorikers Egon Friedell auftaucht, springt dieser aus dem Fenster und in den Tod. Und bleibt bis zuletzt höflich. Passanten erinnern sich an seine letzten Worte: »Treten Sie zur Seite.« 96 Menschen nehmen sich in den ersten Tagen nach dem Einmarsch allein in Wien das Leben. Insgesamt 64000 Österreicherinnen und Österreicher werden dem Holocaust zum Opfer fallen.

Am 15. März 1938 spricht Hitler in Wien. 100000 fanatisierte Anhänger erwarten ihn auf dem Heldenplatz und skandieren: »Ein Volk, ein Reich, ein Führer.« Auch Unity, die in London vom »Anschluss« erfahren hat und umgehend angebraust kommt, ist unter ihnen. Randolph Churchill schreibt im *Evening Standard*, dass sie auf Wunsch des »Führers« einreisen durfte, versehen mit einem speziellen Pass.[528] Dem *Daily Express* erzählt sie anschließend: »Es hat mir das Herz gebrochen, dass ich nicht miterleben konnte, wie er in seiner Geburtsstadt nahe Linz ankam. [...] Aber ich sah seinen Einzug in Wien, und vielleicht war das ja auch das Allerbeste. Anschließend habe ich ihn kurz in seinem Hotel getroffen. Er schien müde zu sein, aber auch sehr bewegt von alldem. Ich finde es einfach wunderbar.«[529] Nicht alle Beobachter teilen diese Einschätzung. So schreibt William L. Shirer, der als Auslandskorrespondent nach Wien gereist ist, in sein Tagebuch: »Österreich ist am Ende. Wunderbares, tragisches, zivilisiertes Österreich! Dahin. Zum Sterben verurteilt, im kurzen Moment eines Nachmittags.«[530]

Hitler kündigt nun seinerseits eine Volksabstimmung über den »Anschluss« an. Am 27. März 1938 lassen die österreichischen Bischöfe von den Kanzeln eine erzwungene »Feierliche Erklärung« verlesen: »Am Tage der Volksabstimmung ist es für uns Bischöfe selbstverständlich nationale Pflicht, uns als Deutsche zum Deutschen Reich zu bekennen, und wir erwarten auch von allen gläubigen Christen, dass sie wissen, was sie ihrem Volke schuldig sind.«[531] Am Tag der Abstimmung, dem 10. April, werden in den Kirchen Hakenkreuzfahnen aufgezogen. Die Abstimmung selbst bringt sagenhafte 99 Prozent Zustimmung zum »Anschluss«. Arthur Seyß-Inquart wird Reichsstatthalter der Ostmark, wie Österreich von nun an heißt.

Die Reaktionen der politischen Eliten auf die dramatischen Ereignisse sind erstaunlich gelassen. Die Rechten sind zufrieden, die Linken wollen nicht eintreten für die autokratische Regierung Schuschnigg. Mussolini ist einverstanden, und England und Frankreich haben alldem nichts entgegenzusetzen. Unity berichtet ihrer Mutter, Hitler habe ihr lachend Folgendes erklärt: »Sie sagten, die Engländer würden dort sein, um mich aufzuhalten, aber die einzige Engländerin, die ich gesehen habe, war auf meiner Seite.«[532] Lord Redesdale verkündet im Oberhaus: »Herrn Hitler gebührt die Dankbarkeit Europas und der ganzen Welt dafür, dass er eine drohende Katastrophe von gewaltigem Ausmaß (Bürgerkrieg in Österreich) abgewendet hat, ohne auch nur einen Tropfen Blut zu vergießen.«[533] Hitler ist darüber so begeistert, dass er sich persönlich bei Seiner Lordschaft bedanken will.[534] Für das NS-Regime bedeutet der »Anschluss« einen wichtigen machtpolitischen und strategischen Schritt in Richtung Südosteuropa. Zudem werden Devisen von 1,4 Milliarden Reichsmark erbeutet. Geld, das die klamme deutsche Regierung dringend braucht. Wie Götz Aly in seinem Buch *Hitlers Volksstaat* nachweist, kostet die »Gefälligkeitsdiktatur« der Nationalsozialisten, die die Bevölkerung mit sozialpolitischen Wohltaten und einer guten Versorgung einlullt, ein Vermögen, das in großem Stil den jüdischen Mitbürgern und den nach und nach eroberten europäischen Staaten geraubt wird.[535]

Während der erste Transport mit Häftlingen von Wien nach Dachau rollt, kehrt Unity, heiser vom »Heil Hitler«-Schreien, wie sie dem *Evening Standard* gesteht,[536] nach England zurück. Hier gerät sie am 10. April 1938 bei einer Demonstration im Hyde Park in eine brenzlige Situation. Eine Veranstaltung der Labour-Partei gegen den Spanischen Bürgerkrieg ist außer Kontrolle geraten, nachdem Mitglieder der Imperial Fascist League versucht hatten, die Redner zu stören. Als die Demonstranten Unity mit ihrer Hakenkreuzbrosche entdecken, kommt es zu Handgreiflichkeiten. Einer reißt ihr die Brosche vom Revers, sie schlägt ihm ins Gesicht. Ein Wort gibt das andere, Fäuste fliegen, auch Unity ist nicht zimperlich. Die aufgebrachte Menge geht mit Steinen auf sie los und droht damit, sie in den Brunnen zu werfen. Anwesende BUF-Mitglieder verfrachten die Tobende daraufhin in einen Bus, der sie in Sicherheit bringt. Erneut ziert Unity alle Titelseiten: »Peers-Tochter von wütendem Mob attackiert.«[537] Randolph Churchill klärt die Leser des *Evening Standard* darüber auf, dass Unitys Hakenkreuzbrosche ein Geschenk Hitlers gewesen sei und sie inständig hoffe, er werde sie durch eine neue ersetzen.[538] Hitler wird ihr sogar zwei dieser Ehrenabzeichen überreichen, nachdem die »Schlacht vom Hyde Park« auch in Deutschland ruchbar geworden ist. Die größte Ehre aber wird ihr durch Englands berühmtesten Karikaturisten David Low zuteil. Der nimmt im *Evening Standard* zwischen Appeasement-Politikern und Faschistenführern die Figur der Hon. Miss Fatuity auf, eine vollbusige Blondine mit Hakenkreuzflagge. Auf einem Bild wird sie gerade von zwei wütenden Männern in Richtung Springbrunnen geschleppt. Darunter ist zu lesen: »›Ich hatte keine Angst‹, sagte sie anschließend im Interview. ›Ich wollte ohnehin hineinspringen.‹«[539]

Der britische Geheimdienst schreibt in diesen Tagen in einem Bericht: »Der entscheidende Faktor in dieser ganzen Sache scheint die leidenschaftliche, ja fast schon hysterische Hingabe der Lady an Hitler höchstpersönlich zu sein, den sie regelmäßig auch alleine trifft. [...] Es heißt, sie sei die Londonkorrespondentin des *Stürmers.* Sie scheint eine vollkommen hysterische und unausgeglichene Person zu sein. Im Falle eines Krieges wäre sie für die Deutschen vermutlich nicht von großem Nutzen. Wir empfehlen dennoch, ihre Bewegungsfreiheit einzuschränken.«[540]

»Ach so schlaue Hoffnungen vergehen:
Wellen von Angst und Wut
Kreise über die lichten
Und dunklen Länder des Planeten,
Kommen als Alp auf unser Leben zu.«

W. H. Auden, ›1. September 1939‹

IX.

»Er sieht in Feldgrau sicher wundervoll aus.«

Götterdämmerung im Wolkenkuckucksheim

Der »Anschluss« Österreichs verändert die Einstellung der Briten gegenüber dem Deutschen Reich. Die Sympathien schwinden, das politische Handeln ist jetzt primär vom Bemühen um Friedenssicherung bestimmt. Der Schlüssel dazu liegt für viele in einer Einigung mit Hitler, und so finden sich in Organisationen wie der Anglo-German Fellowship oder The Link nun Appeasement-Befürworter Seite an Seite mit den letzten Hitler-Enthusiasten wieder. Noch setzt man auf Verhandlungen, lässt sich von Frankreich, das durch Hitlers rücksichtsloses Vorgehen alarmiert ist, nicht zu einer härteren Gangart drängen. Das Ergebnis der britisch-französischen Gipfelkonferenz vom April 1938 wirkt keineswegs beruhigend auf die verstörten Franzosen. Sollte Großbritannien in die Verlegenheit kommen, Frankreich militärisch Beistand leisten zu müssen, könnte dies lediglich mit zwei technisch veralteten Divisionen geschehen, die ganze zwei Wochen brauchten, um Frankreich zu erreichen. Ob sie im Fall der Fälle überhaupt bereitgestellt würden, bleibt offen; Großbritannien verweigert jegliche Verpflichtungserklärung. Einigkeit zwischen Chamberlain und

Frankreichs neuem Regierungschef Édouard Daladier herrscht nur darüber, dass die Tschechen Zugeständnisse an die Sudetendeutschen machen müssen, um eine militärische Auseinandersetzung zu verhindern. Seit Monaten schürt Hitler den Konflikt zwischen der tschechoslowakischen Regierung und den drei Millionen Sudetendeutschen. Die seit dem Mittelalter in den Grenzgebieten von Böhmen, Mähren und Schlesien lebenden Deutschen wurden bei Gründung der Tschechoslowakei im Oktober 1918 gegen ihren Willen diesem Staatsgebiet zugeordnet. Als nationale Minderheit fühlen sie sich neben den Tschechen und Slowaken diskriminiert. Die Weltwirtschaftskrise hat das industriell geprägte Sudetenland besonders hart getroffen und einem zunehmenden Separatismus Vorschub geleistet. Viele Sudetendeutsche sehen in Hitler, der den »Anschluss« des Sudetenlandes konsequent vorantreibt, ihren Heilsbringer.

Bei einem Geheimtreffen am 28. März 1938 auf dem Obersalzberg hat Hitler den Vorsitzenden der Sudetendeutschen Partei (SdP) Konrad Henlein angewiesen, die tschechoslowakische Regierung mit unannehmbaren Forderungen unter Druck zu setzen. Die SdP, die spätestens seit Ende 1937 als »Fünfte Kolonne« Hitlers gilt, wird von Deutschland finanziell und ideell tatkräftig unterstützt. In ihrem im April 1938 in Karlsbad verabschiedeten neuen Programm stellt sie Autonomieforderungen, deren Durchsetzung das Ende der Tschechoslowakei bedeuten würde. Folgerichtig weist die Regierung diese Forderungen zurück. Bei den folgenden Kommunalwahlen erhält die Partei 90 Prozent aller Stimmen aus dem sudetendeutschen Lager. Ein Ergebnis, das auch massiver Einschüchterung geschuldet ist, denn in den letzten Monaten war der Druck auf Sudetendeutsche, der SdP beizutreten, enorm gestiegen.

Während sich die Sudetenkrise zuspitzt, ist Unity mit ihrer Mutter in München auf Wohnungssuche, unterbrochen nur von Mittagstreffen mit dem »Führer« in der Osteria Bavaria oder gemeinsamen Teestunden am Prinzregentenplatz. Sie hat sich entschieden, ihr Nomadenleben aufzugeben und sich ganz in Deutschland niederzulassen. Da eine passende Wohnung fürs Erste nicht zu finden ist, kehrt Lady Redesdale zurück nach England, während Unity sich ins Burgenland aufmacht. Die Veränderungen in Österreich begeistern sie. Als leidenschaftliche Autofahrerin versetzt sie vor allem die geplante Erweiterung der Reichsautobahn in Verzückung, die auch das Burgenland erschließen soll. Die Österreicher seien selig über den Anschluss und würden nicht länger mit »Küss die Hand«, sondern mit »Heil Hitler« grüßen.[541] Zurück in München, gehen die Mittagsrunden in der Osteria Bavaria fröhlich weiter. Bei einer dieser Gelegenheiten lernt Unity den österreichischen Reichsstatthalter Arthur Seyß-Inquart kennen sowie Robert Ley, den Leiter der deutschen Arbeitsfront, der als Reichsorganisationsleiter der NSDAP auch für die Erziehung des Führernachwuchses zuständig ist.

Im Mai 1938 erfüllt sich ein langgehegter Wunsch: »Endlich habe ich meinen Waffenschein. Es ist hier eher selten, dass man als Frau einen erhält, aber Gauleiter Wagner sagte, ich bekomme einen. Was für ein gutes Gefühl, endlich eine Waffe kaufen zu können. Es ist eine süße kleine, sie sieht fast wie ein Spielzeug aus.«[542] Unity spricht von einer eleganten Walther PPK, Lieblingspistole aller Offiziere der Wehrmacht. Gerüchteweise wird sich auch Hitler mit einer solchen Waffe erschießen. Aus der Walküre – dem Eros der Gewalt ist Unity längst erlegen – wird eine echte Amazone. Inwieweit Ankündigungen, sie würde keineswegs zögern, auf Menschen zu schießen, mehr als reine Provokation sind, bleibt offen. Die Sudetenkrise steuert inzwischen ihrem Höhepunkt entgegen. Hitler fühlt sich in Sicherheit. Bei einem Staatsbesuch in Italien Anfang Mai hat er sich einmal mehr Mussolinis Neutralität versichert, indem er dem Verbleib Südtirols bei Italien zugestimmt hat. Die Alpen sind zur natürlichen Grenze zwischen den jeweiligen Einflussgebieten erklärt worden. Jetzt fordert Hitler, gegen den Rat eines Großteils der Generalität, der vor einem Konflikt mit Frankreich und Großbritannien warnt, offen die Abtretung der Sudetengebiete ans Deutsche Reich. Dort kommt es zu ersten Unruhen. Am 20. Mai 1938 beginnt die Tschechoslowakei mit der Mobilmachung. Präsident Edvard Beneš reagiert damit auf das Gerücht, an den Grenzen würden deutsche Truppen zusammengezogen. Er ist entschlossen zu handeln und nicht wie die Österreicher zu warten, bis die Wehrmacht einmarschiert. Durch eine unmissverständliche Warnung an Deutschland verhindern Großbritannien, Frankreich und Polen während der sogenannten Wochenendkrise vom 21./22. Mai in letzter Sekunde eine militärische Auseinandersetzung.

Ungeachtet dessen versetzt Hitler die Wehrmacht Ende Mai in Bereitschaft und schürt den Konflikt weiter. Mit dem Hinweis auf das Selbstbestimmungsrecht der Völker tarnt er die angestrebte territoriale Ausweitung des Deutschen Reiches. Die Presse überschlägt sich mit Mutmaßungen und Gerüchten, die Unity allesamt für unglaubwürdig hält. Am 25. Mai überquert sie in ihrem MG-Cabriolet die tschechoslowakische Grenze, um sich selbst ein Bild zu machen. In ihrer Begleitung sind Philip Spranklin, Münchenkorrespondent des BUF-Organs *Action*, und der 22-jährige Student William Rueff aus Chicago. Erste Station ihrer Reise ist Eger. Ein Mitglied der SdP führt die drei herum. Bald sind sie davon überzeugt, dass die Sudetendeutschen nichts mehr herbeisehnen, als Teil des Deutschen Reiches zu werden. Im Anschluss besuchen sie als Gäste des Kreisleiters Georg Wollner in Karlsbad eine Wahlveranstaltung der SdP: »Wir saßen als Ehrengäste auf der Tribüne. Mindestens zehn Minuten lang wurden wir von der begeisterten Menge frenetisch gefeiert. Die Reden waren einfach wundervoll, die meisten Zuhörer weinten. Nach der Veranstaltung wurden wir von vierundzwanzig SS-Männern auf Motorrädern zum Hotel eskortiert.«[543] Unity ist äußerst angetan von Wollner, der sie ein klein wenig an Hitler erinnert.

Die nächste Station ist Prag. Sefton Delmer vom *Daily Express* kabelt nach einer zufälligen Begegnung mit Unity nach London:

»Wahrscheinlich nur damit wir uns in diesen schwierigen Zeiten endgültig unbehaglich fühlen, tauchte The Hon. Unity Mitford auf und spazierte groß und blond durch die Menge, das verbotene Hakenkreuzabzeichen im Knopfloch.«[544] Delmer bebildert seinen Bericht über die Situation in Prag mit einem Foto der höchstattraktiven Unity samt Parteiabzeichen. Die berichtet ihrer Mutter von Ausgangssperren, verminten Brücken, Straßenblockaden und anderen Maßnahmen eines Staates, der sich gegen vom Ausland gesteuerte separatistische Bestrebungen in Stellung bringt. Sie erzählt aber auch von den »tapferen« Sudetendeutschen, die auf ihren »Führer« warten: »Die Menschen hier werden fürchterlich terrorisiert. Sie haben seit Wochen nicht geschlafen und sind wirklich am Ende ihrer Kräfte. Aber alle sagen: ›Wir halten durch, denn wir wissen, der Führer wird uns nicht im Stich lassen.‹ Für den Beobachter sind die hier herrschende Ungerechtigkeit und Grausamkeit kaum auszuhalten. Die Vorstellung, dass England sich auf die Seite der Tschechen schlägt, ist unerträglich. Natürlich ist die englische Einstellung vor allem Unwissenheit geschuldet, bewusst würde man eine solch himmelschreiende Ungerechtigkeit niemals dulden.«[545] Sefton Delmer hingegen bemerkt, wie sehr die Tschechen in Erwartung eines nahen Krieges auf die Unterstützung der Briten hoffen: »Sie haben den Strom abgestellt, die Telefonleitungen gekappt und Gasmasken verteilt. In den Geschäften verkaufen sich, abgesehen von Lebensmitteln, am besten Schallplatten mit dem populären Kriegslied *Come on, Adolf.* Die Tschechen bereiten sich darauf vor, zu kämpfen. Sie glauben, wenn sie Widerstand leisten, würden wir und die Franzosen ihnen zu Hilfe kommen.«[546]

Am 31. Mai 1938 ist die kleine Reisegruppe auf dem Rückweg nach Karlsbad. An einer Straßensperre bei Kamenné Zehrovice hält man sie an. Unity, die allen Warnungen zum Trotz ihre Hakenkreuzbrosche trägt, wird vier Stunden lang verhört. Sie muss sich einer Leibesvisitation unterziehen, Papiere, Filme und ihre Kamera werden beschlagnahmt. Erst dann gestattet man ihr ein

Telefonat mit der Britischen Botschaft. Sie ist fuchsteufelswild. Kurz darauf lässt man sie laufen. Erneut hat die Presse Grund, über sie zu berichten: »Hon. Miss Fatuity ist wieder da. Mit Hitlerbart und Hakenkreuzflagge reist sie kreuz und quer durch Europa. ›Na los, beschimpft mich‹, flötet sie. ›Demokraten wissen einfach nicht, wie man mit einer Lady umgeht.‹«[547] Goebbels notiert in sein Tagebuch: »Unity Mitford ist in der Tschechei insultiert und bis auf die Haut ausgezogen worden. Na, das gibt einen Lärm. Der Führer begrüßt das. Diese Unity wird sich vollgesogen haben mit Hass.«[548] Die *Fränkische Tageszeitung* berichtet voller Empörung über »tschechische Flegeleien und die schwere Belästigung von Lady Mitford«.[549] Wenige Tag nach ihrer Rückkehr lässt Hitler ihr als Ersatz für die beschlagnahmte Kamera eine nagelneue Leica überbringen.

Diana, die zwischenzeitlich in München eingetroffen ist, hat schlechte Nachrichten. Jessicas Baby hat sich während einer Masernepidemie über die Muttermilch angesteckt. Während Jessica wieder gesund ist, ist Julia am 28. Mai 1938 an einer Lungenentzündung gestorben. Am 8. Juni reist Unity in Begleitung von Toms Exgeliebter »Baby« Erdöd nach England, um der Schwester in ihrem Leid beizustehen. Sie weiß nicht, dass Jessica London längst Richtung Korsika verlassen hat. Ende Juni ist Unity wieder in München, um den diesjährigen »Tag der Deutschen Kunst« nicht zu verpassen. Nach einem gemeinsamen Lunch in der Osteria Bavaria lässt Hitler Unity und Diana durch eine Eskorte zu ihren Plätzen beim Festumzug geleiten: »Wir liefen die Ludwigstraße entlang (fast eine Meile) und gingen dabei mitten auf der leeren Straße, während rechts und links die Wachposten versuchten, die wütende Menge in Schach zu halten, die uns nachbrüllte. Unser freundlicher junger Begleiter erklärte uns, es wären Begeisterungsrufe, aber wir wussten, sie johlten wegen unserer rotgeschminkten Lippen. Er gab sich jedoch tapfer, und immer wenn uns Wachen anwiesen, sofort hinter der Absperrung zu verschwinden, sagte er in feierlichem Ton: ›Das alles geschieht auf persönliche Anweisung des Führers.‹«[550]

Am 19. Juli ist Unity zum ersten Mal zu Gast auf dem Obersalzberg und zeigt sich vor allem beeindruckt vom berühmten Panoramafenster des Berghofs. Außer ihr sind Gauleiter Wagner, Adjutant Schaub, Mercedes-Manager Werlin und Reichspressechef Dietrich samt Tochter geladen. Am späten Nachmittag bricht die Gruppe zu einem zweistündigen Spaziergang auf: »Er und ich gingen voran, die anderen folgten uns in großem Abstand. [...] Die Aussicht war zu schön, um wahr zu sein. Unser Ziel war ein kleines Teehaus, das er hat errichten lassen. Dort nahmen wir unseren Tee, und er sprach über eine Stunde über Politik.«[551] Hitlers Emissär Fritz Wiedemann, der soeben von Gesprächen mit Lord Halifax aus England zurückgekommen ist, nimmt verärgert zur Kenntnis, dass Hitler ihm und dem Frieden in Europa ganze fünf Minuten seiner Zeit opfert, mit Unity aber ausgedehnte Spaziergänge unternimmt. Als Hitler den anvisierten Englandbesuch Görings plötzlich rundweg ablehnt, keimt in Wiedemann einmal mehr der Verdacht auf, Unity habe dem »Führer« »etwas geflüstert«.[552]

Wie immer jagt im bayerischen Sommer ein Ereignis das nächste. Bayreuth steht vor der Tür, und wieder ist Unitys Name auf der Gästeliste Hitlers, den sie nach den Aufführungen in kleinem Kreise zum Abendessen trifft. Als Hitler während der Festspiele im tschechischen Eger das Schillerfest eröffnen soll, reist sie ihm kurzerhand hinterher und lernt bei dieser Gelegenheit Konrad Henlein kennen. Mit Ergriffenheit sieht sie, wieder zurück bei den Wagnerfestspielen, die Sudetendeutschen nach Bayreuth pilgern, um ihrem »Führer« zu huldigen: »Ich wünschte, die englischen Politiker könnten die zahlreichen Sudetendeutschen sehen und wie sie den Führer anhimmeln, wenn er sich auf dem Balkon zeigt. [...] Am Sonntag wurden in der Pause drei Kinder aus Karlsbad zu ihm gebracht, die er vom Balkon aus erblickt hatte, zwei Mädchen und ein Junge. Während er zu ihnen sprach, liefen ihnen die Tränen über die Wangen, sie zitterten am ganzen Körper. […] Der Junge war vollkommen überwältigt und sagte mehrmals: ›Wann kommen Sie zu uns? Wann kommen Sie zu uns?‹ Der Führer war sehr bewegt, und als sie fort waren, saß er eine Weile ganz still da, mit Tränen in den Augen.«[553] Dass Hitler nicht nur das Gebiet der Sudetendeutschen eingliedern will, sondern es aus ökonomischen und strategischen Gründen auf die Zerschlagung des einzig verbliebenen demokratischen Landes, das nach dem Ersten Weltkrieg gegründet wurde, abgesehen hat, ist Unity nicht klar oder schlichtweg egal.

Am 29. Juli schwänzt sie den *Siegfried* und reist im »Führerzug« von Bayreuth nach Breslau zum Deutschen Turn- und Sportfest. Sie ist die einzige Privatperson im Zug, der sich ansonsten aus NS-Funktionären zusammensetzt. Abends speist sie mit Reichsärzteführer Gerhard Wagner, mitverantwortlich für die Nürnberger Rassengesetze und Deutschlands wohl schlimmster Eugeniker. Hitler versichert Unity auf dieser Reise nochmals seiner Wertschätzung, als er vor allen erklärt, sie sei »zwar nicht an Jahren, was ihre Weltanschauung anbelangt, jedoch sehr wohl eine alte Kämpferin für den Nationalsozialismus«.[554] Unity, die zusammen mit Kreisleiter Wollner, der von ihren guten Kontakten zur NS-Spitze tief beeindruckt ist, in einer Box unmittelbar hinter der Führerloge sitzt, erlebt einmal mehr, wie Hitler frenetisch gefeiert wird: »Sie schluchzten alle, streckten ihre Hände aus und riefen […]: ›Führer, wir schwören dir aufs neu, wir bleiben dir auf ewig treu.‹«[555]

Auf der Rückfahrt nach Bayreuth bekommt Unity plötzlich hohes Fieber. Ganz Tochter ihrer Mutter, verweigert sie sich jeglicher Therapie. Hitler, der sich wieder um die Staatsgeschäfte kümmern muss, schickt ihr nahezu täglich Blumen ans Krankenbett – der Bayreuther Bürgermeister überbringt einen riesigen Strauß, geschmückt mit Hakenkreuzbändchen – und bittet Winifred Wagner, sich gut um Unity zu kümmern. Die Kosten für die Pflege übernimmt Hitler höchstpersönlich. Am 6. August wird Unity mit einer schweren Lungenentzündung in die Privatklinik von Dr. Helmut Treuter eingeliefert. Lady Redesdale reist nach Bayreuth, um nach dem Rechten zu sehen. Hitler schickt seinen Leibarzt Theodor Morell, der Unity mit ähnlich geheimnisumwobenen Injektionen behandelt wie ihn selbst. Per Telegramm bittet Hitler Unity inständig, Morell zu vertrauen. Nicht nur Lady Redesdale ist skeptisch, was Morells Methoden anbelangt, auch Winifred Wagner weiß nichts Gutes zu berichten, nur »dass Morell eine Spritze, in schmuddelige Watte gewickelt, aus der Hosentasche zog und sie Unity verpasste!«[556] Doch gegen den Rat des geliebten »Führers« haben die beiden Damen keine Chance. Unity ist auf einmal ganz folgsame Patientin. Hitler erkundigt sich telefonisch mehrmals nach ihrem Befinden. An ihrem Geburtstag treffen Blumen und ein Glückwunschtelegramm aus Berlin ein. Als Lord Redesdale am 19. August in Bayreuth eintrifft, ist Unity bereits so weit genesen, dass sie nach München zurückreisen kann. Hier besteht der Lord darauf, Hitler die Behandlungskosten zu erstatten.

Zum Reichsparteitag im September ist Unity wieder fit. Der erste Reichsparteitag ihrer Eltern wird zugleich der letzte sein. Acht Tage lang perfekte Inszenierung. Unity sitzt mit ihren Eltern auf der Ehrentribüne, was sie nicht davon abhält, eines der für sie reservierten Tickets an Nancys alten Oxford-Freund, den bekennenden Antifaschisten und bedeutenden Reiseschriftsteller Robert Byron, abzutreten. Byron ist seit ein paar Tagen Unitys Gast. Vor der Fahrt nach Nürnberg hat sie ihm Münchens schönste Seiten gezeigt: Nymphenburg, die Frauenkirche, das Platzl, das Hofbräuhaus, die Pinakothek, die Glyptothek und den Englischen Garten. Zusammen haben sie in der Osteria Bavaria gespeist und im Biergarten am Chinesischen Turm Brotzeit gemacht. Byron beschreibt jene Tage später in einem Artikel für den *Spectator*. Er erinnert sich, dass Unity die Idee eines drohenden Kriegs zwischen dem Deutschen Reich und Großbritannien als »jüdische Propaganda« bezeichnete und vehement an ihrem Traum von einer deutsch-britischen Allianz festhielt. Aus Nürnberg sind ihm vor allem die Reaktionen auf die schicke Unity im Gedächtnis geblieben: »Die Ärmlichkeit, mit der die Frauen hier gekleidet sind, ist unübersehbar. Die Durchschnittsbewohner dieser Stadt sind hässlicher als alles, was ich bisher gesehen habe, sogar in Russland. [...] Jeder starrt mit Entsetzen, Neid und Feindseligkeit auf Bobos wirklich nur ganz dezent geschminktes Gesicht.«[557]

Beim Reichsparteitag trifft Unity die *Sunday-Times*-Korrespondentin Virginia Cowles, eine langjährige Freundin ihres Bruders. Bei einem Empfang im Deutschen Hof macht Cowles eine verblüffende Entdeckung: »Nachdem alle Platz genommen hatten, ließ Hitler seinen Blick über die Menge schweifen, und da entdeckte er plötzlich Unity. Auf seinem Gesicht erschien ein Lächeln, er nickte ihr zu und hob die Hand zum Hitlergruß. [...] Ein paar Minuten später kam Hitlers Adjutant Wiedemann an unseren Tisch und flüsterte Unity ins Ohr: ›Der Führer möchte Sie sehen. Sie sollen nach dem Tee in seine Suite kommen.‹ Ich konnte nicht umhin, mich darüber zu wundern, dass die einzige Person, die der Führer am Vorabend eines Krieges zwischen Deutschland und Großbritannien sehen wollte, eine 24 Jahre junge Engländerin war. Den Rest der Teestunde war Hitler bester Laune [...], mehrmals warf er den Kopf in den Nacken und lachte laut. Immer wieder schaute er zu unserem Tisch herüber, und ich hatte den Eindruck, er produzierte sich, um Unity zu beeindrucken.«[558] Cowles erlebt, wie die Nazifunktionäre Unity hofieren und dabei vor Eifersucht schier platzen. Bei einem Abendessen beschreibt Unity der Journalistin den Nationalsozialismus als eine revolutionäre Idee, die die Welt verändern werde. Auch wenn Cowles ganz anderer Meinung ist – Unity bleibt ihr als sehr amüsant in Erinnerung.

Erneut versuchen einige der anwesenden Briten über Unity an Hitler heranzukommen, darunter Frank Buchman und seine unvermeidliche Oxford Group. Robert Byron erinnert sich: »Bobo sagte, er ruft sie seit drei Wochen jeden Morgen aus London an und schlägt vor, jemanden mit dem Flugzeug zu schicken, der den Führer auf den rechten Weg bringt. Aber sie möchte gar nicht, dass der Führer sich ändert. Und Lord Redesdale ist da ganz ihrer Meinung: ›Nein, verdammt, ich mag den Jungen, so wie er ist.‹«[559] Am 12. September 1938 hält Hitler seine mit Spannung erwartete Reichsparteitagsrede. Er sichert den Sudetendeutschen in ihren Autonomiebestrebungen seine volle Unterstützung zu. Die ausländischen Gäste sind beunruhigt. Auch Unity, wie Robert Byron beim Dinner überrascht feststellt: »Bobos Zuversicht ist wie weggeblasen – zum allerersten Mal. Sie gibt jetzt zu, dass ein Krieg möglich, ja sogar wahrscheinlich ist. Sie fragt sich, was dann aus ihr werden soll: Sie kann nicht zurück nach England, aber in Deutschland wäre sie dann eine feindliche Ausländerin.«[560] In einem Brief schreibt Unity an Diana: »Die Journalisten hier geben dem Ganzen noch 24 Stunden. Sie diskutieren schon über die besten Wege zurück nach England. Wardie [der Journalist G. Ward Price] denkt, dass ich die Zukunft Europas in meinen Händen halte.«[561]

Stephanie von Hohenlohe berichtet, dass Hitler persönlich Unity vor einem bevorstehenden Krieg warnt und ihr dringend rät, Deutschland zu verlassen. Was nach aufrichtiger Sorge klingt, ist laut Hohenlohe bloße Taktik: »In Wahrheit hatte er nach Unity schicken lassen, um sicherzustellen, dass sie nach England zurückkehren und ihre Landsleute und all ihre Bekannten vom Ernst der Lage überzeugen würde.«[562] Unmittelbar nach Ende des Reichsparteitags sucht Unity in München den britischen Generalkonsul Donald St. Clair Gainer auf und teilt ihm mit, Hitler habe sie in einem Vieraugengespräch vor dem Krieg gewarnt und ihr geraten, nach England zurückzukehren. Sie sei jedoch fest entschlossen, auch im Kriegsfall in Deutschland zu bleiben, und entbinde das Konsulat von all seinen Verpflichtungen ihr gegenüber. Quer über das Deckblatt des Dossiers zu dieser Unterredung, das St. Clair Gainer an die Britische Botschaft in Berlin weiterleitet, schreibt jemand: »Auf Nimmerwiedersehen!«[563]

Lady Redesdale ist vom Reichsparteitag so nachhaltig beeindruckt, dass sie kurz darauf eine Besuchergruppe der Hitlerjugend zum Lunch nach Rutland Gate bittet. »Ich war enttäuscht«, wird sie später an Deborah schreiben. »Statt der wunderbaren Jungs von siebzehn, achtzehn Jahren, die ich erwartet hatte, erschien eine Gruppe äußerst trübselig dreinblickender, hässlicher Männer von mindestens dreißig Jahren. Da wurde mir klar, wie klug es von H. ist, alle Deutschen in Uniformen zu stecken, ihre Kleidung ist so schrecklich.«[564]

Die Sudetenkrise verschärft sich nach dem Reichsparteitag noch einmal. Obwohl Konrad Henlein offiziell in Verhandlungen mit der tschechoslowakischen Regierung steht, kommt es zu einem ersten Putschversuch, der von Polizei und Armee niedergeschlagen wird. Dabei wäre der tschechoslowakische Präsident Beneš auf Druck der Briten durchaus zu Zugeständnissen bereit gewesen. Nun aber wird die SdP verboten, die Führungsriege der Partei flüchtet nach Deutschland. Hier gründet Henlein das Sudetendeutsche Freikorps, das organisatorisch den SS-Totenkopfverbänden angeschlossen wird.

Als Neville Chamberlain am 15. September zum ersten Mal als britischer Premier auf den Obersalzberg reist, schöpft nicht nur Unity neue Hoffnung. Doch am 21. September folgt ein weiterer sogenannter Septemberaufstand der Sudetendeutschen. Diesmal hält sich die tschechoslowakische Seite aus Furcht vor einem Krieg zurück. Nur einen Tag später stellt sich Chamberlain auf der Godesberger Konferenz hinter die Forderung Hitlers nach Abtretung des Sudetenlands an Deutschland. Daraufhin übersendet Hitler Beneš ein Ultimatum, das der empört zurückweist. Es kommt zu ersten Schusswechseln an der deutsch-tschechoslowakischen Grenze. Hitler droht jetzt unverhohlen mit dem Einmarsch der Wehrmacht. Während Frankreich und Großbritannien Mobilmachung anordnen, wendet sich Chamberlain hilfesuchend an Mussolini und bittet um Vermittlung. Am 29. September kommt es zur berüchtigten Münchner Konferenz mit Mussolini, Hitler, Chamberlain und Daladier. Kein Vertreter der Tschechoslowakei darf der Zerschlagung seines Landes beiwohnen. Die tschechoslowakischen Regierungsvertreter müssen in der Lobby des Regina-Palast-Hotels auf das Urteil warten, das die führenden europäischen Mächte über sie fällen. Die vier Staatsmänner unterzeichnen am 30. September 1938 im Führerbau in der Arcisstraße das Münchner Abkommen, mit dem die Abtretung der Sudetengebiete ans Deutsche Reich durch eine für Anfang Oktober geplante deutsche Besetzung beschlossen wird. Dafür garantieren Großbritannien und Frankreich den Bestand der »Rest-Tschechei«. Hitler hat glaubwürdig versichert, mit der Abtretung der Sudetengebiete sei seine letzte territoriale Forderung erfüllt. Über die Köpfe der Tschechoslowaken hinweg, denen nichts als die Kapitulation bleibt, wird ein souveräner Staat in einem schier unglaublichen Akt um ein Drittel seines Gebiets beraubt. Am 5. Oktober tritt Edvard Beneš zurück und geht ins Exil.

Bei seiner Rückkehr wird Chamberlain von den Briten frenetisch als Friedenswahrer gefeiert. Die Deutschen, die fast noch mehr Angst vor einem Krieg haben als die Briten, feiern ihren »Führer«, der einen erneuten Prestigegewinn verbuchen kann und seine Kriegsvorbereitungen ungeniert fortsetzt. Dass sich auf ebenjenen 22 500 Quadratkilometern sämtliche Verteidigungsanlagen der Tschechoslowakei befinden und außerdem noch zahlreiche Industrieanlagen, ist ein willkommener Nebeneffekt. Die tschechoslowakische Südflanke ist damit quasi ungeschützt. Am 1. Oktober 1938 marschiert die deutsche Wehrmacht ein. Der neue Grenzverlauf wird am 7. Oktober von einem internationalen Ausschuss festgelegt – gegen den Einspruch des tschechoslowakischen Vertreters. 400 000 Tschechen verlassen das Gebiet, in dem es auch rein tschechische Orte gibt und das neben drei Millionen Sudetendeutschen auch von nahezu 700 000 Tschechen bewohnt wird. Die meisten Sudetendeutschen begrüßen diese Entwicklung. Für die aus Deutschland geflohenen Antifaschisten geht die Flucht nun weiter Richtung Osten. Mehr als 20 000 deutsche Oppositionelle vor allem aus SPD und KPD, die sich seit 1933 in der Region verstecken, werden verhaftet. Am 30. Oktober wird Konrad Henlein Gauleiter und Reichsstatthalter des Reichsgau Sudetenland.

Unity beobachtet die Vorgänge aus der Ferne. Sie ist mit ihren österreichischen Freunden auf einer Art Friedensreise in Venedig. Der Zauber der Stadt nimmt sie so sehr gefangen, dass sie es verschmerzen kann, nicht beim Einzug Hitlers im Sudetenland dabei zu sein. Erst Mitte Oktober sieht man sich wieder. Auf der Heimreise machen Unity und Tom in Linz Station und verbringen mit Hitler, Martin Bormann, dem Journalisten Hermann Esser, ein Gefolgsmann der ersten Stunde und einer der wenigen Duzfreunde Hitlers, sowie Arthur Seyß-Inquart einen netten Abend, dem eine Wochenendeinladung auf den Obersalzberg folgt. Am 21. Oktober notiert Martin Bormann: »Der Führer fährt mit Frau Goebbels und den Mitfords zum Kehlsteinhaus.«[565] Tom und Unity sind die einzigen Engländer, die das Kehlsteinhaus zu Hitlers Lebzeiten besuchen.

Anfang November ist Unity bei Diana in London zu Besuch, die soeben ihren Sohn Alexander entbunden hat. Sie ist nicht da, als in Deutschland die Synagogen brennen, jüdische Geschäfte geplündert und Menschen auf offener Straße gedemütigt und zusammengeschlagen werden. Mehr als 25 000 Juden werden in Folge der sogenannten »Reichskristallnacht« in die Konzentrationslager verschleppt. Die Opfer der Novemberpogrome werden später zu einer Entschädigungszahlung von einer Milliarde Reichsmark für die angerichteten Schäden verurteilt. Drei Tage später beschließt die Regierung, Juden endgültig aus dem öffentlichen Leben zu tilgen. Es ist die konsequente Weiterführung der in den letzten Monaten und Jahren verabschiedeten Gesetze. Bereits im Juli 1938 haben jüdische Ärzte ihre Approbation verloren, ein paar dürfen als »Krankenbehandler« noch »ihresgleichen« behandeln. Seit dem

5. Oktober wird in die Pässe deutscher Juden ein großes »J« gestempelt.

Unity nimmt all das nicht zur Kenntnis. Zur »Reichskristallnacht«, die weltweit Schrecken und Empörung hervorruft, äußert sie sich nicht. Stattdessen liefert sie sich am 17. November im Parteiquartier der Konservativen in South Kensington ein Rededuell mit dem Vizeadmiral der Royal Navy, Cecil Usborne, und weist dessen These, dass der Nationalsozialismus zwar Vorteile für Deutschland haben möge, für den Rest der Welt aber eine Kriegsgefahr darstelle, zurück: »So wie die menschliche Natur beschaffen ist, werden diejenigen untergebuttert, die nicht für ihre Rechte aufstehen. Ein Mensch mit einem starken Charakter wird genauso respektvoll behandelt wie ein Mensch mit einem kraftvollen Körper. So jemand ist ein Garant für Frieden und Ordnung. Und genau das hat der Nationalsozialismus aus Deutschland gemacht: eine starke Kraft für Frieden und Ordnung.«[566] Erneut wirbt sie für eine Zusammenarbeit der beiden »natürlichen Verbündeten«. Nur Deutschland und Großbritannien könnten als Partner den Weltfrieden garantieren. Ein Krieg mit Großbritannien würde in Deutschland alle Errungenschaften der letzten Jahre zunichtemachen und sei deshalb nicht in Hitlers Interesse. Bei der an die Debatte anschließenden Abstimmung unterliegt Unity deutlich.

Nach der Weihnachtsfeier der Anglo-German Fellowship in Bloomsbury und gemütlichen Feiertagen zu Hause fliegt sie Anfang Januar 1939 über Amsterdam nach Berlin. Wie immer nimmt sie Quartier im Hotel Kaiserhof, trifft Hitler zum Tee und geht mit Magda Goebbels bummeln. Die Meldungen aus Spanien sind furios. Am 26. Januar 1939 haben Francos Truppen Barcelona nahezu kampflos eingenommen und damit den Spanischen Bürgerkrieg de facto für sich entschieden. Nur einen Monat später werden die Westmächte Franco-Spanien diplomatisch anerkennen. Am 30. Januar lauscht Unity auf der Gästetribüne des Reichstags atemlos

Hitlers berüchtigter Rede, in der er die »Vernichtung der jüdischen Rasse« im Falle eines Weltkrieges ankündigt.

Im Februar kehrt sie nach England zurück und trifft sich ein letztes Mal mit Jessica, die mit ihrem Mann Esmond in die USA übersiedeln will. Hundert Pfund von einem Sparkonto, auf das Lady Redesdale einundzwanzig Jahre lang Sixpence einbezahlt hat, machen es möglich. Jessica hofft, dass das Leben dort einfacher ist als in England: »Niemand hatte mir je erklärt, dass man für elektrischen Strom bezahlen muss, und Lampen, Wassererhitzer, Heizkörper blieben in der Rotherhithe Street Tag und Nacht eingeschaltet. Als die enorme Rechnung kam, überlegten wir uns kurz, ob wir vor Gericht argumentieren könnten, dass Elektrizität eine Form höherer Gewalt sei.«[567] Am 18. Februar 1939 kehren Jessica und Esmond Europa den Rücken.

Zurück in München, richtet sich Unity bei Erna Hanfstaengl in Solln ein, sucht aber weiterhin eine eigene Bleibe. Am 15. März besetzt die Wehrmacht die »Rest-Tschechei«. Joachim von Ribbentrop, seit Februar des Vorjahres Reichsaußenminister, erklärt das »Reichsprotektorat Böhmen und Mähren« zum Bestandteil des »Großdeutschen Reiches«. Neben dem ökonomischen Nutzen hat dies vor allem strategische Bedeutung. Nun ist das Tor offen für weitere Expansionen gen Osten. Chamberlain ist entsetzt. Er erkennt, welch fataler Fehler es war, Hitlers Zusicherungen Glauben zu schenken. Am 17. März gesteht er öffentlich das Scheitern der bisherigen Appeasement-Politik ein und zieht fürs Erste den britischen Botschafter aus Berlin ab. Unity findet diese Reaktion unmöglich: »So etwas Lächerliches habe ich in meinem ganzen Leben noch nicht gehört. […] Ich begreife nicht, was England für ein Interesse an Böhmen oder Mähren haben könnte. Hoffentlich werden die Engländer zur Vernunft kommen, ehe es zu spät ist. Wirklich, ich bete, sie finden eine Regierung, die in der Lage ist, die Realität zu erkennen, und begreift, dass wir an einem Wendepunkt der Weltgeschichte stehen. […] Es gibt nur zwei Möglichkeiten: entweder gegen den Strom zu schwimmen, was in diesem Fall bedeutet, sich zu verschlucken, oder mit dem Strom zu schwimmen und in eine bessere Zukunft getragen zu werden. Ich fürchte, Mr Chamberlain und seine Freunde sehen den Wald vor lauter Bäumen nicht.«[568]

Drei Tage später verlässt auch der französische Botschafter vorerst die deutsche Hauptstadt. Großbritannien und Frankreich einigen sich auf ein gemeinsames Vorgehen hinsichtlich der deutschen Expansionspolitik. Zeitgleich gibt der *Daily Mirror* Unity Gelegenheit, auf einer ganzen Seite ihre politischen Ansichten darzulegen. Beginnend mit dem deutsch-britischen Flottenabkommen von 1935, erklärt sie unter der Überschrift: »Was Miss Mitford sich erhofft«, dass das Deutsche Reich keinerlei Interesse an einer Machtausdehnung in Richtung Commonwealth habe, sondern sich strategisch auf Kontinentaleuropa beschränke. Großbritannien als Seemacht und das Deutsche Reich als Kontinentalmacht könnten zusammen die Welt nicht nur beherrschen, sondern, was weit wichtiger sei, auch befrieden. Eine Allianz der beiden Länder sei Hitlers größter Wunsch. Propaganda, Missverständnisse und Unwissenheit vor allem auf Seiten der britischen Regierung hätten dies bisher verhindert. Als Angehörige der nordischen Rasse seien Briten und Deutsche nicht nur anderen Völkern weit überlegen, sondern auch natürliche Verbündete. Allein deshalb sei ein Krieg zwischen ihnen undenkbar. Wie wenig sie selbst den Expansionsdrang und Nationalismus der Nationalsozialisten durchschaut, wird in diesem Interview mehr als deutlich. Die Redaktion des *Daily Mirror* schreibt in dicken Lettern neben das Interview: »Wir sind nicht ihrer Meinung.«[569] Zudem fragt sie offen, ob Unity wohl auch in Deutschland so unverblümt ihre Meinung äußern dürfe. Die Antwort der Leser ist eindeutig. 1200 Zuschriften erreichen den *Daily Mirror*, mehr als 92 Prozent der Leser finden Unity unmöglich.

Jetzt überschlagen sich die Ereignisse. Das seit dem Versailler Vertrag unter litauischer Verwaltung stehende Memelland gelangt durch den deutsch-litauischen Staatsvertrag vom 23. März 1939 »heim ins Reich«. Nun rückt die deutsche Forderung nach einem Anschluss Danzigs ins Zentrum der Diskussion. Nach dem Ersten Weltkrieg war Danzig auf der Pariser Friedenskonferenz von Deutschland abgetrennt und als freie Stadt unter Aufsicht des Völkerbundes gestellt worden. Ende März erklärt Hitler unmissverständlich seine Absicht, Danzig dem Reich wieder einzuverleiben. Die Polen sind alarmiert. Am 29. März speist Unity mit Hitler in der Osteria Bavaria. Anschließend schreibt sie nach Hause: »Er hielt fast die ganze Zeit meine Hand, guckte mich sehr lieb an und sagte dann in mitfühlendem Ton: ›Mein Kind.‹ Es tut ihm furchtbar leid, dass England und Deutschland so verfeindet sind. Ach, er sagte nur wundervolle Dinge über England und gab mir den Glauben daran zurück, dass am Ende alles gut wird.«[570]

Umgehend setzt sie sich mit J. E. M. Carvell, dem neuen Generalkonsul in München, in Verbindung: »Miss Mitford erklärte mir, dass Hitler noch immer glaube, eine Freundschaft zwischen England und Deutschland sei möglich. [...] Angeblich hält Hitler die deutsch-italienische Freundschaft für unnatürlich und geht nicht davon aus, dass die Achse Berlin-Rom Bestand haben wird.«[571]

Am 30. März gibt Premier Chamberlain Polen die Garantie, dem Land im Falle einer Invasion beizustehen. Nur sieben Tage später überfällt Mussolini Albanien und erklärt es nach der Flucht des Königs für annektiert. Unity befindet sich da gerade im Burgenland. Es geht ihr nicht gut. Sie hat sich von ihrer schweren Grippe im Sommer 1938 nie ganz erholt. Diverse Arztbesuche liegen hinter ihr, und Ernas alter Freund Ferdinand Sauerbruch hat ihr viel Bewegung und eine Diät verordnet: Sie sei zu schwer. Als sie Hitler davon erzählt, meint der nur: »Wenn er das noch einmal sagt, nehme ich ihm den Nationalpreis wieder weg.«[572] Unheil liegt in der Luft. Jeder kann es spüren. Dass die Sowjetunion, die Hitlerdeutschland bis dato ablehnend gegenüberstand, Gespräche mit dem Deutschen Reich, aber auch mit Großbritannien begonnen hat, beruhigt die Gemüter kaum. Zum 50. Führergeburtstag am 20. April schickt Unity gemeinsam mit Janos Almásy ein Telegramm nach Berlin, während Diana, die aus London herzliche Glückwünsche sendet, seufzend in ihrem Brief schreibt: »Wenn ich nur in Berlin wäre!«[573] Vier Tage später kehrt Unity nach München zurück. Ihren Hund hat sie bei einer Freundin in Budapest zurückgelassen, was später als Hinweis auf ihre Selbstmordabsicht gedeutet wird. Vielleicht will sie in den nächsten Wochen aber einfach nur ungebunden sein, um zu reisen, eine Wohnung zu suchen und vieles andere mehr. Wer sagt eigentlich, dass sie nicht vorhatte, den Hund wieder abzuholen?

Von München aus reist sie gemeinsam mit Erna Hanfstaengl nach Berlin. Um nichts in der Welt wollen die beiden Frauen Hitlers Reichstagsrede am 28. April verpassen, die sich gegen ein Telegramm von US-Präsident Roosevelt richtet, der Hitler zu einer Nicht-Angriffs-Garantiererklärung gegenüber dreißig namentlich aufgelisteten Ländern bewegen will. Hitlers mehr als zweistündige »Antwort auf Roosevelt« hält nicht nur Unity für seine »wahrscheinlich beste Rede«.[574] Noch am selben Tag erklärt Hitler in einer Rundfunkansprache sowohl den Nichtangriffspakt mit Polen als auch das Flottenabkommen mit Großbritannien für null und nichtig. Es folgt hektische Betriebsamkeit: Frankreich schließt einen geheimen Beistandspakt mit Polen; Italien und das Deutsche Reich bekräftigen durch den Stahlpakt die Achse Berlin-Rom. Frankreich und Großbritannien bieten der Sowjetunion einen Pakt gegen Hitler an, und Dänemark und das Deutsche Reich schließen einen Nichtangriffspakt. Mit dem Austritt Spaniens aus dem Völkerbund ist das endgültige Aus der Idee einer Weltregierung besiegelt.

Dafür gibt es auf privater Ebene neue Loyalitätsbekundungen. Wie Unity am 26. Mai nach Hause schreibt, hat Hitler sie seiner unverbrüchlichen Freundschaft versichert: »So lange Jahre sind Sie und ich nun schon Freunde. Wir werden die deutsch-englische

Freundschaft aufrechterhalten, ganz gleich, was die englische Regierung tut.«[575] Um sich von den Krisen der Welt ein wenig abzulenken, erfüllt sich Unity einen langgehegten Wunsch: Sie nimmt Gesangsunterricht. Der spanische Wagnertenor Joan Raventós, der sich nach dem Ende seiner Karriere als Lehrer in München niedergelassen hat, unterstützt sie bei ihrem hohen Ziel, einmal die Elsa im *Lohengrin* zu singen. Während ihre musikalischen Ambitionen leicht nachvollziehbar sind, erscheint ihr Wunsch nach akademischem Mathematikunterricht eher überraschend. Einen Lehrer vermittelt Professor Otto Hönigschmid von der LMU München, ein alter Bekannter Erna Hanfstaengls. Der bedeutende Chemiker hat sich vor allem durch die Atommassenbestimmung von Brom internationalen Ruhm erworben.

Während Unity in Deutschland immer heimischer wird, schließen sich Nancy und Peter im französischen Perpignan der Flüchtlingshilfe an, die sich um politisch verfolgte Spanier kümmert. Nach ein paar Tagen schreibt Nancy an ihre Mutter: »Wenn Du so wie ich die weniger erfreulichen Auswirkungen des Faschismus [...] mit eigenen Augen sehen könntest, wärst Du vielleicht nicht mehr so versessen darauf, dass über dem Gebiet, über dem die Hakenkreuzfahne weht, die Sonne niemals untergeht. [...] Ich würde mich mit dem Teufel persönlich verbünden, um eine weitere Ausbreitung dieser Krankheit zu unterbinden.«[576] Doch Lady Redesdale ist Argumenten längst nicht mehr zugänglich. Im Juni wird sie einen Artikel für den *Daily Sketch* verfassen, in dem sie die Unterschiede zwischen Nationalsozialismus und Bolschewismus darlegt und erklärt, der Nationalsozialismus würde die Klassengegensätze aufheben und den Lebensstandard heben.[577]

Ende Mai findet Unity endlich eine passende Wohnung. Hitler hatte Münchens Gauleiter Wagner angewiesen, ihr doch verschiedene Objekte zu zeigen. Die schöne große 3-Zimmer-Wohnung mit Balkon in der Agnesstraße 26 liegt im Herzen Schwabings, unweit der Führerbauten. Dass die jüdischen Vorbesitzer der Besichtigung in Schockstarre beiwohnen, stört Unity kein bisschen. An Diana schreibt sie später lapidar, das Paar habe sich entschieden, ins Ausland zu gehen.[578]

Im Sommer 1939 endet die langjährige Freundschaft mit Erna Hanfstaengl. Putzi hat zuletzt nicht nur über Unity, sondern auch über Winifred Wagner versucht, Kontakt zu Hitler aufzunehmen. Ende Februar hat er Hitler schließlich in einem Brief pikante Enthüllungen angedroht, falls er nicht endlich ein Schreiben seines geliebten »Führers« bekomme, in dem dieser sich für sein Leben verbürge und ihn von allen Vorwürfen freispreche. Die »Enthüllungen« standen im Zusammenhang mit einer Verleumdungsklage Hanfstaengls gegen das US-amerikanische Magazin *The New Republic*, das ihn als »Hitlers Lustknaben« bezeichnet hatte. Da er in England nicht gegen eine amerikanische Zeitschrift vorgehen konnte, verklagte er unter Berufung auf den strengen britischen Verleumdungsparagraphen das Londoner Warenhaus Selfridges, das *The New Republic* im Sortiment führte. Im Vorfeld des Prozesses versicherte Hanfstaengl Hitler zwar seiner nationalsozialistischen Gesinnung, machte seine Aussagen im Prozess aber von Hitlers Verhalten abhängig.[579] Nachdem er den Prozess Ende Mai verloren hat, beschließt er, seine Geschichte meistbietend zu verkaufen. Hitler bittet Erna Hanfstaengl daraufhin zum Tee und stellt ihr unter bestimmten Bedingungen seine Unterstützung in Aussicht. Beflügelt durch Hitlers Zusage, listet Erna Hanfstaengl nun ihrerseits in einem Schreiben an Hitler einige Bedingungen auf, inklusive einer hohen finanziellen Zuwendung im Ausgleich für die Summen, mit denen Putzi über Jahre hinweg die NSDAP mitfinanziert habe. Zur Botin kürt sie Unity, die Hitler den Brief übergibt und Opfer einer seiner legendären Wutausbrüche wird. Hitler untersagt ihr jeden weiteren Kontakt mit der Familie Hanfstaengl. Unity kehrt nicht mehr nach Solln zurück. Pinky Obermeyer, eine gemeinsame Freundin, setzt Erna von der unerwarteten Entwicklung in Kenntnis und holt Unitys Koffer ab.

Die fährt erst einmal nach England, wo der deutschfreundliche Parlamentsabgeordnete Walter Montagu Douglas Scott, 8. Duke of Buccleuch und einer der größten Grundbesitzer Großbritanniens, sich mit ihr in Verbindung setzt. Er sucht zur Friedenswahrung das Gespräch mit Hitler.[580] Den Weg in den Abgrund verhindert auch diese Unterredung nicht. Ehe Unity nach München zurückkehrt, übergibt sie dem Presseattaché der Deutschen Botschaft Sigismund-Sizzo Fitz Randolph, der im Juli 1939 nach Berlin zurückberufen wird, Möbel für ihre neue Wohnung, die Fitz Randolph aus alter Verbundenheit zusammen mit seinen Sachen nach Deutschland verschiffen lässt.

Seit Hitler in dringenden Regierungsgeschäften oft in Berlin weilt, werden die Treffen in der Osteria seltener. Unity ist einsam. Mit Erna hat sie gebrochen, und angesichts der weltpolitischen Lage treffen immer weniger Besucher aus England in München ein. Da es jetzt schwierig ist, in Deutschland britische Zeitungen zu kaufen, schickt Lord Redesdale sie per Post nach München. Für die Feierlichkeiten zum Tag der Deutschen Kunst sendet Hitler Tickets. In Begleitung von Freunden genießt Unity trotz strömenden Regens die Parade. Ihre Hauptbeschäftigung ist nun die Gestaltung ihrer Wohnung. Das Mobiliar lässt sie aus England kommen, auf dem Kontinent gibt es ihrer Ansicht nach nichts Vergleichbares. Ihre deutsche Freundin Carmencita Wrede erinnert sich: »Die Möbel waren im Stil der deutschen Werkstätten, sehr bunt, überall Blumen, ein sehr schicker Hochflorteppich. Sie erzählte mir, er sei ein Geschenk Hitlers. Hinter ihrem Bett waren zwei riesige Hakenkreuzflaggen angebracht, deren Enden wie Vorhänge auf die Kissen fielen. Ich sagte ihr, das sei des Guten zu viel. [...] Auf dem Nachttisch stand ein Hitlerporträt, dem sie Lippen und Augen angemalt hat. Das habe ich gemacht, sagte sie, weil es so süß aussieht.«[581] Wie alle Mitford-Schwestern braucht auch Unity eine Zugehfrau, die täglich kommt und die Wohnung sauber hält.

Am 24. Juli einigen sich Großbritannien, Frankreich und die

Sowjetunion auf einen Beistandspakt. Die Verhandlungen gestalteten sich zäh, da die Sowjetunion keine Garantien für die baltischen Staaten abgeben wollte. Unity ist zu diesem Zeitpunkt zum letzten Mal bei den Bayreuther Festspielen. Diana ist ebenfalls angereist. Abends trifft man sich wie immer zum Dinner mit Hitler. Am letzten Tag erklärt er den Schwestern bei einem Mittagessen in Haus Wahnfried, dass ein Krieg zwischen Deutschland und Großbritannien wohl unvermeidlich sei. Hitlers Heeresadjutant Gerhard Engel schildert in seinen Aufzeichnungen vom 28. Juli die politische Diskussion, die sich daraufhin entspinnt. Unity lässt dabei angeblich verlauten, dass die britische Luftwaffe nur über wenige Flugzeuge verfüge und auf einen Krieg nicht vorbereitet sei: »Das war Musik in den Ohren von F[ührer]. Sollten ihre Angaben stimmen, dann stimmten die Unterlagen des deutschen Militärattachés nicht. Sie sagte klipp und klar, dass England einen Krieg nicht führen könnte. [...] Uns Soldaten ist nicht klar, welche Rolle die Lady M. spielt. Ist sie eine Spionin, eine Angeberin oder wirklich die fanatische Führeranhängerin, als welche sie sich immer ausgibt? Eins ist klar, sie verfügt über ein ausgezeichnetes Nachrichtennetz. Sie weiß immer, wo F ist.«[582] An diesem Abend schreibt Diana in ihr Tagebuch: »Ich habe das dumpfe Gefühl, ja bin beinahe überzeugt, dass ich Hitler niemals wiedersehen werde. [...] Mir war klar, was in Unitys Kopf vorging. Als ich sie am nächsten Morgen verließ, trug ich den Tod in meinem Herzen.«[583] Am 4. August reist Diana nach England zurück; bei der Überprüfung ihres Gepäcks finden die britischen Beamten ein nagelneues signiertes Hitlerporträt und diverse andere Devotionalien. Zwei Wochen später schreibt Diana einen letzten schwärmerischen Brief an Hitler und bedankt sich »tausendmal« für die Zeit in Bayreuth: »Es war für mich eine besondere Freude und Ehre, und es waren unvergessliche Tage.« Zugleich kündigt sie ihr Kommen zum Reichsparteitag im September an und verbleibt »mit deutschem Gruß, Heil Hitler«.[584]

Das Reich beginnt mit ersten Rationierungsmaßnahmen. Dass

es kaum mehr Benzin gibt, schränkt Unitys Mobilität deutlich ein, obwohl sie durch ihre guten Beziehungen zu Mercedes-Manager Werlin Sonderrationen erhält. Ihren 25. Geburtstag feiert sie mit Janos Almásy standesgemäß im Restaurant Walterspiel im Luxushotel Vier Jahreszeiten. Bei einer Vorstellung der *Lustigen Witwe* sitzen die beiden zusammen mit Unitys Freundin Rudolfine »Rudi« von Simolin, Tochter des Romanisten und IG-Farben-Unternehmers Rudolf von Simolin-Bathory, in der Loge von Gauleiter Wagner und nehmen die stehenden Ovationen der Besucher huldvoll zur Kenntnis. All das kann jedoch nicht darüber hinwegtäuschen, wie ernst die Lage ist. Mitte August gesteht Reichsaußenminister Ribbentrop seinem italienischen Amtskollegen Conte Galeazzo Ciano, der Krieg gegen Polen sei bereits in Vorbereitung. Dass zugleich die Verhandlungen der Westmächte mit der Sowjetunion scheitern, macht vielen Angst, Unity aber hört es mit Erleichterung.

Der Schriftsteller William Douglas-Home, als junger Mann ein glühender Verfechter von Chamberlains Appeasement-Politik, trifft Unity Mitte August in München, als er zusammen mit seinem Freund Peter Beresford-Peirse in seinem Fiat nach Deutschland reist, um sich ein Bild der Lage zu machen: »Sie hielt unbeirrt daran fest, dass Hitler der Retter der Menschheit sei, der Messias, und sie [...] sagte mit einem Ausdruck von Überlegenheit, dass wir ihr leidtun, weil wir nicht sehen wollten, wohin die Reise ging. Sie verhielt sich ganz und gar nicht wie ein normaler Mensch.«[585] Eine Einschätzung, die Joseph Kennedy Jr. teilt, der Unity am 22. August in München zum Tee trifft. Der Sohn des US-Botschafters in London ist der Hoffnungsträger der Familie und soll einmal Präsident der Vereinigten Staaten werden. Als er im Zweiten Weltkrieg fällt, übernimmt sein jüngerer Bruder John F., Deborahs ehemaliger Tanzpartner, diese Bürde. Nach der Begegnung mit Unity schreibt Joseph Jr. an seinen Vater: »Unity Mitford ist sicher eine der außergewöhnlichsten Frauen, die ich jemals getroffen habe. [...] Sie ist der festen Überzeugung, dass der Konflikt mit England und den USA vor allem jüdischer Propaganda geschuldet sei und der einzige Weg, ihn zu lösen, darin bestehe, die Juden rauszuwerfen. Natürlich tun sie ihr leid, aber man müsse sie einfach loswerden. Als ich sie nach dem Einmarsch in die Tschechoslowakei befragte, sagte sie, der Führer habe keine andere Wahl gehabt. [...] Es gehe um die Rasse, und die Polen und die Tschechen seien keine höherwertige Rasse, und deshalb müssten sie bedauerlicherweise von anderen Nationen beherrscht werden. Es werde ihnen unter den Deutschen ohnehin viel besser gehen.«[586] Kennedy erfährt, dass Unity allen politischen Entwicklungen zum Trotz uneingeschränkt hinter ihrem »Führer« steht: »Sie glaubt, Hitler ist weit mehr als ein Genie. Die, die ihn gut kennen, hielten ihn gar für einen Gott. Er mache keine Fehler, habe nie welche begangen. [...] Bei ihrem letzten Englandaufenthalt war sie in großer Sorge, der Krieg könne ausbrechen und sie festgenommen werden. Sie sagt, die Stimmung dort sei ihr gegenüber absolut feindselig.[587] Kennedy hält Unity für eine fanatische Nationalsozialistin und vermutet, sie sei in Hitler verliebt. Nur einen Tag nach dieser angeregten Plauderei gibt das Deutsche Reich seinen Nichtangriffspakt mit der Sowjetunion bekannt. Nicht nur dass der »Hitler-Stalin-Pakt« fürs Erste den letzten Rest sozialistischer Opposition gegen den Nationalsozialismus vernichtet, in einem geheimen Zusatzabkommen teilen Hitler und Stalin außerdem noch Osteuropa untereinander auf. Unity glaubt, der Frieden sei damit gesichert, auch wenn das Abkommen eine Allianz mit England erschweren wird.

Am nächsten Tag fährt sie zusammen mit den Zwillingsschwestern Carmencita und Edda Wrede zum Baden an den Starnberger See. Abends geht es weiter nach Schloss Buch am Ammersee. Während der Abendgesellschaft bei Graf Hubert von Deym lauscht Unity im Nebenzimmer einer Rede Lord Halifax' im Radio, die keinen Zweifel an der Brisanz der Situation lässt. Die Wrede-Schwestern reisen nach Berlin ab, um sich als Krankenschwestern zur Verfügung zu stellen. Unitys männliche Freunde melden sich zum Manöver. Erste Auslandskorrespondenten verlassen das Land, die Britische Botschaft empfiehlt all ihren Bürgern dringend, es den Journalisten gleichzutun. Doch Unity will bleiben, auch der Konsul kann sie nicht zur Abreise bewegen. Ihre Freundschaft mit Hitler werde sie vor Übergriffen bewahren. Da niemand weiß, wie lange Bankanweisungen aus dem Ausland noch möglich sind, übermittelt ihr Lord Redesdale noch einmal 1500 Reichsmark. Dass auch Unity sich Gedanken um die Zukunft macht, beweist ein Schreiben an Diana, in dem sie Tirol als Aufenthaltsort ins Auge fasst: »Natürlich erscheint die andere Sache der einfachste Ausweg, aber es wäre doch dumm, nicht abzuwarten und zu schauen, wie die Dinge sich entwickeln. Es könnte ja in ein paar Wochen schon alles vorbei sein, wie General Fuller vorhergesagt hat.«[588] Auch ihrer Mutter kündigt sie Tirol als möglichen Zufluchtsort an. Tag und Nacht sitzt sie vor dem Radio. Am 28. August füllt sie ihre erste Lebensmittelkarte aus. Drei Tage später überfallen als polnische Soldaten verkleidete Angehörige des deutschen Sicherheitsdiensts den Rundfunksender Gleiwitz und behaupten im Radio, Gleiwitz sei von den Polen besetzt worden. Hitler nimmt dies zum Vorwand für den von langer Hand geplanten Angriff.

Am 1. September 1939 beginnt mit dem Überfall der Wehrmacht auf Polen der Zweite Weltkrieg. Die vielfach kolportierte Behauptung, dass Unity jetzt in Panik verfalle, entbehrt jeder Grundlage. Vielmehr schreibt sie einen Brief an ihre Mutter, um sich artig für die 1500 Reichsmark zu bedanken, »genug, um die nächsten vier Monate über die Runden zu kommen«.[589] Der Brief wird die Eltern erst am 29. September erreichen. Ab dem 30. August kommen alle Briefe an Unity ungeöffnet zurück. Am 2. September schreibt Unity an Diana, wie großartig Hitlers Rede nach dem Einmarsch gewesen sei und dass er in Feldgrau sicher wundervoll aussehe.[590] Sie fühlt sich keineswegs getäuscht vom »Führer«, der alle politischen Vereinbarungen und Versprechen gebrochen hat. Ganz entspannt nimmt sie an diesem Tag ein Sonnenbad auf ihrem Balkon und geht anschließend in die Osteria Bavaria, während um sie herum Ausnahmezustand herrscht. Alle Abendveranstaltungen sind abgesagt, das Hören ausländischer Rundfunksender wird unter Strafe gestellt. Als Verdunklung angeordnet wird, klebt Unity schwarzes Papier an ihre Fensterscheiben. Die Welt blickt angespannt auf Großbritannien, das – gemeinsam mit Frankreich – dem Deutschen Reich ein Ultimatum stellt: Binnen zwei Tagen müssen alle deutschen Truppen aus Polen abgezogen werden. Unity ist fuchsteufelswild. In ihrem Brief an Diana heißt es weiter: »Für mich sind Chamberlain und Co Kriminelle, die man aufhängen sollte. [...] Ich fürchte, ich werde den Führer nicht mehr wiedersehen. Nardy, sollte mir etwas zustoßen und die englische Presse versuchen, daraus irgendeine Lügengeschichte gegen Wolf zu spinnen, dann wirst Du wissen, was die Wahrheit ist. Wenn der Krieg vorüber ist, versuch bitte herzukommen. Ich mach mir solche Sorgen um ihn.«[591] Sämtliche Bemühungen, Diana telefonisch zu erreichen, scheitern, die Telefonleitungen nach England sind unterbrochen. Unity hofft inständig, dass die Ungewissheit nicht mehr allzu lange währt. Alle Welt wartet auf die Entscheidung: Krieg oder Frieden.

Am Sonntag, dem 3. September 1939 übermittelt der britische Botschafter um 9.00 Uhr morgens im Auswärtigen Amt das letzte Ultimatum seiner Regierung. Hitler bleiben noch zwei Stunden. Als die Zeit ohne Nachricht aus der Reichskanzlei verrinnt, erklärt Großbritannien um 11.00 Uhr Deutschland den Krieg, Frankreichs Kriegserklärung erfolgt wenige Stunden später. Hitler und Außenminister Ribbentrop, der längst sein wichtigster Berater ist, haben die englische Politik falsch eingeschätzt und in ihrer Hybris Chamberlain offensichtlich nicht zugehört, als der, vor den Trümmern seiner Appeasement-Politik stehend, verkündet hat: »Es gibt kaum etwas, was ich nicht für den Frieden opfern würde. Aber es gibt eine Sache, die ich davon ausnehmen muss – und das ist die Freiheit, die wir seit Hunderten von Jahren genießen und die wir niemals aufgeben werden!«[592] Während Winston Churchill, Englands berühmtester Appeasement-Gegner, ins Kriegskabinett berufen wird, kappt die deutsche Regierung sämtliche Telefonleitungen der Britischen Botschaft. Am Montagmittag werden alle Botschaftsangehörigen mit einem Sonderzug Deutschland verlassen.

Die Engländer erfahren durch eine Radioansprache ihres Premiers vom Beginn des Zweiten Weltkriegs. Lord und Lady Redesdale sind zu diesem Zeitpunkt mit Nancy und Deborah auf Inch Kenneth, einer kleinen Insel der Inneren Hebriden, die Lord Redesdale vor einiger Zeit erworben hat. Nancy kehrt umgehend zurück nach London, die Mutter bringt sie zum Zug: »Ich sagte irgendetwas nur halbwegs Abfälliges über Hitler, da fuhr sie mich an: Steig sofort aus, und geh zu Fuß zum Bahnhof. Also musste ich nette Sachen über Adolf sagen. Etwas später erzählte ich ihr, Peter sei Soldat geworden, worauf sie erwiderte: ›Dann wird er vermutlich bald erschossen.‹«[593]

Was sich derweil in München zuträgt, bleibt nebulös und wird mit den Jahren immer weiter ausgeschmückt, sodass die Wahrheit kaum mehr zu rekonstruieren ist. Einigkeit herrscht darüber, dass die besorgten Eltern Unity über das Konsulat in München ein Telegramm zukommen lassen. Diverse Autoren zitieren jahrzehntelang aus einem Abschiedsbrief, den Unity ihrerseits am 3. September im Konsulat verfasst und dem Konsul für ihre Eltern mitgegeben haben soll. Auf Nachfrage stellt sich nun heraus, dass niemand diesen Brief, der als Beweis für Unitys Selbstmordabsicht gilt, jemals persönlich in Händen gehalten hat. Zweifellos hätte der Konsul einen solchen Brief bei seiner Rückkehr Anfang September der Familie übergeben. Doch die Mitfords tappen mehr als einen Monat lang im Dunkeln und haben, wie sich aus diversen Briefen und inzwischen zugänglichen MI5-Dokumenten ergibt, nicht die geringste Ahnung, was mit Unity geschehen ist. Unitys Brief an Diana vom 2. September bleibt ihr letztes Lebenszeichen.

Als einzige Zeugin für die weiteren Geschehnisse kann Unitys erster Biograph David Pryce-Jones in den siebziger Jahren Rudi von Simolin ausmachen. Das meiste vermag auch sie nur vom Hörensagen zu berichten. Am 3. September habe sie bei ihrem Vater in Seeseiten am Starnberger See einen Anruf von Unity erhalten. Da Unity nur wenige Monate zuvor Hitler gegenüber erklärt habe, sie werde sich im Kriegsfall erschießen, sei sie, Rudi, äußerst besorgt gewesen und habe Unity beschworen, nichts Unüberlegtes zu tun. Danach sei es um einen geplanten Reiterurlaub in Ungarn gegangen. Sie hätten sich gegenseitig darin bestärkt, dass der Krieg rasch zu Ende sein werde.[594] Dass Unity noch für denselben Tag ihren Selbstmord ankündigt, berichtet Rudi von Simolin mit keinem Wort. Sie sah sich keineswegs veranlasst, umgehend die fünfzig Kilometer vom Starnberger See nach München zurückzulegen, sondern stellte ihr Kommen erst für den nächsten Tag in Aussicht. Als Rudi später noch einmal versucht habe, Unity telefonisch zu erreichen, sei die Leitung tot gewesen. Ob jemand den Hörer neben die Gabel gelegt hat oder die Verbindung ganz einfach gekappt wurde, bleibt offen. Tatsächlich gehörte Unity zu den Ausländern, deren Anschluss vom Forschungsamt Göring, der wichtigsten geheimen Nachrichtenzentrale des Deutschen Reiches, überwacht wurde. Das bestätigt der ehemalige Abteilungsleiter Ulrich Kittel 1951 in seinem Bericht über das Forschungsamt.[595]

Das kaum bekannte, kurz FA genannte Amt mit Hauptsitz in Berlin und Außenstellen unter anderem in München existiert seit 1933 und leistet höchsteffektiv Funkaufklärung. Als Chef der Luftwaffe hat Göring das FA unter dem Decknamen »Reichsluftfahrtministerium-Forschungsamt« seiner Behörde zugeordnet, wie er bei den Nürnberger Prozessen selbst zu Protokoll geben wird: »Das Forschungsamt der Luftwaffe [...] hatte mit Forschung einerseits und mit der Luftwaffe andererseits nicht das Geringste zu tun. Der Ausdruck war eine Art Camouflage, denn als wir an die Macht kamen, war ein ziemliches Durcheinander in dem technischen Teil der Überwachung wichtiger Nachrichten. Ich habe deshalb zunächst das Forschungsamt gegründet, das heißt eine Stelle, wo alle technischen Einrichtungen zur Überwachung des Funkbetriebes, der Telegraphie, der Telephonie und aller sonstigen technischen Einrichtungen möglich waren. Da ich damals nur Reichsluftfahrtminister war, konnte ich diese Apparatur nur bei mir unterbringen und wählte diesen Camouflage-Ausdruck. Der Apparat diente dazu, vor allen Dingen die auswärtigen Missionen, die wichtigen Persönlichkeiten, die mit dem Ausland telephonierten, telegraphierten und funkten, wie das überall und in allen Staaten üblich ist, zu überwachen, zu dechiffrieren und den einzelnen Ressorts dann die Auswertung zuzustellen.«[596]

Zweitausend Mitarbeiter überwachen nationale und internationale Telefonnetze, lesen Telegramme und entwickeln eine wahre Meisterschaft im Dechiffrieren ausländischer Codes. Die einzelnen Angestellten, die je bis zu zwanzig Leitungen kontrollieren, sitzen in den verschiedenen Städten in Einrichtungen der Reichspost. Was bei Gesprächen mitstenographiert oder auf Tonband aufgenommen wird, gelangt zusammengefasst per Rohrpost oder Telex an die Berliner Zentrale, wo auf braunem Papier ein Exzerpt angefertigt wird. Die berühmten »Braunen Vögel« sind »Geheime Reichssache«. Um Unity kümmerte sich laut Kittel eine Unterabteilung der Hauptabteilung V (Nachrichtenauswertung): Abteilung 13, intern auch »Gestapo-Abteilung« genannt. Das für sie zuständige Referat 13a »Staatssicherheit« befasste sich vorwiegend mit abwehrtechnischen Fragen.[597] Der Historiker Günter Gellermann weist in diesem Zusammenhang auf ein pikantes Detail hin: Unity abzuhören bedeutete in letzter Konsequenz auch, Hitler abzuhören, was streng verboten war. Da nur Hitler und Göring selbst Abhörbefehle erteilen durften, wäre in diesem Fall die Befehlskette besonders interessant. Bekanntermaßen ließ Göring, entgegen allen Anweisungen, auch ranghohe Nazis abhören.[598] Leider sind kaum Unterlagen aus dem FA erhalten. Kurz vor Kriegsende zerstörten die Mitarbeiter auf Befehl von oben die meisten Sachakten, der Rest gilt als kriegsbedingt verschollen. Zahlreiche Mitarbeiter dieses auch den Alliierten lange unbekannten Nachrichtendienstes heuerten nach dem Krieg bei der Organisation Gehlen an, dem Vorläufer des Bundesnachrichtendienstes.

Was nach ihrem Telefonat mit Unity passiert ist, erfährt Rudi von Simolin von Gauleiter Adolf Wagner, den sie am Morgen des 4. Septembers aufsucht, nachdem sie einen Umschlag mit Unitys Wohnungsschlüsseln erhalten hat. Auf welche Weise sie an diesen Brief gelangt ist, vermag sie dreißig Jahre später nicht mehr zu sagen. Zunächst spricht sie von einem Kurier der Gauleitung, dann von Nina Grieg Halvorsen, Ehefrau von Unitys Gesanglehrer und Nichte des weltberühmten Komponisten Edvard Grieg. Diese sei von Unity gebeten worden, die eintausend Reichsmark, die von der Überweisung ihres Vaters noch übrig waren, ans britische Konsulat weiterzuleiten und Rudi von Simolin den Umschlag mit den Wohnungsschlüsseln zu übergeben. Von Nina Grieg Halvorsen gibt es dazu keine Aussagen. Als Rudi zu Unitys Wohnung eilt, ist diese bereits versiegelt. Im Büro des Gauleiters in der Kaulbachstraße berichtet ihr Wagner höchstpersönlich von dem Drama, das sich abgespielt habe. Aber er beruhigt sie auch: Unitys Eltern seien bereits informiert und Diana auf dem Weg nach München. Eine glatte Lüge, wie sich später herausstellt.

Hitlers späterem Chefadjutanten Julius Schaub gegenüber schildert Wagner die Vorfälle folgendermaßen: Unity sei am Nachmittag des 3. September in seinem Büro aufgetaucht, habe ihm einen großen Umschlag ausgehändigt und sei sofort wieder gegangen. Er habe den Umschlag beiseitegelegt und erst nach einer ganzen Weile geöffnet. Ihre Hakenkreuzbrosche, ein signiertes Hitlerporträt und ein Abschiedsbrief an den »Führer« hätten darin gelegen. Sie könne es nicht ertragen, dass die beiden Länder, die sie so liebe, England und Deutschland, gegeneinander Krieg führen, und habe deshalb beschlossen, ihrem Leben ein Ende zu setzen. In heller Aufregung habe Wagner daraufhin die Gestapo verständigt. Stunden später habe ein Suchtrupp Unity auf einer Parkbank im Englischen Garten mit einem Loch im Kopf gefunden. Da sie keine Papiere bei sich hatte, konnte sie zunächst nicht identifiziert werden. Erst spätabends habe er Meldung erhalten.[599]

Der angebliche Abschiedsbrief an Hitler, der sich in keinem Archiv finden lässt und dessen Existenz die meisten Historiker zu Recht anzweifeln, wird im Laufe der Jahre so sehr Fakt, dass zuletzt gar daraus zitiert wird – ohne Quellenangabe, versteht sich. Zudem kursiert bald noch eine zweite Version von Unitys Besuch bei der Gauleitung. Danach war sie am 3. September gleich zweimal dort: einmal um den Umschlag abzugeben und einmal einige Stunden vorher, um sich zu erkundigen, ob ihr als feindlicher Ausländerin die Inhaftierung drohe. Wagner habe dies verneint und Unity daraufhin beschlossen, Selbstmord zu begehen. Die Logik dieses Handelns offenbart sich nicht unmittelbar. Wagner, dem Unitys Verhalten seltsam erschienen sei, habe daraufhin die Gestapo beauftragt, sie zu beobachten. Auf wessen Aussagen sich diese Geschichte stützt, ist unklar. Da Adolf Wagner bereits 1944 gestorben ist, dürfte er außerstande gewesen sein, nach dem Krieg ein Interview zu geben. Unterlagen der Gauleitung, wie ein Besucherbuch, das über die Anzahl von Unitys Besuchen Auskunft geben könnte, sind der Bombardierung Münchens zum Opfer gefallen.

Die Lesart, dass Unity Mitford sich, aus lauter Verzweiflung über die politischen Entwicklungen, auf einer Bank im Englischen Garten das Leben nehmen wollte, setzt sich nicht zuletzt deshalb durch, weil sie später auch von ihrer Familie der britischen Polizei gegenüber bestätigt wird. Man sei von Freunden darüber informiert worden, »dass Unity sich über die Kriegserklärung zwischen England und Deutschland sehr aufgeregt hat. Am 4. September 1939 unternahm sie ganz alleine einen Spaziergang in den Englischen Garten. Aufgrund ihrer emotionalen Verfassung folgte ihr jedoch ein deutscher Freund. Dieser Augenzeuge sah sie auf einer Bank sitzen. Plötzlich habe sie eine Pistole aus der Handtasche gezogen, einmal in die Erde gefeuert, vermutlich um zu testen, ob die Pistole funktionierte, und sich dann in die rechte Schläfe geschossen.«[600] Dass in dem Bericht nicht der 3., sondern der 4. September angegeben wird, könnte man für einen Tippfehler halten, würde nicht auch Unitys behandelnder Arzt in England in seinen Berichten ebenfalls stets den 4. September als Tattag nennen. Nun kann ein x-beliebiges Datum sicher verwechselt werden, doch wird kaum ein Engländer den Tag der englischen Kriegserklärung nicht als absolut einschneidend wahrgenommen haben – Verwechslung ausgeschlossen. Wer auch immer die Mitfords informiert hat, hat ganz offensichtlich ein falsches Datum genannt.

Nach dem Krieg zaubert Erna Hanfstaengl einen zusätzlichen Zeugen aus dem Hut: »Mein Freund Professor Hönigschmid war kurz nach Mittag im Englischen Garten, [...] als er einen kleinen Knall hörte und eine Person von einer Bank rutschen sah. Er lief hin und erkannte Unity. [...] Er rief um Hilfe. Schließlich kam die Polizei und nahm sie mit.«[601] Abgesehen davon, dass Hönigschmids Aussage nicht in den Ermittlungsakten auftaucht, legen alle anderen Zeugen die Tat übereinstimmend in die Abendstunden und an einen anderen Ort.

Im Bayerischen Staatsarchiv lagern die Verhörprotokolle der Kriminalpolizei zum Fall Unity Mitford. Einer der Zeugen ist Obergefreiter Erwin Wincenty von der Fahrbereitschaft des Luftgaukommandos VII in der Prinzregentenstraße. Wincenty sitzt am Abend des 3. September in seinem Lastkraftwagen vor dem Gebäude Königinstraße 15, in dem sich laut Adressbuch des Jahres 1939 die Einrichtung Höherer Flieger Kommandant V des Landes Bayern befindet. Hier, in unmittelbarer Nähe zum Englischen Garten, hört er plötzlich zwei Schüsse: »Ich sah nach der Schussrichtung und sah gegenüber dem genannten Anwesen auf der Rasenfläche, die sich dem dort liegenden Gehsteig anschließt, eine Frauensperson an einem Baume zusammensinken. Ich ging sofort dorthin und sah, dass sich die Unbekannte mit einer Pistole, die neben ihr lag, in den Kopf geschossen hatte. Ein Beamter der Stapo, der am Tatort war, nahm die Tasche der Verletzten sowie die Tatwaffe an sich und verständigte fernmündlich irgendeine Stelle. Ich brachte inzwischen die Verletzte mit meinem Wagen in die chir. Klinik, wo sie Aufnahme fand. Ich habe gehört, dass es eine Engländerin sein soll. Wer die Verletzte ist, ist mir nicht bekannt. Auch der Name des Stapobeamten wurde mir nicht gesagt.«[602]

Hinter dem zuständigen Beamten verbirgt sich Kriminalsekretär Franz Blümelhuber von der Gestapo, Dst. II G., der als V-Mann-Führer der Gestapo maßgeblich an der Zerschlagung des kommunistischen Widerstandes in München beteiligt war und nach dem Krieg umstandslos beim Bayerischen Landesamt für Verfassungsschutz unterkommt. Am 4. September gibt er zu Protokoll: »Gelegentlich einer Diensthandlung war ich Augenzeuge, wie sich die im Betreff angeführte Mitford am Sonntag, dem 3.9.39 gegen 17 h in der Königinstr. in der Nähe der Einmündung der Schönfeldstr. in die Königinstr., und zwar am Rande des Engl. Gartens, in die rechte Schläfe schoss. Sie wurde von mir mit dem Obergefr. der Luftwaffe Wincenty Erwin vom Luftgau VII, wohnh. Kaulbachstr. 82, und dem verh. Angestellten der Reichspostreklame Pfeuffer Michael, wohnhaft Untere Feldstr. 15/I, in einem Lastkraftwagen der Luftwaffe in die Chirurg. Klinik verbracht, wo ihre Einlieferung gegen 17.20 h erfolgte. Die in meiner Begleitung befindlichen KrOAss. Rieder und Klein der hiesigen Stapoleitstelle nahmen die Pistole und Handtasche der Schwerverletzten an sich und übergaben sie nach ihrer Rückkunft zum Amt dem Leiter der Abt. II H. RegAss. Weintz.«[603]

Während Blümelhuber also erklärt, er habe Unity Mitford zusammen mit Pfeuffer und Wincenty ins Krankenhaus gebracht, findet dies bei Wincenty ebenso wenig Erwähnung wie weitere Beamte der Gestapo oder Michael Pfeuffer, der auch von keinem anderen Zeugen benannt wird. Ob Pfeuffers Aussage nicht protokolliert wird, weil er offiziell für die Reichspost arbeitet, in deren

Einrichtungen das Forschungsamt Göring seine Abhörmaßnahmen durchführt? Wincentys Aussagen decken sich hingegen mit denen von Kriminalassistent Schott von der Staatlichen Kriminalpolizei München, der um 18.30 Uhr an den Tatort gerufen wird, mit dem Hinweis, die Frau sei zum Luftgaukommando geschafft und von dort mit einem Lastwagen abtransportiert worden: »In der Wache des Luftgaukommandos wurde mir erklärt, dass ein Obergefreiter Wincenty eine Frau weggeschafft habe. Ob diese schon tot gewesen sei, sei nicht bekannt.«[604] Die Polizei wird also erst eineinhalb Stunden nach dem Vorgang informiert und erscheint somit als Letzte am Tatort.

Den detailliertesten Bericht über den Tathergang liefert der Flieger Michael Pallauf von der Landesschützenkompanie München, der vor dem Gebäude Königinstraße 15 als Wachposten steht: »Ich [...] habe die Verletzte um 16.50 Uhr durch die Königinstraße gehen sehen. Sie ging auf dem Gehsteig. Mir gegenüber ging sie auf einen einzelnen Baum zu, und als sie etwa zwei Meter davon entfernt war, fielen zwei Schüsse. Ich bin ziemlich erschrocken, habe aber gesehen, wie die Verletzte die Pistole vor sich in Höhe des Magens hielt und gegen den Kopf zielte und zweimal abfeuerte. Ich glaube, dass der erste Schuss nicht getroffen hat, weil sie erst nach dem zweiten umgefallen ist. Näheres habe ich nicht festgestellt, weil ich meinen Posten nicht verlassen durfte. Ich habe aber den Vorfall genau gesehen und kann behaupten, dass fremdes Verschulden ausscheidet. Ein Beamter der Stapo hat sich um den Fall angenommen und die Pistole der Verletzten in unserem Wachlokal entladen. Wo der Schuss sitzt, ist mir nicht bekannt.«[605] Selbst wenn Unity eine Meisterschützin war – ein Schuss auf Höhe des Magens, angesetzt vor dem Körper ist wohl die denkbar komplizierteste Methode, sich in die rechte Schläfe beziehungsweise den rechten Frontallappen zu schießen. Auch Pallauf erwähnt nur einen Stapobeamten und bringt als Ergänzung die Entladung der Waffe im Wachlokal Königinstraße 15 ins Spiel.

Zu den Aussagen der allesamt in Staatsdiensten stehenden Zeugen gesellen sich die Berichte zweier Touristen, die unabhängig voneinander kurz nach der Tat am Ort des Geschehens erscheinen. Der Grazer Maschinenschlosser Emil Knobloch gibt gegen 18.00 Uhr auf der Kriminalwache zu Protokoll, dass er nach einem Spaziergang im Englischen Garten beim Ausgang zur Königinstraße auf eine Gruppe von Leuten gestoßen sei, die ihm erzählt hätten, dass sich ein 22-jähriges Mädchen erschossen habe: »Ich konnte weiter erfahren, dass das Mädchen schon wegtransportiert worden ist. Die zu der Tat benützte Pistole hatte ein anderer Herr, von dem ich den Namen nicht weiß, an sich genommen. Mit anderen Personen habe ich noch die Patronenhülsen gesucht und konnte auch zwei von solchen finden. Die Hülsen gebe ich hiermit ab.«[606] Zeitgleich macht Alvine Sandvoss vom Gut Rohbraken in Kükenbruch bei Lemgo, Privatsekretärin von Hitlers Steigbügelhalter Dr. Alfred Hugenberg, auf einer anderen Polizeiwache folgende Aussage: »Heute Nachmittag besuchte ich das Haus der Deutschen Kunst. Kurz vor 17½ hörte ich in dortiger Nähe zwei leichte Schüsse und eilte darauf zu. Als ich hinkam, wurde eine Frau als Leiche von einem Auto der Luftwaffe abtransportiert. Die Frau hatte einen Brillantring verloren, den ich von der Straße aufhob. Ich wollte den Ring einem Polizeibeamten übergeben. Es kam nun ein Mann hinter mir her, der sich auch als Beamter der Geh. Staatspolizei auswies und dem ich den Ring aushändigte. [...] Der Ordnung halber möchte ich mich nun mit meinem Reisepass ausweisen, den ich meinem Gepäck im Hauptbahnhof inzwischen entnommen habe.«[607] Laut Blümelhuber war Unity um 17.20 Uhr bereits in der Klinik, während Sandvoss die Schüsse erst um 17.30 Uhr hörte.

Keine Erwähnung in den Akten findet die Anwesenheit der Familie Koch, die Unity unmittelbar vor den Schüssen gesehen haben will. Erst 1981 meldet sich Prof. Hansjoachim W. Koch, Historiker an der Universität York, der als Sechsjähriger zusammen mit seiner Mutter und seinem 16-jährigen Bruder Zeuge der Tat wird. Unmittelbarer Anlass ist das Fernsehspiel *Unity* von John Mortimer, das die BBC im April 1981 ausstrahlt. Als Unity Mitford glänzt Lesley-Anne Down, heute vor allem bekannt als Darstellerin von Orry Mains großer Liebe Madeline aus dem amerikanischen Bürgerkriegsdrama *Fackeln im Sturm*. Koch berichtet, die Familie sei bei ihrem Sonntagsspaziergang in der Königinstraße einer schönen jungen blonden Frau in einem grauen Kostüm begegnet. Diese habe ihre Handtasche an sich gepresst, eine Hand sei in der Tasche gewesen. Kaum sei sie an ihnen vorüber gewesen, habe er einen lauten Knall gehört und sich umgedreht: »Mein Bruder sprang nach vorne und fing die junge Frau auf [...]. Über die eine Hälfte ihres Gesichts lief Blut. Mein Bruder und meine Mutter hoben sie vom Gehweg hoch und legten sie auf ein angrenzendes Rasenstück. Meine Mutter sah sich nach Hilfe um und entdeckte auf der anderen Straßenseite einen Soldaten der Luftwaffe, der vor einer Villa Wache schob. Sie bat ihn um Hilfe, aber er wollte seinen Posten nicht verlassen. Meine Mutter war so aufgeregt, dass sie mit ihrem Regenschirm vor seinem Gesicht herumfuchtelte. Aber es nutzte alles nichts. Wie auch immer, kurze Zeit später öffneten sich die Tore zur Villa, und eine graue BMW-Limousine der Luftwaffe fuhr heraus. Zwei Leutnants und ein Unteroffizier stiegen aus, hoben die Frau auf und legten sie auf den Rücksitz. Wir nahmen an, dass sie tot oder bewusstlos war. Sie hoben auch die Pistole auf, und der Unteroffizier nahm unsere Daten auf, bevor sie wegfuhren. [...] Am späten Sonntagabend rief ein Polizist bei uns an und erklärte meiner Mutter, sie dürfe unter keinen Umständen über diesen Vorfall sprechen, auch nicht mit Verwandten oder Freunden. Ein paar Tage später erhielt meine Mutter ein Schreiben, dass sie und mein Bruder sich auf dem Polizeipräsidium einfinden sollten, um ihre Aussagen zu machen. Dort wurden sie jedoch nicht von der Kriminalpolizei befragt, sondern von zwei Gestapoleuten. Kurz danach wurde mein Bruder, der bei der Hitlerjugend war, ins Hauptquartier der Hitlerjugend bestellt. Hier wurde er erneut verhört und erfuhr, dass die Frau, um die es ging, Engländerin war und ihr Name Unity Mitford.«[608] Die Familie hat den Vorgang also nicht gesehen und statt zwei Schüssen nur einen lauten Knall gehört. Während Koch sah, dass jemand eine Pistole an sich nahm, beschreibt er nicht, wie Unity sie fallen ließ. Der Gehweg Königinstraße grenzt an den Englischen Garten und ist gesäumt von zahlreichen Bäumen. Als Schütze dahinter in Deckung zu gehen wäre ein Leichtes gewesen.

Da die Unterlagen der Gestapo München bis auf wenige Ausnahmen als kriegsbedingt verloren gelten, können sie keine Hinweise auf das tatsächliche Geschehen liefern. Und so bleiben nur die Aussagen der Menschen, die sich vielleicht oder vielleicht auch nicht an einem ziemlich überfüllten Tatort aufhielten: eine Familie, die von der Gestapo eingeschüchtert wird, zwei Touristen, ein Mitarbeiter der Reichspost, diverse Gestapobeamte sowie zwei Angehörige der Luftwaffe. Sie alle widersprechen sich in einzelnen Punkten, die man für Kleinigkeiten halten kann oder auch nicht. Was sie nicht erklären können, ist, warum sich Unity mitten auf dem Gehweg, gegenüber einer bewachten Dienststelle des Luftgaukommandos, fünf Meter vor dem Englischen Garten mit seinen vielen leicht zugänglichen und doch abgelegenen Plätzen, aus der Magengegend heraus in die rechte Schläfe schoss. Eine Frau, die offensichtlich so korrekt war, sich vor ihrem Selbstmord ordnungsgemäß beim Einwohnermeldeamt München abzumelden. Dabei hatte sie sich erst am 14. August 1939 als Bewohnerin der Agnesstraße 26, Wohnung 4 registrieren lassen. Die Abmeldung nach »unbekannt« trägt das Datum vom 2. September. Dazu einen handschriftlichen Vermerk: »z. Z. in Haft b. Gestapo, Brienner Str. 50.« Unter dieser Adresse, der heutigen Brienner Straße 20, befindet sich 1939 das Wittelsbacher Palais, der Sitz der Münchner Gestapo. Am 26. März 1940 wird Unitys Meldebogen mit dem maschinengeschriebenen Vermerk »Kurz nach Ausbruch des Krieges festgenommen« versehen und zu den Akten gelegt.[609]

In der Chirurgischen Klinik in der Nußbaumstraße kümmert sich ein Team um Prof. Georg Magnus um die Verletzte. Magnus ist eine von Hitler protegierte Kapazität im Bereich der Unfallchirurgie, Hochschulprofessor und Präsident der Deutschen Gesellschaft für Chirurgie. Hitlers Begleitarzt Karl Brandt ist Assistenzarzt bei Magnus gewesen und zusammen mit Magnus im November 1938 von Hitler persönlich nach Paris geschickt worden, um den deutschen Gesandten Ernst Eduard vom Rath zu behandeln – nach dem Attentat von Herschel Grynszpan, das den Nazis als Vorwand für die Novemberpogrome dienen sollte. Magnus und sein langjähriger Oberarzt, der künftige Oberstabsarzt Felix Jaeger, sehen auf den Röntgenaufnahmen, dass eine Kugel durch den rechten Frontallappen eingedrungen ist und nun im hinteren Teil des Schädels feststeckt. Sie zu entfernen halten die Ärzte für zu riskant. Kriminalassistent Schott gibt zu Protokoll: »Die Personalien der Verletzten wurden in der Chirurgischen Klinik erhoben. Vom diensthabenden Arzt wurde mir erklärt, dass sehr große Lebensgefahr bestand und die Verletzte nicht vernehmungsfähig sei. [...] Es wurde mehrfach vom KK v. Dienst versucht, mit dem englischen Konsulat fernmündliche Verbindung herzustellen, was jedoch nicht gelang.«[610] Als Rudi von Simolin in den nächsten Tagen Prof. Magnus den Vorschlag unterbreitet, doch den weltberühmten Chirurgen Ferdinand Sauerbruch hinzuziehen, ehemals Chefarzt der Klinik und mit Unity bekannt, reagiert Magnus äußerst ungehalten. Die Konsultation Sauerbruchs unterbleibt. Am 4. September informiert Rudi von Simolin Janos Almásy zunächst telefonisch über die Ereignisse, einen Tag später in einem langen Brief. Von einem Besuch rät sie ab – Unity sei nicht ansprechbar –, verspricht aber, Almásy auf dem Laufenden zu halten. Allerdings scheinen sich dessen Sorgen in Grenzen zu halten. Erst am 19. Dezember wird er nach München kommen.

Die Familie erfährt von alldem nichts. Da er seine Tochter nicht mehr erreichen kann, setzt Lord Redesdale sich am 5. September mit dem britischen Außenministerium in Verbindung und bittet darum, Vizekonsul Weld-Forester möge sich nach seiner Ankunft in England umgehend bei ihm melden. Außerdem lässt er Unitys Namen bei der Amerikanischen Botschaft in Berlin, die sich nach dem Abzug der britischen Diplomaten um die in Deutschland verbliebenen Briten kümmert, auf die Vermisstenliste setzen.[611] Die Briefe, die zwischen Mitgliedern der Familie Mitford hin und her gehen, zeugen von großer Sorge, erwähnen jedoch mit keinem Wort jenen Abschiedsbrief aus dem Konsulat. Am 15. September schreibt Nancy zynisch wie immer an Mrs Ham: »Bobo ist, wie wir aus sicherer Quelle hören, in einem Konzentrationslager für tschechische Frauen, worin, sosehr ich es bedauere, doch eine Art poetischer Gerechtigkeit liegt. Peter will die Aostas [Duke of Aosta, Angehöriger der königlichen Familie Italiens] bitten, sie in ein oder zwei Monaten da rauszuholen, wenn sie so viel erlebt hat, dass sie wirklich wegwill.«[612]

Anders als die Familie wird Hitler über Unitys Zustand unterrichtet. Rudolf Heß erinnert sich in einem Gespräch mit Albert Speer im Gefängnis in Spandau am 1. Januar 1959, dass Hitler höchstpersönlich ihre Unterbringung in der besten Klinik der Stadt veranlasst und die Kosten aus seiner Privatschatulle bezahlt habe.[613] Ans Krankenbett eilt jedoch auch er nicht. Joseph Goebbels notiert am 3. Oktober in sein Tagebuch: »Der Führer bedauert sehr das Schicksal von Lady Mitford, die durch ihren Selbstmordversuch halbseitig gelähmt ist. Aber trotzdem muss der Führer sich natürlich auch gegen jede Spionagemöglichkeit sichern. Und das hat er in diesem Falle getan. Wenn Krieg ist, geht der Kampf aufs Messer. Da ist jedes Mittel erlaubt, das zum Siege führt.«[614] Wenngleich nebulös, schürt der Eintrag doch Zweifel an der These von einer Verzweiflungstat aus Patriotismus.

Unitys Besucher in den ersten Wochen beschränken sich auf Rudi von Simolin und Wilma Schaub, die Gattin von Hitlers Adjutant. Entgegen allen Befürchtungen geht es der Patientin nach einiger Zeit etwas besser. Sowohl Wilma Schaub als auch Rudi von Simolin berichten, sie sei sogar wieder in der Lage gewesen, zu sprechen. Der damalige Assistenzarzt Dr. Helmut Reiser berichtet dreißig Jahre später David Pryce-Jones, die Patientin habe niemals auch nur ein Wort gesagt. Dafür soll sie, laut Wilma Schaub, in der Klinik einen zweiten Selbstmordversuch unternommen haben. Nachdem Gauleiter Wagner ihr das Kuvert zurückgebracht habe, dass sie ihm am 3. September im Büro übergeben hatte, habe sie in einem unbeobachteten Moment ihre Hakenkreuzbrosche verschluckt. Prof. Magnus habe das Schmuckstück anschließend mit einer Sonde aus ihrem Magen geholt.[615]

Die Gerüchteküche brodelt bald so heftig, dass sich Berlin Anfang November veranlasst sieht, eine offizielle Verlautbarung herauszugeben. Demnach habe sich Unity weder vergiftet, noch sei sie tot. Sie sei schwer erkrankt, befinde sich aber auf dem Weg der Besserung. Der Ausbruch des Krieges habe sie so belastet, dass sie sich für eine Weile aus der Öffentlichkeit zurückgezogen habe. Jede noch so kleine britische Lokalzeitung druckt die Meldung.[616] Zu dieser Zeit weiß die Familie bereits, dass Unity noch lebt. Am 2. Oktober hat sie endlich ein vage gehaltener Brief von Janos' Bruder László aus Budapest erreicht, datiert auf den 18. September. Wenig später folgen noch zwei Telegramme: »Stetige Verbesserung. Kein Fieber. Weitere Fortschritte. Eure Briefe wurden weitergeleitet.«[617] Auf die Frage, was genau geschehen ist, erhält die Familie keine Antwort. Am 25. Oktober schreibt Nancy an Jessica, sie fürchte, Unity könnte einen Selbstmordversuch verübt haben. Wirklich tragisch nimmt sie das allerdings nicht, schwärmt sie doch im selben Brief: »Peter sieht einfach göttlich aus in seiner Uniform – ein Haufen Gold auf dem Hut und ein wundervoller Mantel, gefüttert mit dunkelrotem Satin, der 25 Pfund kostet. Schon allein aus den obengenannten Gründen ist es schön, ein Teil der Garde zu sein. [...] Die Verdunklung ist himmlisch, vor allem bei Vollmond.«[618] Jessica wird in den USA von der Presse bestürmt.

»Stimmte es denn, dass Unity von SS-Leuten angeschossen worden war? Dass sie gleich nach Kriegsausbruch einen leidenschaftlichen Streit mit Hitler gehabt hatte? […] ›Ich weiß es nicht. Ich weiß es nicht … Ich weiß es nicht.‹«[619] Sie ist in allergrößter Sorge: »Wenn Ihr etwas Neues über meine Bobo hört, bitte lasst es mich sofort wissen!«, schreibt sie immer wieder nach Hause.[620]

Wie oft Hitler Unity in München im Krankenhaus besucht, ist umstritten. Einzig den Besuch vom 8. November bestätigen unabhängig voneinander mehrere Quellen. Hitler kommt an diesem Tag nach München, um wie jedes Jahr an der Gedenkfeier für die Gefallenen des Hitlerputsches teilzunehmen: »11 Uhr Ankunft in München. Der Führer besucht Frl. Mitford in der Klinik.«[621] Die Ärzte informieren Hitler darüber, dass sie nicht in der Lage sei, zu sprechen. Nachdem er sie alleine in ihrem Krankenzimmer aufgesucht hat, erklärt er den überraschten Ärzten jedoch, dass sie im Gespräch den Wunsch geäußert habe, nach England zurückzukehren. Der Besuch bei Unity bringt nicht nur das Tagesprotokoll durcheinander, sondern führt bei Hitler angeblich zu einer so tiefen seelischen Erschütterung, dass ihm die Lust auf die Feier am Abend gründlich vergeht. Um 21.07 Uhr beendet er deshalb seine Rede und verlässt den Bürgerbräukeller, ohne wie üblich an den weiteren Festlichkeiten teilzunehmen. Dreizehn Minuten später explodiert die Bombe, die der schwäbische Tischler Georg Elser in einer tragenden Säule angebracht hat. Die Explosion bringt die Saaldecke zum Einsturz, acht Menschen sterben, mehr als sechzig werden verletzt. Hitler und Goebbels erfahren davon im Zug nach Berlin, und Goebbels schreibt in sein Tagebuch: »Ein Attentat, zweifellos von London erdacht und wahrscheinlich von bayerischen Legitimisten durchgeführt. […] Der Führer und wir alle sind wie durch ein Wunder dem Tode entronnen. Wäre die Kundgebung wie alle Jahre vorher programmgemäß durchgeführt worden, dann lebten wir alle nicht mehr. […] Er steht doch unter dem Schutz des Allmächtigen. Er wird erst sterben, wenn seine

Mission erfüllt ist.«[622] Georg Elser wird beim Versuch, in die Schweiz zu gelangen, in Konstanz aufgegriffen und nach jahrelanger Isolationshaft am 9. April 1945 im KZ Dachau erschossen. Es wird noch beinahe sechzig Jahre dauern, ehe der Widerstand dieses mutigen Einzelkämpfers gebührend gewürdigt wird. Für Hitler könnte seine englische Walküre am 8. November 1939 tatsächlich zur Schicksalsgöttin geworden sein.

Einen Tag später bestätigt der US-Botschafter in Berlin Unitys Selbstmordversuch. Sie sei in einer Münchner Klinik, habe jedoch nicht versucht, mit dem Konsulat Kontakt aufzunehmen.[623] Nancy ist außer sich: »Ich erinnere mich sehr gut daran, dass Peter vor circa fünf Jahren einen langen Brief an Farve schrieb und ihn anflehte, sie aus einer Situation zu befreien, die unweigerlich in einer Tragödie enden würde. Die Eltern haben das verächtlich abgetan, das Ganze als ungeheuerliche Impertinenz betrachtet. Diese Narren.«[624] Diana zeigt sich keineswegs überrascht: »Ich wusste, Unity würde das nicht überleben. Sie hatte immer betont, dass sie im Fall eines Krieges zwischen England und Deutschland lieber sterben würde: Beiden Ländern gehörte ihre unbedingte Loyalität.«[625]

Die deutschen Behörden bereiten unterdessen Unitys Rückkehr vor. Rudi von Simolin räumt Unitys Apartment in der Agnesstraße aus und nimmt dabei persönliche Sachen wie Bücher und Fotos an sich, die den Krieg nicht überdauern werden. Unitys Tagebücher gehen an Janos Almásy, der am 19. Dezember in München eintrifft, um ihre Verlegung in die neutrale Schweiz zu begleiten. Dass die Tagebücher nur private Banalitäten, aber keinerlei politischen Sprengstoff enthalten, ist ebenso klar wie die Tatsache, dass alles, was Rudi von Simolin in der Wohnung vorfindet, von der Gestapo gründlich gesichtet und als unbedenklich eingestuft worden ist. Unitys Möbel werden auf Hitlers Kosten eingelagert. Nach dessen Selbstmord geht die Zahlungsaufforderung an die Mitfords über. 1949 wird Lady Redesdale Unitys Möbel nach England zurückbringen lassen. Eva Brauns Biograph Nerin Gun berichtet, Hitler habe Eva Braun angewiesen, für Unity Toilettenartikel, Blumen und andere Kleinigkeiten zu besorgen.[626] In Absprache mit der Schweizer Regierung wird Unity in einem speziellen Sanitätswaggon am 21. Dezember 1939, begleitet von einer Krankenschwester, dem jungen Assistenzarzt Dr. Helmut Reiser und Janos Almásy, ins Salem-Spital nach Bern gebracht.

Am Heiligabend 1939 meldet sich Unity telefonisch in Rutland Gate und bittet darum, abgeholt zu werden. Wie der britische Geheimdienst vermerkt, der längst die Telefonleitungen der Familie angezapft hat, fleht Almásy Lord Redesdale in einem weiteren Telefonat an, persönlich in Bern zu erscheinen: »Bitte kommen Sie umgehend. Ich muss am 27. frühmorgens wegfahren, und ich möchte Sie sehen, bevor ich aufbreche. [...] Ich würde es wirklich bevorzugen, wenn Sie persönlich herkämen. *Sie* muss ich sehen. Bitte, bitte versuchen Sie herzukommen – und zwar vor dem 27.«[627] Doch es ist Lady Redesdale, die in Begleitung von Deborah in die Schweiz reist. Der Anblick, der sie erwartet, ist erschütternd, erinnert sich Deborah: »Ihr Gesicht hatte dieselbe graubraune Farbe wie ihre Haare, die ganz stumpf waren und verkrustet von getrocknetem Blut. Seit jenem Tag, da die Kugel in ihren Schädel eingedrungen war und sie fast getötet hatte, konnte sie es nicht mehr ertragen, wenn jemand ihren Kopf berührte. Sogar ihre Augen waren verändert, ein Blick genügte [...]: Das Leuchten darin war verschwunden. Sie lächelte und freute sich, uns zu sehen, aber sie war ein anderer Mensch geworden. Muv und ich blickten auf die traurige dünne Gestalt [...] und versuchten ihr nicht zu zeigen, wie entsetzt wir waren.«[628] Almásy reist am 29. Dezember zurück nach München. Sein wichtiger Termin ist eine Silvesterfeier mit Rudi von Simolin in Seeseiten.

Inzwischen haben die Mitfords in einem eigens angemieteten Salonwagen mit Ambulanzausstattung die Heimreise angetreten. Ein schwerer Gang und eine beschwerliche Reise. Mehrmals fällt die Heizung aus, es ist bitterkalt im Abteil. Immer wieder bleibt der

Zug in Schneeverwehungen stecken. Wie Deborah erzählt, leidet Unity Höllenqualen: »Jedes Ruckeln, Anhalten und Anfahren des Zugs war eine Tortur für sie. Es war eine lange, dunkle und kalte Reise, und Unity war so krank. Meine Mutter war in größter Sorge, dass es zu viel für sie sein könnte.«[629] Mit reichlich Verspätung treffen sie schließlich in Calais ein. Sie haben die Fähre verpasst. Belagert von Hunderten von Reportern und Fotografen, die ein Bild der verletzten Unity knipsen wollen, verbarrikadieren sich die Mitfords zwei Tage lang im Hotel. Ein Reporter des *Daily Express*, der Lady Redesdale im Flur auflauert, bietet die stolze Summe von fünftausend Pfund für ein Exklusivinterview mit ihrer schwerverletzten Tochter.

Am 2. Januar 1940 gehen die drei an Bord einer Fähre nach Folkestone. Dort herrscht Ausnahmezustand. Die Kriegsmarine hat den Hafen weiträumig abgesperrt, Militär sichert alle Zufahrtsstraßen, am Strand wird patrouilliert. Seit zwei Tagen wartet Lord Redesdale auf seine Tochter – zusammen mit einer Meute Journalisten und zahllosen Zivilbeamten. In der Morgenausgabe der *Western Morning News* ist zu lesen: »Unity Mitford, 25-jährige Tochter von Lord Redesdale und Freundin Adolf Hitlers, deren Gesundheitszustand in Deutschland seit Ausbruch des Krieges viele Rätsel aufgegeben hat, wird heute in Folkestone erwartet. Ihre Rückkehr [...] wird hoffentlich endlich Klarheit bringen, was mit ihr in Deutschland [...] geschehen ist. Laut diverser Meldungen leidet sie entweder an einer Schussverletzung am Kopf, ist vergiftet worden oder nach einem heftigen Streit mit dem Führer schwer erkrankt.«[630]

Als das Schiff im Hafen von Folkestone einläuft, wird es von Jagdflugzeugen der Royal Air Force begleitet. Über dem Hafengelände kreist ein Hubschrauber. Auf einer Trage kehrt Unity in ihre Heimat zurück. Aus der Menge der Schaulustigen ertönen vereinzelt zynische »Heil Hitler!«-Rufe. Unity Mitfords Ausflug in die Weltgeschichte ist zu Ende.

Unmittelbar nach Kriegsausbruch war Tom bei uns zum Lunch.
Mein Vater fragte ihn: »Was glaubst du, wird Bobo tun?«
Tom sagte: »Ich denke, sie wird sich erschießen.«

Sarah Churchill im Interview mit David Pryce-Jones

X.

»Das Allerschlimmste ist: Harrods prägt kein persönliches Briefpapier mehr!«

Brünnhildes Untergang

Die Bilder, die zeigen, wie Unity von Bord des Schiffes getragen wird, gehen um die Welt. In den britischen Kinos laufen kurze Filmsequenzen, die eine sichtlich eingeschüchterte junge Frau präsentieren.[631] Dass keine Schusswunde zu sehen ist, heizt die Spekulationen über den Grad ihrer Verletzung noch an. Sie trägt keinen Hut, ihre Haare sind voll wie eh und je, und von einer Kopfverletzungen ist beim besten Willen nichts zu sehen. Einzig dass sie ihren Hals mit einer Decke schützt, fällt auf, ebenso wie der dicke Schal, den sie trägt.

Sie wird in einen bereitstehenden Ambulanzwagen gehoben. Die Fotografen schubsen und drängeln. *Daily Mirror, Daily Express, Evening News* und *News Chronicle* – alle, denen Unity in den letzten Jahren Schlagzeilen geliefert hat, haben sich hier versammelt, auch die *Times* hat einen Reporter geschickt. Bereits nach wenigen Metern hat der Krankenwagen eine Panne. Unity muss ausgeladen werden, die Familie in einem nahegelegenen Hotel übernachten. Lord Redesdale ist davon überzeugt, dass es sich um ein Manöver der Presse handelt. Ein Interview mit Unity garantiert hohe Absatzzahlen, was bedeutet da schon ein wenig Schmiergeld für den Fahrer des Krankenwagens? Einem Reporter des *Daily Express* gewährt Lord Redesdale kurz Zutritt zu seiner Tochter, die, so sagt sie, keinerlei Erinnerungen an den Tathergang hat, aber eine Botschaft an ihre Landsleute: »Ich bin froh, wieder hier zu sein, auch wenn ich nicht auf eurer Seite stehe.«[632] Hilde Marchant schreibt im *Daily Express*: »Sie ist wieder da. Dazu hat sie jedes Recht – genau dafür kämpfen wir: für Unity Mitfords Recht, grölend durch den Hyde Park zu marschieren oder Piccadilly entlangzulaufen, ohne gelyncht zu werden.«[633] Marchant betont, dass es für Journalisten auf englischem Boden eine neue Erfahrung gewesen sei, vom Militär an der Ausübung ihres Berufes gehindert zu werden. Nie zuvor habe sie erlebt, dass jemand derart abgeschirmt wird. Überall seien Soldaten gewesen, die mit wahren Nazimethoden Journalisten den Zugang zum Hafen verweigert hätten. Den Hafenarbeitern habe man sogar verboten, in ihrer Mittagspause das Gelände zu verlassen. Sie fragt mit Nachdruck, auf wessen Befehl und weshalb überhaupt derartige Sicherheitsmaßnahmen angeordnet worden seien. Die Öffentlichkeit fragt sich ohnehin, warum eine notorische Nationalsozialistin wieder ins Land gelassen wird. Es herrscht Unverständnis darüber, warum Unity nicht vom Fleck weg verhaftet wird.

Familienintern heißt es, Lord Redesdale habe sich vor Unitys Rückkehr an den designierten Kriegsminister Oliver Stanley, Schwiegersohn Lord Londonderrys und Freund der Familie, gewandt und ihm das Versprechen abgenommen, dass Unity nicht interniert wird. Eine einsame Entscheidung, die beim Chef der britischen Spionageabwehr, Guy Liddell, auf starke Ablehnung stößt. Er rät dringend, Unity, deren früheres Verhalten an Hochverrat grenze, unter Bezugnahme auf die Defence Regulation 18B, zu internieren. 18B ist Teil einer Reihe von Verfügungen, die 1939 zur Landesverteidigung in Kraft gesetzt werden, und betrifft all diejenigen, die man für die »Fünfte Kolonne« Hitlers hält und deshalb als Sicherheitsrisiko einstuft. In Unitys Fall treffe dies zu, ferner gebe es keinerlei Beweise für ihren schlechten Gesundheitszustand. Womöglich sei alles nur eine riesige Show, um sie ungestört ins Land zu schleusen.[634] Eine These, die der britische Journalist Martin Bright fünfzig Jahre später im *Observer* aufgreift.[635] 2002 werden die Tagebücher Guy Liddells der Öffentlichkeit zugänglich gemacht und damit auch der Eintrag vom 8. Januar 1940: »Gerade erreichte mich der Bericht des SCO [der für die Befragungen von Einreisenden zuständige MI5-Offizier]. Offensichtlich gibt es keine Indizien, die auf eine Schussverletzung hindeuten.«[636] Deborah wird sich 2002 in einem Leserbrief an den *Observer* entschieden dagegen verwahren, dass alles nur ein großangelegtes Täuschungsmanöver war. Dass Unity auf einer Trage das Schiff verlässt, sich später aber, von ihrem Vater gestützt, frei im Hotel bewegen kann, wie Zeitungsfotos vom Januar 1940 belegen, trägt nicht unbedingt dazu bei, die Skeptiker zu überzeugen.[637]

Zudem ist man beim MI5 der Ansicht, dass das Innenministerium, das sich des Falls nun angenommen hat, nicht zuständig sei. Es handele sich hierbei um eine militärische Angelegenheit, die nicht in den Zuständigkeitsbereich des Innenministeriums falle.[638] Davon schien auch Lord Redesdale überzeugt, als er sich an den Kriegsminister wandte. Doch Liddell findet kein Gehör. Dabei ist er nicht irgendwer, sondern während der Kriegsjahre zuständig für das sogenannte Double Cross System, bei dem deutsche Spione, die nach Großbritannien eingeschleust werden, nach ihrer Enttarnung »umgedreht« werden. Auf diese Weise wird zum Beispiel die deutsche Generalität bei der Landung der Alliierten in der Normandie ausgetrickst. Lange glaubt man dort an ein Ablenkungsmanöver, das den eigentlichen Angriff über Calais verdecken soll.

In Berlin wird die Berichterstattung über Unity durchaus zur Kenntnis genommen. Goebbels notiert: »Presseauszüge über Unity Mitford studiert. Sie hat einen Rattenschwanz von Gerüchten nicht immer angenehmer Art hinter sich her gezogen.«[639] Und der Münchner Schriftsteller Friedrich Reck-Malleczewen, der Unity bei Erna Hanfstaengl kennengelernt hat, schreibt in sein Tagebuch: »Unity Mitford, von der ich letzthin sprach, hat sich also entleibt. Sie hat es zuerst, in einem Münchner Hotel, vergeblich mit der Schusswaffe versucht und dann, durch den unglücklichen Schuss gelähmt und nach London gebracht, mit besserem Erfolg Gift genommen und damit das Vernünftigste getan, was sie, die sich als Kaiserin von Deutschland träumte, an die Seite dieses Adonis träumte, tun konnte. Im Ernst [...]: Hysteriker männlichen Geschlechts richten schon genug Unfug an, wenn sie in die Bezirke der Geschichte einbrechen. Die Weiber aber, wenn sie erst einmal auf Touren kommen, sind noch viel schlimmer und am allerschlimmsten dann, wenn sie, wie diese, vom Typ behinderten Erzengels sind.«[640]

Einen Tag später als geplant, erreicht die Familie Old Mill Cottage in High Wycombe. Für weitere Untersuchungen wird Unity am 22. Januar ins Radcliffe Infirmary nach Oxford gebracht und dort von dem weltberühmten australischen Neurologen Hugh Cairns untersucht, zu dessen Patienten schon Lawrence von Arabien, General Patton und Rudyard Kipling gehörten. Er stellt fest, dass die Kugel durch den rechten Frontallappen ins Gehirn eingedrungen ist und nun im linken Okzipitallappen feststeckt. Auch er hält die Entfernung für zu riskant.[641] Immerhin zeigen Röntgenaufnahmen, dass die Kugel, entgegen allen Befürchtungen, nicht gewandert ist. Cairns rät der Familie, Unity zur Selbstständigkeit anzuhalten. Dies sei der einzige Weg, ihr in naher Zukunft ein einigermaßen normales Leben zu ermöglichen. Den Mitfords erscheint dies im Augenblick kaum vorstellbar. Unity leidet unter Lähmungserscheinungen, kann oftmals kaum laufen. Da sie keine Kontrolle über ihre rechte Hand hat, muss sie gefüttert werden. Als Nancy die kleine Schwester zum ersten Mal sieht, schreibt sie anschließend an Mrs Ham: »Sie agiert jetzt in vielen Dingen wie ein Kind und hat einen Großteil ihres Gedächtnisses verloren (ich schätze, das ist eine Gnade). Sie weiß auch nicht, warum sie krank war, aber sie scheint zu glauben, der Arzt habe ihr ein Loch in den Kopf gemacht. […] Sie ist sehr glücklich, wieder hier zu sein, und sagt ständig: ›Ich dachte, ihr würdet mich alle hassen, aber ich erinnere mich einfach nicht mehr, warum.‹«[642]

Am 23. Januar 1940 kommt es im Unterhaus zur ersten großen Debatte im Fall Unity Mitford. Es geht um die Verhältnismäßigkeit der Sicherheitsmaßnahmen. Die Parlamentarier verlangen Auskunft darüber, was ihre Rückkehr nach England gekostet hat, wie viele Soldaten zu ihrer Bewachung abgestellt worden sind und wer das alles bezahlt. Kriegsminister Oliver Stanley weist alle Vorwürfe, es seien spezielle Maßnahmen zu Unitys Schutz ergriffen worden, energisch zurück. Seit Ausbruch des Krieges sei der Hafen von Folkestone stets bewacht.[643] Auch Premier Chamberlain bestreitet vehement, dass die britische Regierung sich besonders um die Rückholung Unity Mitfords aus Deutschland bemüht habe. Nichts als das übliche Prozedere für in Kriegszeiten als vermisst geltende Staatsbürger sei eingeleitet worden. Der Abgeordnete Morrison findet auch das skandalös: »Soll das heißen, dass die Regierung also tatsächlich Anstrengungen unternommen hat, einer britischen Staatsbürgerin, die offen eine feindliche Regierung unterstützt hat, die Rückkehr zu erleichtern?«[644] Joseph P. Henderson, sozialistischer Abgeordneter aus Ardwick, stellt die Frage, die wohl auch die britische Bevölkerung umtreibt: »Plant das Innenministerium, Miss Unity Mitford unter Hausarrest zu stellen oder zumindest im Krankenhaus bewachen zu lassen, bis ihre Gesundheit so weit hergestellt ist, dass sie unter Bezugnahme auf 18B interniert werden kann? Dies wäre angesichts ihrer guten Verbindungen zum Feind und ihrer Äußerungen gegenüber der Presse […], dass sie nämlich nicht auf Seiten des englischen Volkes stehe, sehr wohl angebracht.«[645] Doch Innenminister John Anderson will sich darauf nicht einlassen: »Es käme mir nicht richtig vor, jetzt darüber zu spekulieren, ob eine solche Maßnahme jemals notwendig sein wird.«[646] Auch im Oberhaus ist der Fall Unity Mitford Thema. Hier geht es allerdings vor allem darum, dass die Filmaufnahmen von Unitys Ankunft in den Augen der Lords die Persönlichkeitsrechte der Familie verletzt haben.[647] Sie fordern eine kriegsbedingte Pressezensur, die die *Times* am 25. Januar empört ablehnt.

Am 5. Februar 1940 verlässt Unity die Klinik und zieht zunächst nach Old Mill Cottage. Um seine Tochter vor Presse und Öffentlichkeit in Sicherheit zu bringen, plant Lord Redesdale ihre Verlegung nach Inch Kenneth in Schottland. Das malerische kleine Eiland bietet sich für die Ruhesuchende geradezu an, ist es doch nur per Privatboot von der Insel Mull aus zu erreichen. Ein wunderschönes, mit allen Annehmlichkeiten ausgestattetes weißes viktorianisches Herrenhaus erwartet die Besucher der 55 Hektar großen Insel. Im Norden wird die Landschaft von einem Hügel und malerischen Klippen geprägt. Im Süden liegt ein romantischer Strand mit vielen kleinen Höhlen. Die Ruinen der Kirche von St. Kenneth, die unter Denkmalschutz stehen, haben etwas Mystisches an sich, was Unity sicherlich gefallen wird. Doch so ideal Inch Kenneth dem Lord auch erscheint – die Insel liegt in einer zu Kriegsbeginn eingerichteten Sicherheitszone, und Hitlers englische Freundin in einer derart sensiblen Region unterzubringen, kommt für die Regierung nicht infrage. Jeglicher Aufenthalt, und sei er auch noch so kurz, wird ihr vom Kriegskabinett, vor allem aus Sorge vor einem öffentlichen Aufschrei, strikt untersagt.[648] Am 10. März nimmt Lord Redesdale in einem Interview dazu Stellung: »Das ist eine Entscheidung, die nach reiflicher Überlegung von denjenigen getroffen wurde, die für die Sicherheit unseres Landes verantwortlich sind, und es wäre höchst unangebracht, wenn ich sie anzweifeln würde. Was ich wirklich übel nehme, ist der unverkennbar misstrauische und beleidigende Unterton, mit dem diese Angelegenheit in der Öffentlichkeit diskutiert wird. Ganz gleich, wie unqualifiziert die Kommentare auch sind, ich kann mich nicht wehren. Außerdem verletzt es mich, dass ich immerzu als Faschist dargestellt werde. Ich bin keiner, war keiner und werde auch niemals einer sein.«[649]

Die Mitfords kehren mit Unity nach Swinbrook zurück, wo sie nach dem Verkauf des großen Herrenhauses ein kleines Cottage erworben haben, das skurrilerweise Mill Cottage heißt. Lady Redesdale übernimmt aufopferungsvoll die Pflege ihrer Tochter, während der Lord laut seinen Töchtern weder Unitys Zustand noch die unerschütterliche Loyalität seiner Frau gegenüber Adolf Hitler erträgt. Nach einem Besuch im Februar 1940 schreibt Nancy an Mrs Ham: »Alles ist ganz schrecklich. Muv und Farve liegen sich ständig in den Haaren. Muv geht so weit zu sagen: ›Wenn die Deutschen den Krieg erst gewonnen haben, dann wirst du schon sehen. Dann wird alles ganz wunderbar. Sie werden uns völlig anders behandeln als diese minderwertigen und abscheulichen Polen.‹ Das macht den armen Farve völlig verrückt, was ja auch kein Wunder ist.«[650] Vorbei die Zeiten, als der Lord auf Unitys Bitten hin dem »Führer« einen lebensgroßen japanischen Bronzeadler aus Großvater Redesdales Sammlung verehrt hat »als ein Sinnbild tiefster Dankbarkeit für alles, was Sie für meine Tochter Unity und ebenso für meine ganze Familie und mich selbst getan haben«.[651] Noch am 2. Juli 1939 hat Lord Redesdale Hitler dieses Geschenk mit »tiefster Hochachtung und Bewunderung« über die Deutsche Botschaft in London zukommen lassen.[652] Wie so viele ehemalige Hitlerverehrer ist Seine Lordschaft nun wieder ganz britischer Patriot und möchte nur ungern an seine Verfehlungen erinnert werden. Doch so leicht ist das nicht, sitzt doch ein lebendiges Mahnmal zu Hause am Küchentisch. Nichts und niemand erinnert ihn so sehr an sein Versagen wie die eigene Tochter. Mag sein, dass den Lord die Impulsivität der Kranken erschreckt, die manchmal unkontrolliert schreit und beim Essen die Tischdecke bekleckert. Doch was ist all das gegen die schwere Schuld, sein Kind nicht beschützt zu haben, ja seinen Weg in den Untergang sogar begleitet zu haben? Gleichwohl kann keine Rede davon sein, dass er sich von ihr abwendet:

»Ich habe mich nie für irgendetwas geschämt, was meine Tochter in Deutschland gemacht hat. Ich weiß, was immer sie getan hat, ist nur geschehen, weil sie dachte, es würde die Freundschaft zwischen beiden Ländern befördern.«[653]

Schließlich ist es Lord Redesdale selbst, der sich nach Inch Kenneth zurückzieht – durchaus überraschend: Hat er doch, wie er bei einer Befragung im Juni 1941 erwähnt, zunächst auch keine Genehmigung erhalten, dorthin zu reisen. Auf Nachfrage habe ihm Kriegsminister Stanley 1940 erklärt, seine Aufenthaltserlaubnis sei erloschen: Wegen der politischen Überzeugungen seiner Tochter und seiner Verbindung zu Mosley gelte er als Staatsfeind.[654] Offensichtlich gelingt es Lord Redesdale aber, den Minister eines Besseren zu belehren.

Redesdale trennt sich von seiner Frau und lebt zum Entsetzen seiner versnobten Kinder in den nächsten Jahren gemeinsam mit Margaret Wright, einer ehemaligen Hausangestellten, auf seiner kleinen schottischen Insel: »Sie war eine dieser absolut konventionellen Frauen, deren Antwort in überkorrektem Ton man kennt, noch bevor man die Frage gestellt hat. Sie war eine solche Langweilerin, dass ich mich oft gefragt habe, wie Farve es mit ihr aushielt. Aber er schätzte wohl ihre ruhige Art und ihre Genügsamkeit. Es bestand nie die Gefahr eines politischen Disputs«, schreibt Deborah.[655] Für Lady Redesdale ist das Scheitern ihrer Ehe ein schwerer Schlag. Unitys Wohlergehen wird ihr ganzer Lebensinhalt. Tom und die Schwestern versuchen sie zu entlasten und ihrerseits für Unity da zu sein. Am wenigsten gelingt das Deborah, die noch immer zu Hause lebt. Aus unerfindlichen Gründen entwickelt Unity eine starke Abneigung gegen ihre jüngste Schwester. Es kommt zu heftigen Szenen, die sich Deborah nur mit gelegentlichen Phasen von Wahnsinn erklären kann: »Bobo ist völlig unmöglich, ganz gleich, was ich tue, es macht sie fuchsteufelswild.«[656]

Betrachtet man die Fortschritte, die Unity innerhalb kurzer Zeit macht, so leistet Lady Redesdale Ungeheures. Bereits am 20. Februar 1940 schreibt Unity einen ersten Brief an Jessica. Auch wenn der Inhalt ziemlich kindisch ist und der Ton reichlich hysterisch – dass eine Tiernärrin wie Unity den Besitz einer Ziege vermeldet, ist womöglich gar nicht so absurd.[657] Dass ihre Briefe von nun an knapp gehalten sind, ist den Schwierigkeiten geschuldet, die ihr die rechte Hand noch immer bereitet. Sie schreibt wesentlich langsamer als früher, und ihr Schriftbild hat sich stark verändert. »Die quirlige, furchtlose und unwiderstehliche Gefährtin meiner Jugend war nur noch ein Schatten ihrer selbst«, beklagt Diana.[658] Unity hat Gedächtnislücken und verwechselt gerade am Anfang viele Wörter. Je nach Tagesform ist sie eine anstrengende oder amüsante Gesprächspartnerin. Ihre Emotionen zu kontrollieren fällt ihr noch schwerer als früher. Sie ist aufbrausend, manische Phasen wechseln sich ab mit tiefen Depressionen, die wohl auch den veränderten Lebensumständen geschuldet sind. Das freie Leben ist ein für alle Mal vorbei, sich an dieses neue Leben mit seinen vielen Einschränkungen zu gewöhnen fällt ihr schwer. Lady Redesdale beschreibt Unitys Tagesablauf in einem Brief an Diana: »Bobo steht um 8 Uhr morgens auf, dann füttert sie die Ziege und die Hühner. Anschließend frühstückt sie und nimmt ein Bad. Dann folgt eine ›Unterrichtsstunde‹. Mit dem Lesen und Schreiben klappt es immer besser. Sie kann jetzt schon ein ziemlich langes Textstück vorlesen und es dann in eigenen Worten nacherzählen. Ich hoffe, sie wird bald wieder Freude am Lesen finden. Später setzt Bobo dann Teewasser auf und deckt den Tisch. Sie macht ausgezeichnete *buttered eggs* – allerdings ist das momentan auch die Krönung ihrer Kochkunst.«[659] Lady Redesdale versucht mit ihren früheren Erziehungsmethoden Unity ins Leben zurückzuholen, und so kann Nancy Jessica bereits Anfang März 1940 berichten: »Bowd geht es um so vieles besser. Ich vermute, Fem hat Dir schon von ihrer wirklich bemerkenswerten Genesung erzählt. Als ich sie das erste Mal sah, musste ich das Zimmer verlassen, um nicht loszuheulen, aber jetzt ist sie ganz die Alte. Natürlich noch sehr krank, aber sie ist wieder dieselbe Person.«[660] Eine Spätfolge des Schusses kann Lady Redesdale jedoch nicht beheben: Ihre schicke Tochter bleibt inkontinent. Deborah erinnert sich an die im Wind wehenden Bettlaken, die die Mutter tagtäglich auf die Leine hängt. Auch optisch hat sich Unity verändert. Immer wieder schwillt ihr Gesicht durch die Kugel im Kopf an, der Ausdruck ist starr geworden. Durch die Behinderung der rechten Hand fällt es ihr schwer, sich selbst anzukleiden, kann sie doch weder Knöpfe schließen noch Schnürsenkel binden. Dennoch staunt die Familie über ihre Fortschritte. Und die werfen in der Öffentlichkeit erneut Fragen nach der Schwere ihrer Verletzungen auf. Wäre Unity Mitford nicht längst in der Lage, sich einem Verhör zu unterziehen? Niemand außer ihr kann derart detaillierte Angaben über Hitler machen. Sollte sie noch medizinische Betreuung benötigen, könnte man ihr die doch auch im Gefängnis zukommen lassen.

Während Unity in Ruhe gelassen wird, statuiert die Regierung an Diana ein Exempel. Am 13. April 1940 bringt sie Sohn Max zur Welt. Max wird es Jahrzehnte später selbst zu einiger Popularität bringen – zunächst als Rennfahrer, dann als Präsident des Motorsportverbands FIA und schließlich und weniger rühmlich als Gastgeber einer Sexorgie mit Prostituierten. Aber das ist noch eine Weile hin. Im April 1940 kursieren Gerüchte, Max sei Unitys Sohn. Unity sei schwanger aus Deutschland zurückgekehrt und Dianas Niederkunft nur vorgetäuscht.[661] Vier Tage vor Max' Geburt fällt die Wehrmacht in Dänemark und Norwegen ein. Dänemark kapituliert nach nur einem Tag, Schweden erklärt seine Neutralität. Am 9. Mai 1940 ruft Oswald Mosley im BUF-Organ *Action* zum Widerstand gegen eine mögliche deutsche Invasion auf. Auch wenn man mit der britischen Regierungspolitik nicht einverstanden sei, jetzt gelte es, die Nation zu verteidigen. Einen Tag später beginnt das Deutsche Reich seine Westoffensive: Truppenverbände marschieren in den Niederlanden, Belgien und Luxemburg ein. Der für die britische Appeasement-Politik maßgeblich verantwortliche Premier Chamberlain tritt daraufhin zurück. Sein Nachfolger ist Winston Churchill, der im neuen Kriegskabinett zugleich das Amt des Verteidigungsministers übernimmt. Der erbitterte Appeasement-Gegner wird für die Briten zum Inbegriff des Widerstandes gegen Hitler. Der *Phoney War*, auch Sitzkrieg genannt, ist nun zu Ende. In den USA meldet sich Jessicas Ehemann Esmond Romilly zur Canadian Royal Air Force. Im November 1941 wird sein Flugzeug als vermisst gemeldet. Churchill selbst wird Jessica bei einem Staatsbesuch in Washington die bittere Nachricht überbringen, dass ihr Mann, sein Neffe, mit an Sicherheit grenzender Wahrscheinlichkeit tot ist. Die gemeinsame Tochter Constancia kommt wenige Monate nach Esmonds Tod zur Welt.

In der Zwischenzeit eilen Hitlers Armeen von Sieg zu Sieg. Am 14. Mai gelingt es den deutschen Truppen bei Sedan, die französische Front zu durchbrechen und die französischen Truppen von den Alliierten zu trennen. Am 15. Mai kapitulieren die Niederlande. Am 22. Mai wird Oswald Mosley unter Bezugnahme auf die Defence Regulation 18B verhaftet. Die BUF wird verboten. Drei Tage später beginnt die Evakuierung von rund 300 000 alliierten Soldaten über den Ärmelkanal bei Dünkirchen. Am 28. Mai kapituliert Belgien. Am 10. Juni erklärt Italien Großbritannien und Frankreich den Krieg, während Norwegen kapituliert. Am 14. Juni ist die Wehrmacht in Paris, am 22. Juni kapituliert das besetzte Frankreich. In dieser schier ausweglosen Situation ruft Churchill in seiner wohl berühmtesten Rede seine Landsleute zum Widerstand auf: »Wir werden kämpfen bis zum Ende. Wir werden in Frankreich kämpfen, wir werden auf den Meeren und Ozeanen kämpfen. Wir werden mit wachsender Zuversicht und wachsender Stärke am Himmel kämpfen. Wir werden unsere Insel verteidigen, wie hoch auch immer der Preis. Wir werden an den Stränden kämpfen, wir werden an den Landungsabschnitten kämpfen, wir werden auf den Feldern und auf den Straßen kämpfen, wir werden in den Hügeln kämpfen. Wir werden uns nie ergeben.«[662] Obgleich das Durchhaltevermögen der Briten gerade in den nächsten Monaten mit dem Beginn des »Blitz«, der Bombardierung englischer Städte durch die deutsche Luftwaffe, auf eine harte Probe gestellt wird, wird Churchill sich als Hitlers bedeutendster Widersacher erweisen. Er ist es, der die spätere Anti-Hitler-Koalition mit den USA und der UdSSR initiiert und Hitler letztlich Einhalt gebietet.

Nur zwei Wochen nach Churchills Jahrhundertrede wird Diana am 29. Juni verhaftet. Auch sie wird nach 18B, ohne Verfahren, für Jahre weggesperrt: »Es ist wie eine Entführung – du weißt nicht, wann es vorbei sein wird. Wenn du angeklagt wirst und es zu einem Prozess kommt, dann wirst du entweder freigesprochen und umgehend freigelassen, oder du wirst verurteilt und zählst die Tage der Schmach. Aber keine Anklage, kein Prozess. Kein Prozess, kein Urteil.«[663] Als seine Mutter abgeholt wird, ist Max Mosley gerade zehn Wochen alt und wird noch gestillt. Zehn Monate werden vergehen, bis Diana ihr Baby wiedersieht. Max bleibt zusammen mit seinem 18 Monate alten Bruder Alexander zunächst bei der Nanny. Da Lady Redesdale mit Unitys Pflege voll und ganz beschäftigt ist, nimmt Pamela die Jungen bei sich auf. Keine Selbstverständlichkeit, kann sie doch, wenngleich die pragmatischste und bodenständigste der Schwestern, nur wenig mit Kleinkindern anfangen. Dass sie dennoch hilft, rührt Diana zu Tränen: »Ach Darling, ob Du wohl ermessen kannst, wie dankbar ich Dir bin für alles, was Du für die Babys tust? Ich bin von Deiner außergewöhnlichen Güte schier überwältigt.«[664]

Nicht alle Schwestern zeigen sich so solidarisch. Anfang der achtziger Jahre wird Diana erfahren, dass Nancy ihre Verhaftung vorangetrieben hat. Kurz nach Mosleys Verhaftung schreibt Nancy an Mark Ogilvie-Grant: »Ich bin wirklich dankbar, dass Sir Oswald Quisling endlich im Knast ist, Du nicht auch? Allerdings halte ich das Ganze für sinnlos, solange Lady Q. noch frei herumläuft.«[665] Einen Monat später berichtet Nancy Mrs Ham von einem Gespräch mit Gladwyn Jebb vom Ministry of Economic Warfare, einem neuen Ministerium, dessen Aufgabe die wirtschaftliche Kriegsführung gegen die Achsenmächte ist: »Ich komme gerade von Gladwyn zurück. Er hat mich gebeten, ihm zu erzählen, was ich über Dianas Besuche in Deutschland weiß (eigentlich ja ziemlich wenig). Ich habe ihm geraten, ihren Pass zu prüfen, um zu sehen, wie oft sie hingefahren ist. Und ich habe ihm außerdem gesagt, dass ich sie für eine extrem gefährliche Person halte. Kein sehr schwesterliches Verhalten, ich weiß, aber in Zeiten wie diesen betrachte ich das als meine Pflicht.«[666] Eine Pflicht, die sie jedoch keineswegs davon abhält, ungeniert Geschenke und finanzielle Zuwendungen anzunehmen, die Diana aus dem Gefängnis heraus anweist: »Darling Diana, wie kannst Du nur so wunderbar sein? Du bringst mich zum Weinen. Du kannst Dir den Horror nicht vorstellen, der hier bezüglich Strümpfen herrscht. Anne Hill trägt Wollstrümpfe, aber das bringe ich nicht übers Herz.«[667] An Mrs Ham hingegen schreibt sie: »Ich würde eingehen, wenn das Licht jeden Tag um halb sechs ausgeschaltet würde, Sie nicht? Ich vermute, sie sitzt da und denkt an Adolf.«[668] Als Diana Jahre nach Nancys Tod die ganze Wahrheit erfährt, zeigt sie sich großmütig. »Sie war meinen Kindern gegenüber immer die Freundlichkeit in Person, und ich glaube, ich bin die einzige ihrer Schwestern, der sie je ein Buch gewidmet hat. Ich vermisse sie bis zum heutigen Tag.«[669] Deborah ist weniger versöhnlich: »Diana war Nancy gegenüber immer so großzügig, und sie waren so gerne zusammen, was Nancys Verrat noch unerklärlicher macht. […] Für mich ist Nancys Verhalten so unfassbar, dass ich es nicht glauben würde, hätte ich es nicht schwarz auf weiß in einem offiziellen Dokument gelesen.«[670]

Doch Nancy ist bei weitem nicht die einzige Denunziantin in Dianas Umfeld. Dianas ehemaliger Schwiegervater Lord Moyne, der ihr die Trennung von seinem Sohn Bryan niemals verziehen hat, wendet sich ebenfalls an die Behörden: »Es ist mir ein Bedürfnis, die zuständigen Behörden vom extrem gefährlichen Charakter meiner ehemaligen Schwiegertochter in Kenntnis zu setzen. […]

Ich lege eine Liste bei, aus der die genauen Daten von Lady Mosleys Deutschlandbesuchen hervorgehen, die Gouvernante hat sie aus ihrem Tagebuch abgeschrieben.«[671] Insgesamt werden im Sommer 1940 rund 800 Mitglieder und Sympathisanten der BUF inhaftiert. Dafür genießt die Regierung innerhalb der leidgeprüften Bevölkerung volle Rückendeckung. Nancy schwärzt im Übrigen auch Pamela und ihren Mann Derek beim Geheimdienst an. Sie glaubt, die beiden seien Teil eines nicht besonders intelligenten Zirkels judenhassender Landbewohner, die durch den Krieg nicht noch mehr Geld verlieren wollen.[672]

Die Bedingungen, unter denen Diana im Frauengefängnis Holloway einsitzt, sind wahrlich kein Zuckerschlecken. Die Zellen sind schmutzig, das Essen bekommt ihr nicht, und die Familie fehlt ihr unendlich. Zwei Briefe die Woche sind erlaubt – und das schließt empfangene mit ein. Einer geht an Mosley, der in Brixton sitzt, der andere an ihre Mutter oder an Pam. Zu den anderen Schwestern hat sie keinen Kontakt. Erst nach mehreren Monaten werden die strengen Auflagen gelockert, allerdings müssen sämtliche Briefe durch die Zensur. Alle zwei Wochen darf Diana für eine halbe Stunde Besuch empfangen. An der Straßenbahnhaltestelle Holloway pflegt der Schaffner von nun an zu rufen: »Holloway Gate. Lady Mosleys Suite. Alles aussteigen!«[673] Erst im Herbst 1941 gelingt es Tom, Churchill zu überreden, dass Oswald Mosley nach Holloway verlegt wird. Mosley ist damit der erste männliche Insasse seit Bestehen des Frauengefängnisses.

Derweil geht die Diskussion um Unity munter weiter. Aufgeregte Schreiben der Bevölkerung, in denen von Unitys rascher Genesung die Rede ist, veranlassen das Innenministerium, die Oxforder Polizei auf den Fall anzusetzen. Sergeant Charles Arlett berichtet jedoch, dass Unity nur in Begleitung ihrer Mutter das Haus verlassen kann, und Hausarzt Dr. Cheatle attestiert ihr das geistige Niveau eines Kindes. Mit Unity selbst spricht Arlett nicht.[674] Francis Brian Aikin-Sneath, der lange in Berlin gelebt hat und seit Mai

1939 beim MI5 für die allgemeine Überwachung der BUF tätig ist, erklärt dem Innenministerium, dass man Unitys physischen und psychischen Zustand berücksichtigen müsse, bevor man weitere Schritte unternehme. Unter seinem Schreiben ist handschriftlich vermerkt: »Der medizinische Aspekt ist für das Innenministerium viel wichtiger als für den MI5. Ich habe mit Mr Aikin-Sneath gesprochen, und er sagt, abgesehen davon würde es der MI5 begrüßen, wenn Miss Unity festgenommen wird. [...] Es gibt nur die Wahl zwischen Nichthandeln und Internierung, und alles in allem ist eine Internierung richtig.«[675] Doch Unity bleibt weiterhin auf freiem Fuß. Auch die Befragung des Innenministers im Juli 1940 im Unterhaus, ob es denn klug sei, einer Familie mit derart faschistischem Hintergrund Zugang zu einer militärisch diffizilen Zone wie den Inneren Hebriden zu gewähren, verläuft im Sande.[676]

Am 13. August 1940 beginnt die Luftschlacht um England, die die Invasion vorbereiten soll. Die Großangriffe der deutschen Luftwaffe gelten vor allem dem Süden, wo Navy, Royal Airforce und Luftabwehr stationiert sind. Der erste Angriff auf London erfolgt am 7. September. Die Londoner erwarten die Deutschen schon; viele haben auf ihren Häusern den Union Jack gehisst. »So ein Feuer hast Du noch nicht gesehen«, schreibt Nancy an ihre Mutter. »Ich schlafe angezogen, die Koffer stehen gepackt bereit. [...] Heute Morgen wollte ich mir etwas zum Anziehen kaufen. Du glaubst ja gar nicht, wie hässlich die Kleider sind, die man für 23 Pfund bekommt. [...] Aber das Allerschlimmste ist: Harrods prägt kein persönliches Briefpapier mehr.«[677] Diana erlebt die Bombardierung in Holloway. Bei Angriffen werden die Zellentüren geöffnet, damit die Insassen nicht vor Angst durchdrehen. Bunker gibt es hier keine. Einmal wird ein Gebäudeteil getroffen – es brennt lichterloh. Insgesamt werden dem »Blitzkrieg« rund 43000 Menschen zum Opfer fallen.

Am 2. Oktober findet Dianas Anhörung vor dem zuständigen Komitee statt. Fragen nach ihren politischen Kontakten und Überzeugungen beantwortet sie ebenso offen, wie sie ihre andauernde Freundschaft mit Hitler bestätigt. Auf die Frage, ob sie, einmal an der Macht, das politische System in Großbritannien in ein faschistisches verwandeln würde, antwortet sie, ohne zu zögern: »Ja.«[678] Das Protokoll ihrer Befragung weist sie als unverbesserliche Nationalsozialistin und Verbindungsfrau zwischen Mosley und Hitler aus, mit dem Ergebnis, dass sie in Haft bleibt. Am 14. November 1940 erfolgt mit der Operation Mondscheinsonate der Angriff auf die Industriestadt Coventry, ein laut deutscher Feindnachrichtenabteilung besonders lohnendes Ziel: »Die Wirkung auf die Industrie wird noch dadurch besonders gesteigert, weil die unmittelbar in Werksnähe wohnende Arbeiterschaft stark in Mitleidenschaft gezogen wird. Infolge der leichten Bauweise von Fabrik- und Wohngebäuden unter enger Zusammendrängung des bebauten Raumes ist hier eine besonders starke Wirkung bei Brandbombeneinsatz zu erwarten.«[679] Die zerstörte Kathedrale von Coventry wird zum Sinnbild für den ungebrochenen Widerstandsgeist der Briten, die geschlossen hinter ihrem Premier stehen. Der hat schon bei seinem Amtsantritt erklärt: »Ich habe nichts anzubieten außer Blut, Mühsal, Tränen und Schweiß.«[680] Im Frühjahr 1941 beendet die deutsche Luftwaffe den Luftkrieg gegen England. Die Verluste sind so hoch, dass Göring, außer sich vor Wut, die eigenen Männer der Feigheit bezichtigt. Die geplante Invasion Englands wird auf unbestimmte Zeit verschoben. Alle Kräfte werden nun nach Osten geworfen. Am 22. Juni 1941 beginnt der Angriff auf die Sowjetunion.

Zwei Monate vorher ist Unity zu Gast auf der Hochzeit ihrer Schwester Deborah mit Andrew Cavendish, dem zweitgeborenen Sohn des Duke of Devonshire. Sein Bruder William, Erbe von Titel und Vermögen, heiratet 1944 nach vielen Hindernissen Deborahs alte Freundin Kick, die Schwester John F. Kennedys. Nur drei Monate nach der Hochzeit wird William in Belgien fallen. Seine Frau ist zu diesem Zeitpunkt gerade bei der Beerdigung ihres Bruders Joseph Jr. in den USA. Der Hoffnungsträger der Kennedys ist am

12. August 1944 über dem Ärmelkanal abgestürzt. Wie einst David Mitford beerbt auch Andrew Cavendish seinen verstorbenen Bruder, und Deborah gehört urplötzlich zum englischen Hochadel. Das Verhältnis zwischen Unity und Deborah entspannt sich übrigens auch nach deren Heirat nicht. Als Deborah ihre Mutter und Unity im Sommer 1941 besuchen will, schreibt sie zuvor an Jessica und Diana. »Ich will im Juli nach Swinbrook fahren und hoffe, Bird bringt mich nicht um. Sie hasst mich ja so.«[681]

Unitys Anwesenheit bei Deborahs Hochzeit löst erneut heftige Debatten aus, obwohl die Zeitungsfotos eine junge Frau mit geistesabwesendem Gesichtsausdruck zeigen. Im Unterhaus stellt der Abgeordnete für Doncaster, Evelyn Walkden, die Frage, ob die Krankheit, an der Unity leide, nicht schlicht und einfach »Quislingitis« sei und ein Kuraufenthalt auf der Isle of Man, wo sich das Internierungslager Hutchinson befindet, nicht wahre Wunder wirken könne. In diesem auch »Künstlerlager« genannten Camp sitzen vor allem »feindliche Ausländer« ein, darunter der Soziologe Norbert Elias, Kafkas Gefährtin Dora Diamant oder Kurt Schwitters – geflohen vor den Nazis und dennoch interniert. Unity hingegen spaziert frei umher. Warum genießt diese Frau derartige Privilegien?, fragt sich nicht nur die Abgeordnete Edith Summerskill. Aber auch der Hinweis des Abgeordneten Taylor, dass man weithin glaube, in diesem Fall sei offenbar besondere Zurückhaltung angeordnet worden, führt nicht zu einem Umdenken des Innenministeriums, das derartige Verdächtigungen aufs Schärfste zurückweist.[682] Die Bevölkerung ist aufgebracht. Wütende Briefe erreichen das Innenministerium und den Chief Constable von Oxfordshire, Sir Thomas Eric St. Johnston, der sich am 28. Mai 1941 höchstpersönlich zu Lord Redesdale aufmacht. Ihm ist aufgefallen, dass alle Berichte über Unitys Gesundheitszustand aus zweiter Hand stammen und nie von offizieller Seite bestätigt worden sind. Gleichwohl spricht auch er nur mit Lord Redesdale und Professor Cairns, nicht aber mit Unity selbst. Beide Herren bestätigen ihm glaubwürdig, dass

Unity weder intellektuell noch physisch in der Lage sei, sich staatsfeindlich zu betätigen. Professor Cairns vergisst in seinem Bericht auch nicht zu erwähnen, dass Unity »schon immer eine sehr kindische Person gewesen sei«. Deswegen habe sie sich wohl auch am 4. September [sic] in München eine Kugel in den Kopf gejagt.[683] Johnston empfiehlt daraufhin, von einer Internierung abzusehen.[684] In diesem Gespräch verrät Lord Redesdale, dass er seine Tochter vor allem deshalb niemals allein lasse, weil er ihre Kommentare gegenüber der Presse fürchte. Unitys politische Einstellung ist unverändert, auch wenn Vorkommnisse wie jenes, dass sie mitten im Krieg mit einer Hakenkreuzbrosche am Revers im Luxuskaufhaus Harvey Nichols in London auftaucht, ihrer geistigen Verwirrung zugeschrieben werden. Die Familie wird nicht müde zu betonen, dass Unity sich zwar physisch erholt habe, mental jedoch stark eingeschränkt sei. Wie ein Blick in die Akten des Innenministeriums zeigt, sind es genau diese Aussagen, die Unity vor der Internierung bewahren. Im Mai 1941 steht da zu lesen. »Wenn sich ihre Gesundheit (vor allem ihre geistige) verbessert, sollten wir in Erwägung ziehen, sie zu internieren. Denn abgesehen von diesen Bedenken würde man sicherlich im Rahmen von 18B gegen sie vorgehen.«[685]

Im Mai 1941 darf Unity zum ersten Mal Diana im Gefängnis besuchen. Eine Aufsichtsperson notiert penibel jeden Gesprächsfetzen. Diana ist die Trennung von Unity sehr schwergefallen. Als ihr an Weihnachten 1940 ein zusätzlicher Brief gestattet wurde, schrieb sie an Unity: »Darling, ich hoffe, Dir geht es besser. Meine Freundin von der Kirche Jesu Christi fragt so oft nach Dir. Sie betet den ganzen Tag für irgendwelche Leute, und ein Dutzend Gebete sind für Dich.«[686] Unity wird das mit Freuden zur Kenntnis genommen haben, denn ihre neue Leidenschaft ist die Religion. In den nächsten Jahren zieht es sie von einer christlichen Vereinigung zur nächsten. Sie knüpft Kontakte mit katholischen Priestern, protestantischen Kirchenmännern und Lektoren der Kirche Jesu Christi. Jeder einzelnen Glaubensgemeinschaft verspricht sie unbedingte Gefolgschaft – bis sie zur nächsten wechselt. Hinter der vordergründigen Frömmigkeit blitzt immer mal wieder die alte Unity auf: »Ich werde mich konfirmieren lassen«, schreibt sie an Diana: »Natürlich bin ich eigentlich ein Mitglied der Kirche Jesu Christi, aber meine wundervolle Lehrerin [...] Miss Taylor sagt, wenn es mir guttut, soll ich das ruhig machen, und es tut mir wirklich schrecklich gut. [...] Ich singe jetzt im Chor, natürlich in der Kirche. Bin ich nicht ein Glückspilz? Ich fürchte, das klingt für Dich alles ziemlich verrückt, aber Du müsstest mal sehen, wie sterbenslangweilig es hier ist.«[687] Als ihr neuer Hund Jackie stirbt, treibt Unity den Priester von Swinbrook fast in den Wahnsinn mit ihrem Beharren auf einem christlichen Begräbnis. Jackie bekommt sogar einen richtigen Grabstein. Ein Verhalten, das weit weniger auf geistige Umnachtung als auf die Provokateurin von einst hindeutet.[688] Manchmal kommen noch alte Freundinnen wie Rudbin Farrer und Mary Ormsby-Gore zu Besuch, doch die finden die veränderte Unity eher befremdlich.

Als im Dezember 1941 bekannt wird, dass Unity wieder Auto fährt, kocht die Volksseele erneut hoch. Dass sie nur in Begleitung ihrer Mutter Autofahren darf, wird dabei geflissentlich übersehen. Briefe ans Innenministerium kolportieren, sie würde herumfahren und junge Soldaten aufgabeln. In einer geheimen Anfrage bittet Whitehall die Polizei, der Sache nachzugehen. Dabei stellt sich heraus, dass Unity eine Affäre mit John Sidney Andrews hatte, einem verheirateten Testpiloten der RAF, der im nahegelegenen Luftwaffenstützpunkt Brize Norton stationiert war. Es war gar von Heirat die Rede, sobald Andrews geschieden sei. Als der MI5 im Oktober 1941 von der Liaison erfuhr, wurde Andrews an die schottische Küste versetzt.[689] Der Kontakt zwischen den beiden brach daraufhin ab. Unity selbst berichtet von einer gelösten Verlobung. Kurz vor Kriegsende wird Andrews mit seiner Maschine abgeschossen.[690]

Obwohl sie Nationalsozialistin bleibt, bekommt ihr Enthusiasmus doch erste Schrammen. Am 24. April 1942 schreibt sie an

Diana: »Ich habe gehört, die Deutschen haben das Unterhaus bombardiert – wie entsetzlich. Ich muss Dir von meinem Kummer berichten. Fünf meiner besten englischen Freunde und ein ausländischer Freund sind letztes Jahr ums Leben gekommen. Wie soll ich das nur aushalten?«[691] Mary Ormsby-Gore erinnert sich, dass Unity durchaus ab und an Schuldgefühle plagten: »Sie sagte: ›Warum habt ihr mich nicht aufgehalten?‹ Und ich antwortete, wir hätten es versucht.« Der ganzen Wahrheit ins Auge zu blicken schafft Unity allerdings genauso wenig wie Millionen andere fanatisierte Hitleranhänger: »Nach dem Krieg sahen wir einmal einen dieser schrecklichen Filme über die Konzentrationslager, und da sagte sie: ›Das ist alles nur Propaganda. Es gab eine Typhusepidemie, und auf diese Weise wurden die Leichen entsorgt.‹«[692]

Im Dezember 1941 besucht Unity zusammen mit Lady Redesdale Diana im Gefängnis. Auch diesmal erhält das Innenministerium einen Bericht des MI5. Demnach habe Unity gesagt, dass sie einzig deshalb nicht in Haft sei, weil Winston Churchill wisse, dass sie Selbstmord begehen wollte. Während sich Diana und Lady Redesdale um Esmond Romillys Bruder sorgen, der als vermisst gilt, bleibt Unity ganz cool: »Er wurde über Berlin abgeschossen, also gibt es vielleicht noch Hoffnung für ihn.« Das findet sie zum Schreien komisch. Dem zuständigen Beamten ist sie nicht geheuer. Sie redet zu schnell, zu viel und lacht zu laut.[693]

Dass sie sich entgegen allen Berichten der Familie doch an vieles erinnern kann, erwähnt der kanadische Diplomat Charles Ritchie, der Unity im November 1942 auf einer von Nancys Partys begegnet, in seinen Memoiren. Sie habe ihm ausführlich von ihrer Verhaftung in der Tschechoslowakei berichtet und wie sehr sie die Tschechen noch heute dafür hasse. Abgesehen davon findet Ritchie Unity sehr unterhaltsam: »Sie erzählte: ›Als ich in Deutschland war, habe ich versucht, mich umzubringen, aber jetzt bin ich Mitglied der Kirche Jesu Christi – nicht dass ich ein Wort von alldem glauben würde, aber diese Leute haben mir das Leben gerettet, und ich fand, ich sei es ihnen schuldig, beizutreten.‹ […] Ich muss sagen, ich mochte sie lieber als jeden anderen Gast auf diesem Fest. Sie hatte so etwas Ungestümes und Rustikales an sich.«[694]

Wenn jetzt die Provokateurin von einst durchkommt, lässt man Nachsicht walten. Niemand wundert sich, wenn sie laut singend auf dem Fahrrad durch Swinbrook fährt. Dabei genießt sie es womöglich wie eh und je, andere in Verlegenheit zu bringen. Einmal erscheint sie bei Nancys Party in einem mottenzerfressenen Abendkleid und – zum Entsetzen der Schwester – völlig ungeschminkt. Nancy steckt die Schwester in ein kleines Schwarzes und lässt sie von einer Freundin anmalen. Erst dann ist sie zufrieden: »Am Ende sah sie sehr hübsch aus.«[695]

Was Unity am meisten zu schaffen macht, ist die Einsamkeit. Sie ist das Monster, mit dem außerhalb der Familie kaum jemand etwas zu tun haben will. Im Winter hilft sie in einer Suppenküche in High Wycombe und teilt Mahlzeiten an Bedürftige aus. Wegen der eisigen Temperaturen trägt sie einen Pelzmantel. Dass die langen Ärmel in den Suppentopf hängen, ist ihr egal. Sie wirkt wie ein Kind, das beschäftigt werden will. Eigentlich aber sehnt sie sich nach Unterhaltung, nach Gesellschaft, nach Freunden. Einzig das Kino ist ihr geblieben.

Da sich Oswald Mosleys Gesundheitszustand durch die Strapazen der Haft zusehends verschlechtert, wird das Ehepaar Mosley am 20. November 1943 unter strengen Auflagen entlassen. Die beiden werden unter Hausarrest gestellt, das Innenministerium organisiert die Bewachung. Der Aufenthalt in London ist ihnen ebenso verboten wie der Besitz eines Automobils. Es ist ihnen untersagt, Gesinnungsgenossen zu treffen, Interviews zu geben, öffentlich aufzutreten, Artikel zu verfassen oder sich an politischen Aktionen zu beteiligen. Selbst ein Umzug bedarf der Genehmigung.[696]

Pamela und Derek Jackson nehmen die beiden zunächst bei sich auf, doch Derek, der in der Forschung tätig ist, gilt als Geheimnisträger. Die Regierung verlangt, dass Diana und Mosley weiterziehen. Dass seine eigene Regierung ihn als Sicherheitsrisiko einstuft, kränkt Derek zutiefst. Wie sehr würde es ihn wohl erst kränken, wüsste er von Nancys Denunziation. Die gibt nicht auf. Als sie von der bevorstehenden Freilassung Dianas hört, wendet sie sich erneut an die Behörden. Sie gibt an, dass Diana den Untergang Englands und der Demokratie im Allgemeinen herbeisehne.[697] Auch Jessica schreitet ein und verfasst einen Brief an Winston Churchill, den sie auch an den *San Francisco Chronicle* weiterleitet: »Die Freilassung von Sir Oswald Mosley und Lady Mosley ist ein Schlag ins Gesicht der Antifaschisten jedes Landes und ein dreister Verrat an jenen, die im Kampf gegen den Faschismus umkamen. Sie sollten im Gefängnis bleiben. Dort gehören sie hin.«[698] In den Brief legt sie all ihre Verbitterung über Esmonds Tod. Dreißig Jahre später wird sie ihr Schreiben als sehr selbstgerecht empfinden.[699] Dabei geben Jessica und Nancy nur die Stimmung innerhalb der Bevölkerung wieder. Zahllose Leserbriefe wenden sich gegen die Freilassung der Mosleys.

Nach der Landung der Alliierten in der Normandie erhält Unity Ende Juli 1944 die Erlaubnis, zusammen mit ihrer Mutter nach Inch Kenneth überzusiedeln.[700] Von nun an besteht ihr Tag aus Kühemelken, Hühner- und Schweinezucht und der Arbeit im Gemüsegarten. So malerisch Inch Kenneth bei schönem Wetter ist, so deprimierend ist die Einsamkeit, wenn die See peitscht und jeder Kontakt mit dem Festland unmöglich ist. Deborah erinnert sich an einen denkwürdigen Augenblick: »Unitys sonderbares Benehmen verstärkte die angespannte Atmosphäre noch. Eines Tages lud sie Muv und mich in die Kirchenruine ein. Um ihren Körper hatte sie, quasi als Soutane, ein Leintuch gebunden und gab vor, ein Priester zu sein, der einen Gottesdienst feiert. Doch dann konnte sie sich nicht mehr an die Worte des *Tedeum* und des *Jubilate* erinnern und stapfte, wütend über sich selbst und uns, die wir Zeugen ihrer Unzulänglichkeit geworden waren, zum Haus zurück.«[701] Anfangs wohnt auch noch Lord Redesdale samt Lebensgefährtin auf Inch Kenneth – ein Umstand, der, wie Deborah schildert, allen das Äußerste abverlangt: »Was für ein Elend. Farve [...] saß mit versteinerter Miene am Tisch, während Margarets banale Kommentare über das, was wir in den Radionachrichten gehört hatten, jegliche Konversation verhinderten. Es fiel schwer zu glauben, dass Farve derselbe Mann war, der früher, wenn eines von uns Kindern eine kritische Bemerkung über Muv machte, sofort von seinem Stuhl [...] aufsprang, zu ihr hinüberging und ihr sagte, ihr Haar sei wie flüssiges Gold und sie selbst schöner als das Tageslicht. [...] Nun schien er sie wahrhaftig zu hassen. Statt nach dem Essen bei uns zu sitzen, spülte er lieber mit Margaret in der Küche das Geschirr. Scherze gab es keine mehr. Muvs Klavier blieb stumm. Es war nicht länger ihr Haus.«[702] Der Lord und Margaret ziehen sich schließlich nach Northcumberland zurück, während sich Unity und Lady Redesdale auf Inch Kenneth einrichten.

Verwalter Neil MacGillivary berichtet 2008 mit über neunzig Jahren in einem Interview, dass Unity ihr Zimmer mit Hitlerfotografien geschmückt und am Flaggenmast vor dem Haus die Hakenkreuzfahne aufgezogen habe. Tag und Nacht sei deutsche Marschmusik aus ihrem Grammophon erklungen. Mitunter sei sie so verwirrt gewesen, dass sie beim Kuchenbacken fünf Eier verwendet und alles Mehl vergessen habe. Einmal habe er sie zum Tanzen auf die Isle of Mull begleitet. Somit sei er wohl der letzte Lebende, der je mit Unity Mitford getanzt hat.[703] Die geht jetzt viel spazieren, fängt an zu fischen und spielt mit den Kindern des Verwalters. Ausgesprochen nett sei sie gewesen, erinnert sich dessen Frau, nur ihr Blick, der sei voller Traurigkeit gewesen. Sie habe wohl ganz genau gewusst, was sie angestellt hatte. Manchmal fährt Unity noch nach London, um Freunde und Verwandte zu besuchen. Doch ihre Vergesslichkeit und Orientierungsschwierigkeiten erschweren ein selbstständiges Leben.

Während Lady Redesdale langsam zur Ruhe kommt, langweilt sich Unity schrecklich. Besuche sind selten, die Anreise ist zu beschwerlich: Da wäre zunächst der Nachtzug nach Oban, dann die

Fähre nach Mull. Ist die See aufgewühlt, heißt es in Oban ausharren – manchmal tagelang. Einmal in Mull angekommen, geht es 15 Meilen eine holprige Straße entlang bis zu den Klippen von Gribun. Von hier aus setzt man dann endlich mit einem Motorboot nach Inch Kenneth über. Telefon gibt es dort keines und bei Sturm auch keine Post. Nur mit Hilfe eines Fernglases lässt sich das vereinbarte Zeichen ausmachen, das anzeigt, dass in Gribun Post angekommen ist. Alle vier Tage liefert ein Kohleboot neue Heizkohle.

Lady Redesdale widmet sich ihren Biobauernambitionen. Sie hält Schafe, Shetlandponys, Ziegen, Hühner und Kühe, backt ihr eigenes Brot, macht Butter und Käse. Es geht ihr gut. Dass die Zeitung mit zwei Tagen Verspätung eintrifft, kümmert sie nicht. Unity liest die Bücher, die per Post kommen. Deborah kann Unitys Unmut nur allzu gut verstehen: »Es war so trist, dass es kaum auszuhalten war, und dieses elende Gefühl wurde durch die Abgeschiedenheit der Insel noch verstärkt. Es gab niemanden, mit dem man reden konnte. Man konnte nirgendwo hingehen – keine Kinos für Unity [...], keine Antiquitätenläden für Muv. Was einst als Sommeridyll gedacht war, war zur Hölle geworden.«[704]

Die schwärzeste Stunde des Krieges steht der Familie erst noch bevor. Tom hat sich 1942 zum King's Royal Rifle Corps gemeldet und in Nordafrika und Italien gekämpft. 1944 ist er nach England zurückgekehrt. In der Stunde der Entscheidung bittet er, nicht gegen Deutschland kämpfen zu müssen. Er will nicht auf Freunde schießen. So geht er mit dem Devonshire Regiment nach Burma. Hier wird der 36-Jährige am 24. März 1945 beim Kampfeinsatz gegen Japan schwer verwundet. Sechs Tage später erliegt er seinen Verletzungen. Er wird auf einem Soldatenfriedhof nahe Rangun begraben. Die Familie lässt in der kleinen Kirche von Swinbrook eine Gedenktafel für ihn anbringen. Diana ist bis ins Mark getroffen: »Ich bin niemals über seinen Tod hinweggekommen. Die erste Tragödie war die Geschichte mit Unity.«[705]

Dass Unity und ihre Familie sich auf Inch Kenneth aufhalten

dürfen, führt immer wieder zu Protesten. Unmittelbar nach Kriegsende erreicht den MI5 ein letzter Brief einer besorgten Bürgerin: »Kann es sein, dass diese Insel ein Versteck für geflohene Nazis ist, allen voran für Hitler? Solange nicht ein Kommando der Alliierten seine Leiche gefunden hat, kann ich nicht glauben, dass er tot ist. Warum in aller Welt sollte diese junge Frau auf einer Insel leben wollen? Könnte dort ein U-Boot anlanden? Wird die Insel wirklich streng überwacht?«[706] Am 5. Dezember 1945 scheitert auch der letzte Versuch des Unterhauses, Unity Mitford zur Verantwortung zu ziehen. Der Generalstaatsanwalt lehnt es ab, ihr den Prozess zu machen.[707] Unity wird immer unleidiger, gerät auch mit ihrer Mutter oft in Streit, wie Deborah Diana berichtet: »Birdie war wütend auf alles und jeden, und Muv wurde immer stiller und stiller. Es scheint, als ob alles nur mehr betrüblich und sinnlos für sie wäre. Oh meine Liebe, es ist so schrecklich traurig, ich weiß wirklich nicht, was ich von alldem halten soll.«[708] Lady Redesdale überlegt ernsthaft, Unity bereits jetzt in die Obhut einer Betreuerin zu geben. Falls ihr selbst etwas zustoßen sollte, will die Lady Vorkehrungen getroffen haben. Im Oktober 1946 schreibt Nancy während eines Aufenthaltes auf Inch Kenneth an Diana: »Ich finde, wir sollten etwas für Bobo arrangieren, falls Muv stirbt. Am besten wäre es, wir würden uns jetzt schon darum kümmern, damit die arme Muv ihre letzten Jahre in Frieden verbringen kann. Aber was? Falls es eine Frage des Geldes ist, müssen Du und ich und Debo jeder pro Woche ein oder zwei Pfund geben. Vielleicht sollten wir das ohnehin tun. Soweit ich das beurteilen kann, ist die Lösung ein Apartment in einer betreuten Anlage. […] Wie wäre es, wenn wir mal ganz direkt mit Boud darüber sprechen – ich glaube, Muv geht ihr ebenso auf die Nerven wie sie Muv, […] die wohl fürchtet, dass Boud wie ein Straßenköter auf der Straße landet, wenn sie stirbt.«[709]

Nach Kriegsende bleibt Unity auf Inch Kenneth. Selten noch fährt sie nach London, manchmal kommen die Schwestern zu

Besuch. Das Interesse der Öffentlichkeit erlischt, es wird still um Unity Mitford. Im Mai 1948 beginnt sie zu husten. Bald gesellen sich hohes Fieber und Kopfschmerzen hinzu, und Lady Redesdale schreibt an Diana: »Sie schläft jetzt sehr viel. [...] Gott sei Dank scheint sie keine großen Schmerzen zu haben, aber sie kann ihren Kopf nicht mehr bewegen, ihr Hals ist gelähmt. Seit Montag ist eine Krankenschwester bei ihr.«[710] Als sich Unitys Zustand weiter verschlechtert, versucht Lady Redesdale ihre Tochter von der Insel runter und in ein Krankenhaus zu schaffen: »Es ist ihr armer Kopf. Der Arzt will einen Spezialisten aus dem Krankenhaus von Oban zurate ziehen. Es ist furchtbar, hier draußen zu sein [...]. Auf Mull kann kein Flugzeug landen, und ein Wasserflugzeug ist nicht aufzutreiben. Ich möchte unbedingt, dass ein Spezialist aus Glasgow oder Edinburgh kommt, aber der Doktor sagt, die würden Röntgenaufnahmen und all so was brauchen, bevor sie etwas unternehmen können.«[711] Am 28. Mai 1948 wird Unity auf ein Motorboot getragen und nach kurzer Überfahrt zur Isle of Mull die unwegsame Küstenstraße entlang mit einem Ambulanzwagen nach Craignure gebracht. Doch sie kommen zu spät, die letzte Fähre hat bereits abgelegt. In einem wackeligen Motorboot, das Lady Redesdale in ihrer Verzweiflung anmietet, tuckern sie fünf lange Stunden übers Wasser nach Oban. Unity, mit Morphium vollgepumpt, bekommt nur wenig davon mit. Als sie die Stadt erreichen, ist sie nicht mehr bei Bewusstsein. Im West Highland Cottage Hospital wird eine schwere Meningitis diagnostiziert. Noch am selben Abend gegen 22.00 Uhr stirbt Unity Mitford mit nur 33 Jahren.

Zusammen mit ihrem Mann, der nach Oban gereist ist, begleitet eine zutiefst getroffene Lady Redesdale den Sarg ihrer Tochter nach Hause in die Cotswolds. Zur Beerdigung am 1. Juni 1948 finden sich, bis auf Jessica, alle Schwestern auf dem kleinen Friedhof in Swinbrook ein. Diana schreibt: »Es war der traurigste Tag meines Lebens. Tapfere, einzigartige, geliebte [Boud].«[712] In den Grabstein lässt Lady Redesdale gravieren: »Say not the struggle naught availeth« (»Sagt nicht, der Kampf habe sich nicht gelohnt«). Die Zeile stammt aus einem Gedicht des britischen Autors Arthur Hugh Clough, das nicht nur Unitys, sondern auch Churchills Lieblingsgedicht während des Krieges war. Die Schwestern trauern jede auf ihre Weise. Nancy schreibt am 23. Juni an Edward Sackville-West: »Ich bin sehr traurig. Wie Du weißt, mochte ich sie sehr. Was für eine entsetzliche Verschwendung dieser charmanten, schönen und sonderbaren Kreatur. Das Opfer einer schrecklichen Zeit [...].«[713]

Lady Redesdale, die sich größte Vorwürfe macht, Unity nicht in ärztlicher Obhut belassen zu haben, wendet sich ein letztes Mal an Hugh Cairns. Der beruhigt sie: Als die Kugel zu wandern begonnen habe, sei Unitys Tod besiegelt gewesen. Sie habe das Beste getan, was unter diesen Umständen möglich war, und ihrer Tochter noch einige schöne Jahre bereitet. Laut Diana kann Lady Redesdale nun ihren Frieden machen. »Unity besaß die Eigenschaften, die Muv am meisten bewunderte: Furchtlosigkeit, Großzügigkeit, Unabhängigkeit und das völlige Fehlen von Hinterhältigkeit. Vermutlich war sie das Lieblingskind meiner Mutter.«[714]

Ein letztes Mal ziert Unity Mitford nun die Titelseiten. Alle Zeitungen Großbritanniens berichten von ihrem Tod. Interessanterweise bestätigt auch jetzt, acht Jahre nach ihrer Rückkehr, keine einzige Zeitung einen Selbstmordversuch. Noch immer gilt die Schussverletzung als ungelöstes Rätsel. Nicht einmal Revolverblätter wie der *Daily Express* machen da eine Ausnahme: »Sie hat sich niemals von einem Kopfschuss erholt, den sie kurz vor Ausbruch des Kriegs in einem Münchner Park erlitten hat. Warum auf sie geschossen wurde und wer geschossen hat, konnte nie geklärt werden. Manche sagen, sie habe selbst versucht, sich das Leben zu nehmen.«[715] Und der *Daily Mirror* ergänzt: »Unity Mitford, Hitlers ›Idealbild der Frau‹ nahm ihre Geheimnisse mit ins Grab.«[716] Einzig G. Ward Price, geläuterter Hitler-Versteher und ehemaliger Unity-Fan, enthüllt im australischen *Courier-Mail* »Unity Mitfords geheimes Leben«.[717]

Lord Redesdale folgt Unity zehn Jahre später, 1958 – verbittert und einsam. Lady Redesdale stirbt 1963 im Kreise ihrer Töchter auf Inch Kenneth.

Nancy, die während des Kriegs in George Heywood Hills berühmtem Buchladen in London-Mayfair gearbeitet hat, verliebt sich nach dem endgültigen Scheitern ihrer Ehe in den französischen Oberst Gaston Palewski, der als rechte Hand de Gaulles aus dem Londoner Exil den französischen Widerstand organisiert. Nach dem Krieg folgt sie ihm nach Paris, wo Palewski politische Karriere macht und Nancy zur begeisterten Französin wird. Gekleidet in Dior und Lanvin, schreibt sie weiter sehr erfolgreiche Bücher und zahlreiche Artikel über das Pariser Leben für die *Times*. 1969 beenden Nancy und Palewski ihre turbulente Beziehung, die Nancy mehr als einmal an den Abgrund gebracht hat. Obwohl Palewski kurz darauf heiratet, ist er zusammen mit den Mitford-Schwestern anwesend, als Nancy 1973 in Versailles an Leukämie stirbt. Kurz vor ihrem Tod wird sie zum Commander of the Order of the British Empire und zum Offizier der französischen Ehrenlegion ernannt. Ihre Asche wird neben Unitys Grab in Swinbrook beigesetzt.

Pamela und Derek gehen zusammen nach Irland. 1960 lassen sie sich scheiden, bleiben einander aber freundschaftlich verbunden. Den Rest ihres Lebens verbringt Pamela mit Giuditta Tommasi, einer Reiterin aus der Schweiz. Gemeinsam übersiedeln sie in den sechziger Jahren nach Zürich. 1972 kehren sie nach England zurück. Giuditta stirbt 1993, Pamela ein Jahr später. Auch ihr Grab ist auf dem Friedhof von Swinbrook.

Nachdem der Versuch, nach Kriegsende mit einer neuen Partei, dem Union Movement, politisch noch einmal Fuß zu fassen, gescheitert ist, verlassen Diana und Oswald Mosley Großbritannien in den fünfziger Jahren als Geächtete in Richtung Frankreich. In Orsay freunden sie sich mit einem anderen verstoßenen Paar an: dem Herzog und der Herzogin von Windsor. 1980 stirbt Oswald Mosley mit 84 Jahren in Frankreich. Damit endet eine der großen öffentlichen

Romanzen des 20. Jahrhunderts. Kurze Zeit später erleidet Diana einen Schlaganfall, von dem sie, trotz halbseitiger Lähmung, wieder genesen wird. Von Mosleys Tod erholt sie sich jedoch niemals. Obwohl Diana Hitler für die Vernichtung der Juden scharf kritisiert, wird sie sich nie völlig von ihm distanzieren. In einem ihrer letzten Interviews auf die Konzentrationslager angesprochen, sagt sie: »Ich empfinde absolute Abscheu gegen die Leute, die das getan haben, aber ich konnte den Mann, den ich vor dem Krieg erlebt hatte, niemals ganz aus meinem Gedächtnis löschen. Das ist eine sehr komplizierte Gemengelage. Ich bringe diese beiden Dinge einfach nicht zusammen. Ich weiß, ich sollte das nicht sagen, aber ich muss es tun.«[718] Bei ihrem Tod 2003 wird sie im *Telegraph* als unbelehrbare Nationalsozialistin, aber auch als unwiderstehlich charmant charakterisiert.[719] Sie liegt neben Unity begraben.

Jessica bleibt nach Esmonds Tod in den USA und wird 1944 amerikanische Staatsbürgerin. Ein Jahr zuvor hat sie den amerikanischen Bürgerrechtsanwalt Robert Treuhaft geheiratet, mit dem sie zwei Söhne bekommt. Sie wird Journalistin und als Königin der »Muckrackers« zu einer fulminanten Kritikerin des American Way of Life, ihre Bücher werden allesamt Bestseller. Politisch steht sie weiterhin links und engagiert sich in den sechziger Jahren in der Bürgerrechtsbewegung um Martin Luther King. Während Unity über den Tod hinaus ihre Lieblingsschwester bleibt, ist der Bruch mit Diana endgültig gewesen: »Diana wiederzusehen hätte ich nicht ertragen können. Als ich ein kleines Kind war, liebte ich die sieben Jahre Ältere über alles in der Welt. […] Ich sehe sie vor mir: eine strahlend schöne Siebzehnjährige, die mit mir lachte, von der ich lernte und die mir half zu leben – die beste aller denkbaren großen Schwestern. Philip Toynbee fragte mich einmal: ›Aber hast du sie denn nicht aus reiner Neugier wiedersehen wollen?‹ – ›Nein‹, sagte ich zu ihm, ›dazu habe ich sie vor langer, langer Zeit zu sehr geliebt.‹«[720] Im Juli 1996 stirbt Jessica Mitford an Lungenkrebs. Ihre Asche wird im Meer verstreut.

Deborah bleibt in England und führt eine glückliche, wenngleich von vielen Schicksalsschlägen überschattete Ehe. Auch nach dem Tod von Kick Kennedy bleiben Deborah und ihr Mann den Kennedys eng verbunden, sind Ehrengäste bei der Vereidigung JFKs. Die Herzogin wird niemals durch besondere Exzesse auffallen, sondern erwirbt sich hohe Meriten vor allem durch ihren Einsatz für den Erhalt von Chatsworth, Familienbesitz der Devonshires und eines der prächtigsten Anwesen Englands.

Nachdem Deborah einige höchst erfolgreiche Bücher über das Landleben verfasst hat, veröffentlicht sie mit neunzig Jahren ihre Memoiren. Darin stellt sie im Hinblick auf Unity die für die Familie alles entscheidende Frage: »Warum liebten wir sie? Ich habe lange überlegt, um ein Wort für das zu finden, was an ihr so besonders war, aber ich habe keines gefunden: Decca konnte es auch nicht erklären. Die größtmöglichen politischen Gegensätze trennten sie von Unity, aber nichts konnte die Liebe der beiden zueinander auslöschen. Wir wussten um die dunkle Seite, wir wussten, sie hat den Nazis ihre Grausamkeiten verziehen, sie hat die Wohnung eines jüdischen Paares übernommen, das verjagt worden ist. Doch trotz ihrer rassistischen Ansichten, ihrer Bewunderung für die extremsten unter Hitlers Offizieren gab es etwas Unschuldiges an Unity, eine arglose, kindliche Naivität, die sie verletzlich machte und die man beschützen wollte. Nancy und Pam auf ihre Weise, Tom ganz unzweifelhaft, Diana ganz besonders, Decca überraschenderweise und auch ich – wir konnten nicht umhin, sie zu lieben. Unseren Eltern und Verwandten ging es genauso. Wir verziehen ihr keinesfalls ihre Ansichten, aber wir liebten sie trotzdem. […] Vielleicht macht man es sich zu einfach, wenn man sagt, sie war unerklärlich, aber genau so war es.«[721]

2014 stirbt Deborah Herzogin von Devonshire als letzte der legendären Mitford-Schwestern.

»Der Mann hieß Rutherfurd (›Rusty‹) Trawler. […] Obwohl er […] Junggeselle geblieben war, hatte er offenbar vor dem Krieg Unity Mitford einen Heiratsantrag gemacht, zumindest soll er ihr ein Überseetelegramm geschickt haben mit dem Angebot, sie zu heiraten, falls Hitler es nicht tat.

Truman Capote, ›Frühstück bei Tiffany‹

Epilog

Miss Mitfords Vermächtnis

Unity Mitfords »Nachruhm« speist sich aus einer Mischung von Abscheu und Sensationsgier. Sie fand Eingang in die Literatur, taucht in Truman Capotes *Frühstück bei Tiffany* ebenso auf wie in Alan Bennetts *Die souveräne Leserin* und gilt als Vorbild für J. K. Rowlings fanatische Hexe Bellatrix Lestrange in der Harry-Potter-Saga. Angloamerikanische Indiebands wie The Indelicates oder Toys That Kill haben ihr Songs gewidmet: »Sounded like fun, 'til he handed you a gun.«[722] Doch mehr als in der Kunst sorgt Unity Mitford noch immer in der Realität für Aufregung.

Im Dezember 2002 erhielt der Journalist Martin Bright vom *Observer* einen Anruf. Eine Miss Val Hann erzählte ihm von ihrer Tante, die während des Krieges Hill View Cottage, eine private Geburtsklinik in Wigginton nahe Oxford, unterhalten habe. Hier sei Unity Mitford nach ihrer Rückkehr aus Deutschland eingeliefert worden und habe ein Kind – Hitlers Kind – zur Welt gebracht. Es sei zur Adoption freigegeben worden. Wenngleich skeptisch, ging Bright der Geschichte nach und stieß auf Audrey Smith, deren Schwester in Hill View als Krankenschwester gearbeitet hatte.

Smith bestätigte, dass Unity, eingewickelt in eine Decke, in der Klinik angekommen sei. Allerdings sei sie wegen eines Nervenzusammenbruchs behandelt worden. Ein Kind habe sie nicht geboren. Auch Deborah bestritt die Schwangerschaft ihrer Schwester energisch.[723] Obwohl die Archive ebenfalls nichts von einer Schwangerschaft wissen, entstand 2007 ein Dokumentarfilm mit dem Titel *Hitler's British Girl*, der nach seiner Erstausstrahlung zu wilden Spekulationen Anlass gab. Die aufgeregte Suche nach Hitlers und Unitys gemeinsamem Kind war der vorläufige Höhepunkt einer schier unglaublichen Sexualisierung der Geschichte der Unity Mitford. Mit den Jahren fand eine sukzessive Verschiebung von einer politischen zu einer rein sexuellen Passion statt und leistete damit einer Entpolitisierung Vorschub, an deren Ende nur mehr die Frage interessierte, mit wem Unity Mitford geschlafen und wie oft sie auf dem Berghof übernachtet hatte. Dass sie selbst vermeintliche Enthüllungen des *Daily Express* über eine Übernachtung auf dem Obersalzberg und ein Verhältnis mit Hitler empört zurückgewiesen hat, erschien nebensächlich.[724]

Adolf Hitlers Sexualleben gehört zu den letzten Geheimnissen des »Dritten Reiches«. Von Asexualität, Homosexualität, Bisexualität, Impotenz, Sadomasochismus und Fetischismus war die Rede. Letztlich blieb es bei Gerüchten, die auch auf die Frauen übertragen wurden, mit denen er möglicherweise ein Verhältnis hatte. Die mysogynen Klischees, mit denen Unitys Leben nach ihrem Tod überfrachtet wurde, kumulierten schließlich in Artikeln und Büchern über Sex-Orgien und Sado-Maso-Spiele mit der halben Münchner SS. Wer sie in München gekannt hatte, konnte über solche Unterstellungen nur den Kopf schütteln. Schwer vorstellbar außerdem, dass ein derartiges Verhalten Hitler verborgen geblieben wäre. Besitzergreifend, wie er war, hätte der Diktator vermutlich prompt mit seiner Muse gebrochen. Bis weit nach dem Zweiten Weltkrieg war eine junge, unabhängige, sexuell aktive, aber unverheiratete Frau offenbar verdammenswert. Als 1977 die erste Biographie über Unity Mitford erschien, verstieg sich der – männliche – Rezensent der *Zeit* zu folgendem Kommentar: »Verwöhnt, nichtsnutzig, überflüssig, abenteuerhungrig und offenbar sexuell hochgradig frustriert.«[725]

Dass die politische Unity in Vergessenheit geriet, ist bis zu einem gewissen Grad auch den Bemühungen der Familie Mitford zu verdanken. Deren grenzenlose Solidarität mit der geliebten Tochter und Schwester überdauerte Unitys Tod. Während im Dunkeln liegt, was allen voran Lord Redesdale tat, um seine Tochter vor der Internierung zu bewahren – interessanterweise wurde Unitys MI5-Akte nicht nach ihrem Tod, sondern ein halbes Jahr nach dem Tod ihres Vaters 1958 gesäubert –, weiß man, wie eifrig Jessica in ihren Büchern dafür sorgte, dass man ihre Lieblingsschwester aus der politischen Verantwortung entließ und Unity bloß noch als übergroßes, verstocktes Baby in Daueradoleszenz wahrnahm. Nancy setzte wie immer auf den Unterhaltungsfaktor: »Für Unity war diese ganze Nazi-Sache doch nur ein riesengroßer Spaß. Sie fand es einfach amüsant, in Uniform und mit Pistole durch Europa zu gondeln. Unity war völlig unpolitisch. Niemand hatte weniger Ahnung von Politik.«[726] Mit der Überbetonung von Unitys Schwärmerei für Hitler entstand das Bild eines hochromantischen Mädchens, das gar nicht in der Lage gewesen sei, die nationalsozialistische Ideologie intellektuell zu erfassen – Backfisch-Schwärmerei, nichts weiter. Eine Strategie, die aufging und Unity dem Urteil der Nachgeborenen entzog. Die Geschichte der Unity Mitford ist eben auch die Geschichte einer außergewöhnlichen Familie, deren Zusammenhalt politische Gräben überwinden konnte. Dass dies nicht immer gelang, wie der Zwist zwischen Diana und Jessica zeigt, beweist einmal mehr, welch außergewöhnliche Persönlichkeit Unity gewesen sein muss, um ihrer Familie eine derartige Wagenburgmentalität abzutrotzen.

Zugute kam die Taktik der Familie auch vielen ehemaligen Freundinnen Unitys, die nach dem Zweiten Weltkrieg alles taten, um sich von ihr zu distanzieren. Nur wenige standen zu den ambivalenten Gefühlen, die sie auch jetzt noch für Unity empfanden. Die meisten betonten Historikern und Journalisten gegenüber Unitys selbstzerstörerische und destruktive Art so sehr, dass man sich unwillkürlich fragt, warum sie je mit ihr befreundet waren. Da musste zum Beispiel Unitys Lektüre von Lion Feuchtwangers *Jud Süß* in den zwanziger Jahren als Beweis für ihren tiefverwurzelten Antisemitismus herhalten, obgleich das Buch auch in England ein hymnisch gefeierter Bestseller war, der es allein im Jahr seines Erscheinens auf 23 Auflagen brachte. Abgesehen davon, dass der Roman – wie alle Bücher Feuchtwangers – während der NS-Diktatur in Deutschland verboten war, diente er zudem mitnichten als Vorlage für den berüchtigten Veit-Harlan-Film *Jud Süß*. Um sich selbst von jeglichem Verdacht freizusprechen, wurde Unity in der Nachbetrachtung zu einer durch und durch negativen Person erklärt, die einem schon immer suspekt gewesen sei. Ein Freak, dumm und derb, ein Paria unter lauter aufrechten Briten. Die so sprachen, folgten dem Denk- und Handlungsmuster, mit dem Millionen Deutsche ihre Vergangenheit »bewältigten« und das es ihnen ermöglichte, allerspätestens mit der Verurteilung der »eigentlichen Verbrecher« in den Nürnberger Prozessen ohne Scham und Reue nach vorn zu blicken.

Dem Betrachter, der den Versuch einer objektiven Darstellung unternimmt, kann jedoch nicht verborgen bleiben, dass die chiliastischen Heilsversprechungen des Faschismus, seine Betonung von Aktion und radikaler Veränderung und sein missionarisches Selbstverständnis eine Person wie Unity Mitford weitaus mehr ansprachen als Adolf Hitler als Mann. Unity bewunderte Hitler grenzenlos, weil er der Führer einer Bewegung war, der sie sich mit Haut und Haaren verschrieben hatte. Dies schließt keineswegs aus, dass sie wahrscheinlich mit ihm geschlafen oder ihn gar geheiratet hätte, wenn er es forciert hätte. Sie war fasziniert von seiner Radikalität, liebte alles, wofür er stand, denn daran glaubte auch sie. Henriette von Schirach schrieb noch in den siebziger Jahren voller Verklärung über Unity: »Sie war dem Führer nicht ›verfallen‹, wie viele andere Frauen; als Engländerin der Aristokratie galt für sie niemals der Grundsatz, dass die Frau die ergebene Dienerin ihres Mannes sein müsse. Aber sie war seiner und ihrer Idee verfallen, so sehr, dass sie viel zu lange nicht bemerkte, wohin dieser Mann und seine Politik eigentlich steuerten. Vielleicht ist sie an dieser großen Enttäuschung innerlich zugrunde gegangen. Ich habe keinen Mann gekannt, der mit so stolzer Zuversicht an seine Idee glaubte. [...] Unity war heldisch, und wenn ich heute in die Osteria gehe [...], so sehe ich sie wie einen hellen flüchtigen Schatten, die Bücher mit einem Lederriemen zusammengehalten, lächelnd, das Haar mit einem Schwung zurückwerfend, mit offenem Blick ... Vielleicht waren Unitys Pläne zu groß, zu idealistisch, die Menschen waren zu klein, um die Kühnheit eines Mädchens zu begreifen.«[727] Es schaudert einen ob so viel unreflektierter Heldenverehrung einer Ewiggestrigen.

In Hitlers Nähe zu sein war gleichbedeutend damit, Geschichte zu schreiben, und eben das wollte Unity Mitford. Sie, die an die Egalität der Geschlechter glaubte, empfand sich keineswegs als unter ihrem »Führer« stehend, sondern hielt sich in völliger Fehleinschätzung ihrer Rolle für eine Art Jeanne d'Arc und schaffte es so mühelos, die dezidiert frauenfeindliche Stoßrichtung des Nationalsozialismus auszublenden. Zweifellos fühlte sie sich anfangs von der faschistischen Ästhetik weit mehr angesprochen als von den ökonomischen, politischen oder rassistischen Ideen. Doch es wäre ein Fehler zu glauben, sie sei der Ästhetik des Faschismus erlegen, ohne dessen Inhalte zu teilen. Sie war eine Rebellin, die die Werte der Vätergeneration infrage stellte. Doch Aktionismus und Leidenschaft hätten sich auch einen anderen Weg bahnen können als den hinein in ein System, dessen menschenverachtende Ideen ins Verderben führen mussten. Unity verstand sich als Teil einer revolutionären Jugendbewegung mit dem Willen, durch Aktion die Welt zu verändern. Sie gehörte einer Generation an, die glaubte, gegen eine allgemeine Resignation aufzustehen, die Kameradschaft gegen Vereinzelung, Idealismus gegen Realismus und Heldentum gegen Mittelmaß aufbieten wollte. Hannah Arendt hat dazu in ihrer berühmten Studie zum Totalitarismus geschrieben: »In dem prätotalitären Meinungschaos, in dem ohnehin jeder, der etwas für wahr hielt, für einen Narren gehalten wurde, war es erheblich leichter, offenkundig absurde Behauptungen zu akzeptieren als die alten Wahrheiten, die zu frommen Banalitäten geworden waren. Hier war man jedenfalls vor dem Ernst, den die alten Wahrheiten noch zu verlangen schienen, ganz und gar sicher. Vulgarität, die offen-zynische Verabschiedung aller allgemein anerkannten Standards, implizierte ein erhebliches Zugeständnis des Schlimmsten und eine Verachtung aller Prätentionen, die leicht als ein neuer Mut und ein neuer Lebensstil missverstanden werden konnten.«[728]

Für Unity war der Faschismus eine revolutionäre Ideologie und der Nationalsozialismus die Königsdisziplin. Mit ihrem vorgeblich guten Überblick über die internationalen politischen Zusammenhänge war sie für Hitler eine nicht zu unterschätzende Quelle. Fritz Wiedemann, der Hitlers Verhältnis zu England als das einer »enttäuschte[n] Liebe« charakterisierte, notierte in seinen Aufzeichnungen: »Dazu kam, so merkwürdig es klingt, der Einfluss der Unity Mitford, [...] die mit Hitler befreundet war. [...] Alles, was Unity Mitford Hitler erzählte, hat er für bare Münze genommen; dagegen konnten andere, die England richtig beurteilten, mit ihrer Meinung nicht durchdringen. Auch hier glaubte er wieder, was er glauben wollte.«[729]

Unity sah ihre Lebensaufgabe darin, eine Allianz zwischen Deutschland und England zu begründen. Dass diese Verbindung nur ein erster Schritt hin zu einem faschistischen Weltreich sein sollte, wird gerne übersehen, wenn davon die Rede ist, Unity habe »zwei Vaterländer« gehabt. Das parlamentarische System der Insel lehnte sie aus tiefstem Herzen ab, wurde nicht müde, die britische Regierung zu kritisieren. Joachim von Ribbentrops persönlicher Referent, SS-Hauptsturmführer Reinhard Spitzy, schildert, wie wenig Hitlers Beratern Unitys unverblümte Äußerungen gefielen. Oft und gerne habe sie sich über ihre Landsleute und deren Traditionen lustig gemacht. Auch in England werde die Zukunft den Nationalsozialisten gehören, davon war sie fest überzeugt. In den Augen von Hitlers Beratern trug sie dazu bei, dass Hitler die englische Politik falsch bewertete und entsprechend falsche Schlüsse zog.[730] Fritz Wiedemann meinte dazu nur lakonisch: »Wenn ihm Unity Mitford erzählte, auch England stehe vor einer nationalsozialistischen Umwälzung, so entsprach das mehr dem Wunschtraum Hitlers als der Wirklichkeit.«[731]

Auch wenn ihre Familie in England lebte und sie zwischen beiden Ländern pendelte, betrachtete Unity Ende der dreißiger Jahre das nationalsozialistische Deutschland als ihre politische Heimat, was nicht zuletzt ihre Entscheidung, im Falle eines Krieges in München zu bleiben, zeigt. Unity war nicht bloß germanophil, ihre Identifikation mit Deutschland war absolut.

Vor diesem Hintergrund erscheint die Annahme, sie habe aus Vaterlandsliebe ihrem Leben ein Ende setzen wollen, durchaus zweifelhaft. Noch am 2. September 1939 bezeichnete sie die britische Regierung aufgrund ihres Ultimatums als eine Bande von Verbrechern. Sie machte keinen Hehl daraus, dass sie als überzeugte Nationalsozialistin aufseiten des Deutschen Reiches stand. Der Krieg kam für Unity, die von Hitler bereits Wochen zuvor informiert worden war, keineswegs überraschend. Ebenso wenig kann von einer bitteren Enttäuschung, die sie durch Hitlers politisches Handeln erfuhr, die Rede sein. Weder der Einmarsch in Polen noch die Weigerung, sich dem englischen Ultimatum zu beugen, brachten sie auf Distanz zu ihrem Idol. Ihr ganzer Zorn galt dem Königreich, nicht dem geliebten Deutschland. Dass sie über Monate hinweg immer wieder mit Selbstmord gedroht hatte, sollte es zum Krieg kommen, war eine typische Mitfordiade, die offensichtlich niemand allzu ernst nahm. Zumindest hat niemand etwas unternommen. Stattdessen schickte Lord Redesdale Geld, um ihren Verbleib in München auch im Kriegsfall sicherzustellen. Dass Unity nur fünf Stunden nach der Kriegserklärung der Briten, die zunächst ohne sichtbare Folgen blieb, umgehend Selbstmord begehen wollte, scheint seltsam übereilt. Nicht einmal die Kriegserklärung der Franzosen wartete sie ab, die noch am selben Tag gegen 17.00 Uhr erfolgte. Warum wollte sie nicht miterleben, wie die Truppen ihres gottgleichen »Führers« von Sieg zu Sieg eilten? Deutschland besiegte Polen innerhalb weniger Wochen, eine zweite Front im Westen blieb vorerst aus, und ehe im Sommer 1940 die Luftschlacht um England begann, kamen mehr Engländer durch Autounfälle als durch den Krieg ums Leben.

Während Unity also nur wenig Grund hatte, unmittelbar nach Kriegsbeginn aus dem Leben zu scheiden, hatten ihre Gegner, und derer gab es gerade in Hitlers unmittelbarer Umgebung nicht wenige, allen Grund, die englische Einflüsterin loszuwerden. Einer ihrer größten Feinde war bei Kriegsbeginn zum engsten Vertrauten Hitlers aufgestiegen: Joachim von Ribbentrop. »Joachim von Ribbentrop und Unity hassten einander von ganzem Herzen, seit Ribbentrop im Court von St. James Nazibotschafter gewesen war. Die beiden lagen in heftigem Streit darüber, auf welche Weise man die faschistische Bewegung in Großbritannien voranbringen sollte«,[732] schrieb der amerikanische Journalist Ernest Pope, der lange in München gelebt hatte und nicht nur Unity, sondern auch die Nazi-Eliten bestens kannte. Ribbentrops Mission als Botschafter in London war, bedingt durch sein undiplomatisches Verhalten, ein völliger Reinfall gewesen. Während dies auch die Mitarbeiter des Auswärtigen Amtes so sahen, machte Ribbentrop selbst Leute aus Hitlers engster Umgebung wie Unity Mitford oder Fritz Wiedemann für das Scheitern der deutsch-britischen Beziehungen verantwortlich. Eine seiner ersten Amtshandlungen als Außenminister bestand darin, dafür zu sorgen, dass Hitler Wiedemann als Adjutant entließ und als Generalkonsul nach San Francisco schickte. Während Ribbentrop Wiedemann einfach wegloben lassen konnte, blieb ihm die englische Nervensäge Unity Mitford erhalten. Er war nicht der Einzige, der Unity endlich aus dem Weg haben wollte. So äußerte Rudolph Heß einmal bei einem Bankett entnervt, er wünschte, irgendjemand würde diese angemalte Person entfernen.[733]

Henriette von Schirach bestätigt, dass Hitlers Umfeld Unity für eine Spionin des britischen Geheimdienstes hielt, Hitler sich jedoch nicht beirren ließ: »Außerdem war Unity für ihn ein geradezu ideales Sprachrohr. Er konnte durch sie in offiziellen britischen Kreisen das verbreiten lassen, was er bei den Briten verbreitet haben wollte. Hitler war ebenso ehrlich wie Unity davon überzeugt, dass endlich die beiden großen Brüderreiche – das deutsche und das britische – durch ein starkes Bündnis verbunden würden.«[734]

Es scheint, als hätte Unity zu jenen inoffiziellen Verbindungsleuten zwischen Hitler und profaschistischen britischen Kreisen gehört, die Karina Urbach in ihrer aufschlussreichen Studie über das Phänomen der *Go-Betweens* beschrieben hat. Der Politikquereinsteiger Hitler misstraute der offiziellen Diplomatie und setzte stattdessen verstärkt auf inoffizielle Strukturen. Die allermeisten Go-Betweens stammten aus dem Adel und hofften, durch Hitler verlorengegangenen Einfluss wiederzuerlangen.

Spekulationen, Unitys Verletzungen seien auf Fremdeinwirkung zurückzuführen, gab es im Übrigen schon zu ihren Lebzeiten. Als Jack Mitford, Unitys Onkel, im Februar 1940 in New York von Bord der RMS Lancastria ging, erklärte er den dort wartenden Reportern, dass seine Nichte sich die Schusswunde nicht selbst beigebracht habe, sich aber leider an nichts mehr erinnern könne.[735] Unity selbst schrieb im Mai 1941 an Jessica: »Du weißt ja, dass man mir in den Kopf geschossen hat. Nun, deshalb sind mein rechter Arm und mein rechtes Bein gelähmt.«[736]

Die französische Journalistin Geneviève Tabouis hatte jahrelang in ihren Artikeln vor dem Aufstieg der Nationalsozialisten gewarnt. Seit 1929 Auslandsredakteurin der linken Tageszeitung *L'Œuvre*, galt sie als außergewöhnlich gut informiert, sodass Hitler in einer Rundfunkansprache 1939 einmal bemerkte: »Und Madame Tabouis, die weiseste der Frauen, weiß, was ich tun werde, noch bevor ich es selbst weiß.«[737] Tabouis hatte sich für die Republik Spanien eingesetzt und Frankreich bei der deutschen Besetzung der Tschechoslowakei zur Intervention aufgefordert. Kurz bevor die Wehrmacht Paris erreichte, gelang ihr die Flucht über England in die USA, wo sie eine enge Freundin von Präsidentengattin Eleanor Roosevelt wurde. Tabouis erklärte, Unity sei auf ihrem üblichen Spaziergang zum Englischen Garten niedergeschossen worden. Ihre Thesen publizierte sie in Artikeln für *L'Œuvre* und *L'Égalité*. Darin hieß es, Himmler habe die Beseitigung Unity Mitfords angeordnet.[738] Geschossen habe der SS-Mann Karl August Scharenbach.

Was wirklich am 3. September in München geschah, lässt sich nicht eindeutig klären, genauso wenig wie die Hintergründe der Tat. Hat jemand auf Unity Mitford geschossen, um sie als feindliche Agentin aus dem Weg zu räumen? Hat sie auf sich selbst geschossen, weil man ihr mit Internierung gedroht hatte? Welche Nachricht hat Gauleiter Wagner ihr tatsächlich überbracht? Wurde sie in den Tod getrieben? Hat man Dinge von ihr verlangt, die sie nicht zu leisten bereit war? Weist die Notiz von Heeresadjutant Gerhard Engel vom 15. Juli 1940 in diese Richtung? »Weitere Frage war die Angelegenheit Mosley. Ob und wie man seiner habhaft werden könne. Dabei bedauerte F. [der »Führer«] das Schicksal Lady Mitfords. Sie habe die Nerven verloren, in einem Moment, wo er sie das erste Mal habe richtig gebrauchen können.«[739] Und was meinte Goebbels, als er in sein Tagebuch schrieb, der »Führer« habe handeln müssen, um sich vor Spionage zu schützen? Die eine Erklärung, die alle befriedigt, gibt es nicht. Ernest Pope glaubte, Unity habe einen Selbstmord vortäuschen wollen und sich dabei versehentlich stärker verletzt als beabsichtigt. Als Motiv führte er an, dass Unity am 3. September klar geworden sei, dass ihre Rolle als englische Nazi-Queen ein für alle Mal vorbei war, und sie zudem begriffen habe, dass Hitler sich für Eva Braun entschieden hatte. Da habe sie für einen spektakulären Abgang sorgen wollen.[740] Die Schüsse von München bleiben ebenso rätselhaft wie die strikte Weigerung der britischen Regierung, Unity zu internieren. Wäre das Ganze ein Hollywoodfilm, würde sich irgendwann einmal herausstellen, dass Unity tatsächlich die britische Agentin war, für die viele Nazis sie hielten.

Da es danach, zumindest augenblicklich, nicht aussieht, müssen wir uns mit dem zufriedengeben, was wir wissen. Demzufolge war Unity Mitford ein Zoon politikon, das sich einer schrecklichen Sache verschrieb – aus voller Überzeugung. Auch wenn sie die Folgen dieser Politik bis zum Beginn des Krieges vielleicht nicht in vollem Umfang abschätzen konnte, allein durch ihre Zugehörigkeit zum engsten Kreis um Hitler muss sie vieles gewusst haben. Dass sie Konzentrationslager und Gaskammern nicht erfunden hat und auch nicht in der Situation war, politisch relevante Entscheidungen zu treffen, spricht sie nicht von einer Mithaftung, die unabhängig vom eigenen Tun ist, frei. Ob sie sich, wie so viele der englischen Deutschlandpilger der dreißiger Jahre eines Tages losgesagt hätte vom Nationalsozialismus und begriffen hätte, welchen Verbrechern sie gefolgt war, wer kann das sagen? Die Nachkriegszeit hat gezeigt, wie wenige der Überzeugten in der Lage waren, Unrecht und Schuld einzugestehen. Viele derjenigen, die Unity Mitford nahestanden, ganz besonders ihre Schwester Diana, hatten damit die allergrößten Schwierigkeiten.

Die Geschichte der Unity Mitford ist aber nicht nur eine Geschichte der falschen Entscheidungen, sondern zeigt auch, wie gefährlich es ist, Entscheidungen zu unterlassen. Die Ursachen für den Zweiten Weltkrieg sind mannigfaltig. Sie liegen im Ersten Weltkrieg und in einem instabilen Frieden begründet. Mit Japan,

Italien und Deutschland gab es drei Aggressoren und mit Adolf Hitler einen konkreten Auslöser. Doch der Siegeszug des Faschismus und letztlich auch der Ausbruch des Zweiten Weltkriegs wurden befördert durch Versäumnisse, die nicht besser werden dadurch, dass sie dem durchaus positiven Bestreben geschuldet waren, einen großen Krieg zu verhindern. Äthiopien, Spanien, Österreich und die Tschechoslowakei wurden geopfert, um am Diktum »Nie wieder Krieg« festzuhalten. Nichteinmischung, Appeasement-Politik, das Kleinbeigeben um des lieben Friedens willen, Neutralität bewahren selbst im Anblick des Aggressors ließen Dantes berühmten Satz in Vergessenheit geraten: »Der heißeste Platz der Hölle ist für jene bestimmt, die in Zeiten der Krise neutral bleiben.«

Den Ernst der Lage zu verkennen kann verheerende Folgen haben. Mag auch heute, wie der Rechtsextremismusforscher Richard Stöss bereits 1991 formulierte, »Opas Faschismus tot [sein]«[741] und eine Renaissance des Faschismus alter Prägung unwahrscheinlich – wie groß das Potenzial einer populistisch-rechtsextremen Politik ist, erleben wir gerade jetzt in Europa. Lange Zeit fühlten wir uns so sicher wie die amerikanische Journalistin und Hitlergegnerin Dorothy Thompson, die noch Anfang der dreißiger Jahre über den unscheinbaren Kleinbürger Hitler spöttelte: »Oh Adolf, Adolf! Du wirst kein Glück haben.«[742] Wir stören uns kaum noch an der faschistischen Ästhetik, die längst Teil des Kunstbetriebs geworden ist. Man denke nur an die faszinierenden Auftritte der Avantgardeband Deutsch Amerikanische Freundschaft in den achtziger Jahren oder an coole Filme wie Shakepeares *Richard III.* mit Ian McKellen in der Hauptrolle. Die Gefahr, dass die politische Monstrosität des Faschismus durch diese ästhetische Betrachtungsweise neutralisiert wird, scheint uns mehr als siebzig Jahre nach dem Zweiten Weltkrieg weithergeholt. Wir halten uns für aufgeklärt genug, Leni Riefenstahls Filme aus ihrem zeitgeschichtlichen Kontext herauszulösen und allein unter ästhetischen Gesichtspunkten zu betrachten – und stehen nun fassungslos einem Phänomen gegenüber, das wir überwunden glaubten, da der Nationalsozialismus, abgesehen von einer wie auch immer gearteten Ästhetik, doch für nichts anderes als für Brutalität und Terror steht. Aber das ist bei weitem nicht alles, wie Susan Sontag schon vor Jahren in ihrem Essayband *Im Zeichen des Saturn* dargelegt hat: »Der Nationalsozialismus – oder allgemeiner, der Faschismus – steht auch für ein Ideal oder besser für Ideale, die heute noch unter anderer Flagge lebendig sind; das Ideal des Lebens als Kunst, den Kult der Schönheit, den Fetischismus des Mutes, die Überwindung der Enfremdung im ekstatischen Gemeinschaftsgefühl, die Ablehnung des Intellekts, die Menschheit als große Familie (mit Führern als Vater- und Mutterfiguren). Diese Ideale sind für viele Menschen lebendig und mitreißend.«[743]

Wir müssen Antennen entwickeln für die faschistischen Sehnsüchte mitten unter uns, denn nur dann können wir ihnen entgegentreten. Und wir müssen erkennen, dass der Faschismus heute nicht mehr in Springerstiefeln und in Form des »hässlichen Deutschen« daherkommt. Das Böse ist wandelbar und Unity Mitford ein gutes Beispiel dafür, wie sympathisch, humorvoll und hübsch es anmuten kann. Sie war das schöne Gesicht des Faschismus, und ihre Geschichte zeigt, dass schreckliche Worte auch aus einem chanelrot geschminkten Mund kommen können. Alte Nazis und junge Skinheads sind heute weniger das Problem als die vielen weiblichen und männlichen Unity Mitfords, die uns tagtäglich freundlich lächelnd begegnen. Ihnen gegenüber gilt es, unsere zivilgesellschaftlichen Werte zu verteidigen, ihnen nicht länger mit Ignoranz und Sorglosigkeit zu begegnen. Wir müssen aufstehen gegen sie, und zwar nicht als *appeasers* – sondern als entschiedene Gegner. Und all den Ängstlichen, Zweifelnden und Anfälligen müssen wir eines klarmachen:

Ganz gleich, wie kompliziert die Lage ist: Es ist in jeder Situation erlaubt, zu denken.

Anmerkungen

1 Price, I Know These Dictators, S. 34.
2 Edward Gottlieb: Her heart crushed by Hitler's fist. Unity Freeman-Mitford lies shattered, broken at her home, *Miami Herald*, 14.1.1940, S. 6.
3 Gun, Eva Braun-Hitler, S. 148.
4 Reck-Malleczewen, Tagebuch, S. 21.
5 Large, Hitlers München, S. 351.
6 Pope, Munich Playground, S. 133.
7 Riefenstahl, Memoiren, S. 312.
8 Pryce-Jones, Unity Mitford, S. 196 f.
9 Pope, Munich Playground, S. 132.
10 Feuchtwanger, E., Als Hitler unser Nachbar war, S. 180.
11 Herf, Reactionary Modernism.
12 Ernst Bloch: Amusement Co., Grauen, Drittes Reich, in: Bloch, Erbschaft dieser Zeit, S. 65.
13 Schwarz, Die Reise ins Dritte Reich, S. 381.
14 Beatrice Webb: Tagebuch, 2.7.1934, in: Beatrice Webb's Typescript Diary, 4.1.1932–29.12.1934, LSE Digital Library.
15 H. G. Wells: Leserbrief an die *Times*, 22.9.1933, S. 14.
16 Koonz, Mütter im Vaterland.
17 Kurt Tucholsky: Der Krieg und die deutsche Frau, in: Tucholsky, Gesammelte Werke. Band 5, S. 267 f.
18 Rod Liddle: David Bowie once praised Hitler … but he was always changing his tune, *The Spectator*, Januar 2016.
19 Hobsbawm, Das Zeitalter der Extreme, S. 19.
20 Susan Sontag: Annäherung an Artaud, in: Sontag, Im Zeichen des Saturn, S. 91.
21 Arendt, Eichmann in Jerusalem, S. 129.
22 Reinhard Kaiser: Witze und Wunden. Nancy Mitford und ihre Romane. Radio Essay, *Süddeutscher Rundfunk Kultur*, 8.6.1993.
23 Nancy Mitford: Blor, *The Sunday Times*, 1962, zitiert in: Schädlich, Die Mitford Sisters, S. 32.
24 Mitford, N., The Water Beetle, S. 5.
25 Dalley, Diana Mosley, S. 2.
26 Nancy Mitford: Die englische Aristokratie, in: Mitford, N., Böse Gedanken, S. 8.
27 Murphy, The Mitford Family Album, o. S.
28 David Mitford an seine Mutter, Herbst 1904, in: Hastings, Nancy Mitford, S. 17.

29 David Mitford an seine Mutter, November 1904, in: Ebenda.
30 Lovell, The Sisters, S. 22.
31 Mitford, N., Liebe unter kaltem Himmel, S. 239.
32 Nancy Mitford: Mothering the Mitfords, *The Sunday Times*, August 1962.
33 Litchfield, Hitler's Valkyrie, S. 15.
34 Guinness, House, S. 84.
35 Mosley, D., Life, S. 16.
36 George Bernard Shaw, 1930, zitiert in: Lobenstein-Reichmann, Houston Stewart Chamberlain, S. 23 f.
37 Houston Stewart Chamberlain an Adolf Hitler, 7. 10. 1923 aus Bayreuth, in: Chamberlain, Briefe, S. 124/126.
38 Devonshire, Wait, S. 28.
39 Geoffrey Bowles, in: Mitford, J., Hunnen, S. 36.
40 Ebenda, S. 19.
41 Mosley, D., Life, S. 32.
42 Ebenda, S. 27.
43 D. Mosley: Violet Hammersley, in: Mosley, D., Loved Ones, S. 35.
44 Ebenda, S. 37.
45 Mosley, D., Life, S. 26.
46 Devonshire, Wait, S. 1.
47 Ebenda, S. 35.
48 Hastings, Nancy Mitford, S. 52.
49 Jessica Mitford, zitiert in: Reinhard Kaiser: Witze und Wunden. Über Nancy Mitford und ihre Romane, *Frankfurter Rundschau*, 3. 7. 1993.
50 Graham / Frank, F. Scott Fitzgerald, S. 137.
51 D. Devonshire im Gespräch mit Archie Orr-Ewing, Landlord des Swan Inn, Swinbrook 2010,
http://www.theswanswinbrook.co.uk/blog.
52 N. Mitford an J. Mitford, Oktober 1971 aus Versailles, in: Mosley, Ch. (Hrsg.), Love, S. 549.
53 Mitford, J., Hunnen, S. 17.
54 Mitford, N., Liebschaften, S. 20.
55 Lees-Milne, Another Self, S. 61 f.
56 Ebenda, S. 15 f.
57 Mosley, D., Life, S. 37.
58 Mitford, N., Liebschaften, S. 44.
59 Diana Mitford, in: Schädlich, Die Mitford Sisters, S. 33 f.
60 N. Mitford an Lady Redesdale, Sommer 1922 aus Paris, in: Hastings, Nancy Mitford, S. 57.
61 Mitford, N., Liebschaften, S. 70.
62 Mitford, J., Hunnen, S. 17.
63 Ebenda, S. 17 f.
64 Devonshire, Wait, S. 43.
65 Guinness, House, S. 259.
66 Schädlich, Die Mitford Sisters, S. 29.
67 Tim Bailey im Interview mit Pryce-Jones, in: Pryce-Jones, Unity Mitford, S. 22.
68 Ebenda, S. 22 f.
69 Joan Farrer im Interview mit Pryce-Jones, in: Ebenda, S. 25.
70 W. Churchill gegenüber T. Mitford, in: David Pryce-Jones: Nachwort zu Mitford, N., Liebschaften, S. 313.

71 Sarah Churchill im Interview mit Pryce-Jones, in: Pryce-Jones, Unity Mitford, S. 23.
72 Soames, A Daughter's Tale, S. 101.
73 N. Mitford an T. Mitford, 27. 11. 1926 aus Paris, in: Mosley, Ch. (Hrsg.), Love, S. 44 f.
74 Mitford, J., Hunnen, S. 9.
75 Mitford, N., Liebschaften, S. 26.
76 N. Mitford an T. Mitford, Dezember 1926 aus Swinbrook House, in: Mosley, Ch. (Hrsg.), Love, S. 46 f.
77 Mitford, J., Hunnen, S. 10.
78 Diana Mitford, in: David Pryce-Jones: Nachwort zu Mitford, N., Liebschaften, S. 310.
79 Schädlich, Die Mitford Sisters, S. 42.
80 Rudbin Rodzianko (Farrer) im Interview mit Pryce-Jones, in: Pryce-Jones, Unity Mitford, S. 25.
81 Spence, The Mitford Girls' Guide to Life, S. 29.
82 Miss Hussey im Interview mit Pryce-Jones, in: Pryce-Jones, Unity Mitford, S. 34.
83 Mitford, J., Hunnen, S. 12.
84 Ebenda, S. 46.
85 Mitford, J., A Fine Old Conflict, S. 1.
86 Constancia Arnold im Interview mit Pryce-Jones, in: Pryce-Jones, Unity Mitford, S. 21.
87 N. Mitford an T. Mitford, zwanziger Jahre, zitiert in: Hastings, Nancy Mitford, S. 64.
88 Mitford, J., Hunnen, S. 41.
89 Waugh, Wiedersehen mit Brideshead, S. 30 f.
90 Forsyth, The Horologicon, S. 51.
91 »Umbrageous outlook at Oxford. Ancient university is tottering to its fall«, *Gownsman*, 14. 5. 1927, S. 9.
92 Devonshire, Wait, S. 8.
93 Lovell, The Sisters, S. 72.
94 N. Mitford an T. Mitford, 25. 2. 1928 aus Swinbrook, in: Mosley, Ch. (Hrsg.), Love, S. 51.
95 N. Mitford gegenüber J. Mitford, in: Mitford, J., Hunnen, S. 45.
96 N. Mitford an Diana Mitford, 1927 aus London, in: Mosley, Ch. (Hrsg.), The Mitfords, S. 14.
97 T. Mitford an Lady Redesdale, August 1930, in: Devonshire, Wait, S. 59.
98 N. Mitford an T. Mitford, 1928, in: Hastings, Nancy Mitford, S. 87.
99 Alan Travis: MI5 spied on Tallulah's romp with Eton boys, *The Guardian*, 3. 3. 2000.
100 Schädlich, Die Mitford Sisters, S. 49.
101 Hastings, Nancy Mitford, S. 89.
102 N. Mitford an Mark Ogilvie-Grant, 26. 3. 1929, in: Mosley, Ch. (Hrsg.), Nancy Mitford, S. 1.
103 N. Mitford an Mark Ogilvie-Grant, 15. 3. 1931 aus High Wycombe, in: Mosley, Ch. (Hrsg.), Love, S. 73.
104 N. Mitford, in: Hastings, Nancy Mitford, S. 99.
105 Mosley, D., Pursuit, S. 59.
106 Mitford, J., Hunnen, S. 49 f.
107 Ebenda, S. 50 f.
108 Mosley, D., Life, S. 70.
109 N. Mitford, in: Ebenda, S. 65.
110 Waugh, Lust und Laster, S. 4.
111 D. Mosley über Evelyn Waugh, in: Mosley, D., Loved Ones, S. 57.

112 Mosley, D., Life, S. 75.
113 Evelyn Waugh an D. Mosley, 6. 3. 1966, in: Amory (Hrsg.), The Letters of Evelyn Waugh, S. 638.
114 Dora Carrington an Lytton Strachey, in: Mosley, D., Loved Ones, S. 27.
115 Mitford, N., Liebschaften, S. 79.
116 Alexander, The Other Mitford, S. 55.
117 Hillier, Young Betjeman, S. 302.
118 W. H. Auden an eine Freundin, Dezember 1928, in: Kemp, Foreign Affairs, S. 164.
119 Mosley, D., Life, S. 74.
120 Mitford, J., Hunnen, S. 68.
121 Rehak, Hitler's English Girlfriend, S. 28.
122 Pryce-Jones, Unity Mitford, S. 41.
123 Schädlich, Die Mitford Sisters, S. 44.
124 Lady Redesdale, in: Guinness, House, S. 292.
125 Mount, Cold Cream, S. 16.
126 Pryce-Jones, Unity Mitford, S. 46.
127 N. Mitford an D. Guinness, März 1931 aus Swinbrook, in: Mosley, Ch. (Hrsg.), The Mitfords, S. 22.
128 Evelyn Waugh, in: *The Lancing College Magazine*, Dezember 1921, zitiert in: Gallagher, D. (Hrsg.), The Essays, Articles and Reviews of Evelyn Waugh, S. 11.
129 N. Mitford an Mark Ogilvie-Grant, 4. 2. 1931 aus London, in: Mosley, Ch. (Hrsg.), Love, S. 70.
130 Ebenda, S. 70 ff.
131 N. Mitford an Mark Ogilvie-Grant, 28. 3. 1931 aus High Wycombe, in: Ebenda, S. 74.
132 N. Mitford, in: Hastings, Nancy Mitford, S. 98 f.
133 N. Mitford an Mark Ogilvie-Grant, 22. 1. 1932 aus Burford, in: Mosley, Ch. (Hrsg.), Love, S. 76.
134 Beatrice Webb: Tagebuch, 8. 6. 1922, in: Beatrice Webb's Typescript Diary, 9. 12. 1916–10. 10. 1924, LSE Digital Library.
135 Bauerkämper, Die »radikale Rechte« in Großbritannien, S. 166.
136 De Courcy, Diana Mosley, S. 72.
137 Christopher Isherwood, in: *Action*, 1931, zitiert in: William Ostrem: The Dog beneath the Schoolboy's Skin. Isherwood, Auden and Fascism, in: Berg/Truman (Hrsg.), The Isherwood Century, S. 164.
138 Lees-Milne, Another Self, S. 97.
139 Litchfield, Hitler's Valkyrie, S. 98.
140 Hans Woller: Churchill und Mussolini. Vierteljahreshefte für Zeitgeschichte. Institut für Zeitgeschichte München, Berlin, Jahrgang 49 (2001), Heft 4, S. 569.
141 Ponting, Churchill, S. 351.
142 Surette, Dreams of a Totalitarian Utopia, S. 144.
143 Mosley, O., The Greater Britain, S. 26.
144 Griffin, Fascism, S. 45.
145 »Sir Oswald Mosley antisemite«, *Jewish Chronicle*, 11. 11. 1933.
146 Thomas, Popular Newspapers, S. 75.
147 Mosley, N., Beyond the Pale, S. 30 f.
148 Mary Richardson: My reply to Sylvia Pankhurst, *The Blackshirt*, 29. 6. 1934, S. 3.
149 Dorril, Blackshirt, S. 153.
150 De Courcy, Diana Mosley, S. 88.
151 Guinness, House, S. 322 f.
152 Litchfield, Hitler's Valkyrie, S. 110.

153 D. Guinness an N. Mitford, 25. 12. 1932 aus London, in: Mosley, Ch. (Hrsg.), The Mitfords, S. 27
154 N. Mitford an Hamish St. Clair Erskine, 14. 6. 1933 aus London, in: Thompson, L., Life, S. 98 f.
155 Devonshire, Wait, S. 73.
156 U. Mitford an D. Guinness, Mai 1932 aus London, in: Mosley, Ch. (Hrsg.), The Mitfords, S. 23.
157 »The Dragoman: The Talk of London«, *Daily Express*, 2. 6. 1932, S. 17.
158 *Daily Mail*, Ende März 1933, zitiert in: Pryce-Jones, Unity Mitford, S. 50.
159 Tagebucheintrag von Barbara Hutchinson, zitiert in: Rothschild, Die Jazz-Baroness, S. 114.
160 Nat Hentoff: The Jazz Baroness, *Esquire*, Oktober 1960.
161 Rothschild, Die Jazz-Baroness, S. 139.
162 Pryce-Jones, Unity Mitford, S. 50.
163 Elizabeth Powell (Lady Glenconnor) im Interview mit Pryce-Jones, in: Ebenda, S. 50.
164 Vivian Mosley, in: De Courcy, Diana Mosley, S. 109.
165 Georgia Sitwell, in: Litchfield, Hitler's Valkyrie, S. 107.
166 Mitford, J., Hunnen, S. 78.
167 Ebenda, S. 82.
168 Ebenda, S. 83.
169 Ebenda.
170 Alderley, Sea Peace, S. 82.
171 N. Mitford an Mark Ogilvie-Grant, 14. 8. 1933 aus Christchurch, in: Mosley, Ch. (Hrsg.), Love, S. 90.
172 Hastings, Nancy Mitford, S. 113.
173 Evelyn Waugh an N. Mitford, 1933, in: Thompson, L., Life, S. 100.
174 Waugh, Ausflug ins wirkliche Leben, S. 415.
175 Thompson, L., Life, S. 119.
176 N. Mitford an D. Guinness, 8. 11. 1933 aus Burford, in: Mosley, Ch. (Hrsg.), Love, S. 92.
177 Conradi, Hitlers Klavierspieler, S. 57.
178 Hanfstaengl, Zwischen Weißem und Braunem Haus, S. 36 ff.
179 Martynkewicz, Salon Deutschland, S. 63 f.
180 Martha Schad: »Das Auge war vor allen Dingen ungeheuer anziehend«, in: Leutheusser (Hrsg.), Hitler und die Frauen. S. 48.
181 Winifred Wagner im Interview mit Hans Jürgen Syberberg, in: Syberberg, Winifred Wagner und die Geschichte des Hauses Wahnfried 1914–1975. Filmdokumentation von 1975.
182 Heer / Fritz (Hrsg.), »Weltanschauung en marche«, S. 111 f.
183 Winifred Wagner im Interview mit Hans Jürgen Syberberg (wie in Anm. 181).
184 Arendt, Elemente und Ursprünge totaler Herrschaft, S. 536.
185 John Clayton: Sharp fighthing ends royalist coup in Munich, *Chicago Daily Tribune*, 10. 11. 1923, S. 1.
186 Hanfstaengl, Zwischen Weißem und Braunen Haus, S. 6.
187 Rudolf Heß an Ilse Pröll, 14. 10. 1924, in: Martha Schad: »Das Auge …«, in: Leutheusser (Hrsg.), Hitler und die Frauen, S. 43 f.
188 Klaus Wiegrefe: Sieg um jeden Preis, *Der Spiegel*, Nr. 33. 16. 8. 2010, S. 56 ff.
189 Manchester, The Last Lion, S. 68.
190 Thompson, D., Kassandra spricht, S. 41.

191 Otto Wels: Rede zur Begründung der Ablehnung des Ermächtigungsgesetzes, Reichstagssitzung vom 23. 3. 1933 in der Berliner Krolloper, https://www.youtube.com/watch?v=bmhB6D1_AIc.
192 D. Guinness an Roy Harrod, Sommer 1933, in: Guinness, House, S. 326.
193 Kemp, Foreign Affairs, S. 249.
194 Steinhaus, Valkyrie, S. 63.
195 Hanfstaengl, Zwischen Weißem und Braunen Haus, S. 308.
196 Mosley, D., Life, S. 103.
197 Hanfstaengl, Zwischen Weißem und Braunen Haus, S. 308 f.
198 Zitiert in: Martha Schad: »Das Auge …«, in: Leutheusser (Hrsg.), Hitler und die Frauen, S. 103.
199 Mosley, D., Life, S. 103.
200 Mary Ormsby-Gore, in: Lovell, The Sisters, S. 125.
201 U. Mitford an Lady Redesdale, in: Steinhaus, Valkyrie, S. 70.
202 Devonshire, Wait, S. 74.
203 Ernst Bloch: Amusement Co., Grauen, Drittes Reich, in: Bloch, Erbschaft dieser Zeit, S. 65 f.
204 Lees-Milne, Another Self, S. 62.
205 U. Mitford, in: Steinhaus, Valkyrie, S. 71 f.
206 Lord Redesdale an D. Guinness, 7. 9. 1933, in: Schädlich, Die Mitford Sisters, S. 115.
207 Nancy Mitford: Fascism as I see it, *Vanguard*, Juli 1934.
208 Charlotte Mosley: Nachwort zu Mitford, N., Landpartie, S. 244.
209 Lord Rothermere an O. Mosley, Juni 1934, in: Schädlich, Die Mitford Sisters, S. 105.
210 Schad, Hitlers Spionin, S. 36.
211 Fromm, Als Hitler mir die Hand küsste, S. 138.
212 Schad, Hitlers Spionin, S. 44.
213 U. Mitford an D. Guinness, 12. 6. 1934 aus München, in: Mosley, Ch. (Hrsg.), The Mitfords, S. 46.
214 U. Mitford an Lady Redesdale, Juni 1934 aus München, in: Steinhaus, Valkyrie, S. 79.
215 Bauerkämper, Die »radikale« Rechte in Großbritannien, S. 209.
216 U. Mitford an Lady Redesdale, Juni 1934 aus München, in: Steinhaus, Valkyrie, S. 77.
217 U. Mitford an D. Guinness, 12. 6. 1934 aus München, in: Mosley, Ch. (Hrsg.), The Mitfords, S. 46.
218 Derek Hill im Interview mit De Courcy, in: De Courcy, Diana Mosley, S. 135.
219 U. Mitford an ihre Eltern, Sommer 1934 aus München, in: Steinhaus, Valkyrie, S. 76.
220 Ebenda.
221 Biographical sketches of Hitler and Himmler, Geheimes CIA-Memo, Office of Strategic Services USA, 3. 12. 1943, S. 44.
222 »Von guter Selbstzucht und Beherrschung«, *Der Spiegel*, Nr. 16, April 1989, S. 61.
223 U. Mitford an D. Guinness, 25. 1. 1935 aus München, in: Guinness, House, S. 364.
224 U. Mitford an D. Guinness, 1. 7. 1934 aus München, in: Mosley, Ch. (Hrsg.), The Mitfords, S. 47.
225 De Courcy, Diana Mosley, S. 135.
226 U. Mitford an Lady Redesdale, Juli 1934 aus München, in: Steinhaus, Valkyrie, S. 89.

227 Lady Redesdale, in: Guinness, House, S. 367.
228 U. Mitford an N. Mitford, Juli 1934 aus München, in: Mosley, Ch. (Hrsg.), The Mitfords, S. 49.
229 Mitford J., Hunnen, S. 85.
230 »Court Circular«, *Times*, 11. 6. 1934 und 28. 7. 1934.
231 Murphy, Family Album, o. S.
232 »Germany will never start another war says Hitler. Intention of annexing Austria denied by chancellor«, *The Deseret News*, 6. 8. 1933, S. 2.
233 Shirer, Das Jahrzehnt des Unheils, S. 69.
234 Mosley, D., Life, S. 111.
235 Litchfield, Hitler's Valkyrie, S. 133.
236 Pryce-Jones, Unity Mitford, S. 102.
237 U. Mitford an Lady Redesdale, Winter 1934 aus München, in: Steinhaus, Valkyrie, S. 94.
238 Lady Phipps im Interview mit Pryce-Jones, in: Pryce-Jones, Unity Mitford, S. 99 f.
239 U. Mitford an D. Guinness, 19. 1. 1935 aus München, in: Guinness, House, S. 369.
240 Feuchtwanger, Erfolg, S. 799 f.
241 Mann, Der Wendepunkt, S. 241.
242 Erika Mann über Brian Howard, http://www.goodreads.com/review/show/240553736.
243 Lancaster, Brian Howard, S. 204.
244 Brian Howard: The Nazi looks at art, *New Statesman*, April 1933.
245 U. Mitford an Lady Redesdale, 28. 1. 1935 aus München, in: Steinhaus, Valkyrie, S. 103.
246 Lancaster, Brian Howard, S. 360 f.
247 U. Mitford an D. Guinness, 8. 2. 1934 aus München, in: Guinness, House, S. 369.
248 Bedford, Treibsand, S. 355.
249 Burn, Towards the Sun, S. 78 f.
250 Mosley, D., Life, S. 111 f.
251 Schirach, Frauen um Hitler, S. 84.
252 U. Mitford an D. Guinness, 10. 2. 1935 aus München, in: Mosley, N., Beyond the Pale, S. 68.
253 Pryce-Jones, Unity Mitford, S. 65.
254 U. Mitford an D. Guinness, 10. 2. 1935 aus München, in: Mosley, N., Beyond the Pale, S. 68.
255 Hitlers Autogramm für U. Mitford vom 9. 2. 1935, in: Dalley, Diana Mosley, S. 178.
256 Micky Burn im Interview, in: Lovell, The Sisters, S. 183.
257 Guinness, House, S. 376.
258 De Courcy, Diana Mosley, S. 145.
259 Sigmund, Die Frauen der Nazis, S. 104.
260 T. Mitford an U. Mitford, Frühjahr 1935 aus London, in: Guinness, House, S. 377 f.
261 Dies geht aus einem Brief N. Mitfords an U. Mitford vom 23. 4. 1935 aus Burford hervor, in: Mosley, Ch. (Hrsg.), The Mitfords, S. 53.
262 U. Mitford an D. Guinness, 25. 4. 1935 aus München, in: Ebenda, S. 54.
263 Ebenda.
264 Lady Redesdale, in: Guinness, House, S. 366.
265 Skidelsky, Oswald Mosley, S. 323 und 353 ff.
266 Bauerkämper, Die »radikale Rechte« in Großbritannien, S. 187.
267 Mosley, O., Weg und Wagnis, S. 292.

268 Hamann, Winifred Wagner oder Hitlers Bayreuth, S. 304.
269 J. Goebbels: Tagebuch, 27. 4. 1935, in: Goebbels, Tagebücher. Teil 1. Band 3/I. April 1934–Februar 1936, S. 223.
270 U. Mitford an D. Mosley, 8. 4. 1937 aus München, in: Mosley, Ch. (Hrsg.), The Mitfords, S. 89.
271 U. Mitford an Lord Redesdale, Mai 1935 aus München, in: Devonshire, Wait, S. 76.
272 N. Mitford an U. Mitford, 23. 4. 1935 aus Burford, in: Mosley, Ch. (Hrsg.), The Mitfords, S. 53.
273 Dorril, Blackshirt, S. 344 f.
274 Sefton Delmer: She adores Hitler. Daughter of a British peer, *Sunday Express*, 28. 5. 1935, S. 17.
275 Ebenda.
276 »Der Chef vom Dienst. Sefton Delmer«, *Der Spiegel*, Nr. 44, 1962, S. 41 ff.
277 Eva Braun: Tagebuch, 10. 5. 1935, National Archives, College Park at Maryland, Nr. 6921915, https://research.archives.gov/id/6921915.
278 Domarus (Hrsg.), Hitler. Reden und Proklamationen, S. 506.
279 Ebenda, S. 512 f.
280 *Times*, 22. 5. 1935, zitiert in: Zentner, Hitlers ›Mein Kampf‹, S. 136.
281 Dorril, Blackshirt, S. 343 f.
282 Zentner, Hitlers ›Mein Kampf‹, S. 698.
283 Lovell, The Sisters, S. 207.
284 Ingrim, Hitlers glücklichster Tag. London, am 18. Juni 1935.
285 Meldung des Deutschen Nachrichtenbüros DNB, 21. 9. 1936, BArch Koblenz, R 43 II England.
286 Kershaw, Hitlers Freunde in England, S. 173.
287 Lady Londonderry an Adolf Hitler, 21. 2. 1936, in: Ebenda, S. 178.
288 Griffith, Fellow Travellers, S. 175.
289 Mary Woodisse im Interview mit Pryce-Jones, in: Pryce-Jones, Unity Mitford, S. 103.
290 Michael Burn im Interview mit Rasmus Gerlach, in: Rasmus Gerlach, Unity, Putzi und Blondie, Dokumentarfilm, *MDR*, 2002.
291 Albert Speer im Interview mit Pryce-Jones, in: Pryce-Jones, Unity Mitford, S. 96 f.
292 Mosley, D., Life, S. 140.
293 Ebenda.
294 U. Mitford an Lady Redesdale, 4. 6. 1935 aus München, in: Steinhaus, Valkyrie, S. 133.
295 U. Mitford an D. Guinness, 12. 6. 1935 aus München, in: Mosley, Ch. (Hrsg.), The Mitfords, S. 56.
296 Ebenda, S. 56.
297 Album U. Mitford, in: Ebenda, S. 57.
298 Graham/Frank, F. Scott Fitzgerald, S. 148.
299 Vertrauliche Anfrage der Polizeidirektion München vom 2. 5. 1935, Bayer. Staatsarchiv München, Pol. Dir. München 10117.
300 Ebenda.
301 Bayer. Politische Polizei, 14. 5. 1935, Bayer. Staatsarchiv München, Pol. Dir. München 10117.
302 U. Mitford, Antrag auf Ausstellung eines neuen Passes, 2. 7. 1935, National Archives Kew, KV-2-882_70.jpg.
303 Anfrage der Polizeidirektion München an die Universität München, 28. 5. 1935, Bayer. Staatsarchiv München, Pol. Dir. München 10117.

304 Zentralpolizeistelle Bayer. Politische Polizei II/1A, 1.8.1935, Bayer. Staatsarchiv München, Pol. Dir. München 10117.
305 Albert Speer im Interview mit Pryce-Jones, in: Pryce-Jones, Unity Mitford, S. 97.
306 Dorill, Blackshirt, S. 345.
307 De Courcy, Diana Mosley, S. 153.
308 Schädlich, Die Mitford Sisters, S. 151 f.
309 Dorril, Blackshirt, S. 346.
310 »Eine britische Faschistin erzählt«, *Münchner Zeitung*, 22./23.6.1935.
311 Foreign Office 1935, National Archives Kew, FO 371/18859.
312 U. Mitford an Lady Redesdale, Juni 1935 aus München, in: Guinness, House, S. 379.
313 *Wörnitz-Bote*, 24.6.1935.
314 Ebenda, 25.6.1935.
315 Der Frankentag auf dem Hesselberg, 23.6.1935, *Transit Film*.
316 »Miss Mitford antwortet!«, *Fränkische Tageszeitung*, 24.6.1935, S. 8.
317 *Daily Telegraph*, 24.6.1935.
318 U. Mitford an Lady Redesdale, 25.6.1935 aus München, in: Steinhaus, Valkyrie, S. 139.
319 N. Mitford an U. Mitford, 29.6.1935 aus Strand-on-the-Green, in: Mosley, Ch. (Hrsg.), The Mitfords, S. 60.
320 U. Mitford: Brief einer Engländerin, *Der Stürmer*, Juli 1935.
321 Dorril, Blackshirt, S. 325.
322 Pryce-Jones, Unity Mitford, S. 73
323 Ebenda, S. 53.
324 Ebenda, S. 57.
325 Videointerview mit Arno Hamburger, http://www.hdbg.eu/zeitzeugen/video_inhalt.php?id=104.
326 Schädlich, Die Mitford Sisters, S. 153.
327 U. Mitford an Lady Redesdale, ohne Datum, in: Steinhaus, Valkyrie, S. 141.
328 U. Mitford an D. Guinness, 26.7.1935 aus High Wycombe, in: Guinness, House S. 380.
329 »›Out with the Jews‹. Hon. Unity Mitford's letter to German leader«, *Gloucestershire Echo*, 26.7.1935, S. 1.
330 »›Unity‹ is not strength«, *Jewish Chronicle*, 2.8.1935.
331 Ebenda.
332 Metropolitan Police Special Branch, Subject Unity Mitford, 2.8.1935, National Archives Kew, KV-2-882_81.jpg.
333 Hastings, Nancy Mitford, S. 129.
334 Mitford, N., Landpartie, S. 17.
335 N. Mitford an U. Mitford, 8.5.1934 aus Strand-on-the Green, in: Mosley, Ch. (Hrsg.), The Mitfords, S. 44.
336 U. Mitford an N. Mitford, Juli 1934 aus München, in: Hastings, Nancy Mitford, S. 130.
337 Mitford, N., Landpartie, S. 43.
338 J. Mitford an D. Guinness, 17.6.1935 aus Swinbrook, in: Sussman (Hrsg.), Decca, S. 19.
339 N. Mitford an D. Guinness, 7.11.1934 aus Strand-on-the-Green, in: Mosley, Ch. (Hrsg.), Love, S. 94.
340 Mitford, N., Landpartie, S. 57.
341 N. Mitford an D. Guinness, 18.6.1935 aus Billinghurst, in: Mosley, Ch. (Hrsg.), Love, S. 100.

342 N. Mitford an U. Mitford, 21. 6. 1935 aus Strand-on-the-Green, in: Ebenda, S. 101.
343 Hastings, Nancy Mitford, S. 134.
344 N. Mitford an Evelyn Waugh, 8. 11. 1951 aus Paris, in: Mosley, Ch. (Hrsg.), The Letters of Nancy Mitford and Evelyn Waugh, S. 249.
345 N. Mitford an U. Mitford, 29. 6. 1935 aus Strand-on-the Green, in: Mosley, Ch. (Hrsg.), The Mitfords, S. 60 f.
346 N. Mitford an J. Mitford, 26. 5. 1937 aus London, in: Ebenda, S. 97.
347 N. Mitford an U. Mitford, 4. 8. 1935 aus London, in: Ebenda, S. 62.
348 Michael Burn an seine Eltern, 16. 8. 1935 aus München, in: Burn, Towards the Sun, S. 70.
349 Michael Burn an seine Eltern, 22. 8. 1935 aus München, in: Ebenda, S. 70.
350 Michael Burn an seine Eltern, 26. 8. 1935 aus München, in: Ebenda, S. 71.
351 Michael Burn an seine Eltern, 8. 9. 1935 aus Nürnberg, in: Ebenda, S. 71.
352 Lorant, Ich war Hitlers Gefangener.
353 Burn, Towards the Sun, S. 75.
354 U. Mitford an Lady Redesdale, 2. 10. 1935 aus München, in: Steinhaus, Valkyrie, S. 161.
355 »Auslandsdeutsche lernen Julius Streicher kennen und lieben«, *Fränkische Tageszeitung*, 10. 9. 1935, S. 4.
356 Burn, Torwards the Sun, S. 73 f.
357 T. E. Lawrence: Telegramm an Henry Williamson, 13. 5. 1935, in: T. E. Lawrence Studies, Correspondence and works by T. E. Lawrence, http://www.telstudies.org/writings/letters/1935/350513_williamson.shtml.
358 Stannard, Evelyn Waugh, S. 176 ff.
359 Heygate, These Germans, S. 179 f.
360 Frank Buchman im Interview mit W. A. H. Birnie, *New York World-Telegram*, 26. 8. 1936.
361 »Gesellschaft Moralische Aufrüstung. Die Caux-Existenz«, *Der Spiegel*, Nr. 42, 13. 10. 1954, S. 24 f.
362 D. Mosley an U. Mitford, 3. 8. 1937 aus Ashbourne, in: Mosley, Ch. (Hrsg.), The Mitfords, S. 111.
363 Gesetz zum Schutze des deutschen Blutes und der deutschen Ehre, 15. 09. 1935, http://www.documentArchiv.de/ns/nbgesetze01.html.
364 Burn, Towards the Sun, S. 74.
365 Michael Burn an seinen Vater, 20. 9. 1935 aus München, in: Ebenda, S. 72.
366 Ebenda.
367 Thompson, L., Life, S. 131.
368 U. Mitford an Lady Redesdale, 23. 9. 1935, in: Steinhaus, Valkyrie, S. 162.
369 Ebenda, S. 164.
370 J. Goebbels: Tagebuch, 24. 10. 1935, in: Goebbels, Tagebücher. Teil 1. Band 3/I. April 1934–Februar 1936, S. 316.
371 U. Mitford an Lady Redesdale, 24. 10. 1935, in: Steinhaus, Valkyrie, S. 164.
372 Schirach, Frauen um Hitler, S. 90 f.
373 Mitford, J., Hunnen, S. 86 f.
374 U. Mitford an Lady Redesdale, 21. 12. 1935 aus München, in: Steinhaus, Valkyrie, S. 175.
375 Schädlich, Die Mitford Sisters, S. 154.
376 U. Mitford an Lady Redesdale, 25. 12. 1935 aus München, in: Steinhaus, Valkyrie, S. 178.
377 Mitford, J., Hunnen, S. 87.

378 U. Mitford an D. Guinness, 8. 2. 1936 aus München, in: Mosley, Ch. (Hrsg.), The Mitfords, S. 70.
379 J. Goebbels: Tagebuch, 11. 2. 1936, in: Goebbels, Tagebücher. Teil 1. Band 3/I. April 1934–Februar 1936, S. 378.
380 U. Mitford an D. Guinness, 8. 2. 1936 aus München, in: Mosley, Ch. (Hrsg.), The Mitfords, S. 69.
381 Dalley, Diana Mosley, S. 186.
382 Ebenda, S. 185 f.
383 U. Mitford an Lady Redesdale, 2. 1. 1936 aus München, in: Steinhaus, Valkyrie, S. 179.
384 Prinz zu Schaumburg-Lippe im Interview mit Pryce-Jones, in: Pryce-Jones, Unity Mitford, S. 129.
385 Alan Searle im Interview mit Pryce-Jones, in: Ebenda, S. 60.
386 De Courcy, Debs at War, S. 56.
387 U. Mitford an Lady Redesdale, 24. 2. 1936, in: Steinhaus, Valkyrie, S. 188.
388 William L. Shirer: Tagebuch, 7. 3. 1936, in: Shirer, Berliner Tagebuch, S. 59.
389 Price, I Know These Dictators, S. 37.
390 Ebenda, S. 35.
391 *Hansard*, 28. 11. 1934.
392 Griffith, Fellow Travellers, S. 208.
393 Churchill, W., His Father's Son, S. 156.
394 J. Goebbels: Tagebuch, 31. 3. 1936, in: Goebbels, Tagebücher. Teil I. Band 3/II. März 1936–Februar 1937, S. 53.
395 J. Goebbels: Tagebuch, 2. 4. 1936, in: Ebenda, S. 54.
396 Devonshire, Wait, S. 79.
397 Ebenda.
398 Guinness, House, S. 382.
399 Pyrce-Jones, Unity Mitford, S. 132.
400 Mosley, D., Life, S. 115 f.
401 Ebenda, S. 137.
402 J. Goebbels: Tagebuch, 24. 4. 1936, in: Goebbels, Tagebücher. Teil I. Band 3/II. März 1936–Februar 1937, S. 68.
403 J. Goebbels: Tagebuch, 19., 20. u. 24. 6. 1936, in: Ebenda, S. 110 ff.
404 J. Goebbels: Tagebuch, 29. 7. 1936, in: Ebenda, S. 142.
405 J. Goebbels: Tagebuch, 6. 8., 15. 11. u. 5. 12. 1936, in: Ebenda, S. 150, 252, 279.
406 J. Goebbels: Tagebuch, 7. 2. 1937, in: Ebenda, S. 362.
407 Mosley, D., Life, S. 129.
408 *Fränkische Tageszeitung*, 22. 6. 1936, S. 4.
409 U. Mitford an Lady Guinness, 27. 6. 1936, in: Steinhaus, Valkyrie, S. 200.
410 Bierman, The Secret Life of László Almásy, S. 27.
411 Almásy, László, Mit Rommels Korps in Libyen.
412 Kathrin Kleibl: Der Saharaforscher Ladislaus Almásy. ›Abu Ramla‹. Der wahre ›Englische Patient‹ und die neuesten Entdeckungen in der südägyptischen Sahara, *Antike Welt*, 2/2010, S. 55 ff.
413 Young (Hrsg.), The Diaries of Sir Bruce Lockhart, S. 349.
414 Hamann, Hitlers Bayreuth, S. 325 f.
415 Mosley, D., Life, S. 131.
416 Wagner, Nacht über Bayreuth, S. 209 f.
417 Schädlich, Die Mitford Sisters, S. 127.
418 U. Mitford an Lady Redesdale, 25. 7. 1936 aus Bayreuth, in: Steinhaus, Valkyrie, S. 204.

419 Mary Woodisse im Interview mit Pryce-Jones, in: Pryce-Jones, Unity Mitford, S. 106.
420 Mosley, D., Life, S. 130.
421 Der weite Sprung. Ausstellung des Leipziger Sportmuseums, Mai–Juli 2013.
422 J. Owens im Interview, http://espn.go.com/sportscentury/features/00016393.html.
423 Thomas Jädicke: Früher Tod des Olympia-Helden. Vor 25 Jahren starb Goldmedaillengewinner Jesse Owens, *Deutschlandfunk*, 31. 3. 2005.
424 Bella Fromm: Tagebuch, 16. 8. 1936, in: Fromm, Als Hitler mir die Hand küsste, S. 250 f.
425 U. Mitford an Lady Redesdale, 4. 8. 1936 aus Berlin, in: Steinhaus, Valkyrie, S. 207.
426 William L. Shirer: Tagebuch, 16. 8. 1936, in: Shirer, Berliner Tagebuch, S. 68.
427 William L. Shirer: Tagebuch, 23. 7. 1936, in: Ebenda, S. 67.
428 Griffith, Fellow Travellers, S. 225.
429 http://www.abolishwar.org.uk/uploads/1/6/6/2/16622106/2011_peace_hist_conf_report_cry_havoc.pdf.
430 U. Mitford an Lady Redesdale, 29. 9. 1936 aus Budapest, in: Steinhaus, Valkyrie, S. 214.
431 D. Guinness an U. Mitford, 17. 9. 1936 aus Berlin, in: Mosley, Ch. (Hrsg.), The Mitfords, S. 76
432 U. Mitford an Lady Redesdale, 7. 10. 1936 aus München, in: Steinhaus, Valkyrie, S. 218.
433 Mosley, D., Life, S. 131.
434 J. Goebbels: Tagebuch, 7. 10. 1936, in: Goebbels, Tagebücher. Teil 1. Band 3/II. März 1936–Februar 1937, S. 206.
435 U. Mitford an D. Mosley, 7. 10. 1936 aus München, in: Mosley, Ch. (Hrsg.), The Mitfords, S. 79.
436 D. Mosley an U. Mitford, 7. 10. 1936 aus Berlin, in: Ebenda, S. 78.
437 Barrow, Gossip, S. 86.
438 Hastings, Nancy Mitford, S. 139.
439 N. Mitford an Golly und Simon Elwesin, in: Ebenda, S. 138.
440 Mitford, D., Loved Ones, S. 78.
441 J. Mitford an Lady Redesdale im späten Februar 1937 aus Paris, in: Sussman (Hrsg.), Decca, S. 23.
442 U. Mitford an J. Mitford, 3. 4. 1937 aus München, in: Mosley, Ch. (Hrsg.), The Mitfords, S. 85.
443 Telegramm der Rechtsanwaltskanzlei Hasties London, März 1937, in: Sussman (Hrsg.), Decca, S. 25.
444 U. Mitford an J. Mitford, 3. 3. 1937 aus London, in: Mosley, Ch. (Hrsg.), The Mitfords, S. 80.
445 Ebenda, S. 81.
446 Ebenda.
447 U. Mitford an J. Mitford, 3. 4. 1937 aus München, in: Ebenda, S. 85.
448 N. Mitford an J. Mitford, 14. 3. 1937, in: Mosley, Ch. (Hrsg.), Love, S. 105.
449 U. Mitford an J. Mitford, 3. 4. 1937 aus München, in Mosley, Ch. (Hrsg.), The Mitfords, S. 85.
450 U. Mitford an Lady Redesdale, 31. 3. 1937 aus München, in: Steinhaus, Valkyrie, S. 233.
451 Unity erwähnt den Brief in einem Brief an Diana vom 8. 4. 1937 aus München, in: Mosley, Ch. (Hrsg.), The Mitfords, S. 89.
452 U. Mitford an J. Mitford, 16. 5. 1937 aus Old Mill Cottage, in: Ebenda, S. 94 f.

453 U. Mitford an J. Mitford, 11. 4. 1937 aus München, in: Ebenda, S. 90.
454 Mitford, J., Hunnen, S. 195.
455 Geheimdienstbericht über U. Mitford, 23. 2. 1937, National Archives Kew, KV-2-882_78.jpg.
456 Metropolitan Police Special Branch, Subject Unity Mitford, 26. 2. 1937, National Archives Kew, KV-2-882_77.jpg.
457 Metropolitan Police Special Branch, Subject Unity Mitford, 29. 4. 1937, National Archives Kew, KV-2-882_78.jpg.
458 Ebenda.
459 U. Mitford: Tagebuch, 6. 2. 1936, in: Guinness, House, S. 390.
460 Rasmus Gerlach: Unity, Putzi und Blondie, Dokumentarfilm, *MDR*, 2002.
461 Conradi, Hitlers Klavierspieler, S. 259 f.
462 U. Mitford an D. Mosley, 26./27. 3. 1937 aus München, in: Guinness, House, S. 391.
463 D. Mosley an U. Mitford, 28. 5. 1937 aus Berlin, in: Ebenda, S. 391.
464 D. Mosley an U. Mitford, 8. 6. 1937 aus London, in: Ebenda, S. 392.
465 U. Mitford an D. Mosley, 7. 7. 1937 aus London, in: Ebenda.
466 Hanfstaengl, Zwischen Weißem und Braunen Haus, S. 370 f.
467 Speer, Erinnerungen, S. 141.
468 J. Goebbels: Tagebuch, 13. 4. 1937, in: Goebbels, Tagebücher. Teil I. Band 4. März–November 1937, S. 91.
469 Hermann Göring an Putzi Hanfstaengl, 19. 3. 1937 aus Berlin, in: Conradi, Hitlers Klavierspieler, S. 277.
470 U. Mitford an Putzi Hanfstaengl, 7. 2. 1938 aus Wien, National Archives Kew, KV-2-882_75.jpg.
471 U. Mitford an D. Mosley, 22. 4. 1937 aus München, in Guinness, House, S. 393.
472 U. Mitford an J. Mitford, 22. 5. 1937 aus München, in: Steinhaus, Valkyrie, S. 234.
473 Mosley, D., The Duchess.
474 Joachimsthaler, Hitlers Liste, S. 531.
475 Deborah Mitford an J. Mitford, 3. 6. 1937 aus dem Zug von Wien nach Salzburg, in: Mosley, Ch. (Hrsg.), The Mitfords, S. 97.
476 Deborah Mitford: Tagebuch, 7. 6. 1937, in: Devonshire, Wait, S. 89.
477 Ebenda.
478 Deborah Mitford an J. Mitford, 20. 6. 1937 aus Mill Cottage, Swinbrook, in: Mosley, Ch. (Hrsg.), The Mitfords, S. 103.
479 Deborah Mitford an J. Mitford, 13. 6. 1937 aus München, in: Ebenda, S. 100.
480 *Fränkische Tageszeitung*, 21. 6. 1937, S. 6.
481 Greif, S. 200.
482 Deborah Mitford an J. Mitford, 30. 6. 1937 aus London, in: Mosley, Ch. (Hrsg.), The Mitfords, S. 105.
483 Ebenda, S. 104.
484 Devonshire, Wait, S. 95.
485 Mosley, D., Life, S. 138.
486 J. Goebbels: Tagebuch, 6. 6. 1937, in: Goebbels, Tagebücher. Teil I. Band 4. März–November 1937, S. 170.
487 J. Goebbels: Tagebuch, 19. 7. 1937, in: Ebenda, S. 224.
488 Haus der Deutschen Kunst 1937–1945. Eine Dokumentation, http://www.hausderdeutschenkunst.de/geschichte/entartete-kunst.html.
489 Brantl, Haus der Kunst, München, S. 92.
490 U. Mitford an D. Mosley, 4. 8. 1937 aus München, in: Mosley, Ch. (Hrsg.), The Mitfords, S. 112.

491 Ebenda.
492 Ebenda.
493 U. Mitford an Lady Redesdale, 16. 2. 1935 aus München, in: Steinhaus, Valkyrie, S. 113.
494 U. Mitford an J. Mitford, 10. 8. 1937 aus München, in: Mosley, Ch. (Hrsg.), The Mitfords, S. 113.
495 U. Mitford an J. Mitford, 12. 8. 1937 aus München, in: Lovell, The Sisters, S. 247.
496 U. Mitford an D. Mosley, 10. 8. 1937 aus München, in: Mosley, Ch. (Hrsg.), The Mitfords, S. 113.
497 D. Mosley an U. Mitford, 14. 8. 1937 aus Berlin, in: Ebenda, S. 114 f.
498 Fromm, Als Hitler mir die Hand küsste, S. 265.
499 Henderson, Failure, S. 41.
500 Claud Cockburn, *The Week*, 17. 11. 1937.
501 Randolph Churchill, *Evening Standard*, 7. 9. 1937, in: Churchill, W., His Father's Son, S. 151.
502 De Courcy, Diana Mosley, S. 180.
503 Cross, Philip Snowden, S. 342 f.
504 Mosley, D., Life, S. 133.
505 Mosley, O., Weg und Wagnis, S. 292.
506 Joachimsthaler, Hitlers Liste, S. 531.
507 Schultze-Naumburg, Nordische Schönheit, S. 59 ff.
508 U. Mitford an D. Mosley, 1. 9. 1937 aus München, in: Mosley, Ch. (Hrsg.), The Mitfords, S. 117.
509 J. Goebbels: Tagebuch, 25. 9. 1937, in: Goebbels, Tagebücher. Teil I. Band 4. März–November 1937, S. 327.
510 Lovell, The Sisters, S. 249.
511 Pyrce-Jones, Unity Mitford, S. 151.
512 U. Mitford an D. Mosley, 1. 9. 1937 aus München, in: Mosley, Ch. (Hrsg.), The Mitfords, S. 116.
513 Rede von Mussolini, 27. 9. 1937 in Berlin, in: Falanga, Berlin 1937, S. 206.
514 Mitford, J., Hunnen, S. 196 f.
515 »Miss Unity Mitford: Asked to resign from women's organisation«, *Daily Telegraph*, 13. 11. 1937, S. 14.
516 Kershaw, Hitlers Freunde, S. 251.
517 U. Mitford an Lady Redesdale, Januar 1938 aus München, in: Steinhaus, Valkyrie, S. 252.
518 U. Mitford an D. Mosley, 16. 2. 1938 aus Kohfidisch, Burgenland, in: Mosley, Ch. (Hrsg.), The Mitfords, S. 122.
519 Schuschnigg, Requiem, S. 39 f.
520 Manchester, The Last Lion, S. 273.
521 U. Mitford an W. Churchill, 5. 3. 1938 aus München, in: Churchill Archive, CHAR 2/328, 5. 10. 1937–31. 3. 1938.
522 U. Mitford an Lady Redesdale, 16. 2. 1935 aus München, in: Steinhaus, Valkyrie, S. 114.
523 Manchester, Last Lion, S. 275.
524 W. Churchill an U. Mitford, 12. 3. 1938, https://www.churchillcentral.com/timeline/image/churchill-to-unity-mitford, The International Churchill Society UK, Churchill Archives Center.
525 Hans Werner Scheidel: Die Kapitulation im Zeitraffer. »Wir weichen der Gewalt«, *Die Presse*, 8. 3. 2013.

526 Manchester, Last Lion, S. 282.
527 Zuckmayer, Als wär's ein Stück von mir, S. 84.
528 Randolph Churchill, in: *Evening Standard*, 14. 3. 1938, in: Churchill, W., His Father's Son, S. 156 f.
529 William Hickey: These names made news. Spring snubs Mars, *Daily Express*, 21. 3. 1938, S. 6.
530 William L. Shirer: Tagebuch, Wien, 12. 3. 1938, 4 Uhr morgens, in: Shirer, Berliner Tagebuch S. 94 f.
531 http://austria-forum.org/af/Wissenssammlungen/Essays/Geschichte/Stimmen_zum_Anschluss_1938.
532 Guinness, House, S. 414.
533 *Anglo-German Review*, April 1938.
534 D. Mosley an Deborah Mitford, 2. 6. 1938 aus Berlin, in: Mosley, Ch. (Hrsg.), The Mitfords, S. 123.
535 Aly, Hitlers Volksstaat, 2006.
536 »To become a German«, *Evening Standard*, 21. 3. 1938, S. 1.
537 »Peer's daughter attacked by angry mob«, *Daily Sketch*, 11. 4. 1938, S. 2.
538 Churchill, W., His Father's Son, S. 157.
539 David Low: Low's Topical Budget, *Evening Standard*, 16. 4. 1938.
540 Akte U. Mitford, National Archives Kew, KV-2-882_67.jpg.
541 U. Mitford an Lady Redesdale, 5. 5. 1938 aus Österreich, in: Guinness, House, S. 414.
542 U. Mitford an Lady Redesdale, 25. 5. 1938 aus München, in: Steinhaus, Valkyrie, S. 262.
543 U. Mitford an Lady Redesdale, 28. 5. 1938 aus der Tschechoslowakei, in: Ebenda, S. 264.
544 Sefton Delmer: Barricades, ›Haystack‹, Pill-Boxes, Bridges Mined, *Daily Express*, 30. 5. 1938, S. 9.
545 U. Mitford an Lady Redesdale, 28. 5. 1938 aus der Tschechoslowakei, in: Steinhaus, Valkyrie, S. 265.
546 Delmer, Trail Sinister, S. 364.
547 David Low: Low's Topical Budget, *Evening Standard*, 4. 6. 1938.
548 J. Goebbels: Tagebuch, 3. 6. 1938, in: Goebbels, Tagebücher. Teil I. Band 5. Dezember 1937–November 1938, S. 331.
549 *Fränkische Tageszeitung*, 2. 6. 1938, S. 1.
550 U. Mitford an Lady Redesdale, 12. 7. 1938 aus München, in: Steinhaus, Valkyrie, S. 272.
551 U. Mitford an D. Mosley, 19. 7. 1938, ohne Ortsangabe, in: Mosley, Ch. (Hrsg.), The Mitfords, S. 127.
552 Wiedemann, Der Mann, der Feldherr werden wollte, S. 166.
553 U. Mitford an Lady Redesdale, 26. 7. 1938 aus Bayreuth, in: Steinhaus, Valkyrie, S. 276.
554 U. Mitford an Lady Redesdale, 1. 8. 1938 aus Bayreuth, in: Ebenda, S. 277.
555 U. Mitford an D. Mosley, 4. 8. 1938 aus Bayreuth, in: Mosley, Ch. (Hrsg.), The Mitfords, S. 131.
556 Winifred Wagner an Hermann Ernst, 2. 11. 1971, in: Hamann, Winifred Wagner oder Hitlers Bayreuth, S. 374.
557 Robert Byron: Nuremberg 1938. The Final Rally, in: Glass / Marsden-Smedley, Articles of War, S. 10.
558 Cowles, Looking for Trouble, S. 157.

559 Robert Byron, in: Glass / Marsden-Smedley, Articles of War, S. 18.
560 Ebenda, S. 20.
561 U. Mitford an D. Mosley, 12. 9. 1938 aus München, in: Guinness, House, S. 423.
562 Prinzessin Stephanie Juliana zu Hohenlohe-Waldenburg-Schillingsfürst papers, Hoover Institution Archives, Stanford University.
563 Pryce-Jones, Unity Mitford, S. 204.
564 Lady Redesdale an Deborah Mitford aus London, in: Hastings, Nancy Mitford, S. 153.
565 Pryce-Jones, Unity Mitford, S. 204.
566 *Kensington News and West London Times*, 25. 11. 1938, S. 5.
567 Mitford, J., Hunnen, S. 215.
568 U. Mitford an Lady Redesdale, 23. 3. 1939 aus München, in: Steinhaus, Valkyrie, S. 293.
569 »What Miss Mitford would like to see«, *Daily Mirror*, 18. 3. 1939, S. 17.
570 U. Mitford an D. Mosley, 29. 3. 1939 aus der Hanfstaengl-Villa München-Solln, in: Mosley, Ch. (Hrsg.), The Mitfords, S. 137.
571 J. E. M. Carvell an die Britische Botschaft in Berlin, 27. 3. 1939, in: Litchfield, Hitler's Valkyrie, S. 212.
572 Guinness, House, S. 428.
573 D. Mosley, 16. 4. 1939 aus Wootton Lodge, Ashbourne, BArch. Berlin-Lichterfelde, NS 10/Adjutantur des Führers 149, Nr. 13.
574 U. Mitford an Lord Redesdale, 2. 5. 1939 aus Berlin, in: Steinhaus, Valkyrie, S. 295.
575 U. Mitford an Lady Redesdale, 3. und 8. 5. 1939 aus München, in: Ebenda.
576 N. Mitford an Lady Redesdale, 25. 5. 1938 aus Frankreich, in: Acton, Nancy Mitford, S. 52.
577 *Daily Sketch*, 10. 6. 1939.
578 U. Mitford an D. Mosley, 5. 6. 1939 aus München, in: Dorril, Blackshirt, S. 347.
579 Putzi Hanfstaengl an Adolf Hitler, 12. 2. 1939 aus London, BArch. Berlin-Lichterfelde, NS 10/Adjutantur des Führers 149, Nr. 13.
580 Walter Montagu-Douglas-Scott, Duke of Buccleuch an U. Mitford, 18. 6. 1939, in: Steinhaus, Valkyrie, S. 298.
581 Carmencita Wrede im Interview mit Pryce-Jones, in: Pryce-Jones, Unity Mitford, S. 229.
582 Kotze (Hrsg.), Aufzeichnungen des Majors Engel, S. 56.
583 Mosley, D., Life, S. 145.
584 D. Mosley, 21. 8. 1939 aus Wootton Lodge, Ashbourne, BArch. Berlin-Lichterfelde, NS 10/Adjutantur des Führers 149, Nr. 13.
585 Pryce-Jones, Unity Mitford, S. 223.
586 Joseph P. Kennedy an seinen Vater, 21. 8. 1939 aus München, in: Smith, A. (Hrsg.), Hostage to Fortune, S. 356.
587 Ebenda.
588 U. Mitford an D. Mosley, 27. 8. 1939 aus München, in: Guinness, House, S. 432.
589 U. Mitford an Lady Redesdale, 1. 9. 1939 aus München, in: Whitford, Churchill's Rebels, S. 233.
590 U. Mitford an D. Mosley, 2. 9. 1939 aus München, in: Mosley, Ch. (Hrsg.), The Mitfords, S. 138 f.
591 Ebenda.
592 Bernd Ulrich: Das Ende der Appeasement-Politik vor 75 Jahren. Kehrtwende in der britischen Außenpolitik, *Deutschland Radio Kultur*, 17. 3. 2014.

593 N. Mitford an Mrs Ham, Anfang September 1939 aus London, in: Hastings, Nancy Mitford, S. 155.
594 Pryce-Jones, Unity Mitford S. 230 f.
595 Ulrich Kittel: Reichsluftfahrtministerium – Forschungsamt. Geschichte und Arbeitsweise eines Nachrichtenamts 1951, S. 56, BArch. Freiburg RL 1/62.
596 Nürnberger Prozess Hauptverhandlung, 81. Verhandlungstag, 14. 3. 1946, Nachmittagssitzung, The International Military Tribunal, Band 9. 8.–23. 3. 1946, S. 294, https://www.uni-marburg.de/icwc/dateien/ntvol09.pdf.
597 Geheime Dokumente zum Forschungsamt, freigegeben durch die NSA 2014. https://www.nsa.gov/public_info/_files/european_axis_sigint/Volume_7_goerings_research_bureau.pdf.
598 Gellermann, … und lauschten für Hitler, S. 97.
599 Schaub, In Hitlers Schatten, S. 179 f.
600 Sir Thomas Eric St., 8. 6. 1941, Unity Freeman Mitford, Ref. CID/s/5740, Open University, International Centre for the History of Crime, Policing and Justice, http://www.open.ac.uk/Arts/history-from-police-archives/PolCit/docCCCUnity1_3.html.
601 Erna Hanfstaengl im Interview mit Pryce-Jones, in: Pryce-Jones, Unity Mitford, S. 232.
602 Erwin Wincenty, 3. 9. 1939 bei der Staatlichen Kriminalpolizei, Bayer. Staatsarchiv München, Pol. Dir. Mü. 10117.
603 Gestapo München, DSt.II G., Kriminalsekretär Franz Blümelhuber, 4. 9. 1939, Bayer. Staatsarchiv München, Pol. Dir. Mü. 10117.
604 Staatliche Kriminalpolizei München, DSt. 23K/1, 3. 9. 1939, Bayer. Staatsarchiv München, Pol. Dir. Mü. 10117.
605 Michael Pallauf, 3. 9. 1939 bei der Staatlichen Kriminalpolizei, Bayer. Staatsarchiv München, Pol. Dir. Mü. 10117.
606 Aussage von Emil Knobloch, 3. 9. 1939, Bayer. Staatsarchiv München, Pol. Dir. Mü. 10117.
607 Alvine Sandvoss, Polizeipräsidium München 24 K 2-, 3. 9. 1939, Bayer. Staatsarchiv München, Pol. Dir. Mü. 10117.
608 H. W. Koch: Unity. I was an eye witness, Leserbrief an die *Radio Times*, 11.–17. 4. 1981, S. 71.
609 Meldekarte U. Mitford, Einwohnermeldeamt München, Münchner Stadtarchiv.
610 Staatliche Kriminalpolizei München DSt. 23K/1, 3. 9. 1939, Bayer. Staatsarchiv München, Pol. Dir. Mü. 10117.
611 Memo des Außenministeriums, 5. 9. 1939, K 11410, National Archives Kew, FO 369 2536 002. 0.76.
612 N. Mitford an Mrs Ham, 15. 9. 1939 aus London, in: Mosley, Ch. (Hrsg.), Love, S. 116.
613 Speer, Spandauer Tagebücher, S. 503.
614 J. Goebbels: Tagebuch. 3. 10. 1939, in: Goebbels, Tagebücher. Teil I. Band 7. Juli 1939–März 1940, S. 135.
615 Schaub, In Hitlers Schatten, S. 182.
616 *Sheffield Evening Telegraph*, 7. 11. 1939.
617 Mosley, D., Life, S. 147.
618 N. Mitford an J. Mitford, 25. 10. 1939 aus London, in: Mosley, Ch. (Hrsg.), Love, S. 121.
619 Mitford, J., Hunnen, S. 305.
620 J. Mitford an Lady Redesdale, 23. 11. 1939 aus Miami, in: Sussman (Hrsg.), Decca, S. 35.

621 Tagebucheintrag Leiter der Parteikanzlei, in: Anna Maria Sigmund: Unity Mitford, *P.M. History*, 6/2000, S. 82.
622 J. Goebbels: Tagebuch, 9. 11. 1939, in: Goebbels, Tagebücher. Teil I. Band 7. Juli 1939–März 1940, S. 188.
623 Brief aus dem Außenministerium an Lady Redesdale, 9. 11. 1939, National Archives Kew, FO 369 2536 004.
624 N. Mitford an Mrs Ham, 30. 10. 1939 aus London, in: Mosley, Ch. (Hrsg.), Love, S. 123.
625 Mosley, D., Loved Ones, S. 175.
626 Gun, Eva Braun-Hitler, S. 157.
627 Abgehörtes Telefonat zwischen Janos Almásy (Bern) und Lord Redesdale (High Wycombe), 24. 12. 1939, National Archives Kew, KV-2-882_59.jpg.
628 Devonshire, Wait, S. 106.
629 Lovell, The Sisters, S. 307.
630 »Father's wait at port«, *Western Morning News*, 3. 1. 1940, S. 5.
631 Somewhere in England 1940, *British Pathé.*
632 »Unity Mitford: ›Glad to be in England even if I'm not on your side‹«, *Daily Express*, 5. 1. 1940, S. 7.
633 Hilde Marchant: Censorship by Bayonets, *Daily Express*, 5. 1. 1940, S. 6.
634 Guy Liddell: Tagebuch, 2. 1. 1940, in: Liddell, Diaries 1940, National Archives Kew, KV/4/185, S. 55.
635 Martin Bright: The truth about the minister, Unity Mitford and the hole in her head, *The Observer*, 30. 11. 2002.
636 Guy Liddell: Tagebuch, 8. 1. 1940, in: Liddell, Diaries 1940, National Archives Kew, KV/4/185, S. 66.
637 »Unity Mitford goes home in ambulance«, *Evening Dispatch*, 4. 1. 1940, S. 5.
638 Guy Liddell: Tagebuch, 7. 1. 1940, in: Liddell, Diaries 1940, National Archives Kew, KV/4/185, S. 67 f.
639 J. Goebbels: Tagebuch, 7. 2. 1940, in: Goebbels, Tagebücher. Teil I. Band 7. Juli 1939–März 1940, S. 299.
640 Reck-Malleczewen, Tagebuch, S. 72 f.
641 Bericht von Prof. Hugh Cairns an die Polizei in Oxford, 5. 6. 1941, National Archives Kew, HO 144 21627 025.jpg.
642 N. Mitford an Mrs Ham, 7. 1. 1940, in: Mosley, Ch. (Hrsg.), Love, S. 126.
643 Veröffentlichungen des Britischen Parlaments, HC Deb 23 1. 1940 vol 356 c356, http://hansard.millbanksystems.com/commons/1940/jan/23/miss-unity-mitford« S5CV0356P0_19400123_HOC_87.
644 Veröffentlichungen des Britischen Parlaments, HC Deb 24 1. 1940 vol 356 cc575-7, http://hansard.millbanksystems.com/commons/1940/jan/24/miss-unity-mitford« S5CV0356P0_19400124_HOC_199.
645 »Unity Mitford. M.P. wants ›supervision‹«, *Hull Daily Mail*, 20. 1. 1940, S. 7.
646 »Detention of Unity Mitford«, *Western Daily Press* und *Bristol Mirror*, 26. 1. 1940, S. 6.
647 »Peers attack news film. Example of sadistic brutality«, *Liverpool Daily Post*, 25. 1. 1940, S. 6.
648 Treffen des Kriegskabinetts in Downing Street Nr. 10, 4. 3. 1940, Geheimdokument, National Archives Kew, CAB/65/6/4.
649 »Lord Redesdale's protest«, *Derby Evening Telegraph*, 9. 3. 1940, S. 1.
650 N. Mitford an Violet Hammersley, 10. 2. 1940 aus High Wycombe, in: Mosley, Ch. (Hrsg.), Love, S. 130.

651 Mosley, D., Life, S. 133.
652 Lord Redesdale an Adolf Hitler, 2. 7. 1939 aus Rutland Gate, London, BArch Berlin-Lichterfelde NS 10/Adjutantur des Führers 149, Nr. 13.
653 Spence, The Mitford Girls' Guide to Life, S. 93.
654 T. E. St. Johnston, Oxford Constabulary, Bericht an den MI5, Juni 1941, National Archives Kew, HO 144 21627 024.jpg.
655 Devonshire, Wait, S. 116.
656 Deborah Mitford an N. Mitford, 1. 7. 1940 aus Inch Kenneth, in: Mosley, Ch. (Hrsg.), The Mitfords, S. 158.
657 U. Mitford an J. Mitford, 20. 2. 1940 aus High Wycombe, in: Ebenda, S. 154 f.
658 Mosley, D., Loved Ones, S. 187.
659 Lady Redesdale an D. Mosley, 29. 4. 1940 aus Swinbrook, in: De Courcy, Diana Mosley, S. 211.
660 N. Mitford an J. Romilly, 1. 3. 1940 aus London, in: Mosley, Ch. (Hrsg.), Love, S. 131.
661 De Courcy, Diana Mosley, S. 218.
662 Kielinger, Winston Churchill, S. 254.
663 Mosley, D., Loved Ones, S. 179.
664 D. Mosley an P. Mitford, 29. 8. 1940 aus Holloway, in: Mosley, Ch. (Hrsg.), The Mitfords, S. 163.
665 N. Mitford an Mark Ogilvie-Grant, 29. 5. 1940 aus Olney, in: Thompson, L., Take Six Girls, S. 244.
666 N. Mitford an Violet Hammersley, 20. 6. 1940 aus London, in: Mosley, Ch. (Hrsg.), Love, S. 132.
667 N. Mitford an D. Mosley, 28. 11. 1942 aus London, in: Ebenda, S. 155.
668 N. Mitford an Violet Hammersley, in: Hastings, Nancy Mitford, S. 168.
669 Mosley, D., Loved Ones, S. 189.
670 Devonshire, Wait, S. 112 f.
671 Lord Walter Moyne an Philip Swinton, 25. 6. 1940, National Archives Kew, KV 2/1363.
672 Miscellaneous persons considered as dangerous by Mrs Peter Rodd, 14. 11. 1940, National Archives Kew, KV 2/1363.
673 Mosley, D., Life, S. 173.
674 Bericht von Sergeant Charles Arlett aus Witney, National Archives Kew, HO 144 21627 013.jpg.
675 F. B. Aikin-Smith (MI5) ans Innenministerium, 15. 7. 1940, National Archives Kew, HO 144 21627 010.jpg.
676 Veröffentlichungen des britischen Parlaments, HC Deb 11 July 1940 vol 362 c1326, http://hansard.millbanksystems.com/commons/1940/jul/11/scottish-islands«S5CV0362P0_19400711_HOC_150.
677 N. Mitford an Lady Redesdale, 26. 2. 1944 aus London, in: Mosley, Ch. (Hrsg.), Love, S. 158.
678 D. Mosley vor dem zuständigen Komitee im Berystede Hotel Ascot, 2. 10. 1940, National Archives Kew, KV 2/1363.
679 Michael Schmidt-Klingenberg: Hitlers Bombenterror. »Wir werden sie ausradieren«, http://www.spiegel.de/spiegelspecial/a-290080-3.html.
680 Churchills Antrittsrede als Premierminister im Unterhaus, 13. 5. 1940, in: Jelinek, Reden, S. 165 f.
681 D. Devonshire an D. Mosley, 24. 6. 1941 aus Eastbourne, in: Mosley, Ch. (Hrsg.), The Mitfords, S. 179.
682 Veröffentlichungen des britischen Parlaments, HC Deb 24. 4. 1941 vol 371 cc248-9,

http://hansard.millbanksystems.com/commons/1941/apr/24/miss-unity-mitford« S5CV0371P0_19410424_HOC_117.

683 Prof. Hugh Cairns an die Polizei in Oxford, 5. 6. 1941, National Archives Kew, HO 144 21627 025.jpg.

684 Chief Constable's Office, Oxford, 8. 6. 1941, Unity Freeman Mitford, Ref. CID/s/5740, Open University, International Centre for the History of Crime, Policing and Justice, http://www.open.ac.uk/Arts/history-from-police-archives/PolCit/docCCCUnity1_3.html.

685 Innenministerium, 8. 5. 1941, National Archives Kew, HO 144 21627 017.jpg.

686 D. Mosley an U. Mitford, 19. 12. 1940 aus Holloway, in: Mosley, Ch. (Hrsg.), The Mitfords, S. 168.

687 U. Mitford an D. Mosley, 29. 12. 1940 aus Swinbrook, in: Ebenda, S. 169 f.

688 Mosley, D., Life, S. 179.

689 Detective Constable Henry Brooks Geheimbericht, 14. 1. 1942, National Archives Kew, HO 144 21627 045.Jpg / HO 144 21627 046 jpg.

690 https://www.forces-war-records.co.uk/records/2397375/flight-lieutenant-john-sidney-andrews-royal-air-force-volunteer-reserve/

691 U. Mitford an D. Mosley, 24. 4. 1941 aus Swinbrook, in: Mosley, Ch. (Hrsg.), The Mitfords, S. 174.

692 Pryce-Jones, Unity Mitford, S. 251.

693 Geheimer Bericht von E. B. Stamp an Innenminister Hoare, 27. 1. 1942, National Archives Kew, HO 144 21627 040.jpg.

694 Charles Ritchie: Tagebuch, 27. 11. 1942, in: Ritchie, The Siren Years, S. 152.

695 N. Mitford an D. Mosley, 28. 11. 1942 aus London, in: Mosley, Ch. (Hrsg.), Love, S. 155.

696 Dalley, Diana Mosley, S. 259.

697 Mosley, Ch. (Hrsg.), The Mitfords, S. 145.

698 Kippenberger, Das rote Schaf, S. 220.

699 Mitford, J., A Fine Old Conflict, S. 58.

700 »Unity has gone to Mull«, *Sunday Express*, 30. 7. 1944, S. 5.

701 Devonshire, Wait, S. 134.

702 Ebenda.

703 Alan Crawford: The strange case of the aristocrat, Hitler and the tiny Scottish island, *Sunday Herold*, 26. 6. 2005

704 Devonshire, Wait, S. 135.

705 Mosley, D., Pursuit, S. 522.

706 Mrs M. Bolton an den MI5, 22. 5. 1945 aus Sussex, National Archives Kew, HO 11421629 003.jpg.

707 Veröffentlichungen des britischen Parlaments, HC Deb 05 December 1945 vol 416 c2489W, http://hansard.millbanksystems.com/written_answers/1945/dec/05/miss-unity-mitford«S5CV0416P0_19451205_CWA_178.

708 D. Devonshire an D. Mosley, 4. 10. 1945 aus Inch Kenneth, in: Mosley, Ch. (Hrsg.), The Mitfords, S. 218.

709 N. Mit ford an D. Mosley, 2. 10. 1946 aus Inch Kenneth, in: Ebenda, S. 230.

710 Lady Redesdale an D. Mosley, 27. 5. 1948 aus Inch Kenneth, in: De Courcy, Diana Mosley, S. 295.

711 Ebenda.

712 Mosley, D., Life, S. 192.

713 N. Mitford an Edward Sackville-West, 23. 6. 1948 aus Paris, in: Thompson, L., Life, S. 263.

714 Mosley, D., Life, S. 192.
715 »Unity Mitford dies at 33«, *Daily Express*, 31. 5. 1946, S. 1.
716 »Unity Mitford dies with her secrets«, *Daily Mirror*, 31. 5. 1948, S. 1.
717 G. Ward Price: Unity Mitford's secret life, *The Courier Mail*, 12. 6. 1948, S. 2.
718 D. Mosley im Interview mit Duncan Fallowell 2002 in Paris, in: Mosley, D., Pursuit, S. 555.
719 Andrew Roberts: Diana Mosley, unrepentantly Nazi and effortlessly charming, *The Telegraph*, 13. 8. 2003.
720 Schädlich, Die Mitford Sisters, S. 326.
721 Devonshire, Wait, S. 109.
722 http://www.lyricsmania.com/unity_mitford_lyrics_toys_that_kill.html.
723 Martin Bright: Unity Mitford and ›Hitlers baby‹, *The New Statesman*, 13. 12. 2007.
724 Guinness, House, S. 373.
725 Karl-Heinz Woker: Hitlers englische Freundin. Die Abenteuer der Einheits-Walküre, *Die Zeit*, 18. 2. 1977.
726 N. Mitford 1968, in: Pryce-Jones, Unity Mitford, S. 5.
727 Schirach, Frauen um Hitler, S. 97.
728 Arendt, Elemente und Ursprünge totaler Herrschaft, S. 537 f.
729 Wiedemann, Der Mann, der Feldherr werden wollte, S. 151 f.
730 Spitzy, So haben wir das Reich verspielt, S. 311.
731 Wiedemann, Der Mann, der Feldherr werden wollte, S. 210.
732 Pope, Munich Playground, S. 136.
733 Ernest R. Pope: What Hess said about Unity Mitford, *Sunday Pictorial*, 25. 1. 1942.
734 Schirach, Frauen um Hitler, S. 85.
735 Pryce-Jones, Unity Mitford, S. 245.
736 U. Mitford an J. Mitford, 10. 5. 1941 aus Swinbrook, in: Mosley, Ch. (Hrsg.), The Mitfords, S. 175.
737 »The Press. International Gadfly«, *Time Magazine*, 26. 8. 1940.
738 »C'est Himmler qui donna l'ordre de suprimer Miss Unity Mitford«, *L'Œuvre*, 7. 1. 1940, S. 1. Siehe auch: »Miss Unity Mitford aurait été victime d'un attentat organise par Himmler«, *L'Égalité*, 8. 1. 1940.
739 Kotze (Hrsg.), Heeresadjutant bei Hitler, S. 85.
740 Pope, Munich Playground, S. 137.
741 Stöss, Politics Against Democracy, S. 224.
742 Thompson, D., Kassandra spricht, S. 43.
743 Sontag, Im Zeichen des Saturn, S. 118.

Literatur und Dokumente

Acton, Harold: Memoirs of an Aesthete, New York 1971.
Acton, Harold: Nancy Mitford. The Biography, London 2010.
Alderley, Lord Stanley: Sea Peace, London 1954.
Alexander, Diana: The Other Mitford. Pamela's Story, Stroud 2012.
Almásy, Ladislaus E.: Schwimmer in der Wüste, München 1998.
Almásy, László: Mit Rommels Korps in Libyen, München 2010.
Aly, Götz: Hitlers Volksstaat. Raub, Rassenkrieg und nationaler Sozialismus, Frankfurt a. M. 2006.
Amory, Mark (Hrsg.): The Letters of Evelyn Waugh, London 1980.
Arendt, Hannah: Eichmann in Jerusalem. Ein Bericht von der Banalität des Bösen, München 2016.
Arendt, Hannah: Elemente und Ursprünge totaler Herrschaft, München 1986.
Barrow, Andrew: Gossip. A History of High Society from 1920 to 1970, London 1978.
Bauerkämper, Arnd: Der Faschismus in Europa 1918–1945, Stuttgart 2006.
Bauerkämper, Arnd: Die »radikale Rechte« in Großbritannien, Göttingen 1991.
Bedford, Sybille: Treibsand. Erinnerungen einer Europäerin, München 2006.
Bennett, Alan: Die souveräne Leserin, Berlin 2008.
Below, Nicolaus von: Als Hitlers Adjutant 1937–1945, Mainz 1980.
Berg, James J. / Freeman, Chris (Hrsg.): The Isherwood Century, Madison, Wisconsin 2001.
Bierman, John: The Secret Life of László Almásy. The Real English Patient, London 2004.
Bloch, Ernst: Erbschaft dieser Zeit, Werkausgabe Band IV, Frankfurt a. M. 1992.
Brantl, Sabine: Haus der Kunst, München. Ein Ort und seine Geschichte im Nationalsozialismus, München 2007.
Brody, Leslie: Irrepressible. The Life and Times of Jessica Mitford, Berkley 2010.
Burn, Michael: Turned Towards the Sun. An Autobiography, Norwich 2003.
Byrne, Paula: Mad World. Evelyn Waugh and the Secrets of Brideshead, London 2010.
Byron, Robert: Letters Home, hrsg. v. Lucy Butler, London 1991
Cannadine, David: The Decline and Fall of the British Aristocracy, New York 1999.
Capote, Truman: Frühstück bei Tiffany, München 2009.
Carrington, Dora: Carrington. Letters and Extracts from her Diaries, hrsg. v. David Garnett, London 1970.
Chamberlain, Houston Stewart: Briefe 1882–1924 und Briefwechsel mit Kaiser Wilhelm. Zweiter Band. München, 1928.

Chamberlain, Houston Stewart: Die Grundlagen des neunzehnten Jahrhunderts. Erste Hälfte, München 1932.
Chamberlain, Houston Stewart: Die Grundlagen des neunzehnten Jahrhunderts. Zweite Hälfte, München 1932.
Channon, Henry »Chips«: The Diaries of Sir Henry Channon, hrsg. v. Robert Rhodes James, London 1967.
Churchill, Randolph S.: Twenty-One Years, London 1965.
Churchill, Winston S.: His Father's Son. The Life of Randolph Churchill, London 1996.
Churchill, Winston: The Churchill War Papers. Never Surrender. Band 2, hrsg. v. Martin Gilbert, New York 1995.
Clemens, Detlev: Herr Hitler in Germany. Wahrnehmung und Deutungen des Nationalsozialismus in Großbritannien 1920 bis 1939, Göttingen / Zürich 1996.
Conradi, Peter: Hitlers Klavierspieler. Ernst Hanfstaengl. Vertrauter Hitlers, Verbündeter Roosevelts, Frankfurt a. M. 2004.
Cooper, Duff: The Duff Cooper Diaries 1915–1951, hrsg. v. John Julius Norwich, London 2005.
Cowles, Virginia: Looking for Trouble, London 1942.
Cross, Colin: Philip Snowden, London 1966.
Dalley, Jan: Diana Mosley. A Life, London 2000.
De Courcy, Anne: Debs at War 1939–1945 How Wartime Changed Their Lives, London 2005.
De Courcy, Anne: Diana Mosley. Mitford Beauty, British Fascist, Hitler's Angel, London 2003
De Courcy, Anne: The Viceroy's Daughters. The Lives of the Curzon Sisters, London 2003.
Delmer, Sefton: »Trail Sinister«. An Autobiography. Band 1, London 1961.
Devonshire, Deborah: Wait for me! Memoirs of the Youngest Mitford Sister, London 2010.
Dickinson, Peter: Lord Berners. Composer, Writer, Painter, London 2008.
Dietrich, Otto: 12 Jahre mit Hitler, Köln o. J.
Dokumentationszentrum Reichsparteitagsgelände: Faszination und Gewalt, Nürnberg 2006.
Domarus, Max (Hrsg.): Hitler. Reden und Proklamationen, 1933–1945, 2 Bände in 4 Büchern, Wiesbaden 1973.
Dorril, Stephen: Blackshirt. Sir Oswald Mosley and British Fascism, London 2007.
Douglas-Home, William: Half-Term Report. An Autobiography, London 1954.
Dreeßen, Carl: Die deutsche Flottenrüstung in der Zeit nach dem Vertrag von Versailles bis zum Beginn des Zweiten Weltkrieges und ihre Darstellung und Behandlung im Nürnberger Prozess von 1945/46, Hamburg 2000.
Durham, Martin: Women and Fascism, London 1998.
Ebermayer, Erich / Roos, Hans: Gefährtin des Teufels. Leben und Tod der Magda Goebbels, Hamburg 1952.
Falanga, Gianluca: Berlin 1937. Die Ruhe vor dem Sturm, Berlin 2007.
Fest, Joachim: Hitler. Eine Biographie, Berlin 2003.
Feuchtwanger, Edgar: Als Hitler unser Nachbar war. Erinnerungen an meine Kindheit im Nationalsozialismus, München 2014.
Feuchtwanger, Lion: Erfolg, Berlin 1997.
Feuchtwanger, Lion: Jud Süß, Berlin 2002.
Fitz-Randolph, Sigismund-Sizzo: Der Frühstücks-Attaché aus London, Stuttgart 1954.

Forsyth, Mark: The Horologicon. A Day's Jaunt Through the Lost Words of the English Language, London 2013.
Friedländer, Saul: Kitsch und Tod. Der Widerschein des Nazismus, Frankfurt a. M. 2007.
Fromm, Bella: Als Hitler mir die Hand küsste, Berlin 1993.
Gallagher, Donat (Hrsg.): The Essays, Archives and Reviews of Evelyn Waugh, Harmondsworth 1988.
Gebel, Ralf: »Heim ins Reich!« Konrad Henlein und der Reichsgau Sudetenland (1938–1945), München 1999.
Gellermann, Günter W.: … und lauschten für Hitler. Geheime Reichssache: Die Abhörzentralen des Dritten Reiches, Bonn 1991.
Gilbert, Martin: Prophet of the Truth. Winston S. Churchill 1922–1939. Band 5, London 1976.
Gillies, Midge: Waiting for Hitler. Voices from Britain on the Brink of the Invasion, London 2006.
Glass, Fiona / Marsden-Smedley, Philip: Articles of War. The Spectator Book of World War II, London 1989.
Goebbels, Joseph: Die Tagebücher. Teil I: Aufzeichnungen 1923–1941, Band 3/II. März 1936–Februar 1937, hrsg. v. Elke Fröhlich im Auftrag des Instituts für Zeitgeschichte, bearb. von Jana Richter, München 2001.
Goebbels, Joseph: Die Tagebücher. Teil I: Aufzeichnungen 1923–1941, Band 4. März–November 1937, hrsg. und bearb. v. Elke Fröhlich im Auftrag des Instituts für Zeitgeschichte, München 2000.
Goebbels, Joseph: Die Tagebücher. Teil I: Aufzeichnungen 1923–1941, Band 5. Dezember 1937–Juli 1938, hrsg. und bearb. v. Elke Fröhlich im Auftrag des Instituts für Zeitgeschichte, München 2000.
Goebbels, Joseph: Die Tagebücher. Teil I: Aufzeichnungen 1923–1941, Band 7. Juli 1939–1940, hrsg. und bearb. v. Elke Fröhlich im Auftrag des Instituts für Zeitgeschichte, München 1998.
Görtemaker, Heike B.: Eva Braun. Leben mit Hitler, München 2011.
Goldhagen, Daniel: Hitlers willige Vollstrecker. Ganz gewöhnliche Deutsche und der Holocaust, Berlin 1996.
Gottlieb, Julie V.: Feminine Fascism. Women in Britain's Fascist Movement 1923–1945, New York 2000.
Gottlieb, Julie V.: »Guilty Women«. Foreign Policy and Appeasement in Inter-War Britain, New York 2015.
Graham, Sheilah / Frank, Gerold: F. Scott Fitzgerald – meine große Liebe. Furchtlose Memoiren, Wiesbaden 1968.
Grammbitter, Ulrike / Lauterbach, Iris: Das Parteizentrum der NSDAP in München, München 2015.
Green, Martin: Children of the Sun. A Narrative of »Decadence« in England after 1918, New York 1976.
Greif, Thomas: Frankens Braune Wallfahrt. Der Hesselberg im Dritten Reich, Ansbach 2007.
Griffin, Roger u. a.: Fascism, Totalitarianism and Political Religion, Abingdon 2005.
Griffith, Richard: Fellow Travellers of the Right. British Enthusiasts for Nazi Germany 1933–1939, London 1983.
Guinness, Jonathan and Catherine: The House of Mitford, London 2004.
Gun, Nerin E.: Eva Braun-Hitler. Leben und Schicksal, Velbert 1968.
Haffner, Sebastian: Anmerkungen zu Hitler, Frankfurt a. M. 1981.
Haffner, Sebastian: Winston Churchill, Reinbek b. Hamburg 2012.

Halifax, Edward Frederick Lindley Wood, Earl of: Fullness of Days, London 1975.
Hamann, Brigitte: Die Familie Wagner, Reinbek b. Hamburg 2013.
Hamann, Brigitte: Winifred Wagner oder Hitlers Bayreuth, München / Zürich 2013.
Hamilton, Alistair: The Appeal of Fascism. A Study of Intellectuals and Fascism 1919–1945, New York 1973.
Hanfstaengl, Ernst: Zwischen Weißem und Braunem Haus. Erinnerungen eines politischen Außenseiters, München 1970.
Hastings, Selina: Nancy Mitford. Eine Biographie, Frankfurt a. M. 1992.
Heer, Hannes / Fritz, Sven (Hrsg.): »Weltanschauung en marche«. Die Bayreuther Festspiele und die »Juden« 1876–1945, Würzburg 2013.
Henderson, Nevile, Sir: Failure of a Mission, Berlin 1937–1939, New York 1940.
Herf, Jeffrey: Reactionary Modernism; Technology, Culture and Politics in Weimar and the Third Reich, Cambridge 1986.
Heygate, John: These Germans, London 1940.
Hillier, Bevis: Young Betjeman, London 1988.
Hilmes, Oliver: Cosimas Kinder. Triumph und Tragödie der Wagner-Dynastie, München 2009.
Hilton, Lisa: The Horror of Love. Nancy Mitford and Gaston Palewski in Paris and London, New York 2011.
Hobsbawm, Eric: Das Zeitalter der Extreme. Weltgeschichte des 20. Jahrhunderts, München 1998.
Hoffmann, Heinrich: Hitler, wie ich ihn sah. Aufzeichnungen seines Leibfotografen, München / Berlin 1974.
Ingram, Kevin: The Short Life of Esmond Romilly, London 1985.
Ingrim, Robert: Hitlers glücklichste Tag. London, am 18. Juni 1935, Stuttgart 1962.
Isherwood, Christopher: Leb wohl, Berlin, Hamburg 2014.
James, Edward: Schwäne spiegeln Elefanten. Mein Leben als reiches Kind, München 2012.
Jelinek, Gerhard: Reden, die die Welt veränderten, München 2012.
Joachimsthaler, Anton: Hitlers Liste. Ein Dokument persönlicher Beziehungen, München 2003.
Kaden, Helma (Hrsg.): Die faschistische Okkupation in Österreich und der Tschechoslowakei (1938–1945), Köln 1988.
Kemp, Wolfgang: Foreign Affairs. Die Abenteuer einiger Engländer in Deutschland 1900–1947, München 2010.
Kershaw, Ian: Hitler 1889–1936, München 2002.
Kershaw, Ian: Hitler 1936–1945, München 2002.
Kershaw, Ian: Hitlers Freunde in England, Lord Londonderry und der Weg in den Krieg, München 2005.
Kielinger, Thomas: Winston Churchill. Der späte Held, München 2015.
Kippenberger, Susanne: Das rote Schaf der Familie. Jessica Mitford und ihre Schwestern, Berlin 2014.
Knopp, Guido: Geheimnisse des »Dritten Reichs«, München 2012.
Kohler, Pauline: I was Hitler's Maid, London o. J.
Koonz, Claudia: Mütter im Vaterland. Frauen im Dritten Reich, Reinbek b. Hamburg 1994.
Kotze, Hildegard von (Hrsg.): Heeresadjutant bei Hitler 1938–1943, Stuttgart 1974.
Lancaster, Marie-Jacqueline: Brian Howard. Portrait of a Failure, London 1968.
Large, David Clay: Hitlers München. Aufstieg und Fall der Hauptstadt der Bewegung, München 2001.

Large, David Clay: Nazi Games. The Olympics of 1936, New York 2007.
Lees-Milne, James: Another Self, Wilby 2003.
Lees-Milne, James: Diaries 1942–1954, hrsg. v. Michael Bloch, London 2007.
Leutheusser, Ulrike (Hrsg.): Hitler und die Frauen, München 2003.
Levsen, Sonja: Elite, Männlichkeit und Krieg. Tübinger und Cambridger Studenten 1900–1929, Göttingen 2006.
Litchfield, David R. L.: Hitler's Valkyrie. The Uncensored Biography of Unity Mitford, Stroud 2013.
Lobenstein-Reichmann, Anja: Houston Stewart Chamberlain. Zur textlichen Konstruktion einer Weltanschauung. Eine sprach-, diskurs- und ideologiegeschichtliche Analyse, Berlin / New York 2008.
Lorant, Stefan: Ich war Hitlers Gefangener. Ein Tagebuch 1933, München 1988.
Lovell, Mary S.: The Sisters. The Saga of the Mitford Family, New York 2003.
Malony, Alison: Bright Young Things. Life in the Roaring Twenties, London 2012.
Manchester, William: The Last Lion. Winston Spencer Churchill. Alone. 1932–1940, Boston / Toronto / London 1988.
Mann, Klaus: Der Wendepunkt. Ein Lebensbericht, Reinbek b. Hamburg 1997.
Martynkewicz, Wolfgang: Salon Deutschland. Geist und Macht 1900–1945, Berlin 2011.
Maurer, Michael: Kleine Geschichte Englands, Stuttgart 2002.
Mitford, Jessica: A Fine Old Conflict, London 1977,
Mitford, Jessica: Hunnen und Rebellen. Meine Familie und das 20. Jahrhundert, Berlin 2013.
Mitford, Nancy: Böse Gedanken einer englischen Lady, Reinbek b. Hamburg 1996.
Mitford, Nancy: Die Frau des Botschafters, Reinbek b. Hamburg 1995.
Mitford, Nancy: Englische Liebschaften, München 2012.
Mitford, Nancy: Landpartie mit drei Damen, München, 2011.
Mitford, Nancy: Liebe unter kaltem Himmel, München 2013.
Mitford, Nancy: The Water Beetle, London 1962.
Mosley, Charlotte (Hrsg.): Love from Nancy. The Letters of Nancy Mitford, London 1994.
Mosley, Charlotte (Hrsg.): Nancy Mitford. A Talent to Annoy. Essays, Journalism, and Reviews 1929–1968, Oxford 1988.
Mosley, Charlotte (Hrsg.): The Letters of Nancy Mitford and Evelyn Waugh, Boston / New York 1996.
Mosley, Charlotte (Hrsg.): The Mitfords. Letters Between Six Sisters, London 2007.
Mosley, Diana: A Life of Contrasts. The Autobiography of Diana Mosley, London 2009.
Mosley, Diana: Loved Ones. Pen Portraits, London 1985.
Mosley, Diana: The Duchess of Windsor. A Memoir, London 2012.
Mosley, Diana: The Pursuit of Laughter, London 2009.
Mosley, Leonard: On Borrowed Time. How World War II Began, London 1956.
Mosley, Nicholas: Beyond the Pale. Sir Oswald Mosley and Family 1933–1980, 1983.
Mosley, Oswald: The Greater Britain, London 1934.
Mosley, Oswald: Weg und Wagnis. Ein Leben für Europa, Leoni am Starnberger See 1968.
Mosse, George L.: Nazi Culture. Intellectual, Cultural and Social Life in the Third Reich, Madison 2003.
Mount, Ferdinand: Cold Cream. My Early Life and Other Mistakes, London 2008.
Murphy, Sophia: The Mitford Family Album, London 1985.
Orwell, George: Der Weg nach Wigan Pier, Zürich 1982.
Oven, Wilfried von: Mit Goebbels bis zum Ende, Buenos Aires 1949.

Picker, Henry: Hitlers Tischgespräche im Führerhauptquartier, München 2003.
Pilgrim, Volker Elis: »Du kannst mich ruhig ›Frau Hitler‹ nennen.« Frauen als Schmuck und Tarnung der NS-Herrschaft, Reinbek b. Hamburg 1994.
Piper, Ernst: Kurze Geschichte des Nationalsozialismus von 1919 bis heute, Hamburg 2007.
Ponting, Clive: Churchill. London 1994.
Pope, Ernest R: Munich Playground, New York 1941.
Powell, Anthony: Afternoon Men, Glasgow 1931.
Powell, Violet: Five out of Six. An Autobiography, London 1960.
Price, G. Ward: I Know These Dictators, London 1937.
Price, G. Ward: Year of Reckoning, London 1939.
Pryce-Jones, David: Unity Mitford. A Quest, London 1976.
Pugh, Martin: »Hurrah for the Blackshirts!« Fascists and Fascism in Britain Between the Wars, London 2005.
Quinn, Tom: Scandalous Britain, London 2005.
Reck-Malleczewen, Friedrich Percyval: Tagebuch eines Verzweifelten. Zeugnis einer inneren Emigration, Stuttgart 1966.
Rehak, David: Hitler's English Girlfriend. The Story of Unity Mitford, Stroud 2012.
Riefenstahl, Leni: Memoiren, Köln 1987.
Ritchie, Charles: The Siren Years. A Canadian Diplomat Abroad 1937–1945, Toronto 1987.
Roos, Daniel: Julius Streicher und »Der Stürmer« 1923–1945, Paderborn 2014.
Rose, Norman: The Cliveden Set. Portrait of an Exclusive Fraternity, London 2000.
Rose, Olaf (Hrsg.): Julius Schaub. In Hitlers Schatten. Erinnerungen und Aufzeichnungen des Chefadjutanten 1925–1945, Stegen am Ammersee 2005.
Rothschild, Hannah: Die Jazz-Baroness. Das Leben der Nica Rothschild, Berlin 2012.
Russell, William: Berlin Embassy, New York 2005.
Schaake, Erich: Hitlers Frauen, München 2001.
Schad, Martha: Hitlers Spionin. Das Leben der Stephanie von Hohenlohe, München 2002.
Schädlich, Karlheinz: Die Mitford Sisters, Düsseldorf 1990.
Schieder, Wolfgang: Der italienische Faschismus, München 2010.
Schirach, Henriette von: Der Preis der Herrlichkeit, Wiesbaden 1956.
Schirach, Henriette von: Frauen um Hitler, München 1987.
Schultze-Naumburg, Paul: Nordische Schönheit. Ihr Wunschbild im Leben und in der Kunst, München 1943.
Schuschnigg, Kurt: Ein Requiem in Rot-Weiss-Rot, Zürich 1946.
Schwarz, Angela: Die Reise ins Dritte Reich. Britische Augenzeugen im nationalsozialistischen Deutschland (1933–1939), München 1997.
Selwyn, Francis: Hitler's Englishman. The Crime of »Lord Haw-Haw«, London 1987.
Sessa, Anne Dzamba: Richard Wagner and the English, New Jersey 1979.
Shakespeare, William: König Richard II., Stuttgart 2014.
Shepherd, Janet / Shepherd, John: 1920s Britain, Oxford 2010.
Shirer, William L: Berliner Tagebuch. Aufzeichnungen 1934–1941, Leipzig / Weimar 1991.
Shirer, William L.: Das Jahrzehnt des Unheils. Meine Erlebnisse und Erfahrungen in Deutschland und Europa 1930–1940, München 1998.
Sigmund, Anna Maria: Die Frauen der Nazis, München 2000.
Sigmund, Anna Maria: Die Frauen der Nazis II, Wien 2000.
Sinclair, Andrew: The Last of the Best. The Aristocracy of Europe in the Twentieth Century, London 1969.

Skidelsky, Robert: Oswald Mosley, London 1975.
Smith, Amanda (Hrsg.): Hostage to Fortune. The Letters of Joseph P. Kennedy, New York 2001.
Smith, John Saumarez (Hrsg.): The Bookshop at 10 Curzon Street. The Letters Between Nancy Mitford and Heywood Hill 1952–73, London 2004.
Soames, Mary: A Daughter's Tale. The Memoir of Winston and Clementine Churchill's Youngest Child, London 2011.
Sontag, Susan: Im Zeichen des Saturn. Essays, Frankfurt a. M. 2003.
Speer, Albert: Erinnerungen, Frankfurt a. M. / Berlin / Wien 1969.
Speer, Albert: Spandauer Tagebücher, Frankfurt a. M. 1975.
Spence, Lyndsy: The Mitford Girls' Guide to Life, Stroud 2013.
Spence, Lyndsy: The Mitford Society. Volume I, Great Britain 2013.
Spence, Lyndsy: The Mitford Society. Volume II, Great Britain 2014.
Spence, Lyndsy: The Mitford Society. Volume III, Great Britain 2015.
Spence, Lyndsy: The Rise and Fall of Diana Mitford, the Thirties Socialite, London 2015.
Spitzy, Reinhard: So haben wir das Reich verspielt, München 1987.
Stannard, Martin: Evelyn Waugh. The Early Years 1903–1939, New York 1987.
Steinhaus, Kathryn: Valkyrie. Gender, Class, European Relations, and Unity Mitford's Passion for Fascism, Department of History McGill University, Montreal 2011.
Stevenson, John: British Society 1914–45. Pelican Social History of Britain, Harmondsworth 1986.
Stiglegger, Marcus: Nazi-Chic und Nazi-Trash. Faschistische Ästhetik in der populären Kultur, Berlin 2011.
Stöss, Richard: Politics Against Democracy. Right Wing-Extremism in West Germany, New York 1991.
Storm Farr, Barbara: The Development and Impact of Right-Wing Politics in Britain 1903–1932, New York / London 1987.
Strobl, Gerwin: The Germanic Isle. Nazi Perceptions of Britain, New York 2000.
Surette, Leon: Dreams of a Totalitarian Utopia. Literary, Modernism and Politics, Montreal / Kingston 2011.
Sussmann, Peter Y. (Hrsg.): Decca. The Letters of Jessica Mitford, London 2007.
Tattersall, E. H.: Europe at Play, London 1938.
Taylor, D. J.: Bright Young People. The Lost Generation of London's Jazz Age, New York 2007.
Thomas, James: Popular Newspapers, the Labour Party and British Politics, London / New York 2005.
Thompson, Dorothy: Kassandra spricht. Antifaschistische Publizistik 1932–1942, Leipzig / Weimar 1988.
Thompson, Laura: Life in a Cold Climate. Nancy Mitford. The Biography, London 2015.
Thompson, Laura: Take Six Girls. The Lives of the Mitford Sisters, London 2015.
Thurlow, Richard: Fascism in Britain. A History. 1918–1985, Oxford 1987.
Todd, Pamela: Die Welt von Bloomsbury, Frankfurt a. M. 2002.
Toland, John: Adolf Hitler, 2 Bände, Garden City 1976.
Toman, Walter: Familienkonstellationen. Ihr Einfluss auf den Menschen, München 2005.
Tucholsky, Kurt: Gesammelte Werke. Band 5. 1927, Reinbek b. Hamburg 1996.
Ulrich, Volker: Adolf Hitler. Die Jahre des Aufstiegs, Frankfurt a. M. 2013.
Urbach, Karina: Go-Betweens for Hitler, Oxford 2015.
Wagner, Friedelind: Nacht über Bayreuth. Die Geschichte der Enkelin Richard Wagners, München 2002.

Wagner, Wolf Siegfried: Die Geschichte unserer Familie in Bildern, Reinbek b. Hamburg 1978.
Waugh, Evelyn: Auf der schiefen Ebene, Zürich 1984.
Waugh, Evelyn: Ausflug ins wirkliche Leben und andere Meistererzählungen, Zürich 2013.
Waugh, Evelyn: Lust und Laster, Zürich 1984.
Waugh, Evelyn: Wiedersehen mit Brideshead, Frankfurt a. M. / Berlin / Wien 1983.
Webber, G. C.: The Ideology of the British Right 1918–1939, New York 1986.
Whitford, Meredith: Churchill's Rebels. Jessica Mitford and Esmond Romilly, London 2014.
Wiedemann, Fritz: Der Mann, der Feldherr werden wollte. Erlebnisse und Erfahrungen des Vorgesetzten Hitlers im 1. Weltkrieg und seines späteren persönlichen Adjutanten, Velbert 1964.
Wilde, Oscar: Sämtliche Werke. Band 5. Bühnenstücke 2, hrsg. v. Ottmar Heist, Augsburg o. J.
Williamson, Henry: Goodbye West Country, London 1937.
Wilson, A. N.: Betjeman, London 2006.
Wodehouse, P. G.: Alter Adel rostet nicht, München 1986.
Wolin, Richard: The Seduction of Unreason. The Intellectual Romance with Fascism. From Nietzsche to Post-modernism, Princeton, 2004.
Young, Kenneth (Hrsg.): The Diaries of Sir Robert Bruce Lockhart. Volume One. 1915–1938, London 1973.
Zelnhefer, Siegfried: Die Reichsparteitage der NSDAP in Nürnberg, Nürnberg 2002.
Zentner, Christian: Adolf Hitlers ›Mein Kampf‹. Eine kommentierte Auswahl. München 1991.
Zuckmayer, Carl: Als wär's ein Stück von mir. Horen der Freundschaft, Frankfurt a. M. 2002.

Archive

Bayerische Staatsbibliothek München, Handschriftenabteilung
Nachlass Ernst Sedgwick (Putzi) Hanfstaengl, Ana 405

British National Archives Kew
Foreign Office: Foreign Office Files, FO 371; Germany: Welfare of Miss Unity Mitford, Code 218 file 11410, FO 369/2536
MI5 Files: MI5 Deputy-Director General Guy Liddell Diaries, KV4/185-1; MI5 Deputy-Director General Guy Liddell Diaries, KV4/185-2; Personal Files Unity Mitford: KV2/470/3590 97, KV2/882/2; Personal Files Lady Diana Mosley, KV2/136; Personal Files Sir Oswald Mosley/Lady Mosley, KV2/884
War Cabinet Papers: CAB 65/6/4
Home Office: Unity Mitford: War-time activities, Defence Regulation 18B, Date: 1940–1948, HO 144/21627

British Newspaper Archives, London

British Online Archive
The British Union of Fascists: Newspapers and Secret Files

Bundesarchiv Koblenz
Nachlass Fritz Wiedemann, Korrespondenz 1937–1941, A–G, N 1720/6

Bundesarchiv Berlin-Lichterfelde
Persönliche Adjutantur des Führers und Reichskanzlers, 1932–1944, NS 10/R 1; Taschenkalender Würth, NS 10/591; Akte Julius Schaub, NS 109/585

Central Intelligence Agency Archives
Office of Strategic Services (OSS), Biographical Sketches about Adolph Hitler

Churchill College Archives Centre, Cambridge
Korrespondenz Sir Winston Churchill

Digital Library London, LSE
Tagebücher Beatrice Webb Passfield/1

Federal Bureau of Investigation, Washington
Akte Jessica Mitford, FOIPA 1031491, File 77-HQ-27703

Hoover Institution Archives, Stanford University
Prinzessin Stephanie-Juliana zu Hohenlohe-Waldenburg-Schillingsfürst papers, Nr. 77020

National Archives at College Park, Maryland
Berlin Document Center; Tagebuch Eva Braun, Nr. 6921915

National Portrait Gallery Online, London
Unity Mitford (1914–1948, Nazi sympathizer; daughter of 2nd Baron Redesdale)

National Security Archive
FOIA Case 52925, Forschungsamt Göring, Volume VII

Staatsarchiv München
Polizeiakte Unity Mitford Pol. Dir. München 10117; Bestände NSDAP und Gestapo-Leitstelle München; Zwischen Salon und KZ. Biographische Skizzen zu NS-Frauen. Ausstellung Staatsarchiv München 2014

Stadtarchiv München
Meldekarte Unity Mitford

Steven Spielberg Film and Video Archive, United States Holocaust Memorial Museum

Stringer Hulton Archive Collection, Getty Images

British Cartoon Archive, University of Kent

Zeitungen

Anglo-German Review, Berliner Zeitung, The Blackshirt, Chicago Daily Tribune, The Courier-Mail, Daily Express, Daily Mirror, The Daily Sketch, The Daily Telegraph, Derby Evening Telegraph, The Deseret News; Esquire, Evening Dispatch, Evening Standard, Fränkische Tageszeitung, Frankfurter Rundschau, The Guardian, Gloucestershire Echo, Hull Daily Mail, The Jewish Chronicle, The Kensington News and West London Times, The Liverpool Daily Post, The New York Review of Books, The New York World-Telegram, The New Statesman, The Observer, Die Presse, Radio Times, Sheffield Evening Telegraph, Der Spiegel, Der Stürmer, Süddeutsche Zeitung, Sunday Express, The Sun, The Sunday Times, The Telegraph, Time Magazine, The Times, The Week, Western Daily Press and Bristol Mirror, Western Morning News, Wörnitz-Bote.

Film- und Tondokumente

Der Frankentag auf dem Hesselberg. 23. Juni 1935, Transit Film, Steven Spielberg Film and Video Archive, United States Holocaust Memorial Museum.

The Girl from Munich. Unity Mitford. 1940, British Movietone Archive.

Somewhere in England. Januar 1940, British Pathé.

David Frost interviewt Oswald Mosley in seiner TV-Sendung »The Frost Programme«, 15. 11. 1967.

Winfred Wagner und die Geschichte des Hauses Wahnfried 1941–1975. Ein Film von Hans Jürgen Syberberg, Berlin 1975.

Lady Diana Mosley im Interview mit Mavis Nicholson in »Good Afternoon«, Channel 4, 1977.

Nancy Mitford. A Portrait by her Sisters. Ein Film von Julian Webb, BBC, 1980

Jessica Mitford im Gespräch mit John Pilger in »The Outsiders«, Channel 4, 1983.

Christopher Hitchens interviewt Jessica Mitford, New York Public Library 1988.

Mosley. Ein Film von Robert Knights, BBC, 1998.

Unity, Putzi und Blondie. Hitlers Freunde und der amerikanische Geheimdienst. Ein Film von Rasmus Gerlach, MDR, 2002.

Hitlers British Girl. Ein Film von Richard Bond, Channel 4, 2007.

The Dowager Duchess of Devonshire im Interview mit Charlotte Mosley, The Frick Collection, New York 2010.

Deborah Devonshire im Interview mit Archie Orr-Ewing, Besitzer des Swan Inn, Swinbrook 2010.

Inch Kenneth. Unity Mitford's Retreat, BBC, 2014.

Bildnachweis

Familie Mitford in Asthall Manor: The Mitford Archive at Chatsworth. Reproduced by permission of Chatsworth Settlement Trustees
Unity (9) und Jessica (6): Getty Images
Asthall Manor, Oxfordshire: privat
Tom Mitford bei den Churchills mit Charlie Chaplin: Getty Images
Vier der Mitford-Schwestern: Bridgeman Images
Batsford Park, Gloucestershire: privat
Unity Mitford mit Hakenkreuzbrosche: ullsteinbild
Diana Mitford und Ernst „Putzi" Hanfstaengl: Bayerische Staatsbibliothek München, Bildarchiv
Unity und Diana bei einer Naziparade: G. Ward Price, *I Know These Dictators*, London 1937, S. 36.
Interview mit der *Fränkischen Tageszeitung*: privat
In der Pension Döring: Sophia Murphy, *The Mitford Family Album*, London 1985, o. S.
Mit ihrem Vater und Baronesse Laroche vor der Osteria Bavaria: SZ photo
Leserbrief an den Stürmer: privat
Oswald Mosley und die Blackshirts der British Union of Fascists: SZ photo
Mit Adolf Hitler im Haus Wahnfried: SZ photo
Diana und Unity in *The Tatler*: Mary Evans Picture Library/ILN
Mit SS-Mann Fritz Stadelmann vor dem Braunen Haus: Bridgeman Images
Unity und Adolf Wagner besichtigen ein Modell der Prinzregentenstraße: Bayerische Staatsbibliothek München, Bildarchiv
Porträt in *The Tatler*: Mary Evans Picture Library/ILN
Mit Julius Streicher und zwei Reisebegleitern: SZ photo
Mit Eva Braun beim Reichsparteitag: ullsteinbild
Unity als Prototyp: Paul Schultze-Naumburg, *Nordische Schönheit*, München/Berlin 1943, S. 61.
Mit Lord und Lady Redesdale bei der Anglo-German Fellowship: Getty Images
Mit ihrer Dogge Rebell: David Pryce-Jones, *Unity Mitford*, London 1976, Bildteil II, S. 5.
Im Garten der Almásys auf Schloss Bernstein im Burgenland: David Pryce-Jones, *Unity Mitford*, London 1976, Bildteil II, S. 6.
Der *Daily Express* berichtet: privat
Unity Mitfords Grabstein in Swinbrook: Alamy

Personenregister

I

J

K

L

M

Mein besonderer Dank gilt:

Dr. Andrej Angrick, Hamburger Institut für Sozialforschung
Dr. Ingeborg Beer, Berlin
R. E. Cookson, Archives II, Textual Reference Branch (RDT2), National Archives at College Park, Maryland, USA
Dr. Cornelia Cremer, Berlin
Rasmus Gerlach, Filmemacher, Hamburg
Jonathan Guinness, 3. Baron Moyne
Lukas Herbeck, Staatsarchiv München
Dipl.-Bibl. Annemarie Kaindl, Abteilung für Handschriften und Alte Drucke, Referat für Nachlässe und Autographen, Bayerische Staatsbibliothek
Alexandra Kosubek, Referat B5, Bundesarchiv Koblenz
Christine Maurer, Medien- und Informationsdienst der Landeshauptstadt München
Dr. Michael Stefan, Stadtdirektor, Landeshauptstadt München, Direktorium, HA I Stadtarchiv München
Dr. Kathryn Steinhaus, Irvine, CA, USA
James Towe, Archivar und Bibliothekar, Chatsworth, Bakewell
Dr. Karina Urbach, Princeton, USA

Michaela Karl

»Noch ein Martini und ich lieg unterm Gastgeber«

Dorothy Parker. Eine Biografie

288 Seiten, btb 74493

In den Roaring Twenties war sie die Königin von New York. Ihre scharfe Zunge und ihr beißender Witz wurden Legende. Sie stritt mit Ernest Hemingway, schlief mit F. Scott Fitzgerald und soff mit Truman Capote. Dorothy Parker schrieb für »Vogue«, »Vanity Fair« und den »New Yorker«. Ihre sarkastischen Verse und pointierten Kurzgeschichten erzählen von zerplatzten Träumen und dem Warten auf das Klingeln des Telefons. Michaela Karl porträtiert das unkonventionelle Leben der Dorothy Parker und entdeckt hinter der zynischen Fassade eine sensible Frau auf der Suche nach dem großen Glück.

»Aufsässig, geistreich, kompromisslos.«
Frankfurter Allgemeine Zeitung

btb

Familie Mitford in Asthall Manor, 1922. Hinten (*v. l. n.r.*): Nancy und Tom; Mitte: Diana und Pamela; vorne: Unity, Jessica und Deborah; eingerahmt von ihren Eltern.

Unity, neun Jahre alt, und ihre sechsjährige Schwester Jessica im Januar 1923 in Asthall Manor.

Asthall Manor, Oxfordshire.

Tom Mitford, Winston Churchill, Freddie Birkenhead, Clementine Churchill, ihre Tochter Diana und ihr Sohn Randolph mit Charlie Chaplin vor dem Haus der Churchills in Chartwell, Kent, Juli 1931.

Vier der Mitford-Schwestern. Nancy (*links*) und Diana sitzend, dahinter: Unity (*links*) und Jessica, 1932.

Batsford Park, Gloucestershire.

Unity Mitford mit Hakenkreuzbrosche.

Diana Mitford und Ernst »Putzi« Hanfstaengl beim Reichsparteitag 1933 in Nürnberg.

Unity und Diana bei einer Naziparade, Mitte der dreißiger Jahre.

Seite 8 — Fränkische Tageszeitung — Montag, den 24. Juni 1935

Miß Mitford antwortet!

Unterredung unseres H.D.-Redaktionsmitgliedes mit der jungen Engländerin, die dem neuen Deutschland Grüße des erwachenden England überbrachte

Fräulein Unity Mitford sitzt schlank und blond vor mir. Nichts ist an ihr von Kühle und Ueberheblichkeit, wie man oft gerne die Engländerinnen schildert. Sie ist begeistert von dem großartigen Erlebnis des Frankentages. Sie ist begeistert vom neuen Deutschland und seinem Führer Adolf Hitler.

Und mit dem Gedanken an Adolf Hitler kommen wir sogleich zu dem Problem, das den meisten Engländern das Verständnis für die deutsche nationalsozialistische Bewegung so erschwert. Auf meine Frage:

Können Sie die Unbedingtheit des deutschen Führergedankens, wie er sich uns in Adolf Hitler verkörpert, verstehen? lautet die Antwort:

„Wenn England erst einmal für einen Mann von der Größe Ihres Führers begeistert genug ist, dann kann sich der einzelne auch einordnen, dann wird auch der Engländer erkennen, daß diese Einordnung nicht den Verlust der persönlichen Freiheit bedeutet. Ich gehöre selbst seit Jahren der Bewegung Mosleys an und weiß wie aussichtslos sein Kampf zu Beginn erschien. Als Mosley Uniformen einführte, hielt man es allgemein für ausgeschlossen, daß sich Engländer finden würden, die freiwillig eine Uniform anzögen. Aber die Entwicklung der letzten Jahre hat gezeigt, daß sich Engländer — und zwar Engländer bester Rasse — genug finden, die sich freiwillig der Führung eines Mannes unterstellen."

Frage: „Warum hört man in der letzten Zeit von der Mosley-Bewegung so wenig?"

Antwort: Die Mosley-Bewegung wird zur Zeit von der großen englischen Presse totgeschwiegen, wie man dies ja auch in Deutschland mit der nationalsozialistischen Bewegung zeitweise getan hat. Die „Daily Mail" hatte ja einmal den Boykott durchbrochen und regelmäßig über unsere Bewegung berichtet.

Aber die großen Konzerne, die vielfach einem starken jüdischen Einfluß unterliegen, drohten mit völligem Anzeigenentzug.

Daraufhin war der Herausgeber dieser Zeitung gezwungen, die Veröffentlichungen über uns einzustellen. Wir haben uns dann selbst unsere Zeitung geschaffen. Sie ist zwar heute noch klein, aber auch der „Völkische Beobachter" war einmal ein kleines „Winkelblatt".

Frage: „Die Mosley-Bewegung war doch ursprünglich nicht antisemitisch eingestellt. Wodurch erfolgte die Wandlung?"

Antwort: „Die Juden waren in England nicht die offensichtliche Gefahr, wie das in Deutschland der Fall war. Aber Mosley erkannte bald, daß sich die Judengefahr wohl von Land zu Land mehr oder weniger schlimm auswirken mag, aber grundsätzlich eine Weltgefahr für alle Völker darstellt."

Frage: „Wie stark ist heute wohl die Mosley-Bewegung?"

Antwort: „Mosley selbst gibt zur Zeit keine Zahlen an, weil er dazu gar nicht in der Lage ist. Aber die Bewegung ist unablässig im Wachsen begriffen. Bei den kommenden Wahlen werden wir eigene Kandidaten aufstellen und wir hoffen zuversichtlich, daß wir einige Sitze im Unterhaus erobern werden. Das aber wird nur ein weiterer Ansporn sein, nicht nachzulassen, bis wir das ganze Volk gewonnen haben."

Frage: „Wie kamen Sie persönlich zur Bewegung Mosleys?"

Antwort: „Ich bin eine langjährige Bekannte Mosleys und wurde so frühzeitig mit seinen politischen Gedankengängen vertraut."

Frage: „Wann haben Sie zum erstenmal von Julius Streicher gehört?"

Antwort: „Schon vor vielen Jahren. Und immer nur Böses und Schlechtes. Aber ich hörte auch, daß viele Deutsche diesem Mann zujubelten und an ihn glaubten. So hatte ich immer schon den Wunsch, ihn einmal kennen zu lernen. Heute bin ich froh und dankbar, daß ich den nationalsozialistischen Kämpfer Julius Streicher kennen gelernt habe. Vor allem lese ich schon lange und mit größtem Interesse den „Stürmer"."

Fräulein Mitford ist Studentin und studiert seit mehreren Monaten an der Münchener Universität. 1933 kam sie zum erstenmal nach Deutschland. Sie hatte das Glück, den ersten Reichsparteitag des Dritten Reiches miterleben zu können und ist seitdem eine begeisterte Verehrerin dieses Reiches und seines Schöpfers. Sie hofft auch an dem Reichsparteitag dieses Jahres teilzunehmen. Wir hoffen dann, unseren Lesern schildern zu können, wie Fräulein Mitford diese Tage in Nürnberg erlebt hat.

Die nächtliche Weihestunde beim Sonnwendfeuer. Der Frankenführer auf der Rednerkanzel

Der Frankenführer begibt sich mit seinem Gefolge und dem Gebietsführer Rudolf Gugel zum Zeltlager der Hitlerjugend.

Julius Streicher und Miß Unity Mitford

Sämtliche Aufnahmen Neubauer

Jugend und lodernde Fackeln erwarten den Frankenführer

Interview mit der *Fränkischen Tageszeitung*, 24. Juni 1935, im Anschluss an ihren Auftritt beim Frankentag auf dem Hesselberg. Unten im Bild mit Julius Streicher.

In der Pension Döring neben Hitlers Weihnachtsgeschenk, einem Weihnachtsbaum, im Dezember 1935.

Mit ihrem Vater Lord Redesdale und Baronesse Laroche vor der Osteria Bavaria in München, 1935.

Brief einer Engländerin

Sie freut sich über den Stürmer / Das englische Volk hat keine Ahnung / Die Juden in England wirken hinter den Kulissen / Parole der Zukunft: England den Engländern

Der „Stürmer“ geht in die ganze Welt hinaus. Ueberall hat er seine Freunde und seine Hasser. Demgemäß sind auch die Zuschriften, die der „Stürmer“ erhält. Es sind Briefe des Mitgefühls und Briefe des Hasses. Unter diesen vielen Zuschriften sind Briefe, die uns große Freude bereiten. Einen solchen Brief erhielten wir in diesen Tagen von der Faschistin **Unity Mitford.**

Lieber Stürmer!

Als englische Faschistin möchte ich meine Bewunderung vor Ihnen ausdrücken. Ich habe seit einem Jahr in München gewohnt und habe jede Woche den Stürmer gelesen. Wenn wir nur in England solche Zeitungen hätten. Das allgemeine englische Volk hat keine Ahnung von der Judengefahr. Die englischen Juden werden immer als „anständig“ bezeichnet. Vielleicht sind die Juden in England klüger mit ihrer Propaganda als in anderen Ländern. Ich weiß nicht, aber es ist bestimmt Tatsache, daß unser Kampf am schwersten ist. Unsere schlimmsten Juden wirken nur hinter den Kulissen. Sie kommen nie in die Oeffentlichkeit und deswegen können wir sie dem englischen Volk in ihrer wahren Entsetzlichkeit nicht zeigen. Wir haben ein dringendes Bedürfnis für Zeitungen wie der Stürmer, die dem Volk die Wahrheit sagen. Sie werden aber hoffentlich bald sehen, daß auch wir in England gegen den Weltfeind siegen werden, trotz all seiner Schlauheit. Wir freuen uns auf den Tag, an dem wir mit Gewalt und Autorität sagen können: „England für Engländer! Die Juden hinaus!“

Mit deutschem Gruß! Heil Hitler!

Unity Mitford.

P. S. Wenn Sie zufällig in Ihrer Zeitung für diesen Brief Platz finden, so veröffentlichen Sie bitte meinen ganzen Namen. Ich will nicht meinen Brief mit „U. M.“ unterschreiben, sondern ich will, daß ein Jeder weiß, daß ich eine „Judenhasserin“ bin.

Unity Mitford

Leserbrief an den *Stürmer*, publiziert im Juli 1935.

Oswald Mosley und die Blackshirts der British Union of Fascists im Oktober 1936 in London.

Mit Adolf Hitler bei den Wagners in Haus Wahnfried, Bayreuth 1936.

FRIENDS OF THE FÜHRER

Yevonde, Berkeley Square

THE HON. MRS. BRYAN GUINNESS AND HER SISTER, THE HON. UNITY MITFORD

Two of the charming daughters of Lord and Lady Redesdale. The Hon. Mrs. Bryan Guinness, the third daughter of the family, was formerly known to us as the Hon. Diana Freeman-Mitford. Her sister, Unity, has also the attractive name of Valkyrie. The two sisters are frequent visitors to Germany and great admirers and friends of Herr Hitler. They are both so blonde as to set their " Nordic " qualifications far above question

Diana und Unity in *The Tatler*, März 1936.

Mit SS-Mann Fritz Stadelmann vor dem Braunen Haus in München, 1937.

Unity (*2. Reihe, 2. v. links*) und Münchens Gauleiter Adolf Wagner (*1. Reihe, 3. v. links*) bei der Besichtigung eines Modells der Prinzregentenstraße am 29. Mai 1937 in München.

No. 1907, JANUARY 12, 1938] THE TATLER

A FRIEND AND ADMIRER OF THE FÜHRER

Bassano

THE HON. UNITY FREEMAN-MITFORD

A recent studio portrait of one of the ardent admirers of Germany's wonderful Führer, whom the Hon. Unity Freeman-Mitford and some other members of her family know. One of the names given to Miss Freeman-Mitford at her baptism was Valkyrie, which may or may not have been quite unintentionally prophetic, for it has a connection—even if an indirect one—with one of Germany's greatest composers. The Valkyries were daughters of Odin and selected such persons as they considered were worthy to be slain in battle and then conducted them to Valhalla. The Hon. Unity Freeman-Mitford is one of the younger of Lord and Lady Redesdale's six beautiful daughters

Porträt in *The Tatler*, 12. Januar 1938.

Mit Julius Streicher (*Mitte*) 1938, kurz nach ihrem Ausflug in die Tschechoslowakei, rechts und links im Bild ihre beiden Reisebegleiter.

Unity (*2. Reihe, ganz links*) und Eva Braun (*1. Reihe, 2. v. links*) auf dem Reichsparteitag in Nürnberg, 1938.

Unity Mitford als Prototyp, in Paul Schultze-Naumburgs Buch *Nordische Schönheit*, erstmals erschienen 1937. Mit »16« ist ihre Schwester Diana gemeint.

Mit Lord und Lady Redesdale (*links*) und dem deutschen Presseattaché Sigismund-Sizzo Fitz Randolph bei einer Versammlung der Anglo-German Fellowship in London, 15. Dezember 1938.

Mit ihrer Dogge
Rebell im Herbst 1938.

1938 auf Schloss Bernstein im Burgenland. Unity sitzt zwischen Janos Almásy und seiner Frau Maria, *rechts:* Baron John de Rutzen.

FRIDAY. DAILY EXPRESS JANUARY 5, 1940 — GENERAL NEWS 7

TWICE DELAYED —UNITY GOES HOME

Unity Mitford 'Glad to be in England, even if I'm not on your side'

Daily Express Staff Reporter

LORD REDESDALE yesterday took me to see his daughter, Miss Unity Mitford, in her hotel bedroom at Folkestone before they travelled by ambulance to their country home at High Wycombe, Bucks.

Before I saw her Lord Redesdale warned me not to talk about Germany or about how she was injured—by a revolver bullet in a Munich park a few days after war started.

He said: "She doesn't know she was injured. She can't remember.

"She suffers from loss of memory. Sometimes she will talk quite well; at other times she has relapses."

Miss Mitford, in bed, her shoulders covered by a pink bed-jacket, greeted me with a faint, rather pathetic smile. She rambled a little.

'WONDERFUL TO ME'

I began by asking if she had a good journey.

She said: "Yes, thank you. I had an excellent journey.

"Glad to be back? Oh, yes, I'm glad to be on English soil again, even if I'm not on your side.

"I don't remember anything of what has happened. You see, I have been in hospital for nearly four months. They were wonderful to me over there. I had every attention.

"The funny thing is that I don't know what has been wrong with me.

"Isn't that funny?"

She smiled faintly again and turned china blue eyes towards me as she repeated: "I am so glad to be back."

She added: "Every one has been most kind. I had a wonderful German woman who nursed me."

ON STRETCHER

An hour later, after an early lunch, she was carried from the hotel on a stretcher and placed in a pale green ambulance to travel to High Wycombe.

Lord and Lady Redesdale sat beside her on the journey. At High Wycombe policemen kept back a small crowd at the entrance gates to the drive.

Her younger sister, Deborah, who travelled last week to Berne, Switzerland, with her mother, to meet her, came out to greet her as she was lifted from the ambulance.

Miss Unity Mitford was a close friend of Hitler, who arranged her journey to Switzerland.

Lady Redesdale said to a Daily Express staff reporter on Wednesday: "My daughter must not be made into one of history's tragic women. She had chosen Munich as her home. When war came between us and the new Germans, a race she had learned to love, she was terribly hurt."

Miss Unity Mitford is taken from a Folkestone hotel, again, for the journey to Lord Redesdale's home. A broken spring, on Wednesday, made it necessary for a private ambulance to put back with her to Folkestone. Yesterday there was an ambulance delay, too, but Lord Redesdale was able to get his daughter away soon after noon. *Below:* Home again. The stretcher is carried to one of the back doors.

THIS A.T.S. GIRL IS AT AN O.T.C.

A salute at the Women's Sandhurst. And a white hat-band. She is a cadet at an Eastern Command A.T.S. officers' training depot.

Ring is clue in beach mystery

A pair of rubber boots and a gold ring on her engagement finger are the only clues to the identity of a middle-aged woman found on the beach at Portslade, near Brighton, yesterday.

The boots bear the name of the Woodstock Rubber Co. Ltd. Five stones are missing from the ring.

The woman, who had evidently been in the water some time, was wearing good-quality underclothing.

No woman of similar description has been reported missing in the neighbourhood.

BOY WAS *EVACUATED* TO HIS HOME

By MARY WELSH

OXFORD, Thursday.

A MANCHESTER schoolboy who travelled to school by train from outside the city arrived one morning to be evacuated. None of the boys knew where they were going.

The train left Manchester. Next stop was the evacuation centre.

When the schoolboy put his head out of the window as the train stopped he was astonished to find he was back in his home town.

The boys lined up again, marched off to their billets.

The line stopped. In the street where the boy lived. He was allotted a billet in that street.

He told the billeting officer, who arranged for him to go home.

This story was told at the Oxford conference today of the Incorporated Association of Assistant Masters in Secondary Schools.

Schoolmasters at the conference harangued the Government, denounced evacuation, and protested against overwork and under pay for three hours.

43 IN ONE HOUSE

Mr. R. P. Trueblood, of Manchester, evacuated to Blackpool, jumped up from a front row chair, shouted: "I object to the Government's regulation of evacuation. They've proved they can't do it.

"They found unsuitable schools. They ill-selected billeting officers who made their own regulations to cover up their ignorance as to proper ones."

One of the teachers, who toted a grand piano around France on an Army limber in the last war, was evacuated with his school to Blackpool when this one began. He said to me:—

"They sent us to professional landladies. One woman, in an averaged-sized house, took forty-three boys, expected them to sleep three in a bed. In another house I found eight boys sharing one bedroom.

"My wife and I and thirteen boys were bunged into one house. It's the first time in my life I've got out of bed at night to sit in a chair to rest. The beds were terrible."

MORE NEWS on Page Eight

FAWZI FAYEZ FAYEK FATHI

Daily Express Correspondent

CAIRO, Thursday.

MRS. ISMAHA SHEHATA, already the mother of triplets, today presented her husband with quadruplets—all girls.

Mrs. Shehata is twenty-five. All are doing well.

The husband is a baker's assistant. His wages are one shilling a day.

Mrs. Shehata has named the quads after King Farouk's four sisters—FAWZIA, FAYEZA, FAYEKA and FATHIA.

Two of the quads weighed 2½lbs. when they were born, and the other two 3½lbs.

Car paint

QUEEN MARY'S PARCEL

A wartime episode in a

Der *Daily Express* berichtet am 5. Januar 1940 über Unitys Rückkehr nach England.

Unity Mitfords Grabstein auf dem Friedhof der St. Mary's Church in Swinbrook.